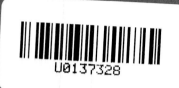

本书为国家社科基金2020年度重大项目“吴语语料库建设和吴语比较研究”
（项目号：20&ZD301）阶段性成果

上海文化发展基金会图书出版专项基金资助项目

近代稀见吴语文献集成

第一辑

A Series of Rare Books on Pre-Modern Wu Dialects

第四册

游汝杰
盛益民
主编

上海教育出版社

目录

Contents

地球图 …… 001
地理志问答（上海罗马字）…… 019
地理志问答（上海土白）…… 245
蒙童训 …… 423
鲁孝子 …… 597
一杯酒 …… 615
使徒言行传 …… 631
圣山谐歌 …… 709

地球图

（*Di-gyiu du*）

丁韪良（W. A. P. Martin）著

华花书房
宁波
1853年

导读

Introduction

盛益民

Di-gyiu du（《地球图》）是简称，本书全名为 *Di-gyiu du.Ng da-tsiu di-du. peng-koh*, *peng-sang*, *peng-fu*, *sæn-foh di-du*, *wa-yiu*, *Sing-kying di-du*, *lin di-li veng-teh. Di-mingtsiao Ying-Wæn-Ts-Liah*（《地球图；五大洲图；本国、本省、本府三幅地图，还有圣经地图，连地理问答；地名照〈瀛寰志略〉》），丁韪良编著，线装 1 册，开本 30 × 42 厘米，宁波江北华花书房印，1853 年出版。

本书作者丁韪良（W. A. P. Martin，1827—1916），字冠西，号惠三，是著名的传教士和汉学家、教育家。丁韪良生于美国印第安纳州的一个牧师家庭，1848 年毕业于印第安纳大学。1850 年受美北长老会派遣来到中国，在宁波传教 10 年。1862 年后转至北京，直至 1916

年去世，葬于西直门外的一块墓地。丁韪良在华的时间跨度达62年（1850—1916年，中间有4年不在中国），在中西文化交流等领域，为推动中国教育科技事业作出了重要贡献。丁韪良在甬十年期间，“学土音，习词句，解训诂，讲结构，不数年而音无不正，字无不酌，义无不搜，法无不备”（《天道溯源·序言》），积极创制宁波方言罗马字拼音方案，还翻译、编写了多种宁波方言文献。

本书是丁韪良编写的一本地理教材，用于当时的教会学校。全书包括11幅地图和10页地理问答。地图集里的地名大部分是基于《瀛寰志略》里汉字的宁波话读音转译而成。11幅地图是：西半球、东半球、欧罗巴地图、北亚美利加地图、南亚美利加地图、阿非利加地图、亚细亚地图、中国地图、中国浙江省邑全图等。问答包括24章，问答部分问题为小号字，回答为大号字，包括：第一章“天文编”、第二章“讲地图个用场”，第三章至第五章“希腊”，第六章“意大利”、第七章“西班牙”、第八章“葡萄牙”、第九章“佛兰西”、第十章“瑞士”、第十一章“奥地利亚”、第十二章“日耳曼”、第十三章“普鲁士”、第十四章“荷兰、比利时”、第十五章“埭尼、瑞典、挪耳回”、第十六章“土耳其、峨罗斯”、第十七章“大英”、第十八章“北亚美利加、南亚美利加、还有西洋海岛”、第十九章“阿非利加”、第廿章“亚细亚”、第廿一章“大清国”、第廿二章“浙江省”、第廿三章“宁波府”、第廿四章“东洋个海岛”。虽然标题做“地名照《瀛寰志略》”，不过《瀛寰志略》的“法郎西”“亚墨利亚”，本书按照罗马字读音当为“法兰西”“亚美利亚”，并不相同。

《地球图》是第一本用宁波话写就的世界地图集，具有重要的文献价值。关于该书的价值，黄时鉴先生《宁波华花书房刊本知见略述》(载《黄时鉴文集》第 3 卷，上海：中西书局，2011 年）一文已经有非常充分的讨论，读者可参看。

该书现藏于哈佛大学哈佛燕京学社图书馆（编号：TA 238053）和牛津大学图书馆博德利图书馆（Sinica 1893）等。本书以前者为底本影印，只影印出版其中的问答部分。

2020 年 12 月 19 日

DI-GYIU DU.

NG DA-TSIU DI-DU.

PENG-KOH, PENG-SANG, PENG-FU.

Sæn-foh di-du.

WA-YIU.

Sing-kying di-du.

lin.

DI-LI VENG-TEH.

DI-MING TSIAO YING-WÆN-TS-LIAH.

NYING-PO.

1853.

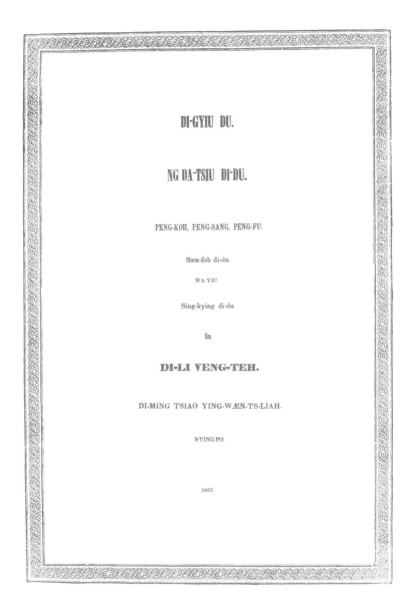

DI-LI VENG-TEH.

Di-ih tsông: Tʻin-veng-pin.

1. Meng. Dza kyiao-leh Tʻin?

Teh. Yiu sæn yiang kyiao-leh Tʻin. Di-ih ziu-z Tʻin-dông-go foh-di; di-nyi ziu-z kyʻüong-tsʻông, pʻi-jü wô Tʻin lôh-yü: di-sæn ziu-z Nyih-deo, Yuih-liang, Sing-siu-go u-dông, keh yia kyiao-leh Tʻin.

2. M. Keh-sing sing-siu tao-ti dza-go siang-mao?

T. Sing-siu yiu do-siao, yiu yün-gying. Ting gying teng di-yiang tsʻô hao-kyi pah-væn li-lu: ting yün-go tao z m-væn li-su-de. Gyi do-siao yia z m-ti go. Yiu-sing z teng ah-lah Di-yiang tsʻô-feh-to do; yiu-sing z pi gyi do ih-tsʻin to be; tsæ do yia yiu-go.

Dæn-z ing-we yün-yün; keh-lah kʻen-ko-kyʻi tu z siao-de, peh-ko ziang ih-tin ho-kwông ka-kun do.

3. M. Di-yiang z dza-go siang-mao?

T. Di-yiang, ing-we ah-leh z læ gyi min-teng deng-tih, keh lah kʻen-kyin z ôh-ziang m-pin-m-ngen, dæn-ziah yiu nying kao-kao læ sing-siu læ-kæn, i gyi kʻen-læ Di-yiang peh-ko z ziang ih-lih sing ka-kun do, yia z-ka shih-kwah-liang-go.

4. M. Sing-siu yiu kyi-yiang-sang?

T. Sing-siu yiu liang-yiang. Di-ih kyiao-leh ʻEng-sing; di-nyi kyiao-leh ʻAng-sing.

ʻEng-sing z feh-dong-go, dziang læ ih-tʻah u-dong læ-tih-go. ʻAng-sing z we dong-go, nyih-deo tông cong-nyiang, ʻAng-sing tsiu-we læ-tih cün-go.

5. M. Sing-siu-go kwông z ʻah-li ka læ-go?

T. Keh ʻEng-sing ni peng-læ z zi fah kwông-go: dæn-z Ang-sing m-neh kwông; feh-jün kʻen-feh-kyin, tsih z kyʻü-leh Nyih-deo tsiao-djôh gyi, keh-lah kʻen-kyʻi z teng ʻEng-sing tsʻô-feh-to ming.

6. M. Nyih-deo z kwe ʻah-li ih-le?

T. Nyih-deo ing-we yi z feh-dong-go, yi z fah-kwông-go. keh-lah sön z ʻEng-sing ts-le.

7. M. Di-yiang z kwe ʻah-li ih-le?

T. Di-yiang, ing-we z teng Nyih-deo tsiu-we læ-tih cün-go, keh lah sön z ʻAng-sing.

8. M. Yuih-liang z kwe ʻah-li ih-le?

T. Yüih-liang, ing-we z teng Di-yiang tsiu-we læ-tih cün-go, tsæ-wô ing-we zi peng-læ m-neh liang-kwông, keh-lah yia sön z ʻAng-sing.

9. M. Di-yiang z dza-go yiang-shih?

T. Kyi-jün Nyih-deo yüih-liang sing-siu tu z kweng-yün-go, kʻen-læ ah-lah Di-yiang-yia z ing-kæ tso yiang-shih-go.

10. M. Wa-yiu soh-go bing-kyü ma?

T. Wa-yiu sæn-go bing-kyü: Di-ih ni, ziu z wu-yüih Wu-yüih z ing-we yüih-liang peh Di-yiang tsô-djü yün-kwu. En-go u-dông ziu-z Di-go ing. Keh-go ing tao z yün-go, kyʻi feh-z Di-yiang kweng-tih s-yün go ma?

Di-nyi ziu-z nga-yiang yün-yün kʻen-kyin ih-tsah jün s-long-læ, sin kʻen-kyin we-ken ting-den, ʻeo-deo kʻen-kyin jün-ti.

Di sæn-go ting hao bing-kyü ziu z Nying-kô yiu-deh tseo-cün-læ-go, keh-lah hyiao-teh gyi yiang-shih. Tsih-jü Hwô-gyi kʻah-jün, yiu hyü-to z-djông ko Si-yiang, tao tsʻ-di læ-go: yia yiu hyü-to z ko Tong-yiang læ-go. Feh-leng Tong Si, tu hao tseo-tao, kʻo-kyin di-yiang m-teh bih-nyiang-kao yiang-shih, ih-ding z kweng-tih s-yün-go, keh-lah kyiao-leh Di-gyiu.

11. M. Di-gyiu, Nyih-deo, yüih-liang dza kun do?

T. Di-gyiu min-teng, kyʻün-cün yiu 9,0000 li: Cʻün-sing ni yiu 3,0000 li kwông-kying. Ziah yiu nying dong-sing ih-dzih dziao-leh Tong-pin ka tseo, me-nyih tseo 100 li-lu kyʻiao-leh liang-nyin ling sæn-ko yüih hao tao nyün u-dông læ. Nyih-deo pi Di-gyiu cʻün-sing liang to ih-pah be. Yüih-liang cʻün-sing peh-ko z Di-gyiu sæn-feng-ts ih.

12. M. Di-gyiu teng Nyih-deo yüih-liang li-yün to-siao?

T. Di-gyiu teng Nyih-deo li-yün 9500,0000 yiang-li; yi-z teng yüih-liang tsʻô 24,0000 yiang-li. Ting kwʻa-go tiao z ih-tin-cong neng-keo fi 60 yiang-li; dæn-z fi tao yüih-liang, kyʻiao-leh tsʻô-feh-to loh-ko yüih kong-fu; fi-tao Nyih-deo kyʻi, kyʻiao-leh ih-pah pah-jih to nyin.

13. M. Di-gyiu dza cün-fah?

T. Di-gyiu yiu liang yiang cün-fah. Ih-yiang z teng Nyih-deo tsiu-we-go; ih-yiang

z ziang ih-go leng-bun ka-go. Ziang leng-bun ka ih-cün ziu-z ih-nyih; teng Nyih-deo tsiu-we ih-cün tao nyün u-dông ziu-z ih-nyin.

14. M. Nyih-li teng yia-tao diao-læ wun-ky'i z dza-go kông-kyiu?

T. Di-gyiu, ing-we kweng-yün-go, keh-lah ih-pun z peh Nyih-deo sa-djôh; ih-pun m-neh sa-djôh. Sa-djôh-go pun-gyiu liang-liang, ziu-z Nyih-li: m-neh sa-djôh-go pun-gyiu en-go, ziu-z yia-tao. Tsæ-wô ing-we Di-gyiu nyih-nyih ziang leng-bun ka cün ih-cün; keh-lah nyih-li teng yia-tao dziang-t'ong z-ka diao-læ wun-ky'i.

15. M. Di-gyiu dziao-leh 'ah-li ih-hyiang læ-tih cün?

T. Di-gyiu z dzong si hyiang Tong ka cün-go; keh-lah k'en-kyin Nyih-deo læ Tong-pin c'ih, læ Si-pin lôh-sæn.

16. M. Nyih-deo c'ih-ts wa z ih-pun gyiu 'en-tao-c'ü lih-k'ah ziu tsiao-djôh-go soh?

T. M-neh; u-sen Tong Si yiu dzi-tsao feng-pih. P'i-jü u-sen teng dông-deo dziao-leh Si 7500 li-lu k'en-kyin Nyih-deo z pi ah-lah dzi ih-go z-zing kwông-kying; ts'ô s-ng væn li-lu z pi ah-lah dzi loh-go z-zing; tsih-jü Hwô-gyi di-fông z teng Cong-koh t'ih-te-deo-go, keh-lah dông-deo nyih-li keh-deo Yia-tao, tu z diao-zông wun-lôh-go.

Di Nyi Tsông.

Kông di-du-go yüông-dziang.

1. M. K'en di-du, Tong, Nen, Si, Poh, dza feng-bin?

T. Di-du zông-deo sön z Poh, 'ô-deo z Nen; Jing-siu-pin z Tong, Tsia-siu-pin z Si.

2. M. Di-gyiu dza feng-fah?

T. Di-gyiu yiu liang yiang feng-fah, ih-yiang z tsiao T'in-veng; ih-yiang tsiao Di-li,

Di-ih yiang z i-deh di-fông lang-nyih. Tong, Nen, Si, Poh ka feng-c'ih-læ.

Di-nyi yiang, z i-deh 'o kông, sæn, hæ ka feng-c'ih-læ.

3. M. Sin meng T'in-veng-go feng-fah: Dza kyiao-leh Ts'ih-dao?

T. Di-gyiu Tong Si kyüing-feng; keh feng-gyiu-go sin ziu-z Ts'ih-dao.

4. M. Dza-kyiao-leh wông-dao?

T. Nyih-deo-go tseo-lu, eo Wông-dao. Ing-we Wông-dao z teng Ts'ih-dao ts'ia-go, keh-lah nyih-deo z pun-nyin læ Ts'ih-dao Poh, pun-nyin læ Ts'ih-dao Nen.

5. M. C'ing, 'ô, Ts'iu, Tong tsiu-r-voh-s dza kông-kyiu?

T. Nyih-deo læ Ts'ih-dao poh ziu-z C'ing-t'in, 'Ô-t'in: t'e-lôh tao Nen-pin ky'i, ziu-z Ts'iu-t'in, Tong-t'in. Keh-lah deng-leh Nen pun-gyiu cü-kwu z teng ah-lah diao t'in-kô: dông-deo nyih, keh-deo lang, z ih-we-kah-ky'i.

6. M. Dza kyiao-leh Jih-ts sin?

T. Nyih-deo teng Ts'ih-dao li-leh ting yün u-sen, yia tu yiu ih da-sin, z læ di-gyiu tsiu-we teng Ts'ih-dao bing-ba-go. Ing-we nyih-deo tseo dziao Nen, dziao Poh, ih tao keh liang-t'ah di-fông ziu we-ts, keh-lah keh liang da-sin kyiao-leh Jih-ts sin.

7. M, Dza kyiao-leh Tong-ts 'ô-ts?

T. Nyih-deo tao Poh-pin keh-da sin, ka z-'eo kyiao-leh 'Ô-ts, tao Nen-pin keh-da sin, ka z-'eo kyiao-leh Tong-ts.

8. M. Dza kyiao-leh Heh-dao?

T. Di-gyiu ting Nen, ting Poh u-dông kyiao-leh Nen-gyih, Poh-gyih. Teng Nen-gyih, Poh-gyih ts'ô ih-t'ön lu, ziang Jih-ts-sin teng Ts'ih-dao ka-kun li-yün, yia yiu liang-da sin, tsiu-we Di-gyiu teng keh sæn-da bing-ba-go. Keh kyiao-leh Heh-dao.

9. M. Heh-dao u-sen nyih-yia dziang-tön dza-go?

T. Ing-we nyih-deo ih tao 'Ô-ts ve tsiao-djôh Nen-gyih; ih tao Tong-ts yia ve tsiao-djôh Poh-gyih; keh-lah Nen Poh liang gyih di-fông tu yiu loh-ko yüih yia-tao, loh-ko yüih nyih-li.

10. M. Di-gyiu min-teng feng-leh kyi-da-tu?

T. Keh-sing Jih-ts-sin, teng Heh-dao feng-leh Di-gyiu min-teng yiu ng-da Ta.

11. M. Nyih-ta dza-go?

T. Jih-ts-sin cong-nyiang keh-da Ta ing-we z læ Nyih-deo ti-'ô, di-fông nyih, keh-lah kyiao-leh Nyih-ta. Nyih-ta keh di-fông, dziang-t'ong ziang 'Ô-t'in ka-go: tsih-k'eng m-neh lang nyih, tsih-yiu sih-sao, feng-pih.

12. M. Weng-ta dza-go?

T. Jih-ts-sin, teng Heh-dao cong-nyiang

di 2 tsông.

keh liang-da ta, ing-we feh-lang, feh-nyih, keh-lah kyiao-leh Weng-ta.

13. M. Ping-ta dza-go?

T. Heh-dao nga-pin keh liang-tʻah di-fông, ing-we pun-nyin m-neh Nyih-deo sa-djôh, tʻin-kô ting lang, keh-lah kyiao-leh Ping-ta.

14. M. Keh ng-da sin, teng ng-da ta di-du-li ng we zing-djôh ve?

T. Di-li-du-li dzih-go sin kyiao-leh Kying-sin; wang-go kyiao-leh We-sin. Keh sing sin z hao liang u-sen yün-gying, feng Tong, Nen, Si, Poh, ka yüong-dziang-go.

15. M. Kying-sin We sin dza yüong-dziang?

T. Di-li-du su-moh-z, ziu-z pʻa du-su-go. We-sin ih du, tsong z 250 li; keh-lah liang-tʻah di-fông Nen Poh tsʻô 10 du, ziu-z tsʻô 2500 li-lu. (Ih du feng 60 kah, ih kah kyiao-leh ih s. Di-li-du li-hyiang keh-sing du, ʻao, s, tu z ka sia, 12° 25′ 59″, ziu hao doh 12 du, 25 ʻao, 59 s, Nying-po z læ Tsʻih-dao Poh 29°, 25′. Dzong Leng-deng kying-dzing dziao Tong 121°, 22′.)

16. M. Kying-sin-go du-su yiu do-siao ma?

T. Kying-sin-go du-su z yiu do-siao-go. Kʻeo-kʻeo Tsʻih-dao yia z 250 li: yüih gying Nen-gyih, Poh-gyih, yüih tön; keh-lah yüong kying-sin pʻa li-su feh bin-tông. Tsiu-we Di-gyiu long-tsong yiu 360 du.

Di Sæn Tsông.

1. M. Di-gyiu min-teng to-siao z sao-di, to-siao z shü.

T. Di-gyiu min-teng, sao-go di-yiang z sæn-kwu li-hyiang tsih-deh ih-kwn, yü-to tu z hæ.

2. M. Sao-di dza feng-fah?

T. Sao go di-yiang peh hæ-li shü feng-kʻæ deh-ma tʻah: do-go tʻah-su kyiao-leh Da-tsiu; siao tʻah-su kyiao-leh Hæ-tao.

3. M. Da-tsiu yiu to-siao?

T. Da-tsiu yiu ng-go; sæn-go læ Tong-pun-gyiu, liang-go læ Si-pun-gyiu. Læ Tong-pun-gyiu-go da-tsiu kyiao-leh Üô-si-üô, Ah-fi-li-kyüô, Eo-lo-pô: læ Si-pun-gyiu ziu-z Poh-Üô-me-li-kyüô, Nen-Üô-me-li-kyüô.

4. M. Dza kyiao-leh lin-pʻing?

Liang-go da-tsiu cong-nyiang yiu ih-tʻah ʻah-ʻah-go u-dông lin-long-liao; keh kyiao-leh lin-ping.

5. M. Di-gyiu min-teng-go shü dza feng-fah?

T. Di-gyiu min-teng-go shü z feng-leh Yiang, Hæ, Kông, ʻO. Ting do z Yiang, Hæ pi Yiang siao-tin: tu z ʻæn-shü-go. Wu z ziang hæ ka, tæn-tsih shü z dæn-go.

6. M. ʻO teng kông dza feng-pih?

T. Hyü-to kyʻi-kʻang-li shü tsʻong-lôh-læ ping-long ih-da-sang tao hæ-li-kyʻi, keh kyiao-leh kông.

ʻO z nying gyüih-cʻih-læ-go, hao tʻong jün-tsah læ-Wông-go, yi hao tsʻô-zông din-li kyʻi.

1. M. Dza kyiao-leh Hæ-yiah?

T. Liang-pʻin hæ lin-long u-dông, kyiao-leh Hæ-yiah.

Di S Tsông.

Di-gyiu du-li yiu hao-kyi-yiang tong-si, iao ʻôh-sang-ts tin peh sin-sang kʻen.

1. Ng-da ta.
2. Tsʻih-dao, Heh-dao, Jih-ts sin, Nen-gyih Poh-gyih.
3. Kying-sin, We-sin.
4. Tong-pun-gyiu, Si-pun-gyiu.
6. Tong-yiang, Si-yiang, Ing-du yiang.
7. Poh-ping-hæ, Nen-ping-hæ, Di-cong-hæ.

1. M. Shü-kæn-zông nying tu z dzong ju djün-lôh-læ?

T: ʻOng-shü-ts-ʻeo shü-kæn-zông nying tu z dzông Nô-üô djün-lôh-læ-go. Sin-go ts-seng z deng læ Üô-si-üô, Yin-go ts-seng z deng-læ Ah-fi-li-kyüô, Yüô-fah-go ts-seng z deng-læ Eo-lo-pô teng Üô-me-li-kyüô.

2. M. Dza-kyiao-leh yiang-li?

T. Si-yiang ih-li ziu-z Cong-koh s-li tsʻô-feh-to. Tih-kôh-fông ih-tʻah di-fông, dziang ih-go yiang-li, kwʻeh ih-go yiang-li, keh kyiao-leh Cün-fông yiang-li, da-iah z teng Nying-po dzing li-hyiang tsʻô-feh-to do. Ziah iao kông koh-veng do-siao, tsih-siao wô yiu to-siao cün-fông yiang-li læ-tih.

di 4 5 tsông.

3. M. Eo-lo-pô di-fông to-siao do?
4. M. Wn-kʻeo to-siao?
5. M. Eo-lo-pô nying tông-tsʻu-ts pa soh-go Bu-sah?

T. ʻOng-shü ts-ʻeo m-to-siao nyin-dæ, ing-we Tsing-Jing mông-kyi-de, keh-lah tsôh-kyʻi hyü-to kô Bu-sah læ; ʻeo-deo ih-tʻah yiu ih-tʻah-go Bu-sah.

6. M. Næn-kæn ni?

T. Næn-kæn ni, Eo-lo-pô nying; se-tsih feng-leh s yiang kyiao-meng, tu z pa doh ih-we Tsing-Jing.

7. M. ʻAh-li keh s-yiang?

T. Ziu-z Yiæ-su-kyiao, Tʻin-cü-kyiao, Hyi-lah-kyiao, We-we-kyiao.

8. M. Keh-sing kyiao-meng z yiu soh-go feng-pih?

T. Hyi-lah-kyiao z teng Tʻin-cü-kyiao da-dong siao-yi, peh-ko z dzong di-fông cʻih-ming-go. Tʻin-cü-kyiao peng-læ z teng Yiæ-su-kyiao m-kao kôh-yiang, tsih-z ing-we feh-hyü pah-sing kʻen sing-kying, keh-lah mæn-mæn zia-kʻæ-de. We-we-kyiao ni, se-tsih Giu-yi Tsiao-shü, Sing-yi Tsiao-shü tu siang sing-go, dæn-z gyi-lah ling-nga tseng-kying ih-go Kyiao-deo, yia ling-nga yiu ih-peng shü sön z gyi-lah-go sing-kying,

9. M. ʻAh-li keh-sing di-fông z i Yiæ-su-kyiao-go?

T. Ze-koh, Nô-r-we, Da-nyi, Pʻu-lu-z, ʻO-læn, Ing-kyih-li wa-yiu Jih-r-mæn yiu-sing siao-koh tu z Yiæ-su-kyiao.

10. M. ʻAh-li keh-sing di-fông z i Tʻin-cü-kyiao?

T. Tʻin-cü-kyiao di-fông ziu-z Yi-da-li, Si-pæn-yüô, Bu-dao-yüô, Veh-læn-si, Ao-di-li-üô wa-yiu Jih-r-mæn yiu-sing siao-koh.

11. M. Soh-go di-fông z Hyi-lah-kyiao?

T. Hyi-lah teng Ngo-lo-s tu z Hyi-lah-kyiao.

12. M. We-we kyiao-ni?

T. Tʻu-r-kyi, se-tsih pah-sing-lah ih-do pun z Hyi-lah-kyiao, dæn-z ing-we z We-ts kæ-kwun-go, keh-lah yia sön z We-we-kyiao di-fông.

13. M. Wa-yiu soh-go kyiao-meng?

T. Eo-lo-pô wa-yiu hyü-to Yiu-tʻæ-koh nying, kôh-tao-kôh-cʻü deng-kʻæ-liao. Gyi-lah ing-we feh siang-sing Sing-yi Tsiao-shü keh-lah sön z ling-nga ih-go kyiao-meng.

Di Ng-Tsông.

Hyi-Lah.

1. M. Hyi-lah læ ʻah-li?
2. M. Yiu to-siao Koh-veng?
3. M. Yiu to-siao Wu-kʻeo?
4. M. Kying-dzing kyiao-leh soh-go di-ming?
5. M. Kying-dzing yiu to-siao Wu-kʻeo?
6. M. Kwu-z-tsin feng-leh to-siao koh-su?

T. Kwu-z-tsin feng-leh hyü-to siao-koh; ting yiu-ming-deo z Yüô-tin, Lah-ko-nyi, Mô-gyi-teng keh-sæn-tʻah di-fông,

7. M. Kwu-z-tsin nying dza-go?

T. Kwu-z-tsin Hyi-lah nying ts-tsih ting hao: feh-leng veng-vu, bih-koh nying tu zông gyi te-siu feh-læ.

8. M. Hyi-lah nying tang-tsiang tsing-voh to-siao di-fông?

T. Yiæ-su yi-zin sæn-pah nyin Üô-leh-sæn-teh Wông-ti, tang-tsing Üô-si-üô kyʻi. Koh-tang-koh-go di-fông ih-dzih tao Ing-du-koh ts-ka tu-peh gyi tang-ying-de. Yi-ʻeo keh-sing di-fông Hyi-lah veng-li z tʻong-ʻang-go; keh-lah Sing-yi Tsiao-shü peng-læ tu z sia-leh Hyi-lah z-ngæn.

9. M. Hyi-lah yin-dzæ dza-go?

T. Ing-we yiu s-pah nyin peh Tʻu-r-kyi We-ts kæ-kwun, keh-lah sang-i, siu-nyi, doh-shü keh-sing tu pi kwu-z-tsin tʻe-pæn yiu-ho-de. Dæn-z kyʻü-leh nyiæn-to-nyin zin-deo, feh-voh de, dzong-sin ling-nga lih-koh, iao-bông yi we voh-cün-læ-gyi.

10. M. Tso nying-go kwe-kyü dza-go?

T. Hyi-lah nying pi kwu-z-tsin pa kô Bu-ah-go z-ʻeo yü-kô kwe-kyü; dæn-z ing-we kʻen sing-kying-go kyʻüih, keh-lah pi Yiæ-su-kyiao di-fông long-do tʻe-pæn.

11. M. Tʻin-kô, di-tʻu keh-sing dza-go?

T. Tʻin-kô tong-nön ʻô-liang, sæn-se kying-cü hao-kʻen, di-tʻu ʻeo-jih-go Ts-bu-dao cong-leh to, yü-to tʻu-tsʻæn teng dông-deo tsʻô-feh-to.

di 6 7 Tsông.

Di-loh Tsông.

Yi-da-li.

1. M. Yi-da-li læ 'ah-li?
2. M. Di-fông to-siao do?
3. M. Wu-k'eo to-siao?
4. M. T'in-kô di-t'u keh sing dza-go?

T. Sæn-se pi Hyi-lah di-fông yü-kô yiu siu-ky'i; T'in-kô, t'u-ts'æn keh-sing ts'ô-feh-to.

5. M. Yi-da-li feng-leh to-siao koh-su?

T'ong Yi-da-li feng-leh jih-go siao-koh, ziu-z Lo-mô, Na-peh-leh-s, To-s-kyüô-neh, Sah-r-tih-nyi We-ne-seh. Lu-kyüô, Pô-r-mô, Mo-teh-nô, Mo-neh-ko, Sing Mô-li-nyiah.

6. M. Lo-mô koh kwu-z-tsin dza-go?

T. Kwu-z-tsin Lo-mô tæn-kông tang-tsiang; ziu-z vu-yün vu-kwu yia we tao bih-koh ky'i zing-z ts'ao-nao. Ing-we tæn-ts do, ping-fah, kyüing-ky'i tu hao, keh-lah, tang ih-dzing ying ih-dzing; Eo-lo-po, Ah-fi-li-kyüô, Üô-si-üô tu yiu hyü-to koh-su tang-ying-de.

7. M. Yin-dzæ ni?

T. Yin-dzæ koh-veng siao pah-sing gyüong; sang-i lang-zing, veng-li hwông-su: cong-r-yin-ts sön z Eo-lo-pô ting meh-teng-go di-fông.

8. M. Jü læ-kæn tso Lo-mô-koh Wông-ti?

T. T'in-cü-kyiao Kyiao-Wông z deng læ Lo-mô di-fông, yia sön z Lo-mô koh Wông-ti.

9. M. Yi-da-li bih-koh di-fông dza-go?

Sah-r-tih-nyi pi Lo-mô hao-tin. Yi-da-li yü-to koh-su tu ts'ô-feh-to.

10. M. Yi-da-li yiu soh-go ho-sæn.

T. Yiu liang zo ho-sæn: ih-zo kyiao-leh Yi-da-nô sæn, ih-zo kyiao-leh Vi-su-vi sæn. Pao-c'ih-læ ting li-'æ-go: kwu-z-tsin yiu deh-ma t'ah do di-fông peh gyi t'ong-sing mih-diao-de.

Di-ts'ih Tsông.

Si-pæn-yüô.

1. M. Si-pæn-yüô læ 'ah-li?
2. M. Koh-veng to-siao do?
3. M. Wu-k'eo to-siao?
4. M. Kying-dzing kyiao-leh soh-go di-ming?
5. M. Kying-dzing yiu to-siao Wu-k'eo?
6. M. Si-pæn-yüô yiu soh-go kao-sæn?
7. M. Yiu soh-go kông?
8. M. Tso-nying-go kwe-kyü dza-go?

T. Kwun-fu bao-nyiah, pah-sing feh t'a-bing; dao-zeh to, en-kyin sông-nying yia feh-siao.

9. M. Si-pæn-yüô soh-go hyi-deo?

T. Si-pæn-yüô p'ong-djôh tsih-k'eng, yiu hyü-to nying teng yia-ngeo ky'i teo. Ih-do dziao nen-nen nyü-nyü tu tseo-long-læ k'en. Ziah-z nying tang-sah ngeo, 'ôh-tsia ngeo gyüih-sah nying tu feh-leng, cong-nying tsih-we siao, sön z ôh-yiu c'ü-hyiang.

10. M. Si-pæn-yüô yiu soh-go jôh-koh?

T. Si-pæn-yüô deo-tseo-ts, læ Si-pun-gyiu yiu hyü-to jôh-koh. Ka z-'eo sang-i nao-nyih, pah-sing fu-tsoh. Næn-kæn tsih-yiu Kwu-pô, Li-song wa-yi ukyi-go siao-tin hæ-tao z jôh gyi kæ-kwun. Sang-i kong-dao, pah-sing gyüong.

11. M. Kwu-pô teng Li-song læ 'ah-li?

Di-pah Tsông.

Bu-dao-yüô.

1. M. Bu-dao-yüô læ 'ah-li?
2. M. Koh-veng to-siao?
3. M. Wu-k'eo to-siao?
4. M. Kying-dzing kyiao-leh soh-go di-ming?
5. M. Kying-dzing yiu to-siao wu-k'eo?
6. M. Yiu soh-go joh-koh?

T. Deo-tsao-ts joh-koh to, næn-kæn tsih-yiu Ing-du ti-'ô Go-ah di-fông, Kwông-tong ti-'ô Mah-kao di-fông wa-yiu Ah-fi-li-kyüô yiu-sing di-fông z joh Bu-dao-yüô kæ-kwun-go.

7. M. T'in-kô, sang-i, hyiang-fông keh-sing dza-go?

T. Tu teng Si-pæn-yüô ts'ô-feh-to.

di 9 13. Tsông.

Di kyiu-Tsông.

Veh-læn-si.

1. M. Veh-læn-si læ ʻah-li?
2. M. Koh veng to-siao do?
3. M. Yiu to-siao Wu-kʻeo?
4. M. Kying-dzing kyiao-leh soh-go di-ming?
5. M. Kying-dzing yiu to-siao Wu-kʻeo?
6. M. ʻAh-li ih-da kông ting dziang?
7. M. Veh-læn-si teng Si-pæn-yüô tông cong-nyiang yiu soh-go kao sæn?
8. M. Cʻih soh-go tʻu-tsʻæn?

T. Tsiu teng dziu-dön z Veh-læn-si cʻih-leh-to.

9. M. Sang-i to feh-to?

T. ʻEn-tʻin-ʻô, tsih-yiu Da-ing teng Hwô-gyi keh-liang-tʻah di-fông z pi Veh-læn-si sang-i yü-kô to.

10. M. Soh-go tong-si, z Eo-lo-pô Nen-pin kyʻüih, Veh-læn-si-to?

T. Ho-leng jün, ho-leng-tsʻô-ts, ta-sing-go tʻih-s, Si-pæn-yüô, teng, Yi-da-li keh-sing di-fông kyʻüih-go, Veh-læn-si tao yiu hyü-to.

11. M. Koh-kô shu-dao dza-go?

T. Ping-mô, teng ping-jün, yi to yi hao.

12. M. Veh-læn-si nying-pʻing dza siang-mao?

T. Ts-tsih ling, siu-nyi kyʻiao, veng-li sing; sing-kah ʻo-kyʻi, nga-kwông-min m̄æn kʻah-kyʻi; dæn-z tso-nying-go ʻang-we veo-pʻiao-pʻiao; pah-sing-lah yia djông-djông feh tʻa-bing.

Di jih-Tsông.

Ze-z.

1. M. Ze-z læ ʻah-li?
2. M. Koh-veng to-siao do?
3. M. Yiu to-siao Wu-kʻeo?
4. M. Kying-dzing kyiao-leh soh-go di-ming?
5. M. Kying-dzing yiu to-siao Wu-kʻeo?
6. M. Feng-leh to-siao sang-veng?

T. Feng-leh nyiæn-nyi sang: ih-sang sön z ih koh, yia ling-nga yiu zi-go koh-tsing; peh-ko z dô-kô iah-ding hao-liao, ziah yiu bih-koh læ vah gyi tu yiao iah-lih dong-sing ti-tông.

7. M. Ze-z di-fông yiu soh-go kao sæn?
8. M. To-siao kao?
9. M. Pah-sing-lah da kæ tso soh-go ʻông-tông?

T. Ing-we shü-kʻeo feh bin-tông m-teh nga-yiang sang-i, keh-lah Ze-z nying da-kæ z kʻao-djôh siu-nyi teng cong-din. Keh-sing Nong-fu yia yiu hyü-to, kʻen ngeo teng yiang.

10. M. Ze-z nying ts-hyiang dza-go?

T. Pah-sing-lah tu hwun-hyi doh-shü, tso z-tʻi pô-kyih; ziu-z gyüong yia cü-tsoh-go.

Di jih-ih-Tsông.

Ao-di-li-üô.

1. M. Ao-di-li-üô læ ʻah-li?
2. M. Koh-veng to-siao do?
3. M. Yiu to-siao wu-kʻeo?
4. M. Kying-dzing kyiao-leh soh-go di ming?
5. M. Kying-dzing yiu to-siao wu-kʻeo?
6. M. ʻAh-li ih-da kông ting do?
7. M. Ao-di-li-üô yiu soh-si teng Jih-r-mæn siang-dong-go?

T. Shih-wô, veng-li, hyiang-fông keh-sing to siang-dong-go.

Di jih-nyi-Tsông.

Jih-r-mæn.

1. M. Jih-r-mæn læ ʻah-li?
2. M. Feng-leh to-siao koh-su?

T. Djü-diao Ao-di-li-üô Pʻu-lu-z ts-nga wa-yiu sæn-jih to siao-koh, tu-z zi tso-cü, dæh-z we-leh ti-tông nga-koh tu ʻeh-long-liao,

3. M. Keh-sing do-tin-go koh-veng kyiao-leh soh-go ming-z?
4. M. Tʻong Jih-r-mæn to siao do?
5. M. Yiu to-siao wu-kʻeo?
6. M. Li-deo yiu kyi-da kông?
7. M. Jih-r-mæn veng-fong dza-go?

T. Yiu hyü-to yiu ming-deo shü-yun, yia yiu hyü-to bih-koh nying tao keh-deo kyʻi doh-shü.

Di Jih-sæn Tsong.

Pʻu-lu-z.

1. M. Pʻu-lu-z koh-veng dza kun do?
2. M. Yiu to-siao wu-kʻeo?
3. M. Kying-dzing kyiao-leh soh-go di-ming?
4. M. Koh-kô shu-dao dza-go?

T. Ih-pah ng-jih nyin zin-deo m̄-kao ming-

sing dæn-z kyʻü-leh kông-kyiu veng-fah teng ping-fah keh-liang yiang, keh-leh yin-dzæ sön z Eo-lo-pô di s-go koh.

Di Jih-s Tsông.

ʻO-læn. Pi-li-z.

1. M. ʻO-læn, teng Pi-li-z læ ʻah-li?
2. M. Koh-veng dza-kun do?
3. M. Wu-kʻeo to-siao?
4. M. Kying-dzing kyiao-leh soh-go di-ming? Wu-kʻeo to-siao?
5. M. Pah-sing tao soh-go ông-tông to?

T. Pah-sing-lah tao nga-koh tʻong-shông to, keh-lah di-fông se siao yia z fu-tsoh.

6. M. Yiu soh-go joh-koh?

T. Hwa-ah-nô ih-tʻah di-fông teng keh-lah-pô, wa-yiu deh-ma-go hæ-tao tu z ʻO-læn kæ-kwun-go.

Di Jih-ng Tsông.

Da-nyi, Ze-tin, Nô-r-we.

1. M. Keh-sæn-tʻah di-fông læ ʻah-li?
2. M. Koh-veng dza-kun do? Wu-kʻeo to-siao?
3. M. Kying-dzing kyiao-leh soh-go di-ming? Yiu to-siao wu-kʻeo?
4. M. Keh-sing di-fông sang-i dza-go?

T. Ing-we nga-yiang sang-i siao, Tʻin-kô-lang, di-tʻu boh, pah-sing kyʻüih, keh-lah si-jün gying-gyin yia feh neng-keo jih-feng fu-tsoh.

5. M. Nô-r-we, Ze-tin cong-nyiang yiu soh-go sæn?
6. M. Ze-tin, Ngo-lo-s cong-nyiang yiu soh-go hæ?

Di Jih-loh Tsông.

Tʻu-r-kyi Ngo-lo-s.

1. M. Læ ʻah-li?
2. M. Koh-veng? Wu-kʻeo?
3. M. Kying-dzing di-ming teng wu-kʻeo?
4. M. To-nao kông dza-kun dziang? Vôh-lah-kyüô kông?
5. M. Di-nyi pah kông?
6. M. Heh-hæ læ ʻah-li? Dza-kun dziang? Bah-hæ? Li-hæ?
7. M. Tʻu-r-kyi yiu soh-go hyiang-fông teng dông-deo siang-ziang?

T. Yia tsôh dæ ah-yi, yia tsôh kyʻüoh a-pʻin.

8. M. Ngo-lo-s yiu soh-go joh-koh?

T. Si-pi-lah teng Jih-r-jih tu z Ngo-lo-s kæ-kwun. Joh-koh lin peng-koh tu ping-tæn-long, ʻen-tʻin-ô koh-veng sön z Ngo-lo-s ting do.

9. M. Yiu Ngo-lo-s nying tao Cong-koh tʻong-shông-ma?

T. Ing-we Si-pah-lah z teng Da-Tsʻing kæ-ka, keh-lah djông-djông yiu Ngo-lo-s nying tao Poh-deo di-fông læ tʻong-shông.

Di Jih-tsʻih Tsông.

Da-Ing.

1. M. Læ ʻah-li?
2. M. Koh-veng? Wu-kʻeo?
3. M. Kying-dzing di-ming teng wu-kʻeo?
4. M. Peng-læ feng-leh kyi-koh sang?

T. Sæn-koh, ziu-z Ing-kyih-li, Su-keh-læn, Ah-r-læn,

5. M. Su-keh-læn, teng Ah-r-læn Kying-dzing kyiao-leh soh-go di-ming?
6. M. Da-Ing yiu soh-go joh-koh?

T. Læ ng da-tsiu, Tong-yiang, Si-yiang tu yiu kæ-kwun-go di-fông; lin joh-koh ping-long, Da-Ing sön z ʻen-tʻin-ʻô di-nyi-go koh-veng.

Di Jih-pæh Tsông.

Poh-Üô-me-li-kyüô, Nen-Üô-me-li-kyüô, Wa-yiu Si-yiang hæ-tao.

1. M. Si-yiang dza-kun kwʻeh?
2. M. Hæ-tao to kyʻüih?

T. Kyʻüih-go.

3. M. Ping-di dza-go?

T. Di-fông long Pah-sing gyüong; dæn-z da-kæ tu yia cü tsoh, yia kwe-kyü, Keh-deo yiu ih-zo ho-sæn, sæn-kyiah-ʻô shü-nyün piao-cʻih-læ sang-dzing z nyih-go, ziu hao do-læ tsvæn yüong-go.

4. M. Tsʻing-di dza-go?

T. Tʻin-kô ping-lang, Pah-sing yi gyüong-kwʻu yi tsʻu-mæn. Dæn-z dzing-gyiu yiu nying kʻeng kyʻi djün Foh-Ing Dao-li peh gyi-lah tʻing, yia yiu hyü-to jih-kyiao-kæn. Tsʻing-di, Ping-di tu-z Da-nyi kæ-kwun-go.

di 18 19. Tsông.

5. M. Si Ing-du do-tin hæ-tao kyiao-leh soh-go ming-r?
6. M. Peh-jü kæ-kwun?

T. Kwu-pô z Si-pæn-yüô kæ-kwun, Yüô-ma-kyüô z Da-Ing kæ-kwun, Hæ-di z zi tso-cü. Wa-yiu hyü-to siao-tin-go hæ-tao, yiu-sing kwe Veh-læn-si, yiu-sing kwe Da-nyi, yiu-sing kwe Bu-dao-yüô. Keh-sing di-fông cong-din teng siu-nyi da-kæ z Ah-fi-li-kyüô heh-nying tso-go.

7. M. Da-Ing joh-di to-siao do?

T. Pi djün Eo-lo-pô wa-do, peh-ko jih-kwu li-deo, tsih-yiu ih-kwu z yiu nying deng-tih.

8. M. Feng-leh soh-go sang-veng?
9. M. Yiu soh-go zing-li?
10. M. Ngo-lo-s joh-di læ ʻah-li?
11. M. Di-fông dza-go?

T. Miao-ts tsʻu-mæn-go tu z tang din-liah, kʻo-ng ko-nyih-ts. Ngo-lo-s nying læ-kæn, peh-ko z ma bi-ho kyʻi-go,

12. M. Hwô-gyi koh-veng to-siao do? Wu-kʻeo to-siao?
13. M. Feng-leh to-siao sang-veng?

T. Feng-leh sæn-jih ih-sang, wa-yiu hyü-to di-fông ing-we nying kyʻüih feh sön-tsing-sang-veng li-deo.

14. M. Poh-deo k.o-ka soh-go Wu? Soh-go kông?
15. M. ʻAh-li ih-da kông ting dziang?
16. M. Si-pin soh-go kao-sæn?
17. M. Kying-dzing kyiao-leh soh-go di-ming?
18. M. Mo-z-teng, Nyiu-iah-r, Fi-leh-deh-fi læ ʻah-li? To-siao wu-kʻeo?
19. M. Di-fông dza-go?

T. Tʻin-kô ʻo-nön, di-tʻu ʻeo, shü-kʻeo bin-tông. Pah-sing feh-keo yüong kyʻüih-go, feh doh-shü yia kyʻüih-go.

20. M. Sæn-veh-læn-z-kʻeh læ ʻah-li? Tao dông-deo ts-ô to-siao lu?
21. M. Tao Hwô-gyi Si-pin iao-ko soh-go hæ? Tao Tong-pin?
22. M. Moh-si-ko koh-veng to-siao do? To-siao wu-kʻeo?
23. M. Ky‿ng-dzing kyiao-leh soh-go di-ming?
24. M. N‿ e-di-mô-lah koh-veng, wu-kʻeo kying-dzing?
25. M. Pô-nô-mô lin-pʻing to-siao kwʻeh?
26. M. Nen üô-me-li-kyüô feng-leh to-siao koh-su?
27. M. Kʻo-leng-pi-üô ti-ʻô ʻah-li sæn-koh-sang? Koh-veng? Wu-kʻeo? Kying-dzing?
28. M. Pi-lu læ ʻah-li? Koh-veng? Wu-kʻeo? Kying-dzing?
29. M. Co-li (Yia iao tsiao yiang meng-go) Po-li-fi-nô? Pô-si? U-lah-kwe? Pʻo-lah-kwe? Lah-pô-lah-tʻa? Pô-tʻa-ngo-nô?
30. M. Hwa-ah-nô feng-leh to-siao sang-veng? Veh-jü kæ-kwun?
31. M. Nen üô-me-li-kyüô soh-go kao-sæn? ʻAh-li ih-da kông ting dziang?

Di Jih-kyiu Tsông,

Ah-fi-li-kyüô.

1. M. Ah-fi-li-kyüô Poh-pin hæ-kʻeo yiu soh-go koh? Soh-go kying-dzing
2. M. Nen-pin ni?
3. M. Tong-pin?
4. M. Si-pin?
5. M. Cong-nyiang?
6. M. Yiu soh-go sô-moh? To-siao do?
7. M. Yiu soh-go wu? To-siao dziang?
8. M. Nyi-lo kông læ ʻah-li? To-siao dziang? Nyi-kʻeh-lo kông ni? Kyüih-ts kông?
9. M. Yiu soh-go sæn?
10. M. Ah-fi-li-kyüô nying z jü-go ts-seng?

T. Z Nô-üô di-sæn ng-ts Yin-go ts-seng.

11. M. Nying sang-siang dza-go?

T. Bi-fu heh-go, deo-fah kyün-long-liao, bih-deo-kwun pin-pin, cü-jing ʻeo-ʻeo-go.

12. M. Vong soh-go kyiao-meng?

T. Poh-deo z We-we-kyiao to; yü-to kôh-cʻü yiu kôh-cʻü-go bu-sah.

13. M. Yiæ-su-kyiao nying yiu-ma?

T. Zin-deo kyʻüih-go, dæn-z ing-we yia-yiu nying læ-kæn ʻang-kyiao, keh-lah næn-kæn to-kyʻi-læ-de.

14. M. Ah-fi-li-kyüô veng-fong dza-go?

T. Djü-leh We-we-kyiao ts-nga, yü-to tu-feh sih-z-go.

15. M. Yiu soh-go do-tin shü-dao koh-kô ma?

T. Tu z feng-leh hyü-to siao-koh djông-djông læ-tih tang-tsiang. Deo-tsao-ts yiu nying lo-liah-læ, tu iao ma-diao tso nu-boh, gying-læ ing-we Da-Ing teng Hwô-gyi yiu ping-jün læ-kæn jing-lo, keh-tsao tsih-hao tʻeo-bun ma-go.

16. M. Kô-peh di-fông læ ʻah-li?
17. M. Z jü kæ-kwun-go.

T. Z Da-Ing kæ-kwun: yia-yiu hyü-to Ing-kyih-li nying deng-kæn. Keh-tʻah di-fông tsiang-læ iao-bông wo hying-kyʻi-læ, tso do koh-kô. Kô-peh-dzing yiu nyi-sæn væn wu-kʻeo.

18. M. Seh-lah-leh-o-nen læ ʻah-li?
19. M. Z-jü kæ-kwun?

T. Yia z Da-Ing kæ-kwun. Pah-sing kyʻüih; tsih-yiu s-ng væn. Yiu hyü-to peng-læ z tang-tsiang z-ʻeo, kʻô-kyʻi ma-diao tso nu-

di 20 21. Tsông.

boh; ʻeo-deo peh Ing-kyih-li ping-jün kyiu-kyü-læ, keh-lah tao keh-deo kyʻi deng-go.

20. M. Li-pi-li-üô læ ʻah-li?
21. M. Z jü kæ-kwun?

T. Li-pi-li-üô nying peng-læ z Hwô-gyi læ-kæn tso nu-boh. Yiu ih-pæn hao nying teo-long dong-din ma keh-tʻah di-fông, yi coh bun-jün peh gyi læ deng-go. Keh-tsao lih-koh-kæn-de. Yia z zi-tso cü-i. Koh-tsing z kʻen Hwô-gyi-koh yiang: pah-sing yin-dzæ tsih-yiu kyi-væn; dæn-z ing-we yiu hyü-to nying dzong Hwô-gyi ka læ, yia yiu hyü-to peng-di nying, dzing-nyün teng gyi-lah ʻeh-long, keh-lah djông-djông to-kyʻi-læ,

22. M. Mô-dah-kô-s-kô læ ʻah-li?
23. M. Læ keh-deo gying-læ yiu soh-go z-ken?

T. Yiu nying tao keh-deo kyʻi djün-kyiao; jih-kyiao-go to: lin Wông-ti yia siang-sing-de. Dæn-z Wông-ti si-ts, Wông-ʻeo, ing-we feh siang-sing, keh-lah kʻô-læ jih-kyiao-go pah-sing, feh-tsiao to-siao, sah-diao-de. Da-kæ tu z kyin-kwu, ziu-z si, tu feh-kʻeng kyʻi-diao gyi-lah Kyiu-Cü Yiæ-su.

Di Nyiæn Tsông.

Üô-si-üô.

1. M. Tong Tʻu-r-kyi læ ʻah-li? Koh-veng? Wu-kʻeo?
2. M. Yiu soh-go yiu-ming-deo zing-li?
3. M. Kwe soh-go di-fông kæ-kwun?

T. Tong Tʻu-r-kyi kwe si Tʻu-r-kyi kæ-kwun.

4. Pah-sing-lah vong soh-go kyiao-meng?

T. Pah-sing z We-we-kyiao to, dæn-z Tʻin-cü-kyiao, Yiæ-su-kyiao, Hyi-lah-kyiao, Yiu-tʻæ-kyiao tu-yia yiu-go.

5. M. üô-lah-pah læ ʻah-li? Koh-veng? Wu-kʻeo? Kying-dzing?
6. M. üô-lah-pah nying vong soh-go kyiao-meng?

T. Z We-we-kyiao to. We-ts peng-læ z Üô-lah-pah cʻih-go. Gyi-lah kyiao-deo z sang læ Mah-kyüô, læ Meh-di-nô tso-veng. Keh-lah We-ts kying-lih tao keh-deo kyʻi zông-veng-go to. Kyʻi ih-da sön z sô-ze-go kong-lao yi-kying tsoh-de.

7. M. Po-s læ ʻah-li? Koh-veng? Wu-kʻeo? Kying?
8. M. Pu-ha-r?
9. M. Ah-fu-ʻen?
10. M. Pe-lu-ts?
11. M. Ing-du?
12. M. Min-din?
13. M. Sin-lo?
14. M. Mô-lah-kyian?
15. M. En-nen?
16. M. Tong-kying?
17. M. Da-Tsʻing?
18. M. Si-pah-li?
19. M. Li-hæ læ ʻah-li? ʻOng-hæ? Heh-hæ? ʻAʻn-hæ? Po-s hæ?
20. M. Tʻin-sæn læ ʻah-li? Shih-sæn? U-lah sæn?
21. M. Li-nô kông læ ʻah-li? O-bi? Kweng-dong? Wông-ʻo? Yiang-ts kông? üô-li-dzông-pu? Nu? Me-nen? En-ngeh? Ing-du? Pah-lah? Ah-mæ?
22. M. Da ko-pih sô-moh læ ʻah-li?
23. M. Væn-li-dziang dzing læ ʻah-li? To-siao dziang?

Di Nyiæn-ih Tsông.

Da-Tsʻing-koh.

1. M. Da-Tsʻing ti-ʻô yiu to-siao kæ-kwun-go koh-su?

T. Djü-leh Cong-koh ts-nga, wa-yiu Mun-tsiu, Mong-kwu, Zing-kying, Tong-kying, Tʻin-sæn-nen-lu, Si-dzông. Sin-lo, teng Dziao-sin tu-z tao Da-Tsʻing læ tsing-kong-go.

2. M. Cong-koh kying-dzing læ ʻah-li? To-siao wu-kʻeo?
3. M. Cong-koh feng-leh to-siao sang-veng? Sang-ming long-tsong hao lin-kyʻin wô-cʻih-læ?
4. M. Dzih-li læ ʻah-li? Sang-veng to-siao do? Wu-kʻeo to-siao?
5. M. Sæn-tong læ ʻah-li? Sang-veng to-siao do? Wu-kʻeo? Sang-dzing?
6. M. Sæn-si? Sin-si? Ken-soh?
7. M. ʻO-nen? Kông-su? En-hwe?
8. M. S-cʻün? Wu-poh? Wu-nen?
9. M. Kông-si? Tsih-kông? Foh-kyin?
10. M. Kwông-tong? Kwông-si? Kwe-tsiu? Yüing-nen?
11. M. Miao-ts læ ʻah-li?
12. M. Tʻæ-sæn læ ʻah-li? Wô-sæn? Song-sæn? Vu-yi-sæn? Ngo-me-sæn? Yüing-sæn?

di 22 24. Tsông.

13. M. T'a-wu læ 'ah-li? Bun-yiang? Dong-ding?
14. M. Poh-'ô læ 'ah-li? Wông-'ô? Yiang-ts kông? Ming-kông? 'Ong-se-kông?
15. M. Wông-'o, teng Yiang-ts kông to-siao dziang? (k'en Ûô-si-üô di-du.)
16. M. Soh-go hæ-tao z Cong-koh kæ-kwun-go.

T. Gyüong-tsiu, Da-wæn, Tsiu-sæn.

17. M. Ao-meng læ 'ah-li? Hyiang-kông?
18. M. Keh liang-t'ah kwe jü kæ-kwun?

T. Ao-meng z Bu-dao-yüô kæ-kwun. Hyiang-kông z Da-Ing kæ-kwun.

19. M. Dziao-tsiu læ 'ah-li? Tsông-tsiu?

Di Nyiæn-nyi Tsông.

Tsih-kông sang.

1. M. T'eng-sang kyiao-leh soh-go di-ming?
2. M. Poh-pin kao-ka soh-go sang? Nen-pin?
3. M. Sang-veng dzı-kun do? Wu-k'eo to-siao?
4. M. Sang-dzing kyiao-leh soh-go di-ming?
5. M. Tsih-kông sang yiu to-siao Fu-veng? To-siao Yün-veng?

T. Yiu jih-ih-fu, ts'ih-jih-nyi yün.

6. M. 'Ah-li liang-go fu teng Kông-su kao-ka go?
7. M. 'Ah-li liang-go fu teng En-hwe kao-ka-go?
8. M. 'Ah-li ih fu teng Kông-si kao-ka-go?
9. M. 'Ah-li liang-go fu teng Foh-kyin kao-ka-go?
10. M. Gying hæ-k'eo yiu soh-go fu-veng?
11. M. Tông cong-nyiang yün-shü, 'ah-li ih-fu?
12. M. Hæ-nying læ 'ah-li? Siao-sæn? Zông-nyü? Yü-yiao?
13. M. Sing-tsông? Dzing-yün? Djông-sæn? Nyüoh sæn?
14. M. Læn-ky'i? T'in-t'æ? Wông-ngæn? Nying-hæ?
15. M. Bing-yiang? Ze-en? Ngoh-ts'ing? Nyüoh-wæn?
19. M. Dzin-dông kông læ-'ah-li?
17. M. Nying-po fu ti-'ô yiu soh-go kông?
18. M. T'æ-tsiu fu yiu soh-go kông?
19. M. Weng-tsiu fu yiu soh-go kông?

Di Nyiæn-sæn Tsông.

Nying-po fu.

1. M. Nying-po fu yiu to-siao yün-veng?

T. Loh-yün.

2. M. Z-ky'i læ 'ah-li ih-hyiang?
3. M. Cing-hæ?
4. M. Vong-hwô?
5. M. Ziang-sæn?
6. M. Ding-hæ?
7. M. Tsiu-sæn læ 'ah-li? P'u-du? Lih-kông?
8. M. Tong-wu læ 'ah-li?
9. M. T'in-dong læ 'ah-li? Nyüoh-wông? Ling-fong?
10. M. Mao-sæn? Si-u? Nying-kông-gyiao?
11. M. Wông-ao-z? Da-ying? Do-si-pô?
12. M. Cong-z? Me-hyü? Loh-do-gyiao?
13. M. Tsông-gyiao? Ah-sæ-in?
14. M. Kao-gyiao? Za-gyiao? Dong-beng-pu?

Di Nyiæn-s Tsông.

Tong-yiang-go Hæ-tao.

1. M. Jih-peng-koh læ 'ah-li? Kying-dzing?
2. M. Jih-peng-koh yiu kyi-go hæ-tao?
3. M. Liu-gyiu læ 'ah-li?
4. M. Li-song? Bo-lo-tsiu? Keh-lah-pô?
5. M. Su-meng-teh-lah? Si-li-pah? Pô-pu-üô?
6. M. Ao-di-li-üô? Nyih-jih-leng? Hô-wæ-yi?

CONG.

地理志问答（上海罗马字）

（*De-le-ts vung-taeh*）

吉士夫人（Mrs. Caroline P. Keith）编

上海

1850年代

导读

Introduction

盛益民

De-le-ts vung-taeh（《地理志问答》）由美国圣公会传教士吉士夫人（Mrs. Caroline P. Keith，1821—1862）编，是一本罗马字上海话的地理问答体课本。

伟烈亚力《基督教新教传教士在华名录》(*Memorials of Protestant Missionaries to the Chinese: Giving a List of Their Publications, and Obituary Notices of the Deceased. With Copious Indexes*，上海美华书馆，1867年）对该书的介绍为："*De-le-ts vung-ta*（《地理志问答》）（Geographical Catechism）。114页，上海。该书为用罗马字拼写的上海方言本，有7张折页地图，分别为世界地图、五大洲地图和中国地

图。1861年在上海重版，开本缩小很多，也没有地图，共135页。”表明该书一共有两个版本。首版未标年代，大概出版于1850年代。伟烈亚力指出首版是114页，牛津大学博德利图书馆的馆藏（Sinica 1835）也是如此；不过哈佛大学哈佛燕京学社图书馆所藏本则不同，首页有一幅世界地图，正文则分两部分，第一部分103页（介绍总论和亚洲各国，有地图3张），第二部分共114页（介绍欧洲、非洲、美洲，有地图3张），全书总共217页，7幅地图。因此我们怀疑首版可能有两种：一种是两册分订本，伟烈亚力看到的只有第一册；另一种是两册合订本，也即哈佛燕京学社那种。第二版1861年重印，开本缩小很多，也删去了所有地图，共135页，牛津大学博德利图书馆藏有该书（Sinica 1506）。

该书编著者吉士夫人本姓特尼（Caroline Phebe Tenney），1821年5月13日出生在美国新罕布什尔州罗金厄姆县的纽马克特（Newmarket），她于1837年从新罕布什尔州德利的亚当斯女子神学院毕业，之后主要担任私人教师。1849年夏天移居纽约后，她决定前往他教国家投身传教事业。由于上海急需女性传教士，特尼小姐很快接到圣公会的委派前往该地。1850年3月16日她乘坐“鞑靼号”（Tartar）离开纽约，7月6日到香港，8月2日抵达上海，不久便任教于上海中西女中，开始积极投身学校的教育工作。1853年，特尼小姐结识美国圣公会传教士吉士（Cleveland Keith，1827—1862），次年结为夫妇，改称“吉士夫人”。吉士夫人来华后，热心教育，对方言教学投入尤多。她用汉字和吉士先生创制的罗马字方案编著了大量上海方言著作，除了本书之外，还包括《亨利实录》《蒙童训》《教子录》(*Kiau' 'ts lok*)等。关于吉士夫人的生平及著述，请参游翠平《传教士的中国印象——邓卡琳在华活动叙论》(《文化中国》，2015年)一文的详细介绍。

《六合丛谈》对如何读懂该书做了非常清楚的介绍："合众国教士吉君作《地理志问答》，以上海土白，写以泰西字音。因中国各处土白有音无字，传写易讹，且易一处而声音迥异、字各不同，故用泰西字，以写一方土音，较为便捷。其法以字母三十八、韵四十二，互相凑合，无论何音，皆可得声成语。吉君前作一书，曰《上海土白入门》，详论其法。熟读是书，则《地理志》亦可晓然遍览矣。"可见要读懂《地理志问答》，还需要了解吉士先生创制的罗马字方案。

下面简要介绍《上海土白入门》的拼音方案，以便读者阅读。《上海土白入门》(76页，上海，1855年)开篇是2页用汉字书写的绪言，其次是凡例；接下来介绍了罗马字拼音方案，该书大部分内容均用这套拼写方案；再之后列出了音节表、单字词、二字词、三字词以及部分习语；最后是方言实例，包括地理简介、中国朝代、圣书摘要等内容。该书1860年在上海出版新版本，原版的中文序言被一篇英文序言取代。该方案不标声调。其声母见表1，[ ]中为笔者的拟音。

表 1 《上海土白入门》声母表

p [p] 百	p‘ [p^h] 拍	b [b] 帛	m [m] 无	f [f] 法	v [v] 乏		
t [t] 搭	t‘ [t^h] 搨	d [d] 达	n [n] 捺			l [l] 而	
ts [ts] 知	ts‘ [ts^h] 痴	dz [dz] 慈		s [s] 思	z [z] 时		
k [k] 戛	k‘ [k^h] 掐	k̲ [g] 劼	ng [ŋ] 五	h [h] 瞎	‘ [ɦ] 狭		
kw [k^w] 桂	kw‘ [k^{wh}] 块	k̲w [g^w] 跪		hw [h^w] 忽		w [w] 汩	w̆ [ʔw] 活
ki [k^j] 金	ki‘ [k^{jh}] 轻	k̲i [g^j] 勤	ni [n^j] 业	hi [h^j] 吸		y [j] 叶	i [ʔj] 一
	c‘ [$tɕ^h$] 气	j [dʑ] 其					

对于韵母而言，凡例中提到 m、ng、s、z、ts、ts‘、dz 可单独使用，本系统入声区分 -h、-k 两类，当时是否真有此区别学界尚有争议。韵母表部分可以整理为表 2，[ ] 中为笔者的拟音。

表 2 《上海土白入门》韵母表

oo [u] 乌	e [i] 衣	ue [y] 於
a [ᴀ] 矮	ia [iᴀ] 雅	
æ [e] 哀	iæ [ie] 也	
ō [ɔ] 哑		
u [ɤ] 欧	iu [iɤ] 忧	
au [ɒ] 坳	iau [iɒ] 妖	
a^n [ɛ̃] 俺		
$æ^n$ [ẽ] 庵	e^n [ĩ] 烟	ue^n [yẽ] 员
$ö^n$ [ø̃] 安		
ang [aŋ] 樱	iang [iaŋ] 央	
oŋ [ɔŋ] 盎		

	ing [iŋ]	uen [yŋ] 云
ung [əŋ] 恩	iung [iəŋ] 因	
ooŋ [oŋ] 翁		
æh [eʔ] 罨	ih [iɪʔ] 一	ueh [yɪʔ] 越
ah [ᴀʔ] 鸭	iah [iᴀʔ] 押	
āh [ɛʔ] 轭	iāh [iɛʔ] 约	
öh [øʔ] 曷		
ok [ok] 恶	iok [iok]	
ōk [ɔk] 屋	iōk [iɔk] 郁	
uk [ək] 呃	iuk [iək] 益	

本丛书影印的底本为哈佛大学哈佛燕京学社图书馆所藏首版（编号：TA 236844），本次影印删去了 7 幅地图。

2020 年 12 月 20 日

DE-LE-TS VUNG-TÆH.

De - Ih Tsang.

De-le-ts kong-kiu sa?

W̆o De-kuk yung-s lau,kok-kw'æ t'oo-ts'an lau,w̆æh-kuk mæh-z lau,foong-dzōk lau niung-dzing.

De-kuk yung-s na-nung kuk?

Yüe^{n}-kuk,ziang kiueh-ts nung;kæh-lau kiau de-ju.

Tsu-w̆æ yu kie-ho le-soo?

Nie-ma^{n} ng-ts'e^{n} le kuk nga-kōk le, Bong Tsoong-kōk le mæh,yu pah-ma^{n} sa^{n}-ts'en sa^{n}-pāk le la.

De-kuk tæ-dzuk-le,yu kie-ho le-soo?

Iāk-kwæ yu nie-ma^{n} lōk-ts'e^{n} lōk-pāk le Tsoong-kōk le.

De-kuk ting næ^{n}-ha^{n} lau ting pōk-ha^{n} kiau sa?

Kiau Næ^{n}-juk lau Pōk-juk.

De tong-tsoong Næ^{n}-juk tau Pōk-juk

kiau sa ?

Kiau De- jōk.

De la doong kuk va ?

Dzang-tsong la doong kuk.

De yu kie-yang doong-fah ?

Yu liang yang.

Sa-kuk liang-yang ?

Ih-niih doong ih-tsæn, ih-nien doong ih-tsæn.

Ih-niih doong ih-tsæn mæh, na-nung kuk ?

La De- jōk long zen ih-tsæn, dzung-koong niih lau ya.

Ih-nien doong ih-tsæn mæh, na-nung kuk ?

De tæ-ts niih-du tsu-w̆æ tu ih-tsæn, dzung-koong ih-nien, tah-ts s-kie kuk yuen-hwo.

De-Nie Tsang.

De-men sa-kuk liang-yang ?

'ÖN-de lau s.

ʻÖN-de yu kie-vung?

S-vung le ih-vung.

S yu kie-vung?

S-vung le san-vung.

Yu s kuk ʻoo-dong, kiau sa ming-du?

Kiau Hæ lau Yang kuk z ʻan-s; kiau ʻoo lau Woo lau sa kuk z dan-s.

Hæ-le tsʻæh sa mæh-z?

Tsʻæh doo-ng lau too-hō w̆æh-kuk mæh-z; w̆an-yu too-hō hæ-tsʻæ lau sa.

Hæ yang lau ʻoo kong, sa yoong-du?

Yu too-hō yoong-du; ting-doo kuk yoong-du mæh, kʻō-e tʻoong kok-kwʻæ kuk læ-cʻe.

Yang yu kie-diau?

Yu ng-diau; kiau Tʻa-bing-yang, ziu-z Toong-yang; Doo-se-yang; Iung-doo-yang; Næn-ping-yang; Pōk-ping-yang.

De-San Tsang.

ʻÖN-de yu kie-yang ming-du?

Kiau Doo-tsu lau, Tau-ts lau, Tsu lau,

Kok-ts lau, Foong-iau-de; w̆an-yu ‛ÖN-hæ.

Sa kiau sa Doo-tsu?

Loong-tsoong de- ju long,tsuk fung-tuk ng-kuk Doo-tsu.

Ng-kuk Doo-tsu kiau sa?

Kiau A-se-a, U-loo-pō, A-fe-le-ka, Næn-A-muk-le-ka, Pōk-A-muk-le-ka.

Toong pæn- ju yu kie-kuk Doo-tsu?

A-se-a lau, U-loo-pō lau, A-fe-le-ka; san-kuk Doo-tsu.

Se pæn- ju, yu kie-kuk Doo-tsu?

Næn-A-muk-le-ka lau, Pōk-A-muk-le-ka; liang-kuk Doo-tsu.

Sa kiau sa Tau-ts?

Tsu-tsæn yu s kuk de-fong.

Sa kiau sa Tsu?

De la s tong-tsoong, yu ih-diau ‛ah-de, tah bih-kw‛æ len kuk.

Sa kiau sa Kok-ts?

Z de ts‛ō-ts‛æh ih-kok tau hæ-le c‛e kuk.

Sa kiau sa Foong-iau-de?

Liang-kw'æ de tong-tsoong, siang-len-kuk ih-diau 'ah-de.

Sa kiau sa 'ÖN-hæ?

Z kuk doo hwong-de, t'ök-z so-nie; s 'a fæh-yu, ts'au-mōk 'a fæh-yu kuk.

De-S Tsang.

De-le-doo z sa?

Z niung tan De-kuk yang-suk, w̆o la ts long kuk.

Yu sa yoong-du?

K'ō-e k'ön ts'ing-song kok-kōk-kuk kiung-ka, tah-ts san lau, 'oo lau, hæ lau, na-nung t'oong-len.

De mæh tan sa læ tsok soo-māk?

Tan T'en-kuk doo-soo læ tsok soo-māk.

T'en-doo na-nung fung?

Tan kiung-sen lau w̆æ-sen læ fung.

Na-nung kiau kiung-sen lau w̆æ-sen?

Zū-kuk kiau kiung-sen; w̆ang-kuk kiau w̆æ-sen.

Na-nung kiau zū; na-nung kiau w̃ang?

Næn pōk kiau zū; toong se kiau w̃ang.

Næn tau pōk tong-tsoong kuk w̃æ-sen kiau sa?

Kiau Ts'uk-dau.

De Ng Tsang.

Toong pæn- ju san-kuk Doo-tsu, 'a-le-ih-kuk ting-doo?

Z A-se-a.

A-se-a le niung-du hiung va?

De long kuk niung, ih-pæn too dzū la hō kuk.

A-le-ih-kuk ting-siau?

Z U-loo-po.

U-loo-po le niung-du hiung va?

Tah A-se-a ih-yang hiung; iung-w̃æ de-fong siau, kæh-lau niung kuk tsoong-soo, pe-ts A-se-a sau.

Se pæn- ju liang-kuk Doo-tsu, 'a-le-ih-kuk doo?

Z Pōk-A-muk-le-ka.

Ng-kuk Doo-tsu nga-du, w̆an-yu sa de-fong va ?

W̆an-yu T'a-bing-yang le too-ho Tau-ts, loong-tsoong kiau Da-yang-juen-tau; w̆an-yu bih-kuk hæ yang le kuk Tau-ts.

De-Lōk Tsang.

A-se-a s-men kuk kiang-ka, tau sa 'oo-dong ?

Toong tau T'a-bing-yang; se tau U-loo-po lau, A-fe-le-ka; næn tau Iung-doo-yang; pōk tau Pōk-ping-yang.

A-se-a ih-tsu, yu kie-ho doo ?

Z de-long ting-doo kuk Doo-tsu; toong tau se, yu nie-man le; næn tau pok, yu ih-man pah-ts'en le; tsok-fong mæh, yu ih-man pah-ts'en-man fong-le.

A-se-a tsu-le, yu sa-kuk Kok-doo ?

Yu Tsoong-kōk, Kau-le, Sen-loo, Ön-næn, Moo-loo-niue, Men-den, Iung-doo, Pæ-loo-ts, A-foo-ön, Bæ-se, Se-yōk, T'oo-ll-je, A-la-pak, Ngoo-loo-s.

Yu sa-kuk Tau-ts?

Yu Zæh-pung, Liu-ju, Dæ-w̃an, Boo-loo-tsu, Se-le-pāk, Le-soong, T'æ-muk-ll, Köh-loo-po, Soo-mung-tæh-lah, Sih-lan.

Niung-ting yu kie-ho?

De-men-long ih-pæn-too niung dzū la ho, iāk-kwæ yu ng-man-man too la.

A-se-a de-fong, sa long yu ming-sang?

Yu ting-kau kuk san, man-doo kuk 'oo.

San dau-le ting-kau lau, yu ming-sang kuk mæh, kiau sa?

Tsoong-kōk kuk pōk-han mæh, yu Hiung-ön-ling, A-ll-t'æ-san; se-han mæh, yu T'en-san lau, Kw'ung-lung-san; se-næn mæh, yu Yuen-ling, Næn-ling, Pōk-ling, Sih-san. Iung-doo-kōk le mæh, yu Iung-doo-koo-s, Ka-tih-s. A-se-a lau U-loo-pō kuk kau-ka long, yu Oo-la-ling. T'oo-ll-je-kōk le, yu Kau-ka-sok, Dau-loo. A-la-pak-kōk le, yu Se-næ-san.

'Oo dau-le ting-doo lau, yu ming-sang

kuk mæh, kiau sa?

Tsoong-kōk kuk toong-han yu Huk-loong-kong, Wong-'oo, Yang-ts-kong; næn-han yu Lan-ts'ong-kong, Mæ-næn-'oo, Noo-kong.

Iung-doo-kōk-le yu Poo-lan-poo-t'a-kong, 'Ung-'oo, ye-kiau Jang-je, Iung-doo-'oo. Ngoo-loo-s-kōk-le yu Luk-na-'oo, Zæh-nie-suk-'oo, A-pe-'oo. T'oo-ll-je-kōk le yu Yu-fah-la-tih-'oo, Kāk-le-'oo.

Wan-yu doo-kuk Woo lau Hæ va?

Tsoong-kōk kuk se-han yu Ts'ing-hæ. Se-iōk le yu 'AN-hæ. T'oo-ll-je-lau Se-lōk tong-tsoong, yu Le-hæ. T'oo-ll-je yu Se-hæ. Ngoo-loo-s yu Pæ-ka-ll-woo, Po-ll-k'uk-s-woo.

T'oo-ts'an mæh, sa mæh-z too?

Yu Me lau, Māk lau, Men-hwo; Be-hoo lau Tsōk-du; K'a-fe lau 'Oo-tsiau; Niōk-kwæ lau Dong; S lau Dzo-yih; wan-yu kie-yang Koo-ts lau Hiang-liau.

Kiung, Niung, Doong, T'ih, Sih, ts'æh

kuk va?

Ts'æh kuk, wan-yu Niōk lau, Tsung-tsū lau Pau-zāk.

Yu sa-kuk tsoong-sang lau ya-su?

Yu Mo lau, Niu lau Yang; Lok-doo lau Le-ts; Loo-ts lau sa. Ya-su mæh, yu Ziang lau, Lau-hoo lau, Pau lau, Za Long lau, Yoong lau sa.

Yu sa-kuk tiau-niau?

Yu Kiung-voong lau Niung-voong; K'oong-ts'iāk lau Loo-s; Ang-koo lau Bāk-ngok.

Tsoo-ts'æh-læ kuk mæh-z, sa-kuk ting yu ming-sang?

Yu Tsæn-tan lau, Se-poo lau, Dzu lau, Wæn-liau lau, Yu-ts'ih kuk mæh-z.

De-Ts'ih Tsang.

Tsoong-Kōk Ts.

Na dzū-kuk Kōk-doo, kiau sa?

Kiau Tsoong-kōk.

Tsoong-kōk kuk kiang-ka, s-men tau

sa 'oo-dong?

Toong tau T'a-bing-yang;næn tau Ön-næn lau Men-den lau Sih-san;se tau Se-iōk; pōk tau Ngoo-loo-s.

Tsoong-kōk w̆æ-sa yu ming-sang?

Iung-w̆æ de-fong doo lau niung-ting hiung;kōk-doo dzang-yuen lau vung-le hau; w̆an-yu læ c'e kuk k'āk-song too.

De-fong na-nung doo?

Dzū-ts Ngoo-loo-s lau Iung-kiih-le, iau-suæn Tsoong-kōk ting-doo;næn tau pōk yu ts'ih-ts'en le;toong tau se mæh,yu ih-man ih-ts'en le;kien-fong mæh,iāk-kwæ yu lōk-ts'en-man fong-le.

Niung-ting yu kie-ho?

Iāk-kwæ yu san-man-man too.

De-men long loong-tsoong niung hau-dzū-kuk de-fong,Tsoong-kōk yu kie-vung?

Zæh-vung le ih-fung.

A-se-a de-fong,Tsoong-kōk yu kie-vung?

San-vung le ih-vung.

Tsoong-kōk de-fong, fung kie-ho Sang lau Zōk-kōk?

Fung zæh-pah Sang lau, s-kuk Zōk-kōk.

Zæh-pah Sang kuk ming-du, kiau sa?

Kiau Pōk-dzuk-de, San-toong, San-se, 'Oo-næn, Kong-soo, ÖN-hwæ, Tsæh-kong, Kong-se, Fōk-kien, Sæn-se, Woo-pōk, Woo-næn, S-ts'æn, Kæn-sōk, Kwong-toong, Kwong-se, Yuen-næn, Kwæ-tsu.

S-kuk Zōk-kōk, ming-du kiau sa?

Kiau Mæn-tsu, Moong-koo, Sing-kiang, Se-dzong.

Tsoong-kōk kuk san, 'a-le kie-kuk ting doo?

Zæh-pah Sang le Pōk-dzuk-de kuk 'Ung-san; San-toong kuk T'a-san; Woo-næn kuk Yung-san; 'OO-næn kuk Soong-san; Sæn-se kuk Wŏ-san; pōk-pen mæh yu Hiung-ön-ling, A-ll-t'æ san; se-pen yu T'en-san,

Kw'ung-lung-san;se-næn yu Sih-san, Yuen-ling, Næn-ling, Pōk-ling.

Tsoong-kōk kuk 'OO, 'a-le kie - kuk doo?

Ye kiau Yang-ts-kong

Huk-loong-kong, Wŏng-'oo, Dzang-kong.

Yu sa Woo va?

Yu kuk, Kong-soo yu T'a-woo lau, Tan-yang-woo; Kong-se yu Bōk-yang-woo; 'OO-kwong yu Doong-ding-woo lau, Ts'ing - ts'au-woo; se-pen mæh wan yu Ts'ing - hæ.

Yu sa 'ÖN-hæ va?

Yu kuk, læh-la Moong-koo le, kiau 'ÖN-hæ, ye-kiau Da-koo-pih.

'ÖN-hæ mæh, na-nung doo lau kw'æh?

Toong se yu lōk-ts'en le; næn pōk yu ih-ts'en le.

De-t'oo na-nung kuk?

Zæh-pah Sang t'ōk-z tsong-kuk; dōk-z Mæn-tsu, Moong-koo, Sing-kiang, Se-dzong mæh, fæh-da-le tsong.

T'oo-ts'an mæh, sa mæh-z too?

Ts'æh Me lau, Māk lau, Du lau, Kau-liang, Siau-me; S lau Be-hoo; Men-hwo lau Tsōk-du; Dong lau EN-yih; W̌an-yu kie-yang Ts'æ lau Koo-ts; dōk-z Dzo-yih mæh, ting yu ming-sang.

Yu sa-kuk ya-su?

Yu Lau-hoo lau Y̌oong; Lōk lau Za Long; Sing-sing lau W̌æh-sung; W̌an-yu too-ho siau ya-su.

Yu sa-kuk tsoong-sang?

Yu Mo lau, Niu lau, Yang lau Ts-loo; Lok-doo lau Le-ts; Loo-ts lau Ku; W̌an-yu bih-yang.

Yu sa-kuk tiau-niau?

Yu Kiung-voong lau, Niung-voong lau, K'oong-ts'āk lau, Ang-koo lau, Loo-s lau, W̌o-me lau, too-ho hau-sang-c'e kuk tiau.

Yu ng-kiung va?

Zæ yu kuk; W̌an-yu S-niung lau San-'oo Mo-nau; Tsung-tsū, Pau-zāk lau sa.

Niung tsoo-ts'æh-læ kuk mæh-z, sa-kuk

ting yu ming-sang?

Poo lau, Dzu Dön lau, Wæn lau, Yu-ts'ih kuk mæh-z.

Sa-kuk z-t'e mæh, tsuæ tsung-dzoong?

Z dōk-sū lau fah-dah kuk z-t'e.

Kōk-tsung na-nung kuk?

Wŏng-te mæh yu juen-ping, niung zæ-iau zu ye kwæn-sōk kuk.

Tsoong-kōk 'a-le liang-yang niung-koong ting doo?

Z Yuen-liang-'oo lau Van-le-dzang-zung.

Yuen-liang-'oo wæ-sa k'æ kuk?

Iung-wæ liang-zæn læ-c'e.

Sa-niung k'æ kuk?

Wŏng-te k'æ la kuk; fæh-z ih-kuk Wŏng-te, ih-kuk z-'u k'æ kuk.

Yuen-liang-'oo yu na-nung dzang?

Iāk-kwæ yu nie-ts'en le loo dzang; len-zāk T'en-tsing zung lau 'Ong-tsu kuk zung la.

Wăn-yu niung k'æ la kuk 'oo va?
Yu too-ho la.
Too-ho 'oo k'æ ts kie-z tsæ?
Nie-ts'en nien le lōk-zōk k'æ kuk.
Van-le-dzang-zung læh-la sa-'oo-dong?
Z læh-la zæh-pah Sang kuk pōk-han.
Dzang-zung mæh, na-nung dzang?
Yu tau s-ts'en nie-pāk le loo dzang.
Sa z-'u zau kuk?
Zau ts nie-ts'en too nien tsæ.
Sa-niung zau kuk?
Kiau Dzing-s-wŏng.
Wæ-sa-lau zau kuk?
Fæh-hiue Hioong-noo tsing-læ lau.

Tsoong-kōk le, 'a-le kie-kuk zung, ting yu ming-sang?

Næn-kiung, Pōk-kiung, Soo-tsu, 'Ong-tsu, Kwong-tsu, ng-kuk zung mæh ting yu ming-sang la.

Yen-dzæ Kiung-zung la 'a-le?
La Pōk-dzuk-de, kiau Pōk-kiung.

De Pah Tsang.

Pōk-Dzuk-De Sang.

Pōk-dzuk-de s-men kuk kiang-ka, tau sa ʻoo-dong?

Toong tau Toong-hæ. Næn tau San-toong lau ʻOO-næn. Se tau San-se. Pōk tau Van-le-dzang-zung.

Kien-fong yu kie-ho le?

Yu lōk-so-ng man fong-le.

Niung-ting yu kie-ho?

Iāk-kwæ yu nie-tsʻen tsʻih-pāk man too.

Tʻen-cʻe na-nung?

ʻAu-le mæh niih-kuk; toong-le mæh kwa lang.

Nie-tʻoo na-nung?

Fæh tsong sah kuk.

Tʻoo-tsʻan sa mæh-z too?

Tsʻæh Māk lau, Du lau, Kau-liang lau, Siau-me; wan yu Kiung Niung lau, Da-le-zāk lau, Yen lau Mæ.

Yu sa-kuk 'oo?

Yu ih-diau kiau Pōk-'oo.

Woo mæh kiau sa?

'A kiau Pōk-woo.

Yu ming-san va?

Yu 'Ung-san, ziu-z Pōk-ngok.

Yu kie-ho foo?

Zæh foo; kiau Zung-t'en, Ioong-bing, Pau-ding, 'OO-kian, T'en-tsing, Tsung-ding, Zung-tuk, Kwong-tuk, Da-ming, Sen-hwo.

Sang-zung kiau sa ming-du?

Kiau Zung-t'en-foo; z Tsoong-kōk kuk Kiung-zung, Wong-te dzū-la-ho, kæh-lau kiau Pōk-kiung.

Pōk-kiung-zung yu kie-ho doo?

Tsu-wæ yu ts'ih-so-ng le.

Kiung-zung le yu kie-ho niung?

Iāk-kwæ yu nie-pāk man.

Kiung-zung le yu kie-ho kwæn?

Yu S-siang, Lōk-boo, Kiu-e'ung, Zæh-s-dau, Ts'ong-dzang-tsoong-tōk, Tsiang-kiuen lau sa. W̆an-yu too-ho Tsoo-ll Zæh-tsuk lau De-fong kwæn.

Kiung-zung mæh na-nung yang-suk?

Yu zæh-lŏk kuk zung-mung; zung-du mæh yu tau san-sæh-ts'ăk kau.

W̆ong-te kuk koong-den, yu kie-hō too?

Iăk-kwæ yu nie-păk too kan. W̆an-yu Niue-hwo-yuen.

Pŏk-kiung kuk Yuen-ming-yuen mæh, yu na-nung doo?

Kien-fong ih-păk ng-sæh le; yuenle yu Lu-Dæ-Den-Kok; w̆an-yu Dz lau, Hwō-ts'au lau, Zū-mŏk lau, T iau-niau lau Ya-su; z W̆ong-te bæh-siang kuk 'oo-dong.

Pŏk-kiung kuk Ka-loo, na-nung kw'æh?

Kw'æh-kuk mæh yu ih-păk ts'ăk.

Pŏk-dzuk-de sang le, dzū-ts Kiung-zung mæh, w̆an-yu-sa yu ming-sang kuk zung va?

Dzuk-de Tsoong-tŏk dzū-kuk Pau-ding-foo, tah-ts T'en-tsing kuk hæ-k'u.

De-Kiu Tsang.

San-Toong-Sang.

San-toong-sang s-men kuk kiang-ka tau sa ʻoo-dong?

Toong tau Toong-hæ. Næn tau Kong-soo lau ʻOO-næn. Se tau ʻOO-næn. Pōk tau Dzuk-de lau hæ.

Kien-fong yu kie-ho le?

Iāk-kwæ yu tsʻih-zæh nie-man fong-le.

Niung-ting yu kie-ho?

Iāk-kwæ yu nie-tsʻen kiu-pāk man too niung.

Tʻen-cʻe na-nung kuk?

Pe-ts Dzuk-de-sang mæh, sau-w̆æ nön-niih ten.

Nie-tʻoo na-nung?

Toong-han mæh san too; se-han mæh bing-de too; nie-tʻoo yu kuk tsong lau yü kuk fæh-tsong.

Tʻoo-tsʻan sa mæh-z too?

Tsʻæh Māk lau, Kau-liang lau, Siau-me lau, Po-me; Kan-dzu lau, Sang-le lau, Tsau-ts; Mæ lau T'ih.

Yu sa 'oo va?

Yu Ve-s, Ts-s, S-s, Ye-s; tah-ts vōk-liu kuk Tse-s; Wong-'oo mæh, læh-la sang kuk næn-pen kiung-koo kuk.

Yu ming-san va?

Yu T'a-san, ziu-z Toong-ngok.

Yu kie-ho foo?

Zæh foo; kiau Tse-næn, T'a-ön, Voo-ön, Ien-tsu, Ye-tsu, Zau-tsu, Toong-ts'ang, Ts'ing-tsu, Tung-tsu, Læ-tsu.

De-sang-le, 'a-le kuk zung doo?

Tse-næn-foo ting-doo, z-kuk sang-zung; wan-yu Ts'ing-tsu-foo, 'a-z do kuk.

De-kuk sang, sa long ting yu ming-sang?

Ts'æh-ts K'oong-foo-ts lau, Mang-foo-ts lau.

De-Zæh Tsang.

San-Se-Sang.

San-sé-sang s-men kuk kiang-ka tau sa 'oo-dong?

Toong tau Dzuk-de lau 'OO-næn. Næn tau 'OO-næn. Se tau Sæn-se. Pōk tau Dzang-zung.

Kien-fong yu kie-ho le?

Iāk-kwæ yu lōk-zæh-ih man fong-le.

Niung-ting yu kie-ho?

Iāk-kwæ yu ih-ts'en s-pak man.

Nie-t'oo na-nung?

Fæh da tsong-kuk.

T'oo-ts'an sa mæh-z too?

Ts'æh Māk lau, Doong lau, T'ih lau. Da-le-zāk lau, Yen lau Mæ.

Yu sa-kuk 'oo?

Yu Vung-s kuk 'oo; Wong-'oo mæh, la sang-kuk se-pen lau næn-pen kiung-koo kuk.

Yu ming-san va?

Yu T'a-'ong-san.

Yu kie-ho foo?

Kiu foo; kiau T'a-niön, Bing-yang, Boo-tsu, Loo-ön, Vung-tsu, Zuk-tsu, Da-doong, Niung-voo, Sok-bing

'A-le-ih-kuk z sang-zung?

Z T'a-niön-foo.

De Zæh-Ih Tsang.

'OO-Næn-Sang.

'OO-næn-sang s-men kuk kiang-ka tau sa 'oo-dong?

Toong tau San-toong, Kong-soo, Ön-hwæ. Næn tau Woo-pōk. Se tau Sæn-se. Pōk tau San-se lau Dzuk-de.

Kien-fong yu kie-ho le?

Iāk-kwæ yu ts'ih-zæh-nie-man fong-le.

Niung-ting yu kie-ho?

Iāk-kwæ yu nie-ts'en san-pāk man.

Nie-t'oo na-nung?

Z tsong-kuk.

T'oo-ts'an sa mæh-z too?

Ts'æh S Dzu lau, Mih-tsau; Den-ts'ing lau. EN-yih.

Yu sa-kuk oo?

Yu Zū-s, Lok-s, Je-s; Ŵong-'oo mæh, tang sang-le ts'æn-koo kuk.

Yu sa-kuk woo?

Yu Yoong-zuk lau Mung-tsū.

Yu ming-san va?

Yu Soong-san, ziu-z Tsoong-ngok.

Yu kie-hō foo?

Zæh foo; kiau K'æ-foong, Dzung-tsu, Hiue-tsu, Kwæn-tuk, Tsang-tuk, Ŵæ-hwæn, Ŵa-c'ung, 'OO-næn, Næn-yang, Zū-niung.

'A-le-ih-kuk z-kuk Sang-zung?

Z K'æ-foong-foo.

De Zæh-Nie Tsang.

Kong-Soo-Sang.

Kong-soo-sang s-men kuk kiang-ka tau sa 'oo-dong?

Toong tau Toong-næ. Næn tau

Tsæh-kong lau, ÓN-hwæ. Se tau ÖN-hwæ lau, 'OO-næn. Pōk tau San-toong.

Kien-fong yu kie-ho le?

Jāk-kwæ yu s-zæh-kiu man le.

Niung-ting yu kie-ho!

Iāk-kwæ yu san-ts'en ts'ih-pāk man.

Nie-t'oo na-nung?

Tsong-kuk.

Yu sa-kuk 'oo!

Yu Ng-soong-kong lau, Wong-'oo lau, Dzang-kong mæh, tang sang-le ts'æn-koo kuk.

Yu sa woo va?

Yu T'a-woo, 'Oong-zuk-woo.

T'oo-ts'an sa mæh-z too!

Ts'æh Me lau, Men-hwō lau, S Dzu lau. Yen lau Dzō-yih.

Yu kie-ho foo?

Pah foo; kiau Soo-tsu, Soong-kong, Dzang-tsu. Tsung-kong, Kong-niung, Ze-tsu, Wa-ön. Yang-tsu.

'A-le-ih-kuk z Sang-zung?

Z Soo-tsu-foo; Kong-niung-foo mæh, ziu-z Næn-kiung, kwæn Kong-soo, ÖN-hwæ, Kong-se, san sang kuk Tsoong-tōk dzŭ-la-ho kuk.

'A-le-kie-kuk zung, ting yu ming-sang?

Z Næn-kiung. Tsung-kong, Soo-tsu, tah-ts Soong-kong-foo le kuk Zong-hæ-yuen zung.

Næn-kiung ŵæ-sa-lau yu ming-sang?

Iung-ŵæ zen-dzau tsoo-koo Kiung-zung lau.

Zung-le yu sa-kuk yu ming-sang va!

Yu ih-dzoo Pau-ung-t'ah, nie pāk lōk-sæh ts'āk kau la.

Næn-kiung niung-ting yu kie-ho?

Iāk-kwæ yu s-sæh man.

Niung tsoo-ts'æh-læ kuk mæh-z, sa-kuk ting hau?

Dzu Dön lau, Ts lau, Muk lau, T'oong-ts'au-hwō.

Soo-tsu ŵæ-sa yu ming-sang?

Iung-wæ zung doo lau hiang-sung to de-fong hau-k'ön, ll-ts'en dzue-z.

Soo-tsu zung tsu-tsæn kie-ho loo?

San-zæh san le loo.

Niung-ting yu kie-ho?

lāk-kwæ yu nie-pāk man.

Soo-tsu niung tsoo-kuk mæh-z, sa-kuk ting hau?

Dzu Dön lau Siu-tsok: Ziang-nga mæh-z lau. Yu-ts'ih kuk mæh-z.

Tsung-kong wæ-sa yu ming-sang?

Iung-wæ Yuen-liang Soo, tah-ts Dzang-kong, t'ōk la Tsung-kong kiung-koo kuk lau.

Kong-soo sang kuk hæ-k'u, 'a-le-ih-kuk ting yu ming-sang?

Ziu-z Zong-hæ.

Zong-hæ yu kie-ho niung-ting?

lāk-kwæ san-sæh man.

Zung yu kie-ho doo?

Tsu-tsæn kiu-le loo.

Zong-hæ kuk sang-e, sa-kuk doo?

Yang-'ong sang-e, tah-ts hæ-zæn sang-e.

De Zæh-San Tsang.

ÖN-Hwæ Sang.

ÖN-hwæ-sang s-men kuk kiang-ka tau sa 'oo-dong?

Toong tau Kong-soo, Tsæh-kong. Næn tau Kong-se. Se tau Woo-pōk, 'OO-næn. Pōk tau 'OO-næn, Kong-soo.

Kien-fong yu kie-ho le?

Iāk-kwæ yu ng-zæh-san man fong-le.

Niung-ting yu kie-ho?

Iāk-kwæ yu san-ts'en s-pāk man.

Yu sa-kuk 'oo?

Dzang-kong lau Kwæ-'oo, t'ōk tang sang-le tsæn-koo kuk.

Woo mæh kiau sa?

Kiau Dziau-woo.

T'oo-ts'an sa mæh-z too?

Ts'æh Kiung Niung lau, T'ih lau

Doong; Mo lau. Dzo-yih lau. EN-yih lau, Muk lau, Ts'ih; wan-yu Mōk-liau.

Yu kie-ho foo?

Pah foo: kiau Hwæ-tsu, Niung-kōk, Dz-tsu, T'a-bing. Loo-tsu, Voong-yang, ON-c'ung, Iung-tsu.

Sang-zung 'a-le-ih-kuk?

Z ÖN-c'ung-foo.

Yung-s na-nung kuk?

Næn-han yu too-ho siau-kuk san.

Zung mæh 'a-le-ih-kuk yu ming-sang?

Hwæ-tsu-foo, iung-wæ ts'æh hau-kuk Muk lau Ts'ih.

De Zæh-S Tsang.

Tsæh-Kong-Sang.

Tsæh-kong-sang s-men kuk kiang-ka tau sa 'oo-dong?

Toong tau Toong-hæ. Næn tau Fok-kien. Se tau Kong-se, ÖN-hwæ. Pōk tau Kong-soo.

Kien-fong yu kie-ho le?

Iāk-kwæ yu s-zæh-pah man ng-ts'en fong-le, z zæh-pah sang le ting-siau kuk.

Niung-ting yu kie-ho?

Iāk-kwæ yu nie-ts'en lōk-pāk man.

Yu sa-kuk 'oo?

Yu U-kong lau, Dzen-dong-kong.

Yu sa-kuk woo?

Kiau Se-woo.

T'oo-ts'an sa mæh-z too?

Ts'æh S Dzu lau, Mo lau, Me lau, Dzo-yih lau, Yen lau. Ts'ih lau, Ts lau Muk: w̃an-yu Mōk-liau.

Yung-s na-nung?

Yū too-ho san.

Yu kie-ho foo?

Zæh-ih foo; kiau 'Ong-tsū, Ka-hiung, 'OO-tsu, Niung-pōk, Zau-hiung, T'æ-tsu. Kiung-w̃o. Jue-tsu, Nien-tsu. Wung-tsu. Ts'ū-tsu.

'A-le-ih-kuk z Sang-zung?

Z 'Ong-tsu-foo.

'Ong-tsu w̃æ-sa yu ming-sang?

Iung-Wæ de-fong doo lau niung - du hiung;yu too-ho hau-kuk kiung-ts.

Sang le Wan-yu sa yu ming kuk zung va?

Z Niung-pōk-foo kuk zung.

Niung-pōk yu kie-ho niung-ting?

Iāk-kwæ yu san-sæh man.

De Se-Ng Tsang.

Kong-Se Sang.

Kong-se sang s-men kuk kiang-ka tau sa 'oo-dong?

Toong tau Tsæh-kong,Fōk-kien. Næn tau Kwong-toong. Se tau Woo-næn. Pōk tau Woo-pōk,ÓN-hwæ.

Kien-fong yu kie-ho le?

Iāk-kwæ yu pah-sæh man fong-le.

Niung-ting yu kie-ho?

Iāk-kwæ yu nie-ts'en san-pāk man.

OO mæh sa-ts'ū ting iau-kiung?

Z Kiu-kong.

Woo mæh kiau sa?

Kiau Bōk-yang-woo.

Yung-s na-nung kuk?

Sa^{n} lau s, tsu-tsæ^{n} len-kwæ^{n} la kuk.

Too-ts'a^{n} sa mæh-z too?

Ts'æh ng-kiung lau, S lau, Dzo-yih lau, De^{n}-ts'ing lau, Mōk-liau lau, Ping-dong; dōk-z Dz-c'e mæh, ting yu ming-sang la.

Dz-c'e ts'æh la sa 'oo-dong?

Ts'æh la Vu-liang-yue^{n} kuk Kiung-tuk-tsung, zin-z Bōk-yang-woo kuk toong-ha^{n}, tsoo-e-tsoong mæh-z mæh, yu tau ih-pāk ma^{n} niung la.

Sang le koo-z-ka^{n} sa-niung ting yu ming-sang?

Kie^{n} Tsū-hie, z kong K'oong-foo-ts kuk dau-le kuk, dzū la Bāk-lōk-doong le.

Yu kie-ho foo?

Zæh-sa^{n} foo; kiau Næ^{n}-ts'ang, Zau-tsu, Kwong-sing, Næ^{n}-k'ong, Kiu-kiang, Kie^{n}-ts'ang, Foo-tsu, Ling-kiang, Kiih-ö^{n}, Dzuæ-tsu, Yue^{n}-tsu, Kæ-tsu, Næ^{n}-ö^{n},

Sang-zung 'a-le-ih-kuk?

Z Næn-ts'ang-roo.

De Zæh-Lōk Tsang.

Fōk-Kien Sang.

Fōk-kien sang s-men kuk kiang-ka tau sa 'oo-dong?

Toong-næn tau Hæ. Se-næn tau Kwong-toong. Se-pōk tau Kong-se Toong-pōk tau Tsæh-kong.

Kien-fong yu kie-ho le?

Iāk-kwæ yu ng-zæh-kiu-man s-ts'en fong-le.

Niung-ting yu kie-ho?

Iāk-kwæ yu ih-ts'en ng-pāk man.

'OO mæh kiau sa?

Kiau Ming-kong lau Loong-kong.

Yu ming-san va?

La Kong-se sang kuk kan-ka long yu Voo-ye-san.

T'en-c'e na-nung kuk?

Z niih-kuk

T'oo-ts'an sa mæh-z too?

Ts'æh Doong lau, Sih lau, S-niung lau, 'Au-poo lau, Soo-mōk lau, Dzo-yih lau, Ts lau, Yen lau, Dong lau, Kiueh-ts, Kwæ-yuen Liu-ts, Kan-lan.

Yu kie-ho foo?

Zæh foo; kiau Fōk-tsu, Dzen-tsu, Kien-niung, T'ing-tsu, Yen-bing, Hiung-hwo, Zau-voo, Tsang-tsu, Fōk-niung, Dæ-wan.

'A-le-ih-kuk z Sang-zung?

Z Fōk-tsu-foo.

Fōk-tsu-foo yu kie-ho niung?

Iāk-kwæ yu lōk-sæh man.

Wan-yu sa yu ming kuk zung va?

Kiau 'Au-mung.

'Au-mung yu kie-ho niung-ting?

Iāk-kwæ yu san-sæh man.

Fōk-kien sang kuk hæ-meu-long, yu Tau-ts va?

Yu ih-kuk doo 'au-ts, kiau Dæ-wan.

Dæ-wan yu kie-ho niung-ting?

Iak-kwæ yu nie-pāk man too.

De Zæh-Ts'ih Tsang.

Sæn-Se Sang.

Sæn-se sang s-men kuk kiang-ka tau sa 'oo-dong?

Toong tau San-se,'OO-næn. Næn tau Woo-pōk,S-ts'æn. Se tau Kæn-sōk. Pōk tau Dzang-zung.

Kien-fong yu kie-ho le?

Iāk-kwæ yu ts'ih-zæh-s-man fong-le.

Niung-ting yu kie-ho?

Iāk-kwæ yu ih-ts'en ling nian-man.

T'en-c'e lau nie-t'oo na-nung?

T'en-c'e mæh lang-kuk,nie-t'oo mæh tsong-kuk.

T'oo-ts'an sa mæh-z too?

De-hoo lau Mōk-liau.

'OO mæh kiau sa?

Kiau Hön-s,Kiung-s,Wæ-s,Lok-'oo.

Yu ming-san va?

Kiau Je-san lau Tsoong-næn-san.

Yu kie-ho foo?

Lōk foo; kiau Se-ön, Doong-tsu, Voong-ziang, Hön-tsoong, Yen-ön, Yue-ling.

Sang-zung 'a-le-ih-kuk?

Z Se-ön-foo.

Sang-zung mæh wæ-sa-lau yu ming-sang?

Iung-wæ koo-z-kan kie-kuk Dzau-dæ, tsoo koo Kiung-zung lau.

De Zæh-Pah Tsang.

Woo-Pōk Sang.

Woo-pōk sang s-men kuk kiang-ka tau sa 'oo-doong?

Toong tau Ön-hwæ, Kong-se. Næn tau Woo-næn. Se tau S-ts'æn, Sæn-se. Pōk tau 'OO-næn.

Kien-foong yu kie-ho le?

Iāk-kwæ yu ts'ih-zæh-pah-man nie-tsen fong-le.

Niung-ting yu kie-ho?

Iāk-kwæ yu nie-ts'en ts'ih-pāk s-sæh-man.

T'en-c'e lau nie-t'oo na-nung kuk?

T'en-c'e hau lau nie-t'oo tsong-kuk.

T'oo-ts'an sa mæh-z too?

Ts'æh Me lau, Tsū-so; Doong-yu. Dzo-yih; T'ih lau, Mo lau, Ts lau; Tsōk-du, Mōk-du.

Yu sa-kuk 'oo?

Dzang-kong mæh læh-la sang kuk næn-han kiung-koo kuk; Wan-yu ih-diau Hön-s, la sang-le kwæ tau Dzang-kong le kuk.

Yu sa-kuk woo?

Yu too-ho siau-woo, t'ōk t'oong-zāk Yang-ts-kong la kuk.

Yu sa-kuk san?

Kiung-san.

Yu kie-ho foo?

Kiu foo; kiau Voo-ts'ang. ON-lōk, Siang-yang, Yuen-yang, Tuk-ön, Wong-tsu, Kiung-tsu, Nie-ts'ang, S-næn.

Sang-zung 'a-le-ih-kuk?

Z Voo-ts'ang-foo.

Sang-zung wæ-sa yu ming-sang?

Iung-wæ niung-ting hiung lau, læ-c'e kuk sang-e-zæn too.

Wan-yu sa yu ming-sang kuk zung va?

Z Kiung-tsu lau Siang-yang.

De Zæh-Kiu Tsang.

Woo-Næn Sang.

Woo-næn sang s-men kuk kiang-ka tau sa 'oo-dong?

Toong tau Kong-se. Næn tau Kwong-toong, Kwong-se. Se tau Kwæ-tsu lau S-ts'æn. Pok tau Woo-pōk.

Kien-fong yu kie-ho le?

Iāk-kwæ yu pah-zæh-nie man ng-ts'en fong-le.

Niung-ting yu kie-ho?

Iāk-kwæ yu ih-ts'en kiu-pāk man.

Yu sa-kuk 'oo?

Yu Siang-kong, Ts-kong, Niön-kong, wan-yu too-ho siau-kong.

Woo mæh kiau sa?

Kiau Doong-ding-woo,z zæh-pah sang-fe ting doo kuk.

Yu ming-san va?

Yu 'Ung-san, ziu-z Næn-ngok.

T'en-c'e lau nie-t'oo na-nung kuk?

T'en-c'e hau lau nie-t'oo tsong-kuk.

T'oo-ts'an sa mæh-z too?

Ts'æh Me lau, Māk lau, S-niung lau. K'an lau. Tsū-so lau, Doong-yu lau, Mo lau, Mæ lau. Mōk-liau.

Yu kie-ho foo?

Pah foo; kiau Dzang-so, Ngok-tsu, Pau-c'ung, Yung-tsu, Dzang-tuk, Zung-tsu, Ioong-tsu, oong-zung.

Sang-zung læh-la 'a-le?

Z Dzang-so-foo. la Siang-kong 'oo-dong.

De Nian Tsang.

S-Ts'æn Sang.

S-ts'æn sang s-men kuk kiang-ka tau sa 'oo-dong?

Toong tau Woo-pōk, Woo-næn. Næn tau Kwæ-tsu lau Yuen-næn. Se tau Dzen-dzong. Pōk tau Ts'ing-hæ, Kæn-sōk.

Kien-fong yu kie-ho le?

Dzū-ts Kæn-sōk sang, iau-suæn S-ts'æn tsuæ doo, yu tau ih-pāk pah-so-ng man san-ts'en fong-le la.

Niung-ting yu-kie-ho?

Iāk-kwæ yu nie-ts'en ih-pāk ng-sæh man.

Yu sa 'oo?

Yu Ia-loong-kong, Ming-kong, Kia-ling-kong; Dzang-kong mæh, la sang-le ts'æn-koo kuk.

Yu sa-kuk san?

Yu tsuæ dzang kuk Yuen-ling; Wan-yu Ming-san.

T'en-c'e lau nie-t'oo na-nung kuk?

T'en-c'e mæh man-hau; nie-t'oo mæh tsong-kuk.

T'oo-ts'au sa mæh-z too?

Ts'æh Me lau, Māk lau, Kiung Niung lau, Doong lau, T'ih lau, Sih lau, K'an lau, Ts'æn-fong; Dzo-yih lau Yen; wan yu too-ho Yāk-liau.

Yu kie-ho foo?

Zæh foo; kien, Dzung-too, Niung-yuen, Pau-niung, Zung-c'ung, Dzū-tsu, Dzoong-c'ung, Kwæ-tsu, Loong-ön, Doong-ts'æn, Kia-ding.

Sang-zung 'a-le-ih-kuk?

Z Dzung-too-foo.

De Nian-Ih Tsang.

Kæn-Sōk Sang.

Kæn-sōk sang s-men kuk kiang-ka tau sa 'oo-dong?

Toong tau Sæn-se. Næn tau S-ts'æn. Se tau Ts'ing-hæ lau Da-koo-pih. Pōk tau Dzang-zung. Se-han wan-yu 'ÖN-hæ lau hwong-ya 'oo-dong.

Kien-fong yu kie-ho le?

Koo-z-kan mæh, yu tau kiu-zæh-lōk

ma^{n} le; le^{n} se-pa^{n}-ba^{n} hwong-ya ‘oo-dong, yu tau sa^{n}-pāk too ma^{n} le.

Niung-ting yu kie-ho?

Iāk-kwæ yu ih-ts‘e^{n}-ng-pāk ling-nie ma^{n}.

Yu sa-kuk ‘oo?

Yu W̆ong-‘oo lau Da-t‘oong-‘oo.

Yu sa-kuk sa^{n}?

Yu too-ho sa^{n}, yu kuk sa^{n} mæh, ih-ts‘en dzang kau la.

T‘en-o‘e na-nung kuk?

Lang-kuk.

Nie-t‘oo na-nung kuk?

Hwong-ya de-fong too, pih-koo toong-pa^{n}-ha^{n} mæh, nie-t‘oo tsong-kuk.

T‘oo-ts‘a^{n} sa mæh-z too?

Ts‘æh Kiung Niung lau, Niōk lau, Doong lau, Zāk-du lau, Māk lau, Ts‘æ^{n} lau, S-en lau, Nau-so; too-ho Ya-su lau Tsoong-sang.

Yu kie-ho foo?

Kiu foo; kiau Ding-liang, Koong-ts‘ang,

Ling-iau, C'ung-yang, Niung-ya, Se-niung, Liang-tsu, Kæn-tsu, Lan-tsu.

Sang-zung 'a-le-ih-kuk?

Z Lan-tsu-foo.

Kæn-sōk tau Pōk-kiung yu kie-ho loo?

Iāk-kwæ yu ng-ts'en too le.

De Nian-Nie Tsang.

Kwong-Toong Sang.

Kwong-toong sang s-men kuk kiang-ka tau sa 'oo-dong?

Toong-pōk tau Fōk-kien. Toong-næn tau Hæ. Se tau Kwong-se. Pōk tau Woo-næn lau Kong-se.

Kien-fong yu kie-ho le?

Iāk-kwæ yu pah-zæh-pah-man nie-ts'en fong-le.

Niung-ting yu kie-ho?

Iāk-kwæ yu ih-ts'en kiu-pāk-nian man.

Yu sa-kuk 'oo?

Yu Tsū-kong, Toong-kong, Pōk-kong, Se-kong.

Yu sa-kuk san?

Yu Næu-ling lau Mæ-ling.

T'eu-c'e lau nie-t'oo na-nung kuk?

T'eu-c'e mæh niih-kuk; nie-t'oo mæh tsong kuk.

T'oo-ts'au sa mæh-z too?

Ts'æh Me lau, Tsung-tsū lau, S Dzu lau, Kiueh-ts lau, Kwæ-yuen lau, Mo lau, Den-ts'ing lau, Yen lau, Mæ lau T'au.

Yu kie-ho foo?

Zæh foo; kiau Kwong-tsu, Zau-tsu, Næu-yang, Wæ-tsu, Dzau-tsu, Zau-c'ung, Kau-tsu, Len-tsu Læ-tsu, Joong-tsu.

Sang-zung 'a-le-ih-kuk?

Z Kwong-tsu-foo.

Sang-zung kuk zung-du mæh, na-nung kau doo?

Tsu-tsæu yu zæh-pah le loo, zæh-nie kuk mung; kau mæh yu-kuk 'oo-dong nian-ng ts'āk, yu-kuk 'oo-dong s-sæh ts'āk.

Sang-zung le mæh yu kie-ho mungting?

Iāk-kwæ yu ih-pāk man.

Sang-zung mæh wæ-sa yu ming-sang?

Iung-wæ dzang-yuen tah Nga-kōk niung liang tsoo sang-e.

Wan-yu sa yu ming-sang kuk zung va?

Z Zau-tsu kuk foo-zung, iung-wæ zung mæh zau-læ man-hau, ye ts'æh Dzo-yih kuk; wan-yu Næn-yoong-foo le kuk too-ho kiāk-ts mæh, t'ōk la Mæ-ling le, ts'æh-tsing kuk.

De Nian-San Tsang.

Kwong-Se Sang.

Kwong-se sang s-men kuk kiang-ka tau sa 'oo-dong?

Toong tau Kwong-toong. Næn tau Kwong-toong lau ÖN-næn. Se tau Yuen-næn. Pōk tau Kwæ-tsu lau Woo-næn.

Kien-fong yu kie-ho le?

Iāk-kwæ yu pah-zæh-lōk man pah-ts'en fong-le.

Niung-ting yu kie-ho?

Iāk-kwæ yu tsʻih-pāk sa^{n}-zæh-ih ma^{u}.

Yu sa-kuk ʻoo?

Yu La-ling-ʻoo, Loong-kong, Se-kong.

Yu sa-kuk sa^{u}?

Yu Næ^{n}-ling.

Tʻe^{n}-cʻe lau nie-tʻoo na-nung?

Tʻe^{n}-cʻe mæh niih-kuk; bing-de kuk nie-tʻoo mæh tsong-kuk, dōk-z sa^{n} too.

Tʻoo-tsʻa^{n} sa mæh-z too?

Tsʻæh Kiung Niung lau, Doong Tʻih lau, S-niung lau, Nie^{n}-ts lau, Poo lau, Dung lau, Kwæ-be; w̆a^{u}-yu too-ho dzuk ka-de^{n} kuk Mōk-liau.

Yu-kie-ho foo?

Zæh-ih foo; k[illegible] Kwæ-ling, Lu-tsu, Cʻung-yue^{n}, S-ung, S-zung, Bing-lok, Ngoo-tsu, Dzing-tsu, Næ^{n}-niung, Tʻa-bing, Tsung-ö^{n}.

Sang-zung ʻa-le-ih-kuk?

Z Kwæ-ling foo

Kwong-se niung mæh na-nung?

Pōk-han san-le yu too-hō Miau-ts; Næn-han nian-s kuk tsu mæh, zæ-z pāk-sing z-ka sæh-lih t'oo-kwæn kuk

De Nian-S Tsang.

Yuen-Næn Sang.

Uen-næn sang s-meu kuk kiang-ka tau sa 'oo-dong?

Toong tau Kwæ-tsu lau Kwong-se. Næn tau ÖN-næn lau Sen-loo. Se ta Men-den. Pōk tau S-ts'æn,

Kien-fong yu kie-hō le?

Iāk-kwæ yu ih-pāk man fong-le.

Niung-ting yu kie-hō?

Iāk-kwæ yu ng-pāk ng-zæh-lōk man.

Yu sa-kuk 'oo?

Yu Lan-ts'ong-kong, Noo-kong, Dzang-kong mæh, la sang kuk pōk-han kiung-koo kuk.

Woo mæh kiau sa?

Kiau Sen-woo, Tsung-woo, Da-le-woo.

Yu sa-kuk san?

Pōk-pen yu Yuen-ling,z ting-kau kuk.

T'en-c'e lau nie-t'oo na-nung?

T'en-c'e mæh niih-kuk;nie-t'oo mæh tsong-kuk;dōk-z san too lau[illegible]g-de sau.

T'oo-ts'an sa mæh-z too?

Ts'æh Kiung-ts lau,Doong lau,S-niung lau,Tsū-so lau,Niōk lau,Lōk-kok,Se-kok; Ziang-nga lau,En-'oo;K'oong-ts'iāk lau,Dzo-yih;Wan-yu too-ho Koo-ts lau Yāk-lian.

Yu sa-kuk ya-su lau tiau-niau la?

Yu Lau-hoo lau,Ziang lau,Ya-niu lau, Ya-ts-loo;Wan-yu hau-be kuk ya-su,hau-k'ön lau ts ue-kuk tiau-niau.

Foo yu kie-ho?

Nian-san foo;kiau Yuen-næn,Da-le,Ling-ön,Ts'oo-yoong,Tsung-kiang,Kwong-toong, Kwong-næn,Kwong-se,Zung-niung, C'ōk-dzing,Yau-ön,Ngok-c'ung,Voo-ding, Le-kiang,Niön-kiang,P'oo-II,Moong-hwo,Ioong-ts'ang,K'æ-hwo,Wæ-yuen,Tsung-niön, Tsau-t'oong,Toong-ts'æn-iuen-ming-foo.

Sang-zung 'a-le-ih-kuk?

Z Yuen-næn-foo.

De Nian-Ng Tsang.

Kwæ-Tsu Sang.

Kwæ-tsu sang s-men kuk kiang-ka tau sa 'oo-dong?

Toong tau Woo-næn. Næn tau Kwong-se. Se tau Yuen-næn. Pōk tau S-ts'æn.

Kien-fong yu kie-ho le?

Iāk-kwæ yu ts'ih-zæh-ih man ts'in-ts'en fong-le.

Niung-ting yu kie-ho?

Iāk-kwæ yu ng-pāk nian-kiu man.

Yu sa-kuk 'oo?

Kiau OO-kiang.

Yu sa-kuk san?

Yu Næn-ling.

T'en-c'e lau nie-t'oo na-nung?

T'en-c'e mæh niih-kuk; nie-t'oo suæn tsong kuk.

T'oo-ts'an sa mæh-z too?

Ts'æh Doong T'ih lau, K'au lau, Tsū-so lau, S-niung lau, Me lau, Māk lau, Yeu lau, EN-yih lau, Zū Mōk lau, Tsoong-sang lau, Ya-su lau, ts'ue-kuk Tiau-niau.

Yu kie-ho foo?

Zæh-san foo; kiau Kwæ-yang, S-tsu, S-næn, Tsung-yuen, Zāk-ts'en, Doong-zung, Le-bing, ÖN-zung, Næn-loong, Too-yuen, Bing-yueh, Da-ding, Tsung-nie.

Sang-zung 'a-le-ih-kuk?

Z Kwæ-yang-foo.

Kwæ-tsu niung mæh na-nung kuk?

Foong-dzōk mæh kiang-wang kuk; san-ie mæh, 'a yu too-ho Miau-ts.

De Nian-Lōk Tsang.

S Zōk-Kōk.

Tsoong-kōk kuk Zōk-kōk, ming-du kiau sa?

Kiau Man-tsu, Moong-koo, Sing-kiang, Se-dzong.

Mæn-Tsu.

Mæn-tsu s-men kuk kiang-ka tau sa 'oo-dong?

Toong tau Zæh-pung hæ. Næn tau Kau-le lau hæ. Se tau Moong-koo. Pōk tau Hiúng-ön-ling.

Kien-fong yn kie-ho le?

Iāk-kwæ pan-pāk man fong-le.

Niung-ting yu kie-ho?

Iāk-kwæ nie-pāk man.

Yu sa-kuk kau-san?

Toong-han mæh yu Sih-huk-duk-san. Næn-han yu Dzang-bāk-san. Pōk mæh yu Nga-hiung-ön-ling, wan-yu Næn-hiung-ön-ling lau Siau-bāk-san.

Yu sa-kuk 'oo?

Yu Huk-loong-kong, Nung-kong, Ah-lōk-kong, Liau-'oo.

Woo mæh kiau sa?

Kiau Hoo-lung-dz lau Pæ-ll-dz, Hiung-k'æn-woo.

Yung-s na-nung kuk?

Zū-ling lau san maeh too-kuk; niung-du hie-kuk.

T'en-c'e lau nie-t'oo na-nung kuk?

T'en-c'e maeh juk-lang, kaeh-lau nie-t'oo le kuk maeh-z, 'a van-nan hiung-fah kuk.

T'oo-ts'an sa maeh-z too?

Ts'aeh Māk lau, Jau-māk lau, Du lau, Tsung-tsū lau Niung-sung lau, Be-hoo, Kan-dzu.

Sa-kuk ya-su lau tiau-niau maeh too?

Too-ho san lau zū-ling le maeh, yu Yoong lau, Lōk lau, Za Long lau, Lau-hoo; wan-yu tiau maeh kiau Wong-iung.

Maeu-tsu fung kie-sang?

Fung sau-kuk sang; naeu maeh kiau Zung-kiung; se-pōk kiau Huk-loong-kong; toong-pōk kiau Kiih-ling.

Maeu-tsu le kuk kwaen, na-nung pa kuk?

Yu ih-kuk doo-kwaen-t'oo lau Ng-boo-dzong-sū, dzū la Voong-t'en-foo le, tsoongkwæn Mæn-tsu kuk z-t'e;san-kuk sang-le mæh, W̆an-yu san-kuk Too-t'oong, too-ho kwæn mæh, t'ōk-z W̆ong-te la ts'ing-zōk tsoo kuk.

Zung-Kiung.

Zung-kiung s-men kuk kiang-ka tau sa 'oo-dong?

Toong-pōk tau Kiih-ling. Toong-næn tau Kau-le. Næn tau hæ. Se-pōk tau Moong-koo.

Sang-zung mæh 'a-le-ih-kuk?

Z Voong-t'eu-foo.

Sang-zung mæh na-nung doo?

Tsu-tsæn yu tau san-sæh le loo, zung-le yu ih-kuk W̆ong-zung, tsu-tsæn kiu-le loo, 'a-z Ts'ing-dzau W̆ong-te zau la kuk.

W̆an-yu sa yu-ming kuk zung va?

Yu ih-kuk kiau Hiung-kiung, z W̆ong-te kuk zōk-le niung dzu la ho kuk; e-du yu-kuk Dzang-hak-san, z W̆ong-te kuk tsoo-vung.

Yu sa t'oong-song kuk oo-dong?

Yu kuk, kiau Voong-wong-t'ing, z tah Kau-le-kōk t'oong-song kuk 'oo-dong.

Huk-Loong-Kong.

Huk-loong-kong s-men kuk kiang-ka tau sa 'oo-dong?

Toong tau Kiih-ling. Næn tau Moong-koo. Se tau Moong-koo, Ngoo-loo-s. Pōk tau Ngoo-loo-s.

Kien-fong yu kie-ho le?

Iāk-kwæ nian-nie-man le; dōk-z too-hwong-ya de-fong, niung-du fæh biung.

Yu sa san?

Yu Hiung-ön-ling.

Yu sa woo?

Yu Hoo-lung-dz, Pæ-ll-dz.

Yu sa 'oo?

Yu Huk-loong-kong lau Nung-kong.

T'en-c'e lau nie-t'oo na-nung?

T'en-c'e mæh juk-lang; nie-t'oo mæh fæh-tsong-kuk.

Sang-zung mæh kiau sa?

Kiau Dze-dze-sa-ll.

Kiih-Ling.

Kiih-ling s-men kuk kiang-ka tau sa 'oo-dong?

Toong tau Zæh-pung hæ. Næn tau Kau-le lau Zung-kiung. Se tau Moong-koo lau Huk-loong-kong. Pōk tau Ngoo-loo-s.

Yu sa-kuk san?

Yu Nga-hiung-ön-ling la Sih-huk-duk san.

u sa-kuk 'oo?

Yu Huk-loong-kong.

Yu sa-kuk woo?

Yu Hiung-k'æn-woo.

Niung mæh na-nung wæh sing-ming?

Z tsök-ng lau tang-ya-su.

Tsing-koong Wong-te mæh sa mæh-z?

Z Tsung-tsū lau Be-hoo.

Toong-pan-ban nga-du yu sa Tau-ts va?

Yu-kuk, kiau Koo-yih-tau, yu ih-ts'en pah

pāk le dzang;kw'æh mæh,'ah-kuk ts'ih-song le,kw'æh-kuk san-pāk le;z san too kuk 'oo-dong,pāk-sing mæh fæh tsoong-deu lau, pih-koo tsok-ng w'æh sing-ming kuk.

De Nian-Ts'ih Tsang.

Moong-Koo.

Moong-koo mæh,s-meu kuk kiang-ka tau sa 'oo-dong?

Toong tau Mæn-tsu. Næn tau Van-le-dzang-zung lau Kæn-sōk. Se tau Sing-kiang. Pōk tau Ngoo-loo-s.

Moong-koo de-fong na-nung doo?

Yu ng-ts'en-le dzang lau,san-ts'en-le kw'æh;tsok-fong mæh ih-ts'en ng-pāk ng-sæh man le.

Niung-ting yu kie-ho?

Iāk-kwæ yu nie-pāk man.

Yu sa-kuk san?

Pōk-han mæh,yu A-ll-t'æ-san;næu-han mæh yu Iung-san.

Yu sa-kuk 'oo?

Yu Tʻoo-la-ʻoo lau, Ngōk-ll-kwʻng-ʻoo, lau Suk-lung-kuk-ʻoo lau Kōk-loo-lung-ʻoo; W̌a^{n}-yu kuk W̌ong-ʻoo, la e-du tsʻæ^{n}-koo kuk.

Tʻe^{n}-cʻe lau nie-tʻoo na-nung?

Z lang-sau lau fæh-tsong kuk.

Yu sa hwong-ya de-fong va?

Yu-kuk; kiau Ö^{N}-hæ, tang Moong-koo cʻe-du, tsʻæ^{n}-koo Kæ^{n}-sōk, dzuk-tau Sing-kiang le.

Tsing-koong W̌ong-te mæh sa mæh-z?

Lok-doo lau Mo; W̌a^{n}-yu hau ya-su kuk be.

Vong-ts na-nung kuk?

Ta^{n} zū-diau tsah-ts ka-ts, nga-du ta^{n} tsæ^{n} læ tso-kuk.

Niung mæh na-nung w̌æh sing-ming?

Fæh-kʻung tsoong-de^{n}, pih-koo vang tsoong-sang lau, tang ya-su lau, tsōk tiau-niau lau sa.

Niung mæh nwæ^{n}-hie cʻuk sa mæh-z?

Z æ-[illegible]uk Mo-niōk kuk.

Moong-koo fung kie-dö^{n}?

Fung liang-dö^{n}; næ^{n} ih-pæ^{n} kiau Næ-moong-koo; pōk ih-pæ^{n} mæh kiau Nga-moong-koo.

Nga-moong-koo fung kie-loo

Fung s-loo; yu ih-loo mæh yu ih-kuk doo-kwæ^{n}; w̆a^{n}-yu liang-kuk Mæ^{n}-tsu-niung tsoong-kwæ^{n} la kuk.

Næ-moong-koo na-nung kwæ^{n} pāk-sing?

Ih-zōk yu ih-zōk kuk t'oo-kwæ^{n}: tsoong-tōk mæh z Mæ^{n}-tsu-niung.

De Nia^{n}-Pah Tsang.

Sing-Kiang.

Sing-kiang s-men kuk kiang-ka tau sa 'oo-doong?

Toong tau Moong-koo lau Kæ^{n}-sōk. Næ^{n} tau Se-dzong. Se tau Se-yōk. Pōk tau Ngoo-loo-s.

Sing-kiang fung kie-dö^{n}?

Fung sa^{n}-dö^{n}; pōk-ha^{n} kiau K'oo-poo-too; næ^{n}-ha^{n} kiau T'en-sa^{n} næ^{n}-loo lau pōk-loo;

toong-han kiau Ts'ing-hæ.

K'oo-poo-too yu sa-kuk woo?

Yu Dze-liang-bōk, Koo-luk-bōk, OO-poo-san-bōk, E-k'uk-a-la-k'uk-bōk, Huk-sah-ll-pō-zæh-bōk.

Yu sa-kuk san?

Yu Dong-noo-san.

T'en-san næn-pōk yu sa-kuk 'oo?

Næn mæh yu T'ah-le-mōk-'oo, Tuk-sing-poo-'oo, 'OO-ten-'oo; pōk mæh yu EN-le-'oo.

Yu sa-kuk san?

Yu Kw'ung-lung-san, T'en-san.

Ts'ing-hæ yu sa woo?

Ziu-z Ts'ing-hæ.z doo-kuk woo.

Yu sa-kuk san?

Yu Je-len-san lau Tsih-zāk-san.

Sing-kiang san-dön loong-tsoong yu kie-ho fong-le?

Iāk kwæ san-pāk man le.

T'en-c'e na-nung kuk?

Toong-le mæh kwa-lang, 'au-le mæh

kwa-niih.

Nie-t'oo na-nung kuk?

Pōk-hau K'oo-poo-too de-fong, sau-wæ tsong-teu, iung-wæ yu too-ho woo; je-yue ts'o-fæh-too zæ-z hwong-ya de-fong.

Yu t'oo-ts'au va?

Ts'æh Niōk lau, Hoo-siau, Liu-wong; Mo lau, Niu lau, Yang lau Lok-doo.

De Niau-Kiu Tsang.

Se-Dzong.

Se-dzong mæh, s-meu kuk kiang-ka tau sa 'oo-dong?

Toong tau S-ts'æn lau Yuen-næn. Næn tau Sih-san, Se tau Pōk-iung-doo. Pōk tau Sing-kiang.

Kieu-fong yu kie-ho le?

Iāk-kwæ yu kiu-pāk man le.

Se-dzong mæh wæ-sa yu ming-sang?

Næn-hau yu Sih-sau, z s-ka-long ting-kau kuk; Noo-kong lau Dzang-kong mæh, t'ōk la Se-dzong le liu ts'æh-læ kuk.

T'en-c'e lau nie-t'oo na-nung?

San-kōk -le mæh man-niih, bih-ts'ū mæh lang-kuk: nie-t'oo mæh fæh-tsong kuk.

T'oo-ts'an mæh sa mæh-z?

Ts'ah Māk lau, Du lau, Da-wong lau, Ah-wæ; Dau-ts lau, Kiueh-ts.

Yu sa ya-su lau tsoong-sang va?

Yu Zo lau, Lōk lau, Mo lau, Niu lau, Yang lau, San-yang.

Yu sa ng-kiung va?

Yu Kiung-ts lau, Niung-ts lau, Doong lau, T'ih lau, K'an lau. Tsu-so au, Tsung-tsū lau, Niōk, zan too kuk: wan-yu Ts'ing-yen, Bang-so.

Sa mæh-z mæh ting-yu ming-sang?

San-yang-mau tsoo la ting-se kuk e-zong-liau.

Se-dzong mæh na-nung fung?

Toong-pan-pan kiau Zen-dzong; se-pan-pan kiau 'U-dzong.

Tsing-koong Wong-te mæh sa mæh-z?

Z tan t'oo-ts'an lau, tsoong-sang lau, ng-kiung læ tsing-koong kuk.

Niung mæh na-nung kuk?

Z ling-loong lau ŭæ-tsoo hau mæh-z kuk; niue-niung mæh 'a-ŭæ sia-suæⁿ lau, tsoong-deⁿ lau, tsoo-sang-e kuk.

Sang-zung 'a-le-ih-kuk?

Zeⁿ-dzong mæh kiau Poo-dah-la; 'U-dzong mæh kiau Tsah-zæh-poo-lung.

ÖN-Næn Kōk.

ÖN-næn-kōk s-men kuk kiang-ka tau sa-'oo-dong?

Toong-næn tau Næn-hæ. Se tau Sen-loo lau Men-den. Pōk tau Tsoong-kōk.

Kien-fong yu kie-hau le?

Iāk-kwæ yu ih-pāk-zæh man fong-le.

Niung-ting yu kie-hau?

Iāk-kwæ yu ih-ts'en man.

Yung-s na-nung kuk?

Yu too-hau san lau zū-mōk kuk.

Yu sa-kuk 'oo?

Yu Foo-liang-kong lau Lan-ts'ong-kong.

T'en-o'e lau nie-t'oo na-nung kuk?

Wung-'oo lau fah-tsong kuk.

Yu sa ng-kiung va?

Yu Kiung Niung lau Doong lau T'ih.

T'oo-ts'an sa-mæh-z too?

Ts'æh Men-hwo lau, Song-zū lau, S-men lau, Den-ts'ing lau, Ka-biau-zū lau,

Kæn-tso lau, Ts'ih lau, 'Oo-tsiau lau, Niōk-kwæ lau, Po-tsiau lau, M-hwo-koo-zū lau, Oo-mōk lau, Tsōk-du lau, Dung lau, Dzung-hiang lau, Dan-hiang lau, Ka-næn-hiang lau, Ping-long lau, Dzo-yih lau, Ziang-nga lau, Yen.

Sa-mæh-z tsuæ-yu yoong-du.

Tsōk-du lau Ka-biau-zū. Ka-biau-zū mæh k'au-e zau zæn lau vong-ts kuk; be mæh k'au-e kau zung-sok kuk; yih mæh ye-k'au-e tso ōk lau, ye-k'au-e tsoo ts lau lan kuk; tsæh mæh k'au-e tong tsia kuk; Ka-biau-niōk mæh k'au-e c'uk lau, k'ok mæh k'au-e tong ka-sang kuk.

Yu sa-kuk ya-su lau tsoong-sang?

Yu Lau-hoo lau, Ziang lau, Pau lau, Yoong lau, Lōk lau, Ya-niu lau, 'U lau, Mo lau, Niu lau, Yang.

Yu sa-kuk tiau-niau?

Yu K'oong-ts'iāk lau, Ang-koo, tah-ts

bih-yang kuk tiau.

Vong-ts mæh na-nung kuk?

Z ngo-vong lau me-vong, wan-yu tan mŏk-du zau-ts lau, tan ka-biau-zŭ-yih lau tsŏk-yih kæn kuk.

E-zong na-nung kuk?

Hah-tuk Tsoong-kŏk Ming-dzau nung, næn-niung 'a fæh t'e-du, fæh tang-ben kuk.

Vung-le na-nung kuk?

Z dŏk Tsoong-kŏk sŭ lau, k'u-iung mæh tah Tsoong-kŏk ts'o-fæh-too kuk.

T'oong-kŏk fung kie-dön?

Fung san-dön, pung-kŏk lau liang-kuk zŏk-kŏk, kiau Tsæn-zung lau Tsung-lah.

Kŏk-tsung na-nung kuk?

Kŏk-wong hau-du yu lŏk-kuk doo-kwæn, wan-yu liang-kuk doo-kwæn, kwæn liang-kuk zŏk-kŏk kuk.

Kiung-zung kiau sa?

Kiau Zung-hwo.

Sen-Loo Kōk.

Sen-lōo-kōk s-men kuk kiang-ka tau sa-'oo-dong?

Toong tau ÖN-næn. Næn tau hæ Se tau Men-den. Pōk tau Tsoong-kōk.

Sen-loo-kōk kien-fong yu kie-hau le?

Iāk-kwæ yu kiu-sæh man fong-le.

Niung-ting yu kie-hau?

Iāk-kwæ yu san-pāk man.

Yung-s na-nung kuk?

Liang-pan-ban mæh yu too-hau san lau zū-mōk kuk.

Yu sa-kuk 'oo?

Kiau Mæ-næn-'oo.

T'en-c'e lau nie-t'oo na-nung kuk?

Nön-niih lau tsong-kuk.

Yu sa-kuk ya-su?

Yu Lau-hoo lau, Pau lau, Se-niu lau, Ziang lau, Ziang mæh kōk-wong tan-læ tong pung-ting kuk.

T'oo-ts'an sa-mæh-z too?

Yu Me lau, Ng-kiung lau, E^N-'oo lau, Dzung-hiang lau, Du-k'u lau, 'Oo-tsiau lau, E^N lau, Mōk-liau.

Kōk-tsung na-nung kuk.

Jueⁿ-ping zæ la kōk-wong ts'ū kuk.

Kiung-zung kiau sa?

Kiau Pong-koo.

Moo-Loo-Niue.

Moo-loo-niue s-men kuk kiang-ka tau sa-'oo-dong?

Toong, Næⁿ, Se, tau hæ. Pōk mæh tau Seⁿ-loo.

Yung-s na-nung kuk?

Næⁿ lau pōk mæh yu too-hau saⁿ, zū-mōk mæh maⁿ-hiung kuk; 'oo mæh 'a fæh-sau, pih-koo fæh-doo kuk.

T'eⁿ-c'e lau nie-too na-nung kuk?

Sæh-nīh lau fæh-tsong kuk.

T'oo-ts'aⁿ sa-mæh-z too?

Ts'æh Mih lau, Lah lau, E^N-'oo lau, Duk'u lau, Ping-long lau, Hiueh-jih lau, Li-dzo; Ziang-nga lau, Niu-be lau, Tsŏk-dŭ lau, Dung lau, Mŏk-liau lau, wăn-yu hau-e'uk kuk Koo-ts.

Yu sa-kuk ya-su?

Yu Lau-hoo lau, Yoong lau, Pau lau, Zo lau, Se-niu lau, Ngok-ng lau, Dŏk-zo.

Yu sa ng-kiung va?

Pih-koo yu Kiung-ts lau, Sih lau, T'ih.

Niung mæh na-nung kuk?

T'ŏk-z sang-fan, kiang-wang tuk-juk kuk, tan-kwæn tsok-ng lau tang ya-su, yu-kuk mæh tsoo-sang-e.

Men-Den-Kŏk

Men-den-kŏk s-men kuk kiang-ka tau sa-'oo-dong?

Toong tau Tsoong-kŏk lau Sen-loo. Næn tau hæ. Se tau lung-doo. Pŏk tau sang-f'an de-f'ong kiau A-song.

Men-den-kŏk kien-fong yu kie-hau le?

Iák-kwæ yu me-pāk-nian mau le.

Niung-ting yu kie-hau

Iák-kwæ yu s-pāk man.

Yung-s na-nung kuk?

Pōk-hau mæu yu too-hau sau, næn-hau mæh t'ōk-z bing-de lau hwong-ya; ye-vu too-hau 'oo lau woo kuk.

Doo-kuk 'oo kiau sa?

Kiau Noo-kong lau E-le-va-t'ih-'oo; wan-yu kuk bih-diau 'oo.

T'en-c'e lau me-t'oo na-nung kuk?

T'en-c'e mæh 'oo-nōn, me-t'oo mæh tsong-kuk.

T'oo-ts'an sa-mæh-z too

Ts'æh Kōk lau, Men-hwo lau, Tsōk-du lau, Ts'ih lau, Ka-biau zū lau. Po-tsiau lau, Kæu-tso lau, Dzo-yih lau. Kiueh-ts lau, Hiang-yuen lau, EN-yih lau, wan-yu hwo-ts'au lau mōk-liau.

Yu sa ng-kiung va?

Zæ yu-kuk, wan-yu 'Oong-pau-zāk lau.

tah-ts Hoo-p'āk lau Mih-lah lau sa.

Yu sa-kuk ya-su lau tsoong-sang?

Yu Lau-hoo lau, Pau lau, Ziang lau. Ya-mu lau, Lōk lau. Ya-ts-loo lau, Ya-mau lau, Mo lau, Ku lau, w̆oo-yu dōk-zo lau sa.

Su-nie na-nung?

Tsoo-kuk sang-w̆æh fæh-c'au kuk.

Vung-le na-nung kuk?

W̆æ dōk-sū lau sia-z niue-nung 'a w̆æ kuk.

Kōk-tsung na-nung kuk?

Jueⁿ-ping la kōk-w̆ong su le kuk, zau-liang pih-koo zæh-vung le ih-vung. dōk-z sang-e kuk suæ mæh dzoong-kuk.

Kiung-zung kiau sa?

Kiau A-wo.

Iung-Doo Kōk

Jung-doo-kōk s-men kuk kiang-ka tau sa-'oo-dong?

Toong tau Men-den lau hæ. Næn tau

Iung-doo yang. Se tau A-la-pāk hæ lau, Pæ-loo-ts lau A-foo-'ön. Pōk tau Se-Dzong.

Iung-doo-kōk kien-fong yu kie-hau le?

Iāk-kwæ yu ih-ts'en s-pak san-sæh man fong-le.

Niung-ting yu kie-hau?

Iāk-kwæ yu ih-man san-ts'en man.

Yu sa-kuk san?

Pōk-han mæh yu Sih-san z ting-kau kuk, se-pōk yu Iung-doo-koo-s, se-han yu Ka-tih-s, wan yu too-hau siau-san.

Yu sa-kuk 'oo?

Toong-pōk mæh yu 'Ung-'oo lau Dzong-poo-kong; toong-han mæh yu Koo-dah-ve-le-'oo lau, Kiih-s-tuk-na-'oo lau Ka-ve-le-'oo; se-pōk yu Iung-doo-'oo; se mæh yu Niuk-boo-t'a-'oo.

T'en-e'e lau nie-t'oo na-nung kuk?

Pōk-han mæh wung-'oo, næn-hau mæh niih-kuk; nie-t'oo mæh tsong-kuh too lau fæh-tsong kuk sau.

T'oo-ts'an sa-mæh-z too?

Ts'æh Me lau, Māk lau. Men-hwo lau, A-p'en lau, Kæn-tso lau, Den-ts'ing lau, EN-yih lau, Dzu lau, 'Oo-tsiau lau, Ka-biau lau, Zū-hiang lau, Mæh-yāk lau; wan-vu too-hau koo-ts.

Yu sa ng-kiung va?

Yu Kiung-ts lau, Niung-ts lau, Doong lau, Tsung-tsū lau, Niōk lau, S-tsing lau, San-'oo lau, Mo-nau lau, Nau-so lau, Siau lau sa.

Yu sa-kuk ya-su lau, tsoong-sang lau tiau-niau?

Yu Lau-hoo lau, Pau lau, Ziang lau, Mo lau, Lok-doo lau, Niu lau, Yang lau, wan-vu too-hau ts'ue-kuk tiau.

Sa-kuk zū mæh yu ming-sang?

Z de-kōk kuk M-hwo-koo zū, ye dzau-'au sang kuk au-ts, z-ka wæ tau nie-le c'e sang kung, nien-soo too-ts mæh ih-k'oo zū yu kie-ts'en kuk kung lau, 'an-du k'au-e tung too-hau niung uk.

Tsoo-kuk mæh-z mæh sa-kuk ting hau?

Z man-se kuk poo lan, ng-suk kuk yang-nioong e-zong, e-tsoong mæh-z mæh, ka-den fæh siau kuk.

Foong-dzōk na-nung kuk?

Fung s-tung niung, 'oo-zong, ping-ting, sang-e-niung, su-nie-niung, wan-yu 'au-tung-niung, fæh-z ih-tung le mæh, fæh p'an ts'ing-kiuen lau, fæh ih-dau e'uk mæh-z kuk.

Zen-du kuk kwæ-kiue na-nung kuk?

Næn-niung se-ts, niang-ts tah s-su pæh-la ts'ing-kiuen ih-o'e sau-t'æh kuk.

Vung-le na-nung kuk?

'Æh-kōk kuk sū mæh ih-yang kuk, pih-koo t'ung-ts nian-ng-yang t'oo-iung.

Tsuæ-doo kuk zung kiau sa?

Kiau Ka-ll-kok-tah, zung mæh man-bau lau, dzuk-yu-tau man-ng man niung la kau la?

Iung-doo-kōk niung na-nung kuk?

Hioong-ok lau, t'æn-lan lau, fæh lau-zæh kuk.

Kōk-tsung na-nung kuk?

Fung-ts too-hau siau-kōk, zæh-vung le kiu-vung z lung-kiih-le kwæn kuk tsæ.

Pæ-Loo-Ts.

Pæ-loo-ts kōk s-men kuk kiang-ka tau sa-'oo-doug?

Toong tau lung-doo. Næn tau A-la-pāk hæ. Se tau Poo-s. Pōk tau A-too-'ŏn.

Pæ-loo-ts kien-fong yu kie-hau le?

Iāk-kwæ yu ih-pāk lōk-sæh too man-fong le

Nung-ting yu kie-hau.

Iāk-kwæ yu nie-pāk man.

Yung-s na-nung kuk?

Yu too-hau san lau hwong-ya de-fong kuk.

T'en-e'e lau nie-t'oo na-nung kuk?

Juk-niih lau fæh-tsong kuk.

T'oo-ts'an sa-mæh-z too?

Ts'æh Ng-kōk lau, Men-hwo lau, Mōk-liau lau, Kee-ts lau, Ts'æ lau Ts'æn-ts'au.

Yu sa ng-kiung va?

Zæ yu kuk wan-yu Da-le-zāk lau, tah-ts Liu-wong lau, Nau-so lau Yen.

Niung mæh na-nung kuk?

Bau-tsan lau tan-doo, æ siang-sah kuk, dæ bang-yu mæh tau dzing-sing tuk-juk kuk.

A-FOO-'ÖN.

A-foo-'ön s-men kuk kiang-ka tau sa-'oo-dong?

Toong tau Iung-doo. Nieu tau Pæ-loo-ts. Se tau Poo-s. Pōk tau Se-yōk.

Kiung-zung kiau sa?

Kiau T'ah-poo-ll.

Kien-fong yu kie-hau le?

Iāk-kwæ yu nie-pāk man fong-le.

Niung-ting yu kie-hau?

Iāk-kwæ yu ng-pāk man.

Yung-s na-nung kuk?

San-kau-kuk 'oo-dong too.

T'en-e'e lau nie-t'oo na-nung?

Kau-san long lang lau su-kuk; bing-de 'oo-dong, niih lau tsong-kuk.

Yu sa-kuk 'oo?

Yu Tah-poo-li-'oo.

Yu sa-kuk san?

Yu lung-doo-koo-s lau bih-kuk san.

Yu sa ng-kiung va?

Yu Doong lau, T'ih lau, Sih lau, Liu-wong lau, Mæ lau, Van lau Nau-so.

Too-ts'an sa-mæh-z too?

Ts'æh Ng-kōk lau, Men-hwo lau, En-yih lau, Den-ts'ing, wan-yu too-hau Koo-ts lau Ts'æ.

Niung mæh na-nung kuk?

Tah-ts Pæ-loo-ts niung ts'o-fæh-too kuk.

Kok-tsung na-nung kuk?

Fung-ts kie-zōk, mæ-zōk vu dziu-tsang kwæn la kuk.

Se-Yōk.

Se-yōk mæh s-men kuk kiang-ka tau sa-'oo-dong ?

Toong tau Sing-kiang. Næn tau Poo-s lau A-foo-'ön. Se tau Le-hæ. Pōk tau Ngoo-loo-s.

Kien-fong yu kie-hau le ?

Iāk-kwæ yu ih-ts'eu man fong-le.

Niung-ting yu kie-hau ?

Iāk-kwæ yu ng-pāk man.

T'en-c'e lau nie-t'oo na-nung kuk ?

Toong-le mæh kwa-lang,'au-le mæh kwa-niih,nie-t'oo mæh tsong-kuk sau, hwong-ya de-fong too.

Yung-s na-nung kuk ?

Yu too-hau hwong-ya kuk so-de, ye m sa s lau ts'au-mōk kuk.

Yu sa-kuk san ?

Toong-næn pan-ban yu too-hau san la.

Yu sa-kuk 'oo ?

Kiau A-'oo lau Iāk-ling-'oo.

Woo mæh kiau sa?

Kiau 'An-hæ.

T'oo-ts'an mæh sa-mæh-z?

Ts'æh Ng-kōk lau, Māk lau, Men-hwo lau, Yāk-liau lau, Kwo lau, Koo-ts; wăn-yu ng-kiung lau Niōk, too-hau pau-pæ kuk Zāk-du,

Yu sa-kuk ya-su lau tsoong-sang?

Yu Lau-hoo lau, Lōk lau, Wæh-sung; e-du niung tan yang tsoong-sang suæn sang-e, kuk-lau yu too-hau Lok-doo lau, Mo lau, Niu lau sa; Yang mæh mau tsuæ-se.

Kōk-tsung na-nung kuk?

M-mæ kōk-wong, fung kie-kuk boo, kok boo yu dziu-tsang, doo-kuk kiau Ha-sah-k'uk, Poo-loo-duk, Po-dah-k'uk, Pōk-loo-ll, Jen-tsōk-duk, Po-luk-de, 'Au-hön. T'ah-sæh-ts'en, Poo-ha-ll; se-næn liang-boo mæh, yu zung-du lau vong-ts, pāk-sing hau-ten; toong-pōk kie-boo mæh, m-mæ zung-du lau vong-ts, pāk-sing zæ yang tsoong-sang lau.

pæn-læ pæn-e'e; Il-ts'en æ siang-sah lau ts'iang-döh.

Vong-ts na-nung kuk?

Yu fæh hau kuk vong-ts, yu-kuk mæh tsoo la ts'o-ts long lau, k'au-e pæn-læ pæn-e'e kuk.

Niung mæh æ-e'uk sa-kuk?

Z æ-e'uk mo-niök lau tsoong-sang kuk hiueh kuk, ye kau-hiung e'uk-tsiu kuk.

Tsuæ-doo kuk zung kiau sa?

Po-dah-k'uk yu K'au-'ön; 'An-hön yu ÖN-dzih-yen.

Poo-S Kök.

Poo-s-kuk s-men kuk kiang-ka tau sa-'oo-dong?

Toong tau A-foo-'ön, Pæ-loo-ts. Næn tau Poo-s hæ. Se tau T'oo-Il-jc. Pok tau Le-hæ lau, Kau-ka-sök-san lau Se-yök.

Kien-fong yu kie-hau le?

Iāk-kwæ yu ng-pāk man fong-le.

Niung-ting yu kie-hau?

Iāk-kwæ yu kiu-pāk ng-sæh man.

Poo-s-kōk yu sa-kuk bih-ming va.

Yu-kuk, kiau E-lan.

Yung-s na-nung kuk?

Yu too-hau kau-kuk san; wan-yu yen-loo de.

Yu sa woo va?

Yu too-hau 'an-kuk woo, tsuæ-doo kuk mæh kiau Oo-loo-me woo.

T'en-c'e lau nie-t'oo na-nung kuk?

Toong-le mæh kwa-lang, 'au-le mæh kwa-niih, nie-t'oo mæh fæh-tsong kuk too.

Yu sa ng-kiung va?

Yu Doong lau, T'ih lau, K'an lau. Mæ lau, Yen lau, Tsung-tsū lau Niōk.

T'oo-ts'an sa-mæh-z too?

Yu Men-hwo lau, Song-zū lau, EN-yih lau, A-p'en lau, M-hwo-koo-zū, wan-yu bih-yang kuk Koo-ts.

Yu sa-kuk ya-su lau, tsoong-sang lau, miau-niau ?

Yu S-ts lau, Lau-hoo lau, Lok-doo lau, Mo lau, Yang; wan-yu hau-k'ön kuk Tiau.

Yu sa dzoong-dz va ?

Yu t'uk ts'ing-miáu kuk Wong-doong.

Niung tsoo-kuk mæh-z, sa-kuk tsuæ-hau?

Z Dzu-Dön lau, Tsæn lau, t'ih-kuk mæh-z.

Niung mæh na-nung kuk ?

Yu-kuk mæh dzū la zung-le, yu-kuk mæh dzū la yung-tsang-le k'ön tsoong-sang.

Sing-ts na-nung kuk ?

Kiau-ngau lau, hioong-ok lau, t'æn kuk; dök-z le-mau mæh tsu-tau lau, niue-niung ts'æh-tsing, tsoong tan poo læ tso-mæh-t men-k'oong lau tsu kuk.

'Æh-kök fung kie-sang ?

Zæh-ih sang.

Kiung-zung mæh kiau sa ?

Kiau Tuk-huk-lau, zung-le mæh yu

nian-maa niung-ting.

Kōk-tsung na-nung kuk?

Kōk-wong kuk juen-ping doo, dæ dzung-ts lau pāk-sing ziang noo-bōk nung.

Vung-le na-nung kuk?

Dōk-sū-niung æ tsoo-s kuk, wan-yu kong-kiu dau-le kuk.

A-La-Pāk.

A-la-pāk s-men kuk kiang-ka tau sa-'nó-dong?

Toong tau Poo-s hæ, A-la-pāk hæ. Næn mæh 'a tau A-la-pāk hæ. Se tau 'Oong-hæ. Pōk tau T'oo-ll-je.

Kien-fong vu kie-han le?

Iāk-kwæ ih-ts'en ih-pāk man fong-le.

Niung-ting yu kie-hau?

Iāk-kwæ yu ih-ts'en man.

Yung-s na-nung kuk?

Te lau sau kuk, doo-pæn z hwong-ya kuk so-de.

T'en-c'e lau me-t'oo na-nung ?

Niih lau fæh-tsong kuk.

Foong-c'e na-nung kuk ?

Yu dōk-foong kuk, la so-loo le tsu mæh, foong ts' kuk so c'e læ, nung zæ-iau suk-sah kuk.

Niung mæh na-nung tsu e-tsoong so ?

Z je-ts Lok-doo lau tsu kuk, iung-wæ Lok-doo k'au-e dzang-yueⁿ fæh-c'uk s, ve k'au-e tsu too-hau yueⁿ-loo kuk lau iæ.

Yu sa-kuk tsoong-sang ?

Yu Niu lau Yang lau-Loo-ts, tsuæ-hau mæh z Mo lau Lok-doo.

Yu sa-kuk ya-su lau tiau-mau ?

Yu Za Long lau, Pau lau, Lōk lau, Ya-niu lau, Ya-ts-loo lau, Ya-yang; wan-yu-kuk kiau Doo-tiau.

Doo-tiau na-nung kuk ?

Yu ts'ih-pah-ts'āk kau, kie-lih mæh tö lau fæh-wæ fe kuk, mau mæh boong-soong lau niueⁿ-kuk, kiung-kwæh lau kiăk mæh maⁿ-dzang kuk, tsu mæh pe-ts mo ye kw'a.

Yu sa-kuk zo lau dzoong?

Yu Dōk-zo lau, c'uk ts'ing-miau kuk Wong-dzoong.

Yu sa ng-kiung va?

Yu Doong lau, T'ih lau, Tsung-tsū, too-hau pau-pæ kuk Zāk-du.

T'oo-ts'au sa-mæh-z too?

Ts'æh pau-pæ kuk Yāk-liau lau, Ka-biau lau, Bæh-dau lau, Mih-tsau lau, M-hwo-koo lau, Den-ts'ing lau Eᴺ-yih; K'a-fe mæh, ting-yu ming-sang.

Niung mæh dzū la sa-sū-zæ?

Yu-kuk-mæh dzū la zung-le; dzū la yung-tsang-le yang tsoong-sang lau, ts'iang tsu-Joo-niung kuk mæh-z kuk mæh too.

Niung mæh z sa-niung kuk ts-sung?

Tang E-zæh-mo-ll dzæⁿ-'au-læ kuk tsz.

E-zæh-mo-ll sa-niung kuk 'u-ts?

Z la-pāk-la-hōⁿ lau Ha-ja kuk 'u-ts.

Yu-ming kuk zung kiau sa?

Kiau Māk-ka; z Wæ-kiau le ting koong-kiung kuk 'oo-dong.

Wæ-sa-lau koong-kiung?

Iung-wæ c'e-du Wæ-kiau kuk kiau Moo-na-muk, yang la e-kw'æ kuk lau.

Ye mæh ts'æh-s-ts kie-z tsæ:

Yu tau ih-ts'en nie-pāk too men tsæ.

A-la-pāk kuk kōk-tsung na-nung kuk?

'Æh-kōk fung ts'ih-kw'æ, mæ-kw'æ yu kie-boo niung, mæ-boo yu dziu-tsangkwæn-la-kuk.

Vung-le na-nung kuk?

Zen-du-niung tsoo-kuk sū mæh yu mingsang kuk, yen-zæ dōk-sū-niung sau-tsæ.

T'oo-Li-Je.

T'oo-li-je kōk na-nung kuk?

Ih-pæn la A-se-a le, ih-pæn la U-loo-po le.

A-se-a le kuk T'oo-li-je s-men kuk

kiang-ka tau sa-'oo-dong?

Toong tau Poo-s. Næn tau A-la-pāk. Se tau De-tsoong-hæ lau Ma-mo-la hæ. Pōk tau Huk-hæ.

Kien-fong yu kie-hau le?

Iāk-kwæ yu ng-pāk man fong-le.

Niung-ting yu kie-hau?

Iāk-kwæ yu ih-ts'en nie-pāk ng-sæh man.

Yung-s na-nung kuk?

Yu too-hau san lau, san-doong lau, bing-de kuk.

Yu sa-kuk 'oo?

Yu Yu-fah-la-tih-'oo lau, Te-kuk-le-'oo lau, Iāk-dan-'oo.

Woo mæh kiau sa?

Kiau Se-hæ lau, Ka-le-le-hæ lau, Man-woo.

T'en-c'e lau nie-t'oo na-nung kuk?

T'ōk man-hau kuk, pih-koo niung mæh fæh-nung-tsung tsoong-den kuk.

Yu sa-kuk ya-su lau tsoong-sang?

Ya-su mæh fæh-too kuk, Niu lau Le-ts lau Yang mæh too kuk, wan-yu ting-hau kuk Mo.

Yu sa ng-kiung va?

Yu Doong lau, T'ih lau, K'an lau, Tsung-tsū lau, Niōk lau, Siau lau Yen.

T'oo-ts'an sa-mæh-z too?

Ts'æh Ng-kōk lau, Men-hwo lau, Māk lau, Koo-ts lau, A-p'en lau, S lau, Kau lau, Mōk-au lau, Yāk-liau lau, En-yih lau, K'a-fe lau, Hæh-dau lau, M-hwo-koo zū.

Tsoo la kuk mæh-z sa-kuk tsuæ-hau.

Z Dzu Dön lau, Be-hoo lau, Nioong lau, Tau lau Tsæn.

Niung-kuk sing-ts na-nung kuk?

Kiau-ngan lau t'æn-lan lau hioong-ok kuk.

Vung-le na-nung kuk?

Z k'au-klu dōk-sū kuk, pih-koo niue-mung mæh fæh kuk.

A-se-a Je kuk T'oo-li-ie mæh fung

kie-sang?

Fung lōk-sang.

'A-le-ih-sang ting-yu ming-sang?

Kiau Dzue-le-ia.

Dzue-le-ia kuk ṣo-han mæh kiau sa?

Kiau Yu-t'a, ye kiau Pan-lih-s-t'ih, ye-kiau Sung-de, ye kiau E-suk-lih de-fong.

Pan-lih-s-t'ih kuk sang-zung kiau sa?

Kiau Ya-loo-sah-lang, ye-kiau sung-kuk zung.

De-fong lau zung mæh, sa-lau kiau sung nie?

Iung-wæ Ya-Soo Kie-Tōk tang T'en-long kong-'au-læ, ziu dzū-la e-du lau se.

Koo-z-kan wan-yu sa sung-niung dzū-la Dzue-le-ia va?

Yu Ia-pāk-la-hōn lau, E-sah lau, Ia-kok lau, Da-bih lau, Soo-loo-mung lau, E-sæ-ia lau, E-le-a lau, Ya-Soo kuk sung-ts'a-doo.

Dzue-le-ia mæh, wan-yu-sa ih-hiang yu-ming-kuk zung va?

Yu kuk, kiau T'æ-loo lau Se-tung.

Khang-zung Da-mo-suk mæh, yu-ming-ts kie-nien tsæ.

Yu tau san-ts'en-nien tsæ.

Ya-loo-sah-lang zung-le, sa-niung c'e-du tsoo Wong-te?

Ziu-z Da-bih.

Ih-hiang yu na-nung kuk hau-vong-ts?

Ziu-z Zung-kuk Sung-den.

Sa-niung zau kuk?

Da-bih kuk 'u-ts kiau Soo-loo-mung zau-kuk.

T'oo-ll-je mæh, koo-z-kan sa-kuk zung tsuæ doo, tsuæ yu ming-sang?

Kiau Nie-nie-ve lau Po-pe-lung, ih-hiang mæh sing ka-zung kuk; E-suk-lih zu Zung-kuk doong-c'e lau, la e-kw'æ tsoo noo-dzæ kuk; yen-zæ liang-kuk zung m-mæ kuk tsæ.

T'oo-ll-je kæ-kwæn kuk de-fong, yu-sa Zau-ts va?

De-tsoong-hæ le yu too-hau Tau-ts.

'A-le-ih-kw'æ mæh Iāk-'ö^{n} mung-dzuæ kuk 'oo-dong?

Z kiau Bah-nau.

Sa-lau mung-dzuæ nie?

Fæh ya^{n} sa dzuæ, pih-koo siang-sing-ts Ya-Soo mæh, kōk-wong ziu doong-c'e lau mung ye dzuæ kuk.

Iāk-'ö^{n} dzū la Bah-nau mæh tsoo sa va?

Sung-kiung mæh-kiāk kuk ih-kiue^{n}, z ye la Bah-nau sia la kuk.

Ngoo-Loo-S.

Ngoo-loo-s-kōk na-nung doo?

Z de-long ting-doo kuk-kōk-doo, lok fung la A-se-a le, sa^{n}-fung la U-loo-po le, ih-fung mæh la Pōk-A-muk-le-ka le.

A-se-a le kuk Ngoo-loo-s kie-hau doo?

A-se-a sa^{n}-vung le ih-vung.

A-se-a le Ngoo-loo-s, s-men kuk

kiang-ka tau sa-'oo-dong ?

Toong tau T'a-bing-yang. Næn tau Mæn-tsu lau Moong-koo Sing-kiang lau Se-yōk lau T'oo-li-je. Se tau U-loo-po. Pōk tau Pōk-ping-yang.

A-se-a le kuk Ngoo-loo-s, de-fong kiau sa?

Ih-kw'æ kiau Se-pāk-le, ih-kw'æ kiau Kau-ka-sok.

Se-pāk-le la sa-sū-zæ?

A-se-a kuk pōk-men mæh zæ-z.

A-se-a le kuk Ngoo-loo-s, kien fong yu kie-hau le?

Iāk-kwæ yu ng-ts'en pah-pāk man fong-le.

Niung-ting yu kie-hau?

Iāk-kwæ yu san-pāk ng-sæh man.

Yu sa-kuk san?

Se-han mæh yu Oo-la-ling, næn-han mæh yu A-li-t'æ-san, toong-han mæh yu Hiung-ön-ling.

Yu sa-kuk 'oo ?

Yu K'oo-po-'oo lau, Zæh-nie-suk 'oo lau, Luk-na-'oo; wan-yu too-hau siau-kuk 'oo.

San-diau 'oo liu tau sa-sū-zæ c'e kuk?

T'ōk liu la Pōk-ping-yang le kuk.

Woo mæh kiau sa?

Kiau Pæ-kæ-ll-woo, wan-yu-kuk too-hau siau-woo.

Yung-s na-nung kuk?

Z bing-de lau yu too-hau zū-mōk lau 'oo kuk.

T'en-c'e lau nie-t'oo na-nung kuk?

Lang tuk-juk kuk, kuk-lau nie-t'oo mah 'a fæh-tsong kuk.

Yu sa-kuk ya-su?

Yu Yoong lau, Lōk lau, 'Oo-le lau, Tiau-sū lau, S-t'ah lau, T'oo-ts lau Hæ-loo; wan-yu too-hau hau-be kuk ya-su.

Yu sa ng-kiung va?

T'ōk-yu-kuk, wan-yu S-niung lau, Niōk

lau, Kiung-kong-zāk lau, Yeⁿ lau sa.

T'oo-ts'aⁿ sa-mæh-z too?

Pih-koo ts'æh Māk lau too-hau Koo-ts.

Niung mæh tsoo sa sang-e kuk?

Tah bih-kōk niung liang tsoo ng-kiung, tah-ts niōk-c'e lau be-hoo sang-e kuk.

Niung mæh na-nung ts'æh-tsing kuk?

Lang-t'eⁿ-suk mæh zoo-ts m-lung ts'o-ts, yoong-ts ku lau la ping-long t'oo-læ t'oo-c'e kuk.

Se-pāk-le niung mæh na-nung kuk?

Pung-de-niung mæh yu-kuk tsok-ng, yu-kuk tsok-ya-su, yu-kuk yang-tso-ng-sang lau, tsoong-deⁿ lau, tang-t'ih lau; toong-le mæh tsāk-ts be lau dzū la zū-yueⁿ-le, 'au-le mæh tau 'oo-haⁿ-du c'e tsok-ng.

Yu sa bih-yang niung va?

Ngoo-loo-s kuk niung vaⁿ-ts dzuæ mæh, t'ōk mung-dzuæ tau Se-pāk-le c'e kuk.

Vung-le na-nung kuk?

'Ok-dong mæh fæh-too kuk, niung mæh

fæh-k'au-kiu dōk-sū kuk.

Se-pāk-le tsuæ-doo kuk zung kiau sa?

Kiau Tuk-poo-s-k'oo, z zau la K'oo-pe-'oo long kuk.

Kau-ka-sok la sa-'oo-dong?

La A-se-a kuk se-hau.

Kau-ka-sok s-men kuk kiang-ka tau sa-'oo-dong?

Toong tau Le-hæ. Næn tau Poo-s lau T'oo-ll-je. Se tau Huk-hæ Pōk tau U-loo-po.

Yung-s na-nung kuk?

Yu too-hau san lau 'oo kuk.

T'en-c'e lau nie-t'oo na-nung kuk?

Sæh-niih lau niung mæh yoong-ye sang-bing kuk, nie-t'oo mæh tsong-kuk.

T'oo-ts'au sa-mæh-z too?

Ts'æh Ng-kōk lau, Men-hwo lau, Koo-ts lau, EN-yih lau, too-hau mōk-liau.

Yu sa-kuk ya-su lau tsoong-sang?

Yu Yoong lau, Lōk lau. Za Long lau, 'Oo-le lau, San-yang lau, Mo lau Yang.

Yu sa yu-ming-kuk san va?

Yu kuk. kiau A-la-lah-san, iung-wæ doo-s kuk z-'u, Nau-a ding-hiih zæn la e-du kuk lau.

Kau-ka-sok mæh sa-lau yu-ming-sang?

Iung-wæ yu ting-ts'ue-kuk niue-niung lau.

Kau-Le-Kōk.

Kau-le-kōk s-men kuk kiang-ka tau sa 'oo-dong?

Toong, Næn, Se, san-men z hæ. Se-pōk tau Mæn-tsu.

Kien-fong yu kie-hau le?

Iāk-kwæ kiu-sæh-man fong-le.

Niung-ting yu kie-hau?

Iāk-kwæ ih-ts'en m[illegible].

Yung-s na-nung kuk?

Yu too-hau san lau 'oo kuk.

T'en-c'e lau nie-t'oo na-nung kuk?

Pōk-lan lang lau næn-han wung-ʻoo kuk, nie-tʻoo mæh tsong-kuk.

Tʻoo-tsʻau sa-mæh-z too?

Tsʻæh Ng-kōk lau, Men-hwo lau, Niung-sung lau, EN-yih lau, Se-mo-poo lau Koo-ts.

Yu sa ng-kiung va?

Yu Kiung-ts lau, Tʻih lau, Sih lau Mæ, tah-ts Tsung-tsū.

Yu sa ya-su va?

Yu Yoong lau, Lōk lau, Pau lau, Tiau lau, Hæ-loo lau Ya-ts-loo; w̆an-yu too-hau Dōk-zo.

Foong-cʻe na-nung kuk?

Hwæn-hie dōk-sū, ye kau-hiung bæh-siang lau koo-voo kuk.

Kōk-tsung na-nung kuk?

Yung-vah lau Lih-le mæh, men tuk-juk kuk; kōk-w̆ong mæh tsing-koong mæh-z la Tsoong-kōk lau, ye tʻing Zæh-pung kōk-w̆ong kuk ʻau-ling kuk.

Kiung-zung kiau sa?

Kiau Kiung-kie.

Niung mæh tah sa-niung liang tsoo-sang-e kuk ?

Tah-ts Zæh-pung-kōk lau Tsoong-kōk liang tsoo-sang-e kuk.

Zæh-Pung Kōk.

Zæh-pung-kōk mæh na-nung kuk ?

Z san-kuk doo-tau-ts, ye yu too-hau siau-kuk tau-ts, ziu la Tsoong-kōk kuk toong-han.

Kien-fong yu kie-hau le ?

Iāk-kwæ yu san-pāk-man le.

Niung-ting yu kie-hau ?

Iāk-kwæ ng-ts'en man.

Yu sa-kuk san ?

Yu too-hau hoo-san, niih-ya yu hoo ts'æh-læ kuk, de mæh tsuk-kwæn doong kuk.

T'en-c'e na-nung kuk ?

Fæh-lang fæh-niih lau song-kw'a kuk.

Nie-t'oo na-nung kuk ?

Z tsong-kuk.

T'oo-tsan sa-mæh-z too?

Ts'æh Ng-kōk lau, Men-hwo lau, S lau, Niung-sung lau 'Oo-tsiau lau Dzo-yih lau E^N-yih lau, Mōk-du lau, Tsōk-du lau, Ts'ih lau Tsong-nau.

Yu sa ng-kiung va?

Zæ yu kuk, ŵan-yu Niōk lau, Zāk-du lau, Liu-ŵong.

Yu sa ya-su lau tiau-niau va?

Yu Yoong lau, 'Oo-le lau, Lōk lau 'U; ŵan-yu Kiung-voong, Niung-voong, Bāk-ngok.

Niung-kuk sing-ts na-nung kuk?

Ts'oong-ming lau kiau-ugau kuk; ye too-je nga-kōk-niung lau, fæh tah ye-la liang tsoo-sang-e kuk.

Niung ŵæ-tsoo sa-kuk?

Z tsoo yu-ts'ih lau, doong-t'ih mæh-z kuk; ye ŵæ-tsoo dzu-dön lau, dz-c'e mæh-z kuk.

Niung mæh fung kie-tung?

Fung pah tung; Wŏng-te kuk ts'ing-zōk, vung-kwæn, voo-kwæn, sang-e-niung, tsoong-den-niung, su-nie-niung, ping-ting, 'oo-zong.

Vung-le na-nung kuk?

Yoong Tsoong-kōk-z. 'a-yoong pung-kōk s-zæh-kiu kuk z-moo; niue-niung 'a dōk-sū kuk?

Kōk-tsung na-nung kuk?

Yung-vah lau Lih-le mæh nien kuk kōk-wong ling-nga yu ih-kuk Tsiang-kiuen, juen-ping zæ la ye su-le kuk.

Kiung-zung kiau sa?

Kiau Yæ-too, zung mæh yu tau Pōk-kiung-zung nung doo, niung 'a too-kuk.

Liu-Ju Kōk.

Liu-ju-kōk mæh na-nung kuk?

Ziu-z Zæh-pung-kōk næn-hau kie-kuk siau-tau-ts.

Yung-s na-nung kuk?

De-yung mæh ziang ih-diau zo, ye-yu too-hau san lau 'oo kuk.

T'eu-c'e lau me-t'oo na-nung kuk?

Z song-kw'a lau tsong-kuk.

T'oo-ts'an sa-mæh-z too?

Ts'æh Ng-kōk lau, Dzo-yih lau, Kiang lau, Tsong-nau.

Yu sa ng-kiung va?

Yu Tsung-tsū lau, San-'oo lau, Doong lau, T'ih lau Liu-wong.

Yu sa tsoong-sang va?

Yu Niu lau, Ts-loo lau, Yang lau Kie.

Kōk-ts ng na-nung kuk?

Nien-nien iau tsing-koong mæh-z la Tsoong-kōk la Zæh-pung-kōk kuk, wong se-ts mæh, t'a-ts tsoong-iau tau Tsoong-kōk læ ts'ing-ming kuk.

Niung mæh na-nung kuk?

Fæh-z yu c'au-du kuk lau, tau niung-tsung kuk; ye fæh-iau tah nga-kōk-niung liang tsoo-sang-e kuk.

P'ing-zong lau, sæh-wo lau, e-zong, na-mung kuk?

Tah-ts Zæh-pung-kōk mung ts'o-fæh-too kuk.

Sih-Lan.

Sih-lan tau-ts mæh la sa-sū-zæ?

La lung-doo-kōk kuk toong-næn long.

Kien-fong yu kie-hau le?

Iāk-kwæ nian-ts'ih-man fong-le.

Niung-ting yu kie-hau?

Iāk-kwæ yu ih-pāk ng-sæh man.

T'en-c'e lau nie-t'oo na-nung kuk?

T'en-c'e mæh wung-'oo, nie-t'oo mæh tsong-kuk.

Yung-s na-nung kuk?

Yu too-hau san lau, nie-tung lau, zū-mok kuk.

T'oo-ts'an sa-mæh-z too?

Ts'æh Ng-kōk lau, Men-hwo lau, Ka-biau lau, K'a-fe lau, Ting-hiang lau, Kwæ-be lau, Den-ts'ing lau, EN-yih lau, Mōk-liau lau, Yāk-dzæ lau, Hiang-liau; wan-yu too-hau Koo-ts lau. T'ah-ping-koo-zŭ.

Yu ng-kiung va?

Yu kuk; wan-yu Pau-zak.

Yu sa-kuk ya-su lau tiau-niau?

Yu Ziang lau, Yoong lau, Pau lau, Oo-le lau, Ya-niu lau, S-niu lau, Ya-ts-loo lau, Ku-hwæn lau, Lōk lau, Soong-sŭ lau; wan-yu Voong lau, K'oong-ts'iāk lau, Au-ts'iāk lau tah-ts too-hau Dōk-zo.

Niung mæh wæ-tsoo sa-kuk?

Wæ-tsoo kiung-nung-c'e lau yu-ts'ih kuk mæh-z.

Sing-ts lau vung-le na-nung kuk?

T'æn-lan lau bau-tsau kuk, fæh-lau-zæh kuk; pih-koo le-mau mæh man-hau, dōk-su-niung mæh fæh-too kuk.

Niung mæh fung kie-tung?

Fung s-tung, sang-e-niung lau, su-nie-niung lau, ping-ting lau, ʻoo-z̃ong.

Kiung-zung kiau sa ?

Kiau Köh-loo-po.

Kŏk-tsung na-nung kuk ?

Z lung-kiih-le kuk zŏk-kŏk.

DE-LE-TS VUNG-TÆH.

U-LOO-PO.

U-loo-po s-men kuk kiang-ka tau sa-'oo-dong?

Toong tau A-se-a. Næn tau De-tsoong-hæ. Se tau Doo-se-yang. Pōk tau Pōk-ping-yang.

U-loo-po tsu na-nung doo?

Z ng-kuk tsu le tsuæ-siau kuk tsu.

Kien-fong yu kie-hau le?

Iāk-kwæ yu s-ts'en ih-pāk man fong-le.

Niung-ting yu kie-hau?

Iāk-kwæ yu nie-man san-ts'en man.

Yu sa-kuk kōk-doo?

Yu Ngoo-loo-s, Dzuæ-ten, Len-kōk, 'Oo-lan, Pe-le-z, Zæh-ll-man, P'oo-loo-z, Au-de-le, T'oo-ll-je, Hie-lah, E-da-le, Dzuæ-z, Se-pan-ia, Bæh-dau-ia, Fah-lan-se, Iung-kiih-le.

Yung-s na-nung kuk?

Yu too-hau san lau 'oo lau hæ.

T'en-e'e na-nung kuk?

Næn-han lau tong-tsoong mæh wung-'oo kuk, pōk-han s mæh lang kuk.

Nie-t'oo na-nung kuk?

Tsong-kuk too, fæh-tsong kuk san.

Yu sa-kuk hæ?

Pōk-han mæh yu Bāk-hæ, tong-tsoong yu Poo-loo-tih hæ, se-han yu Pōk-hæ lau, A-ll-lan-hæ; næn-han yu De-tsoong-hæ lau, A-tuk-a hæ lau, Hie-lah-hæ; toong-næn yu Ma-ma-la-hæ lau, Huk-hæ lau, A-sōk-hæ.

Yu sa-kuk san?

Toong-pōk mæh yu Oo-la-ling lau Kau-ka-sok-san, næn-han yu Pe-le-niu-s-san lau, A-pæ-s-san lau A-pæ-nie-noo-san lau, Ka-bāk-tih-san lau, Po-kön-san lau, Hie-lah-san lau, Dzuæ-ten-san; wan-yu hoo-san mæh kiau Ve-soo-wæ, A-tuk-næh, A-koo-la.

Yu sa-kuk 'oo?

Yu Oo-la-'oo lau 'Oo-wo-'oo, liu tau

Le-hæ le kuk; Dōk-tsāk-la-'oo lau, Ka-la-'oo, liu tau Pōk-png-yang le kuk; Niih-míng-'oo lau, T'oo-ve-nau-'oo lau, Nie-wo-'oo lau, Ve-z-too-la-'oo lau, A-tuk-'oo, liu tau Poo-loo-tih-hæ le c'e kuk; Yuk-pōk oo lau, Wæ-suk-'oo lau Læ-nie-'oo lau, Dah-me-s-'oo, liu tau Pōk-hæ le kuk; Sæ-nung-'oo lau, Loo-ll-'oo lau Ka-lung-'oo lau, Tu-loo-'oo lau, Tuk-k'uk-'oo lau, Kwo-len-kie-ye-'oo, liu tau Doo-se-yang-le kuk; Loo-me-'oo lau, Uk-poo-loo 'oo mæh, liu tau De-tsoong-hæ le kuk; Te-puk-'oo lau Poo-'oo mæh, liu tau A-tuk-a hæ-le c'e kuk; Too-nau-'oo lau, Nie-bok-'oo lau, Tung-'oo lau, Nie-s-dah 'oo, t'ōk liu tau Huk-hæ le kuk.

Yu sa-kuk woo;

Ngoo-loo-s le mæh, yu La-too-ngn-woo lau, A-nie-nga-woo. Dzuæ-ten-kōk le mæh, yu Wæ-na-woo lau, Wæ-dah-woo lau, Mæ-la-woo. Dzuæ-z-kōk le mæh, yu z æh-næ-wo-woo lau. Kwæn-s-tan-woo.

Yu sa ng-kiung yu ?

Kiung Niung lau pau-pæ kuk mæh-z pe bih-tsu sau yoong-kuk mæh-z, Doong T'ih Sih lau, K'an lau, Yen lau, Mæ lau, S mung mæh too-kuk.

Yu sa-kuk t'oo-ts'an ?

Næn-han mæh yu M-hwo-koo lau, Kiueh-ts lau, Zæh-ka lau, Kan-lan lau, Bæh-dau, ih-ts'ih zū-mōk hwo-ts'au zæ-yu-kuk; tong-tsoong mæh p'o-lang kuk mæh-z sau-ten, Ng-kōk lau, Koo-ts zæ-yu-kuk; ting pōk-hun mæh de-long fæh-sang sa hau-c'uk kuk mæh-z tsæ.

Yu sa-kuk ya-su lau tsoong-sang lau tiau-niau va ?

Ya-su mæh fæh-too, yu Yoong lau. 'Oo-le lau, Za Long lau, Ts-hwæn lau, Ku-hwæn. T'oo-ts lau. Soong-sū lau, Ling-yang lau, kok-yang Lōk. Tsoong-sang mæh too-kuk, yu Mo lau. Niu lau, Yang lau, Kie

-,Ngoo lau Ah. Tiau-niau mæh yu ting-doo lau mau-hioong kuk lung,tah - ts K'oong-ts'iāk lau, Pāk-ling lau, Ang - koo lau-sa.

Kōk-tsung na-nung kuk?

Yu-kuk mæh kōk-wong tsok-tsū kuk,yu-kuk mæh-kōk-wong iau tah pāk-sing koong-kiue la kuk kwæn-foo song-lang kuk.

Niung mæh tsoo sa?

Ts'oong-ming lau tsoo-kuk mæh-z zæ joong-koong-juk-c'au kuk, dōk-sū-kuk 'a too, tsoo-sang-e-kuk 'a too.

Vung-le na-nung kuk?

Yang-yang sū too tuk-juk, kok - kōk kuk sū mæh, yoong kok-kōk kuk t'oo-bāk sia kuk.

Ngoo-Loo-S.

U-loo-po le kuk Ngoo-loo-s, s-men kuk kiang-ka tau sa-'oo-dong?

Toong tau Oo-la-ling lau Le-hæ.

Næn tan Huk-hæ lau Kau-ka-sok-san. Se tau Poo-loo-tih-hæ lau, P'oo-loo-z lau, Au-de-len Pōk tau Pōk-ping-yang.

Kien-fong yu kie-hau le?

Iāk-kwæ nie-ts'en ih-pāk man fong-le, yu ih-pæn U-loo-po de-fong la.

Niung-ting yu kie-hau?

Iāk-kwæ yu ng-ts'en man.

Yung-s na-nung kuk?

Bing-de too lau san sau-kuk; zū-ling mæh too-kuk.

T'en-c'e na-nung kuk?

Lang-kuk z-'u too, niih-kuk z-'u sau,

Nie-t'oo na-nung kuk?

Næn-hau mæh tsong-kuk, pōk-hau mæh fæn-tsong kuk.

Yu sa-kuk hæ?

Pōk-han yu Pōk-ping-yang; toong-han yu Le-hæ; næn han yu A-sōk-hæ lau Huk-hæ; se-han yu Poo-loo-tih-hæ.

San mæh na-nung kuk?

Fæh-too lau fæh-doo kuk.

Yu sa-kuk 'oo ?

Yu Mæ-sung-'oo, Pōk-tsāk-la-'oo, T'oo-ve-nau-'oo, A-nie-ia-'oo, Nie-p'uk-'oo. Nie-wo-'oo, Oo-la-'oo, Ve-z-too-la-'oo, K'oo-wo-'oo, Tung-'oo.

Woo mæh kiau sa ?

Kiau A-nie-ia-woo, La-too-ia-woo, wan-yu bih-kuk siau-woo.

Yu sa-kuk ng-kiung ?

Yu Kiung-ts lau, Niung-ts lau, Doong lau, T'ih lau, Yen lau, Da-le-zāk lau, wan-yu Pa-te-na, tah Kiung-ts ih-yang ka-den la.

T'oo-ts'an sa-mæh-z too ?

Ts'æh Ng-kōk lau, Mo lau, Mōk-liau lau, Bæh-dau lau, Koo-ts lau, E^N-yih.

Yu sa-kuk ya-su lau tsoong-sang ?

Yu Yoong lau, 'Oo-le lau, Za Long lau, tah-ts hau-be kuk ya-su; tsoong-sang mæh yu Lok-doo lau, Mo lau, Niu lau, Yang lau, Ku lau-sa.

Niung tsoo-kuk mæh-z, sa-kuk tsuæ-hau?

Len-t'ih lau siau-be,tah-ts tsuk-nioong, zæ-z yu-ming-sang kuk.

Kōk-tsung na-nung kuk?

Kōk-wong lau kwæn-foo tah Tsoong-kōk ts'o-fæh-too, pih koo tsoong-den-niung mæh z noo-dzæ, leu-ts den ma-læ ma-c'e kuk.

Niung mæh fung kie-tung?

Fung s-tun; kwæn-foo lau kiau-s lau sang-e-niung lau noo-dzæ; noo-dzæ mæh yu-tau ih-doo-pæn la.

Ping-ting yu kie-hau?

Dzuk yu lōk-sæh-man la.

Kiung-zung kiau sa?

Kiau Pæ-tuk-pau, ziu-z Pæ-tuk wong zau-la kuk, la Poo-loo-tih-hæ kuk pen-du.

Wan-yu-sa yu-ming-kuk zung ya?

Yu kuk, kiau Muk-s-k'oo, z Pæ-tuk wong zen-du kuk Kiung-zung.

Dzuæ-Ten-Kōk.

Dzuæ-ten-kōk s-men kuk h ang-ka

tau sa-'oo-dong ?

Toong tau Ngoo-loo-s lau Poo-loo-tih-hæ. Næn tau Poo-loo-tih-næ. Se tau Doo-se-yang. Pōk tau Pōk-ping-yang.

Kien-fong yu kie-hau le ?

Iāk-kwæ yu san-pāk-hian-man le.

Niung-ting yu kie-hau ?

Iāk-kwæ yu s-pāk san-sæh man.

Yung-s na-nung kuk?

Bing-de too lau san sau.

Yu sa-kuk san ?

Yu Dzuæ-ten-san.

Yu sa 'oo lau woo va .

'Oo lau woo zæ-z fæh-doo kuk.

T'en-c'e na-nung kuk ?

Z lang kuk; 'au-t'en mæh niih kuk-wæ dzang, toong-t'en mæh niih kuk-wæ tön.

Nie-t'oo na-nung kuk ?

Fæh-tsong kuk.

Yu sa-kuk ng-kiung ?

Yu Niung-ts lau, Doong lau. T'ih lau, K'an lau, Da-le-zāk.

T'oo-ts'an sa-mæh-z ?

Ts'æh Ng-kōk lau, Mo lau. Mōk-liau.

Yu sa-kuk ya-su lau tsoong-sang ?

Ya-su mæh yu Yoong lau, Za Long lau, 'Oo-le; tsoong-sang mæh yu Mo lau, Niu lau, Yang lau, Ts-loo, pih-koo siau-ten; pōk-han mæh pih-koo yu Ka-lōk lau Ku.

Vung-le na-nung ?

Dōk-sū kuk too.

Kōk-tsung na-nung kuk?

Kōk-wong iau t'æh pāk-sing koong-kiuo la kuk kwæn-foo song-liang kuk.

Kiung-zung kiau sa ?

Kiau S-tuk-koo-moo, la Poo-loo-tih-hæ pen-du.

Len-Kōk.

Len-kōk s-men kuk kiang-ka tau sa-'oo-dong ?

Toong tau Poo-loo-tih-hæ. Næn tau Zæh-li-man. Se-pōk tau Pōk-hæ.

Kien-fong yu kie-hau le?

Iāk-kwæ yu nian-s man fong-le.

Niung-ting yu kie-hau?

Iāk-kwæ yu nie-pāk man.

Yung-s na-nung kuk?

Zæ-z bing-de.

T'en-c'e na-nung kuk?

Wung-'oo kuk.

Nie-t'oo na-nung kuk?

Yu-ten tsong kuk.

T'oo-ts'an sa-mæh-z too?

Pih-koo Ng-kōk lau Tsoong-sang.

Vung-le na-nung kuk

Dōk-sū kuk too.

Kōk-tsung na-nung kuk?

Kōk-wong iau tah pāk-sing koong-kiue la kuk kwæn-foo song-liang kuk.

Kiung-zung kiau sa?

Kiau Koo-pæ-'æh-kiih.

'Oo-Lan Kōk.

'Oo-lan-kōk s-men kuk kiang-ka tau sa-'oo-dong ?

Toong tau Zæh-ll-man. Næn tau Pe-le-z. Se-pōk mæh tau Pōk-hæ.

Kien-fong yu kie-hau le ;

Iāk-kwæ yu so-ng-man ih-ts'en fong-le.

Niung-ting yu kie-hau ?

Iāk-kwæ yu san-pāk-man.

Yung-s na-nung kuk ?

De-yung mæh te, kuk-lau pāk-sing tsōk-kuk zāk-dong læ, bong-bæ hæ-s.

T'en-c'e lau nie-t'oo na-nung kuk?

T'en-c'e mæh sæh lau wung-'oo kuk ; nie-t'oo mæh tsong-kuk.

Ts'æh sa-mæh-z ?

Yu Tsoong-sang lau, Mo lau, Se-ts'au lau, Hwo Ts'au.

Niung wæ-tsoo sa ?

Se-mo-poo lau, zæn mæh tsoo læ tsuæ-hau.

Vung-le na-nung kuk?

Dōk-sū kuk too.

Kōk-tsung na-nung kuk?

Kōk-wong iau tah pāk-sing koong-kiue la kuk kwæn-foo-song-liang kuk.

T'oong-kōk fung kie-sang?

Fung zæh-ih-sang.

Kiung-zung kiau sa?

Kiau An-duk-t'an.

Pe-Le-Z.

Pe-le-z s-men kuk kiang-ka tau sa-'oo-dong?

T'oong tau Zæh-Il-man. Næn tau Fah-lan-se. Se tau Fah-lan-se lau Pōk-hæ. Pōk tau 'Oo-lan.

Kien-fong yu kie-hau le?

Iāk-kwæ yu zæh-s man s-tsen fong-le.

Niung-ting yu kie-hau?

Jāk-kwæ yu s-pāk nian man.

Yung-s lau T'en-c'e nie-t'oo na-nung?

Tah-ts 'Oo-lan-kōk ts'o-fæh-too kuk.

Yu sa 'oo va?

Yu Nie-s-'oo, Sæh-kön-suk 'oo.

Yu sa-kuk ng-kiung lau t'oo-ts'an.

Yu Doong lau, T'ih lau, K'an lau, Mæ lau, Da-le-zāk lau, Ng-kōk lau, Koo-ts lau, Mo lau, En-yih lau, Mōk-liau; wăn-yu Tsoong-sang lau sa.

Yu sa-kuk ya-su?

Yu Za Long lau, Yoong lau, Ya-ts-loo.

Niung mæh tsoo sa-mæh-z?

Wæ-tsoo se-kuk Nie lau, Mau-tan, T'ih-c'e, tah-ts ting-se kuk Loo.

Niung hiau-tuk dōk-sū kuk va?

Z hiau-tuk-kuk, pih-koo pe-ts 'Oo-lan-kōk niung mæh t'æ-pan-ten.

Kōk-tsung na-nung kuk?

Kōk-wong lau tah pāk-sing koong-kiue la kuk kwæn-foo song-liang kuk.

T'oong-kōk fung kie-sang ?
Fung kiu-sang.
Kiung-zung kiau sa ?
Kiau Pe-lih-sih.

Zæh-Li-Man

Zæh-li-man s-men kuk kiang-ka tau sa-'oo-dong ?

Toong tau Au-de-le lau P'oo-loo-z. Næn tau Dzuæ-z lau E-da-le. Se tau 'Oo-lan lau Fah-lan-se. Pōk tau Poo-loo-tih-hæ lau Pōk-hæ.

Kien-fong yu kie-hau le ?
Iāk-kwæ yu pah-sæh-man fong-le.
Niung-ting yu kie-hau ?
Iāk-kwæ yu s-ts'en man.
Yung-s na-nung kuk ?
Yu san lau,bing-de lau,zū-ling.
Yu sa 'oo va ?
Yu Wæ-suk-'oo,Læ-koo-'oo, Too-nau-'oo,Yuk-pōk-'oo.

T'en-c'e na-nung kuk ?

Yu-ts'ū lang lau, yu-ts'ū nön-niih.

Nie-t'oo na-nung kuk ?

Yu-kuk tsong lau, yu-kuk fæh-tsong.

Yu sa ng-kiung ?

Zæ-yu-kuk, wan-yu Ten-doong lau, S-niung lau, Yen lau, Van lau, Mæ; too-hau yu-yoong kuk Zāk-du.

T'oo-ts'an sa-mæh-z too ?

Ts'æh Ng-kōk lau, Bæh-dau, Tsiu lau, Mo lau, too-hau Ts'æ.

Yu sa-kuk ya-su lau tsoong-sang.

Ya-su mæh yu Yoong lau, Za Long lau, Lōk lau; tsoong-sang mæh Mo lau, Ts-loo lau, Men-yang mæh ting-hau kuk; wan-yu Tiau-niau lau-sa.

Niung-tsoo-kuk sa-kuk tsuæ-hau ?

Se-mo-poo lau Nie.

Vung-le na-nung kuk ?

Dōk-sū kuk too.

Kōk-tsung na-nung kuk ?

Fung too-hau siau-kōk, yu-kuk mæh wong kwæn; yu-kuk mæh koong-'u kwæn.

Kiung-zung na-nung kuk?

Yu ih-kōk mæh, yu ih-kuk Kiung-zung.

P'oo-Loo-Z.

P'oo-loo-z mæh s-men kuk kiang-ka tau sa-'oo-dong?

Toong tau Ngoo-loo-s. Næn tau Au-de-le lau, Zæh-li-man lau, Fah-lan-se. Se tau Zæh-li-man lau, Pe-le-z lau, 'Oo-lan. Pōk tau Poo-loo-tih-hæ.

Kien-fong yu kio-hau le.

Iāk-kwæ yu san-zæh-lōk man.

Niung-ting yu kio-hau?

Iāk kwæ yu ih-ts'en ng-pāk man.

Yung-s na-nung kuk?

Næn-han yu too-hau san, pih-koo fæh-da kau, pōk-han zæ-z bing-de.

Yu sa-kuk 'oo?

Yu Læ-nie-'oo, Yuk-pōk-'oo, A-tuk-'oo,

Ve-z-too-la-'oo.

T'en-e'e na-nung kuk?

Toong-le mæh lang-kuk; 'au-le mæh wung-'oo kuk.

Nie-t'oo na-nung kuk?

Tsong-kuk sau lau fæh-tsong kuk too

Yu sa ng-kiung va?

Yu Doong lau, T'ih lau, K'au lau, Ten doong lau, Hoo-p'āk lau Mæ.

T'oo-ts'au mæh sa-mæh-z too?

Ts'æh Ng-kōk lau, Mo lau, Bæh-dau-tsiu lau, Mōk-liau.

Niung mæh tsoo-kuk sa?

Z tsoo Sø-mo-poo lau, Poo lau, Dzu lau, Nie; Kiung-c'e lau Dz-e'e.

Vung-le na-nung kuk?

T'ōk z-siau dōk-sū kuk, fæh-z mæh kwæn-foo iau vah ye-la ya-niang kuk.

Kōk-tsung na-nung kuk?

Fung pah-kuk sang, zæ-z kōk-wong tsok-tsū kuk.

Kiung-zung kiau sa ?

Kiau Pāk-ling.

Au-De-Le.

Au-de-le s-men kuk kiang-ka tau sa-'oo-dong ?

Toong-pōk mæh tau Ngoo-loo-s lau P'oo-loo-z. Næn tau T'oo-ll-je lau E-da-le. Se tau Dzuæ-z lau Zæh-ll-man.

Kien-fong yu kie-hau le ?

Iăk-kwæ ye nie-pāk pah-zæh-kiu man fong-le.

Niung-ting yu kie-hau ?

Iăk-kwæ yu san-ts'en ts'ih-pāk man.

Yung-s na-nung kuk ?

Yu kau-kuk san lau, bing-de lau, zū-ling kuk.

'Oo lau woo mæh na-nung kuk ?

Yu doo-kuk 'oo, woo mæh 'a too kuk.

T'en-c'e lau nie-t'oo na-nung kuk ?

T'en-c'e mæh wung-'oo, nie-t'oo mæh

tsong kuk.

Yu sa-kuk ng-kiung?

Ng-kiung zæ yu kuk, wan-yu S-niung lau, Pau-zāk lau, Ts'ing-yen lau Mæ.

T'oo-ts'an sa-mæh-z too?

Ts'æh Ng-kōk lau, Māk lau, Dz-e'e lau, Yue-mau lau, Nie lau. Tsoong-sang.

Yu sa-kuk ya-su lau tiau-niau?

Yu Yoong lau, Za Long lau, Ya-ts-loo lau, Lōk; tiau-niau mæh, yu doo-kuk Kiung-iung lau, Bāk-loo.

Niung tsoo-ts'æh-læ kuk sa-mæh-z?

Z Dzu Dön lau, Poo-le lau, Ts-du lau, T'ih-e'e.

Kiung-zung kiau sa?

Kiau Ve-iæ-næh, zung-le kuk koong-den mæh man-ts'ue, ye yu kuk sū-yuen, sū-yuen le mæh yu ts'ih-sæh-mau sū

Kōk-tsung na-nung kuk

Æh-kōk fung s-kw'æ, zæ-z Wong-te tsok-tsū kuk.

T'oo-Li-Je.

T'oo-li-je mæh na-nung kuk?

Ih-tsoong fung liang-kwæ,ih-kwæ mæh la A-se-a la; ih kwæ la U-loo-po le.

La U-loo-po le kuk T'oo-li-je, s-men kuk kiang-ka tau sa-'oo-dong?

Toong tau Huk-hæ lau Ma-ma-la-hæ. Næn tau Hie-lah lau Hie-lah-hæ. Se tau A-tuk-a-hæ lau Au-de-le. Pōk tau Au-de-le lau Ngoo-loo-s.

Kien-fong yu kie-hau le?

Iāk-kwæ yu nie-pāk san-sæh man fong-le.

Niung-ting yu kie-hau?

Iāk-kwæ yu ih-tsen nie-pāk man.

Yung-s na-nung kuk?

Yu too-bau san lau,hæ lau,bing-de lau, zu-ling kuk.

Yu sa-kuk 'oo?

Kiau Too-nau-oo lau, Mo-le-sah-'oo;

wan-yu too-hau siau-kuk 'on.

Woo mæh kiau sa?

Kiau La-sus-iung woo lau, Zæh-nie-næh-woo.

Yu sa-kuk ng-kiung?

Yu Doong lau, T'ih lau, Sih lau K'an.

T'oo-ts'an sa-mæh-z too?

Ts'æh EN-yih lau, Bæh-dau lau, Yang-mau lau, Liu-wong lau, Van lau, Hwo-vung-zāk lau, Kan-lan lau, Kan-lan-yu.

Yu sa-kuk ya-su?

Yu Yoong lau, Za Long lau, Lōk lau, 'U lau, Ya-ts-loo.

Vung-le na-nung kuk?

Niung f'æh-da-le hiau-tuk dok-sū kuk.

Kōk-tsung na-nung kuk?

Ih-tsoong mæh f'ung kiu-sang, kōk-wong tsok-tsū kuk.

Yu sa-kuk kwæ-kiue?

In-kuk niung mæh k'au-e t'au s-kuk niang-ts, nue-niung mæh tan su-p'au læ tso-mæh-ts men-k'oong, pih-koo loo-ts'æh ih-tsāk ngan-tsing; ye niung zoo mæh fæh-yoong iue-ts, tan zoo-niōk fong la de-long ts lau zoo kuk.

Kiung-zung kiau sa?

Kiau Kiuen-z-dan-ting, zung mæh zau la ts'ih-kuk san long, kōk-w̆ong kuk koong-den mæh, man-doo lau man-ts'ue; w̆an-yu sū-yuen lau, e-yuen lau sa.

Hie-Lah Kōk.

Hie-lah-kōk s-men kuk kiang-ka tau sa-'oo-dong?

Toong, Se, Næn, zæ-z hæ. Pōk tau T'oo-ll-je.

Kien-fong yu kie-hau le?

Iāk-kwæ yu zæh-lōk man ng-ts'en fong, le.

Nung-ting yu kie-hau?

Iāk-kwæ yu kiu-sæh man.

Yung-s na-nung kuk?

San too lau bing-de sau, ye yu too-hau siau-kuk 'oo lau woo, wan-yu man - doo kuk zū-ling, z hau-k'ön kuk de-fong.

T'en-c'e lau nie-t'oo na-nung kuk?

T'en-c'e mæh wung-'oo. nie-t'oo mæh tsong-kuk.

T'oo-ts'an mæh sa-mæh-z?

Ts'æh Kiueh-ts lau, Kan-lan lau, Bæh-dau lau, Tsu lau. Mih lau, Zæn lau. Song-zū,

Yu sa-kuk ya-su?

Yu Yoong lau, Za Long lau, Lōk lau, Ts-hwæn lau, Ku-hwæn.

Kōk-tsung na-nung kuk?

Ih-tsoong mæh fung zæh-sang, kōk-wong mæh iau tah pāk-sing koong-kiue la kuk kwæn-foo song-liang kuk; z s-ka-long ting-yu ming-sang kuk kōk-doo, yen-zæ mæh siau-tsæ.

Kiung-zung kiau sa?

Kiau la-ten, zung mæh zau la hæ-pen-du, zung-nga-du mæh yu too-hau yu-ming-sang kuk koo-tsih.

Yu sa Tau-ts va?

Yu too-hau sian-kuk Tau-ts.

E-Da-Le.

E-da-le-kōk s-men kuk kiang-ka tau sa-'oo-dong?

Toong, Næn, Se, tau hæ, Pōk tau Au-de-le lau Dzuæ-z.

Kien-fong yu kie-hau le?

Iāk-kwæ yu ih-pāk san-zæh-san man fong-le.

Niung-ting yu kie-hau?

Iāk-kwæ yu nie-ts'en san-pāk man.

Yu sa-kuk san?

Pōk-han mæh yu A-pæ-s-san; tong-tsoong yu A-pæ-nie-noo-san; wan-yu liang-kuk hoo-san, kiau Ve-soo-wæ, A-tih-na.

Yu sa-kuk 'oo?

Yu Poo-a-tih-jih-'oo, A-nok-'oo. Te-pak-'oo.

Wŏo mæh na-nung?

Wŏo mæh too kuk pih-koo fæh-doo; kiung-ts z yu-ming sang kuk.

T'en-e'e lau nie-too na-nung kuk?

T'en-e'e mæh wung-oo, nie-too mæh tsong-kuk.

Yu sa-kuk t'oo-ts'an?

Ts'æh Bæh-dau lau, Kan-lan lau, Da-le-zāk lau, Liu-wŏng lau, San-oo; wăn-yu too-hau kuk Koo-ts, S-men mæh tsuæ-too la.

Yu sa-kuk ya-su?

Yu Lōk lau Ts-hwæn.

Kōk-tsung na-nung kuk?

Loong-tsoong fung san-kuk siau-kōk, pōk-han mæh kiau Sah-ting; tong-tsoong mæh kiau Loo-mo; næn-han kiau Na-pæh-luk.

Loo-mo na-nung kuk?

Z T'en-tsū-kiau kuk e'e-du, zen-du e'e yu-ming-sang kuk, too-hau koo-tsih wăn læh-la le; yen-zæ zau-la-kuk T'en-tsū-dong mæh kau-doo lau man ts'ue. wăn-yu doo tuk-juk kuk sū-yueⁿ.

Dzuæ-Z Kōk.

Dzuæ-z-kōk s-men kuk kiang-ka tau sa-'oo-dong?

Toong tau A-de-le. Næn tau E-da-le. Se tau Fah-lan-se. Pōk tau Zæh-ll-man

Kien-fong yu kie-hau le?

Iāk-kwæ yu zæh-lōk man ng-ts'en fong-le.

Niung-ting yu kie-hau?

Iāk-kwæ yu nie-pāk nian-ng man?

Yung-s na-nung kuk?

Yu too-hau man-kau kuk san.

Yu-ming-sang kuk san kiau sa?

Kiau A-pæ-s-san.

T'en-e'e na-nung kuk?

San-long mæh juk-lang,bing-de mæh wung-oo kuk.

Nie-t'oo na-nung kuk?

San-long mæh f'æh-tsong, san-kōk-le mæh tsong-kuk.

Yu sa-kuk 'oo?

Kiau Ts'æ-nie-'oo lau Loo-nie-'oo, la e-kōk le c'e-du kuk.

Woo mæh kiau sa?

Kiau Zæh-næ-wo-woo, Kwæn-S-tan-woo, Niu-so-tuk-woo, Loo-sah-nau-woo, Soo-le-woo, zæ-z man hau-k'ön kuk.

T'oo-ts'an sa-mæh-z too?

Pih-koo yu tsoong-sang lau mōk-liau.

Yu sa-kuk ya-su?

Yu Yoong lau, Ling-yang lau, Za Long lau, Lōk; wan-yu doo-kuk Kiung-iung.

Niung-tsoo-kuk mæh-z mæh, sa-kuk tsuæ-hau?

Z Z-zung-piau lau Kiung-niung-c'e S lau Dzu.

Kōk-tsung na-nung kuk?

Fung nian-nie kw'æ m-mæ kōk-wong, kwæn-foo mæh pāk-sing koong-kiue kuk.

Se-Pan-Ia

Se-pan-ia kōk s-men kuk kiang-ka tau sa-'oo-dong?

Toong tau De-tsoong-hæ. Næn tau De-tsoong-hæ lau Doo-se-yang. Se tau Bæh-dau-ia lau Doo-se-yang. Pōk tau Doo-se-yang lau Fah-lan-se.

Kien-fong yu kie-hau le?

Iāk-kwæ yu nie-pāk man fong-le.

Niung-ting yu kie-hau?

Iāk-kwæ yu ih-ts'en nie-pāk man.

Yung-s na-nung kuk?

Yung-s man-hau lau, yu too-hau san; 'oo mæh too lau fæh-doo kuk.

T'en-c'e na-nung kuk?

T'en-c'e wung-'oo kuk?

Nie-t'oo na-nung kuk?

Yu-kuk tsong lau, yu-kuk fæh-tsong.

Yu sa ng-kiung va?

Yu Kiung lau, Niung lau, Doong lau

T'ih lau, Sih lau, Da-le-zāk; S-niung mæh tsuæ-too.

T'oo-ts'an sa-mæh-z too?

Ts'æh Ng-kōk lau, S-men lau, Koo-ts lau. Tsu lau, Mōk-liau lau, Kan-lan-yu.

Yu sa-kuk ya-su?

Yu Yoong lau, Za Long lau, Ts-hwæn lau, Ku-hwæn.

Yu sa-kuk tsoong-sang?

Yu ting-hau-kuk Men-yang lau Le-ts, Men-yang kuk mau mæh tsuæ-se.

Kōk-tsung na-nung kuk?

Ih-tsoong mæh fung s-zæh-kiu sang, kōk-w̆ong mæh iau tah pāk-sing koong-kiue la kuk kwæn-foo song-liang kuk.

Kiung-zung kiau sa?

Kiau Mo-tuk-le.

Bæh-Dau-Ia.

Bæh-dau-ia-kōk s-men kuk kiang-ka tau sa-'oo-dong?

Toong-pōk tau Se-pan-ĭa. Se-næn tau Da-se-yang.

Kien-fong yu kie-hau le?

Iak-kwæ yu s-zæh-ih man le.

Niung-ting yu kie-hau?

Iāk-kwæ yu san-pāk ng-sæh man.

Yung-s na-nung kuk?

Tsu-wæ mæh t'ōk-z san; bing-de mæh juk-sau.

·u sa-kuk. 'oo?

'Oo mæh sau lau fæh-doo kuk.

T'en-e'e na-nung kuk?

Wung-'oo kuk.

Nie-t'oo na-nung kuk?

San-long mæh fæh-tsong, bing-de mæh tsong-kuk.

Yu sa ng-kiung?

Yu Kiung lau. Niung lau, Doong lau, T'ih lau. Sih lau, K'an lau, Pau-zāk lau, Liu-wong lau, Dz-zāk.

T'oo-ts'an sa-mæh-z too?

Ts'æh Ng-kōk lau. Koo-ts lau. Tsiu lau. Mōk-liau.

Kōk-tsung na-nung kuk?

Ih-tsoong mæh fung lōk-sang,kōk-wong mæh iau tah pāk-sing koong-kiue la kuk kwæn-foo song-liang kuk.

Kiung-zung kiau sa?

Kiau Le-s-pung.

Fah-Lan-Se.

Fah-lan-se s-men kuk kiang-ka tau sa-'oo-dong?

Toong tau Zæh-ll-man lau Dzuæ-z. Næn tau De-tsoong-hæ lau Se-pan-ia. Se tau Doo-se-yang. Pōk tau Pe-le-z lau Iung-kiih-le hæ.

Kien-fong yu kie-hau le?

Iāk-kwæ yu nie-pāk nian-lōk man fong-le.

Niung-ting yu kie-hau?

Iāk-kwæ yu san-ts'en s-pak man niung.

Yung-s na-nung kuk?

Bing-de too lau san sau.

Yu sa kuk 'oo?

Yu Loo-nie-'oo, Suk-næh-'oo, Loo-ll-'oo, Ka-lung-'oo.

T'en-e'e na-nung kuk?

Wung-'oo kuk.

Yu sa-kuk ng-kiung?

Yu K'an lau, T'ih lau, Mæ lau, Da-le-zāk.

T'oo-ts'au sa-mæh-z too?

Ts'æh Ng-kōk lau, Koo-ts lau, Mōk-du lau, Yu lau, Tsiu lau, Nie lau, Yue-mau lau, Dōn-ts, lau, Nioong lau Yen.

Yu sa ya-su va?

Yu Za Long lau Ya-ts-loo.

Niung-tsoo-kuk mæh-z, sa kuk tsuæ-hau?

Z Z-zung-piau lau, Kiung-niung-o'e lau, Dzu Dōn.

Vung-le na-nung kuk?

Dzoong tōk-sū kuk.

Kōk-tsung na-nung kuk?

Ih-tsoong fung san-zæh-san kuk sang, z kōk-wong tsok-tsū kuk.

Kiung-zung kiau sa?

Kiau Po-le-s, z man-d kuk zung.

Iung-Kiih-Le.

Iung-kiih-le s-men kuk kiang-ka tau sa-'oo-dong?

Z liang-kuk tau-ts, tsu-tsæn zæ-z hæ.

Kien-fong yu kie-hau le?

Iāk-kwæ yu ih-pāk s-zæh-san man fong-le.

Niung-ting yu kie-hau?

Iāk-kwæ yu nie-ts'en ng-pāk man.

Iung-kiih-le de-fong fung kie-kw'æ?

Fung san-kw'æ, kiau Iung-lung lau, Soo-kāk lan lau, A-ll-lan.

Vung-le na-nung kuk?

Dzoong dōk-sū kuk.

Kōk-tsung na-nung kuk?

Næⁿ lau niue zæ k'au-c tsoo wong, iau tah pak-sing koong-kiue la kuk kwæⁿ-foo song-liang kuk.

'Oo lau woo na-nung?

Zæ too lau yung-s hau kuk.

T'eu-c'e na-nung kuk?

Lang-kuk z-'u too kuk.

Nie-t'oo na-nung kuk?

Tsong lau hau-tsoong kuk.

Kiung-zung kiau sa?

Kiau Lung-tung, z s-ka-long ting-doo kuk zung.

Yu sa-kuk ng-kiung?

Yu Doong lau, T'ih lau, Sih lau, K'au lau, Mæ lau, Hoo-zāk lau, Yeu.

T'oo-ts'au sa-mæh-z too?

Ts'æh Ng-kŏk lau, Mo lau, Koo-ts lau, Mŏk-liau.

Niung tsoo-ts'æh-læ kuk mæh-z sa-kuk too?

Ts'æh Dz-c'e lau, Yue-mau lau, Yangpoo lau, Dzu Dön; Kiung Niung lau, T'ih-c'e lau, Z-zung-piau; Hæ-zæn mæh 'a zau læ hau lau too kuk.

Iung-kiih-le wæ-sa yu-ming-sang?

Iung-wæ zōk-kōk too lau sang-e doo, vung-le 'a-z ting-hau kuk.

A-FE-LE-KA

A-fe-le-ka na-nung doo ?

Z t'en-to-'au de-nie kuk doo-tsu S-men kuk kiang-ka tau sa-'oo-dong?

Toong tau Soo-z lau 'Oong-hæ lau lung-doo-yang. Næn tau lung-doo-yang lau Doo-se-yang. Se tau Doo-se-yang. Pōk tau De-tsoong-hæ.

Kien-fong yu kie-hau le ?

Iāk-kwæ yu ih-man s-ts'en man fong-le.

Niung-ting yu kie-hau ?

Iāk-kwæ yu lōk-ts'en man.

Yu sa-kuk kōk-doo ?

Kiau Moo-lok-koo, A-ll-jih, Dah-nie-s, Tih-poo-le, Yæ-jih, Noo-pe-a, A-pe-se-nie, Koo-too-fan, Dah-foo, Sah-ha-la, Soo-tan, Suk-næ-kong-pe, Kie-næ-a, Koong-ngāk, A-tuk, A-zæn, Song-kiih-po, Mōk-san-bih, Sok-fah-ta, Kafah-luk-le. Jih-p'ŏk-koo-loo-nie. 'Æh-ting-too.

Yung-s na-nung kuk?

Yu san lau 'oo lau woo kuk, ŵan-yu de-men-long ting-doo kuk ön-hæ.

T'en-c'e na-nung kuk?

Z niih tuk-juk kuk.

Nie-t'oo na-nung kuk.

Ng-vung le ih-vung z 'ön-hæ, e-du zæ-z tsong-kuk.

Yu sa-kuk hæ?

Pŏk-han mæh yu De-tsoong-hæ, toong-han mæh yu 'Oong-hæ.

Yu sa-kuk san?

Kiau A-da-lah-san, A-băk-so-le-san, Niueh-san, Kong-san, Ka-me-loong-san, Loo-po-dah-san, Sih-san, ŵan-yu too-hau hoo-san.

Yu sa-kuk 'oo?

Kiau Nie-loo-'oo, Nie-zæh-'oo, Suk-næ-ka-'oo, Kong-pe-'oo, Sæ-luk-'oo, K'oo lan-zæh-'oo, San-pe-se-'oo, Loo-fe-zæh-'oo.

Woo mæh kiau sa ?

Kiau Tong-pe woo, Zæh-tık woo, Nie-a-se-woo, la-mih-woo.

Yu sa ng-kiung va ?

Mg-kiung zæ yu kuk, w̆an-yu S-niung.

T'oo-ts'an sa-mæh-z too ?

Ts'æh Ng-kōk lau, Koo-ts lau, Hiang-liau lau, Mōk-liau lau, Yāk-liau.

Yu sa-kuk ya-su ?

Yu S-ts lau, Ziang lau, Sing-sing lau Pau lau, Se-niu lau, Yoong lau, Lōk lau, Ya-mo; w̆an-yu Ngok-ng lau, Tiau-niau lau, too-hau dōk mæh-z.

Kōk-tsung na-nung kuk ?

Yu-kuk mæh yu kōk-wong, yu-kuk pih-koo yu dziu-tsang.

Niung w̆æ tsoo sa ?

Z m-c'au-du lau fæh-w̆æ tsoo hau-mæh-z kuk, pih-koo De-tsoong-hæ U-loo-po zōk-kōk lə kuk niung, w̆an-yu-ten c'au-du.

Pōk-han loong-tsoong kuk ming-du kiau sa?

Kiau-Po-po-le.

Po-po-le mæh fung kie-hau kōk-doo?

Fung s-kōk, kiau Moo-lok-koo, A-ll-jih, Dæh-nie-s, Tih-poo-le.

Moo-Lok-Koo.

Moo-lok-koo s-men kuk kiang-ka tau sa-'oo-dong?

Toong tau A-ll-jih. Næn tau Ŏn-hæ. Se tau Doo-se-vang. Pōk tau De-tsoong-hæ.

Kien-fong yu kie-hau le?

Iāk-kwæ yu hie-pāk ng-sæh-man fong-le.

Niung-ting yu kie-hau?

Iāk-kwæ yu pah pāk ng-sæh man.

Yung-s na-nung kuk?

Yu san lau so-de, 'oo lau woo mæn

fæh-too kuk.

T'en-c'e lau nie-t'oo na-nung kuk?

T'en-c'e mæh man-niih, nie-t'oo mæh tsong-kuk.

T'oo-ts'an sa-mæh-z too?

Ts'æh Sih lau, Men-hwo lau, Bāk-lah lau, Yāk-dzæ lau, Niuen-wong-be lau, Mōk-liau.

Vung-le na-nung kuk?

Niung fæh-dōk-sū kuk too.

Kōk-tsung na-nung kuk?

Ih-tsoong mæh fung lōk-boo, Wong-te mæh tsau-z-ka kuk e-s lau kwæn pāk-sing kuk.

Kiung-zung kiau sa?

Kiau Moo-lok-koo.

A - Li - Jih.

A-li-jih s-men kuk kiang-ka tau sa-'oo-dong?

Toong tau Dæh-nie-s. Næn tau

ʿÖN-hæ. Se tau Moo-lok-koo. Pōk tau De-tsoong-hæ.

Kien-fong yu kie-hau le?

Iāk-kwæ yu ih-pāk nian-man fong-le.

Niung-ting yu kie-hau?

Iāk-kwæ yu nie-pāk man.

Yung-s na-nung kuk?

Yu san lau ʿoo kuk.

Tʿen-cʿe na-nung kuk?

Tʿen-cʿe mæh wung-ʿoo, pih-koo ʿau-tʿen mæh niih tuk-juk kuk.

Nie-tʿoo na-nung kuk?

Nie-tʿoo man-tsong-kuk, dōk-z mung fæh-kʿung niung-tsung tsoong-den.

Tʿoo-tsʿan sa-mæh-z?

Tsʿæh Ng-kiung lau, Ng-kōk lau, Koo-ts lau, San-oo lau, Siau lau, Van.

Vung-le a-nung kuk?

Tah Moo-lok-koo ih-yang

Kōk-tsung na-nung kuk?

Ih-hiang ziang Moo-lok-koo nung.

yen-dzæ z Fah-lan-se kuk zōk-kōk.

Kiung-zung kiau sa?

Kiau A-ll-jih。

Dæh-Nie-S.

Dæh-nie-s s-men kuk kiang-ka tau sa-'oo-dong?

Toong tau Tih-poo-le. Næn tau 'Ön-hæ. Se tau A-ll-jih. Pōk tau De-tsoong-hæ.

Kien-fong yu kie-hau le?

Iāk-kwæ yu pah-sæh man fong-le.

Niung-ting yu kie-hau?

Iāk-kwæ yu ih-pāk ng-sæh man.

Yung-s na-nung kuk?

Yu sau lau hwong-ya de-fong kuk.

Yu sa-kuk 'oo?

Yu Mæ-zæh-dah-oo.

T'en-c'e lau nie-t'oo na-nung kuk?

T'en-c'e mæh juk-niih, nie-t'oo mæh tsong-kuk, dōk-z niung fæh-k'ung niung-tsung tsoong-den.

T'oo-ts'an mæh sa-mæh-z?

Ts'æh Ng-kiung lau, Kan-lan lau, Tsau-ts lau, Lah lau, Nau-so; w̆an-yu Mo lau, mau man-se kuk Yang.

Vung-le na-nung kuk?

Niung f'æh-dōk-sū kuk too?

Kōk-tsung na-nung kuk?

Ih-tsoong f'ung liang-kw'æ de-fong, kōk-w̆ong mæh dzæn-dæ kuk.

Kiung-zung kiau sa?

Kiau Dæh-nie-s.

Tih-Poo-Le.

Tih-poo-le s-men kuk kiang-ka tau sa-'oo-dong?

Toong tau Yæ-jih. Næn tau 'ÖN-hæ. Se tau Dæh-nie-s. Pōk tau De-tsoong-hæ.

Kien-fong yu kie-hau le?

Iāk-kwæ yu ih-pāk zæh-man fong-le.

Niung-ting yu kie-hau?

Iāk-kwæ yu ih-pāk ng-sæh mau.

Yung-s na-nung kuk?

Bing-de too lau, san lau oo sau kuk

T'en-c'e lau nie-t'oo na-nung kuk?

T'en-c'e mæh kwa-niih, nie-t'oo mæh tsong-kuk.

T'oo-ts'an sa-mæh-z too?

Ts'æh Men-hwo lau, Kau-lan lau, Lah-lau, Liu-Wong lau, Wah-zāk lau, T'an-sung.

Vung-le na-nung kuk?

Fæh dōk-sū kuk too.

Kōk-tsung na-nung kuk?

Ih-tsoong mæh fung s-kw'æ, Wong-te mæh dzæn-dæ kuk.

Kiung-zung kiau sa?

Kiau Tih-poo-le.

Yæ-Jih Kōk.

Yæ-jih-kōk læh-la sa-'oo-dong ?

La A-fe-le-ka kuk toong-pōk.

Yæ-jih kōk s-men kuk kiang-ka tau sa-'oo-dong ?

Toong tau 'Oong-hæ. Næn tau Noo-pe-a. Se tau Tih-poo-le lau Sah-ha-la. Pōk tau De-tsoong-hæ.

Kien-fong yu kie-hau le ?

Iāk-kwæ yu nian-ng man fong-le

Niung-ting yu kie-hau ?

Iāk-kwæ yu nie-pāk ng-sæh man.

Yung-s na-nung kuk

Yu san lau 'oo kuk.

'Oo mæh kiau sa ?

Kiau Nie-loo-'oo, de-diau 'oo le kuk s, fah-c'e-læ mæh-la de-men-long, niung ziu k'au-e tsoong-zōk den tsæ. kaeh-lau yu-ming-sang.

T'en-c'e na-nung kuk ?

Niih tuk-juk kuk. fah-ts toong-foong

mæh kung-ka niih.

Nie-t'oo na-nung?

Nie-loo-'oo liang-men z man-tsong kuk.

T'oo-ts'an sa-mæh-z too?

Ts'æh Ng-kōk lau, Māk lau, Koo-ts lau, Mo lau, Den-ts'ing lau, Men-hwo lau, Yāk-liau.

Vung-le na-nung kuk?

Koo-z-kan mæh hau-kuk, yen-dzæ mæh dōk-sū-kuk sau-tsæ.

Kōk-tsung na-nung kuk?

Ih-hiang mæh z T'oo-ll-je kuk zōk-kōk, yen-dzæ z-ka lih-ts kōk tsæ.

Kiung-zung kiau sa?

Kiau Kæ-loo, zung-nga yu kie-kuk koo-z-kan Wŏng-te kuk vung-san, ting-doo kuk ih-kuk, rong-kie yu pah-sæh-dzang kw'æh, tau ting yu ng-sæh-dzang kau, zæ yoong doo-zāk-du zau la kuk e-kiung kie-ts'en-nien la tsæ; vung-san tong-tsoong yu ih-kuk doong, pa ih-jue zāk-du kuk kwæn-zæn la hau.

Yæ-jih wæ-sa yu-ming-sang ?

Iung-wæ koo-z-kan Yu-t'a niung la e-du tsoo noo-dzæ lau, Moo-se ling-ts'æh-læ.

Noo-Pe-A.

Noo-pe-a s-men kuk kiang-ka tau sa-'oo-dong ?

Toong tau 'Oong-hæ. Næn tau A-pe-se-nie lau Koo-too-fan. Se tau 'Ön-hæ. Pōk tau Yæ-jih-kōk.

Kien-fong yu kie-hau le ?

Iāk-kwæ yu s-pāk man fong-le.

Niung-ting yu kie-hau ?

Iāk-kwæ yu nie-pāk man.

Yung-s na-nung kuk ?

Yu san lau 'ön-hæ kuk.

Yu sa-kuk 'oo ?

Kiau Nie-loo-'oo.

T'en-c'e na-nung kuk?

Z niih tuk-juk kuk.

Nie-t'oo na-nung kuk?

Yu-kuk zang-hau mæh tsong, yu-kuk mæh ih-ngan fæh-sang sa-kuk.

T'oo-ts'an sa-mæh-z too?

Ts'æh Men-hwo, Kæn-tso, Dan-hiang, Oo-mōk, Mo lau EN-yih.

Yu sa-kuk ya-su?

Yu Ziang lau, S-ts lau, Lōk lau, Pau lau, Hæ-mo lau, Ngok-ng.

Vung-le na-nung kuk?

Niung zæ fæh-dōk-sū kuk.

Wæ-sa-lau yu-ming-sang?

Iung-wæ koo-z-kan yu too-hau man-doo kuk miau, yoong zāk-du zau-la-kuk. yen-dzæ suæ-z t'an-hwæ, wan-yu too-hau koo-tsih la le.

A-Pe-Se-Nie.

A-pe-se-nie s-men kuk kiang-ka tau

sa-'oo-dong?

Toong tau 'Oong-hæ. Næn tau Niueh-san. Se-pōk tau Noo-pe-a.

Kien-fong yu kie-hau le?

Iāk-kwæ yu san-pāk ng-sæh man fong-le.

Niung-ting yu kie-hau?

Iāk-kwæ yu s-pāk ng-sæh man.

Yung-s na-nung kuk?

Yu san lau bing-de kuk.

Yu sa-kuk 'oo?

Kiau Lan-tih-ka-sè-'oo.

Woo mæh kiau sa?

Kiau Tong-pe-woo lau A-sah-woo.

T'en-c'e na-nung kuk?

Z wung-'oo kuk, pih-koo 'au-'le mæh tsuæ-niih.

Nie-t'oo na-nung kuk?

Z tsong-kuk.

T'oo-ts'an sa-mæh-z too?

Ts'æh Men-hwo lau, Mih lau, Me lau.

Yāk-liau lau, Ziang-nga lau, Kiung-so lau, Bah-lah lau, Zo-hiang lau, Wan-yu Tiau-niau lau Ya-su.

Vung-le na-nung kuk?

Dōk-sū-kuk sau-kuk.

Kōk-tsung na-nung kuk?

Fung san-kw'æ, zæ-z dziu-tsang kwæn-la-kuk.

Koo-Too-Fan!

Koo-too-fan s-men kuk kiang-ka tau, sa-'oo-dong?

Toong-pōk tau Noo-pe-a. Næn tau Niuch-san. Se tau Dah-foo.

Kien-fong yu, kie-hau le?

Iāk-kwæ yu nian-man fong-le.

Yung-s, na-nung kuk?

Næn-han mæh san too, pōk-han mæh hwong-ya de-fong too.

Yu sa-kuk 'oo?

Kiau Bāk-'oo.

T'en-c'e lau nie-t'oo na-nung kuk ?

T'en-c'e mæh juk-niih, nie-t'oo mæh tsong-kuk.

T'oo-ts'an sa-mæh-z too ?

Ts'æh Mih-dong lau, Ziang-nga lau, Kau lau, wan yu Tiau-niau lau, Ya - su, Kiung-so lau, T'ih.

Vung-le na-nung kuk ?

Niung zæ fæh-dōk-sū kuk.

Kōk-tsung na-nung kuk ?

M-sa wong, pih-koo yu dziu-tsang kwæn pāk-sing.

Dah-Foo-Kōk.

Dah-foo-kōk s-men kuk kiang-k tau sa-'oo-dong ?

Toong tau Koo-too-fan. Se næn tau fæh-zung hiau-tuk kuk 'oo-dong. Pōk tau Sah-ha-la kuk ÖN-hæ.

Kien-fong yu kie-hau le ?

Iāk-kwæ yu kiu-man fong-le.

Niung-ting yu kie-hau?

Iāk-kwæ yu nian-man.

Yung-s na-nung kuk?

Yu too-hau so-de kuk, pih-koo næn-han mæh yu san lau 'oo.

T'en-c'e lau nie-t'oo na-nung kuk?

T'en-c'e mæh juk-niih, nie-t'oo mæh fæh-tsong kuk.

T'oo-ts'an sa-mæh-z too?

Ts'æh Ziang-nga lau, Doong lau, Mo lau, Oo-tsiau lau, EN-yih lau, Niōk lau, Hiang-liau lau, Siau.

Vung-le na-nung kuk?

Dōk-sū kuk sau.

Kōk-tsung na-nung kuk?

Kōk-wong mæh dzæn-dæ kuk.

Kiung-zung kiau sa?

Kiau Koo-pæ.

Sah-Ha-La.

Sah-ha-la s-men kuk kiang-ka tau

sa-'oo-dong?

Toong tau Yæ-jih lau Noo-pe-a. Næn tau Soo-tan lau Suk-næ-kong-pe. Se tau Doo-se-yang. Pōk tau Po-po-le.

Kien-fong yu kiē-hau le?

Toong-se yu kiu-ts'en le, næn-pōk yu san-ts'en le.

Yung-s na-nung kuk?

Zæ-z so, kuk-lau kiau 'ŌN-hæ, pih-koo yu liang-san-ngan yu-s-kuk 'oo-dong hah-tuk hæ-le kuk tau-ts nung.

T'en-c'e na-nung?

Niih tuk-juk kuk.

Niung mæh na-nung?

Niung fæh k'au-e dzū-la-hau kuk, pih-koo je-ts lok-doo lau tang e-kuk-le tsu-koo, c'e tsoo-sang-e.

Soo-Tan.

Soo-tan s-men kuk kiang-ka tau sa-

'oo-dong?

T'oong tau Dah-t'oo. Næn tau Kong-san. Se tau Suk-næ-kong-pe. Pōk tau Sah-ha-la.

Yung-s na-nung kuk?

Næn-han mæh yu san, pōk-han mæh z so-de.

Yu sa-kuk 'oo?

Kiau Zāk-le-po-oo, Koo-la-'oo, Nie-zæh-oo.

T'en-e'e lau nie-t'oo na-nung kuk?

T'en-e'e mæh juk-niih, nie-t'oo mæh fæh-tsong kuk.

Ts'æh sa-mæh-z?

Ts'æh Hoo-p'āk lau. Ziang-nga lau, Bo lau, EN-yih lau, Yen lau, Ya-su lau, Dōk dzoong.

Vung-le na-nung kuk?

Fæh dōk-sū kuk.

Kōk-tsung na-nung kuk?

Fung too-hau kw'æ. kok-kw'æ yu kok-kw'æ kuk dziu-tsang.

Suk-Næ-Kong-Pe.

Suk-næ-kong-pe s-men kuk kiang-ka tau sa-'oo-dong?

Toong tau Soo-tan. Næn tau Kle-næ-a. Se tau Doo-se-yang. Pōk tau Sah-ha-la.

Yung-s na-nung kuk?

Bing-de too lau san sau-kuk.

Yu sa-kuk 'oo?

Kiau Suk-næ-ka-'oo, Kong-pe-'oo, Læ-k'oo-lan-'oo.

T'en-c'e lau nie-t'oo na-nung kuk?

T'en-c'e mæh juk-niih, nie-t'oo mæh tsong-kuk.

Ts'æh sa-mæh-z?

Ts'æh Kiung lau. Doong lau, Hoo-p'āk lau, Vung-zāk lau, Ziang-nga lau, Be lau, Mih lau, Dong lau, Ya-su lau-sa.

Vung-le na-nung kuk?

Fæh dōk-sū kuk.

Kōk-tsung na-nung kuk?

Fung too-hau kw'æ, kok-kw'æ yu kok-kw'æ kuk dziu-tsang.

Kie-Næ-A.

Kie-næ-a s-men kuk kiang-ka tau sa-'oo-dong?

Toong tau Koong-ngāk. Se-næn tau Doo-se-yang. Pōk tau Suk-næ-kong-pe lau Soo-ran.

Yung-s na-nung kuk?

Bing-de too lau san sau-kok.

T'en-c'e lau nie-t'oo na-nung kuk?

T'en-c'e juk-niih lau, nie-t'oo mæh tsong-kuk

Ts'æh sa-mæh-z?

Ts'æh Kiung-ts lau, San-'oo lau, Hoo-p'āk lau, Ziang-nga lau, Vung-zāk lau, Kæn-tso lau, EN-yih lau, Hiang-liau lau, Mōk-du lau, Lah.

Vung-le na-nung kuk?

Fæh dōk-sū kuk.

Kōk-tsung na-nung kuk?

Fung too-hau kw'æ, kok-kw'æ yu kok-kw'æ kuk dziu-tsang.

Koong-Ngāk-Kōk.

Koong-ngāk-kōk s-men kuk kiang-ka tau sa-'oo-dong?

Næn tau Sing-pæ-po. Se tau Doo-se-yang lau Kie-næ-a. Pōk tau Kong-san. Toong tau fæh-hiau-tuk kuk 'oo-dong.

Yung-s na-nung kuk?

Toong-pōk mæh yu san, bih zang-hau t'ōh-z bing-de.

Yu a-kuk 'oo?

Kiau Koong-ngāk-'oo lau, Kwæn-ts'ōh-'oo.

T'en-c'e lau nie-t'oo na-nung kuk?

T'en-c'e mæh iuk-niih, nie-t'oo mæh tsong-kuk.

Ts'æh sa-mæh-z ?

Ts'æh Kiung-so lau, Doong lau, T'ih lau, Ziang-nga lau, 'Oo-tsiau lau, Kæn-tso; wan-yu Ya-su lau, Dōk-dzoong; Ngok-ng mæh tsuæ-too.

Vung-le na-nung kuk ?

Fæh dōk-sū kuk.

Kōk-tsung na-nung kuk ?

Fung too-hau kw'æ, kok-kw'æ yu kok-kwæ kuk dziu-tsang.

A - Tuk Kōk.

A-tuk-kōk la sa-'oo-doong ?

La A-fe-le-ka kuk toong-hæ-t'an, A-pe-se-nie kuk toong-næn.

Yung-s na-nung kuk ?

De-yung kau-kuk, 'oo lau woo mæh too-kuk.

T'en-c'e lau nie-t'oo na-nung ?

T'en-c'e mæh sau-niih, nie-t'oo mæh tsong-kuk.

Ts'æh sa mæh-z ?

Ts'æh Ng-kōk lau, Kiung-so lau, Ziang-nga lau, Zū-hiang lau, 'Oo-tsiau.

Vung-le na-nung kuk ?

Fæh dōk-sū kuk.

Kōk-tsung na-nung kuk ?

Fung kie-kw'æ, kok-yu dziu-tsang kwæn-la-kuk.

Doo-kuk zung kiau sa ?

Kiau Se-la.

A-Zæn Kōk.

A-zæn-kōk s-men kuk kiang-ka tau sa-'oo-dong ?

Toong tau Iung-doo-yang Næn tau Song-kiih-po. Pōk tau A-tuk hæ-t'an-du. Se tau fæh-hiau-tuk kuk 'oo-dong.

T'en-c'e lau nie-t'oo na-nung kuk ?

T'en-c'e mæh juk-niih, nie-t'oo mæh yu-kuk tsong lau, yu-kuk fæh-tsong.

Ts'æh sa-mæh-z ?

Ts'æh Zo-hiang lau, Mæh-yāk lau. Kau.

Vung-le na-nung kuk?

Fæh dōk-sū kuk.

Kōk-tsung na-nung kuk?

Fung kie-kw'æ, kok-kw'æ yu kok-kw'æ dziu-tsang kwæn-la-kuk.

Song-Kiih-Po.

Song-kiih-po s-men kuk kiang-ka tau sa-'oo-dong?

Toong tau Iung-doo-yang. Næn tau Mōk-san-bih. Pōk tau A-zæn. Se tau fæh-hiau-tuk kuk 'oo-dong.

Yung-s na-nung kuk?

Yu san lau, 'oo lau, zū-mōk kuk.

T'en-c'e lau nie-t'oo na-nung kuk?

T'en-c'e juk-niih, nie-t'oo yu-kuk tsong lau, yu-kuk fæh-tsong.

Ts'æh sa-mæh-z?

Ts'æh Kiung-ts lau, Niung-ts lau,

Ng-kōk lau, Men-hwo lau, Koo-ts lau, Dong lau, Lah lau, Ziang-nga lau, Mōk liau lau, Yāk-liau; wăn-yu hie-je kuk Tiau lau Ya-su.

Kok-tsung na-nung kuk?

Fung kie-kw'æ, kok-kw'æ yu dziu-tsang kwæn-la-kuk.

Mōk-San-Bih.

Mōk-san-bih s-men kuk kiang-ka tau-sa-'oo-dong?

Toong tau hæ. Næn tau Ka-fæh-luk-le. Se tau Loo-po-dah-san. Pōk tau Song-kiih-po.

Yung-s na-nung kuk?

Yu man-ts'ue kuk san, wăn-yu 'oo lau woo lau zū-ling.

T'en-c'e lau nie-t'oo na-nung?

T'en-c'e mæh juk-niih, nie-t'oo mæh tsong-kuk.

Ts'æh sa-mæh-z?

Ts'æh Kiung-ts lau, Doong lau, T'ih lau, Ng-kōk lau, Koo-ts lau, Ziang-nga.

Vung-le na-nung kuk?

Fæh dōk-sū kuk.

Kōk-tsung na-nung kuk?

Fung kie-kw'æ, kok-kw'æ yu dziu-tsang kwæn la kuk.

Sok-Fah-La.

Sok-fah-la s-men kuk kiang-ka tau sa-'oo-dong?

Toong tau hæ. Næn tau Ka-fæh-luk-le. Se tau Loo-po-dah-san. Pōk tau Mōk-san-bih.

Yung-s na-nung kuk?

Yu san lau, 'oo lau, zū-ling kuk.

T'en-c'e lau nie-t'oo na-nung kuk?

T'en-c'e mæh juk-niih, nie-t'oo mæh tsong-kuk.

Ts'æh sa-mæh-z?

Ts'æh Kiung-ts lau, Ziang-nga lau,

Kæu-tso lau, Zū-kau lau, Mih lau, Lah; ŭan-yu Tiau-niau lau Ya-su.

Kŏk-tsung na-nung kuk?

Fung too-hau kw'æ, kok-yu dziu-tsang kwæn-la-kuk.

Vung-le na-nung kuk?

Fæh dŏk-sū kuk.

Ka Fæh Luk Le.

Ka-fæh-luk le s-men kuk kiang-ka tau sa-'oo-dong?

Toong tau Lung-doo-yang. Næn tau Jih-p'ŏk-koo-loo-nie. Se tau Æh-ting-too. Pŏk tau Sok-fah-la,

Yung-s na-nung kuk?

T'ŏk-z bing-de, pih-koo so-han mæh z so-de.

T'en-c'e na-nung kuk.

Z wung-'oo kuk.

Ts'æh sa-mæh-z?

Ts'æh Ziang-nga lau. Zū-kau.

Vung-le na-nung kuk?

Fæh dŏk-sū kuk.

Kŏk-tsung na-nung kuk?

Fung too-hau kw'æ, kok-kw'æ yu dziu-tsang kwæn-la-kuk.

Jih-P'ŏk-Koo-Loo-Nie.

Jih-p'ŏk-koo-loo-nie s-men kuk kiang-ka tau sa-'oo-dong?

Toong, Næn, Se, zæ-z hæ. Pŏk tau 'Æh-ting-too, z lung-kiih-le kuk zŏk-kŏk.

Kien-fong yu kie-hau le?

Iăk-kwæ ih-păk s-sæh man fong-le.

Niung-ting na-nung?

Fung t'oo-fan lau lung-kiih-le niung, lung-kiih-le-niung iăk-kwæ yu zæh-man.

Yung-s na-nung kuk?

Yu too-hau san lau hwong-ya de-fong

T'en-c'e lau me-t'oo mæh, na-nung?

T'en-c'e mæh wung-'oo, nie-t'oo mæh tsong-kuk.

Ts'æh sa-mæh-z?

Ts'æh Ng-kōk lau, Māk lau, Bæh-dau-zū lau, Den-tsiu lau, ŭan-yu Tsoong-sang lau-sa.

Æh-Ting-Too.

'Æh-ting-too la sa-'oo-dong?

La Jih-p'ōk-koo-loo-nie kuk pōk-han.

Yung-s na-nung kuk?

Yu san lau kau-kuk bing-de.

T'en-c'e lau nie-t'oo na-nung?

T'en-c'e mæh juk-niih, nie-t'oo mæh fæh-tsong kuk.

Niung na-nung ŭæh sing-ming?

Z tsok ya-su lau, yang tsoong-sang; c'uk fe-kuk dzoong-dz, de-tsoong niung mæh, z ting ngæ-bung kuk.

Juen - Tau.

Jung A-fe-le-ka yu sa tau-ts va?

Yu too-hau tau-ts la, yu-kuk mæh la Iung-doo-yang le, yu-kuk mæh la Doo-se-yang le.

Iung-doo-yang le kuk tau-ts kiau sa?

Kiau Mo-dah-ka-s-ka tau, Pæh-Il-pung-tau, Mau-le-se-tau, Suk-zæh-luk-tau, A-mih-lan-tau, Loo-tuk-kiih-tau, Koo meo-loo-tau.

Mo-dah-ka-s-ka-tau na-nung kuk?

Z ting-doo kuk tau-ts, ziu-la Mōk-san-bih kuk toong-han.

Kien-fong yu kie-hau le?

Iāk-kwæ yu me-pāk s-sæh man fong-le.

Niung-ting yu kie-hau?

Iāk-kwæ yu s-pāk man.

Yung-s na-nung kuk?

Yu san lau, 'oo lau, woo lau, zū-mōk kuk.

T'en-c'e na-nung kuk?

Hæ-pen-du juk-niih, san-long mæh wung-'oo kuk.

Nie-t'oo na-nung kuk?

Man-tsong-kuk.

Ts'æh sa-mæh-z?

Ts'æh Ng-kōk lau, Men-hwo lau, Den-ts'ing lau, Hiang-liau lau, EN-yih lau, 'Oo-tsiau lau, Mōk-ilau lau, man-hau kuk Koo-ts; wan-yu Ng-kiung lau Pau-zāk.

Kōk-tsung na-nung kuk?

Koo-z-kau fung nian-pah-kw'æ, kok-kw'æ yu dziu-tsang kwæn-la-kuk; yen-dzæ yu kōk-wong kwæn-la-kuk tsæ.

Mau-le-se-tau na-nung kuk?

Z lung-kiih-le kuk zōk-kōk, ziu-la Mo-dah-ka-s-ka kuk toong-han.

Niung-ting yu kie-hau?

Iāk-kwæ yu zæh-man.

Yung-s na-nung kuk?

San lau zū-ling, z man-hau-k'ön kuk.

T'en-c'e lau nie-t'oo na-nung kuk?

T'en-c'e mæh juk-niih, nie-t'oo mæh tsong-kuk.

Ts'æh sa-mæh-z?

Ts'æh Men-hwo lau, Māk lau, Den-ts'ing lau, Dong lau, Mōk-liau.

Pæh-li-pung-tau na-nung kuk?

Z Fah-lan-se kuk zōk-kōk, ziu-la Mau-le-se kuk se-næn long.

Yung-s na-nung kuk?

Yu hoo-san lau siau-'oo lau woo.

Niung-ting yu kie-hau?

Iāk-kwæ yu zæh-man.

T'en-c'e lau nie-t'oo na-nung kuk?

T'en-c'e mæh niih-kuk, nie-t'oo mæh tsong-kuk.

Ts'æh sa-mæh-z?

Ts'æh Ng-kōk lau, Māk lau. Men-hwo lau, K'a-fe lau, Dong lau, Ting-hiang lau, Mok-liau; Wan-yu Tsoong-sang lau-sa.

Sūk-zæh-luk-tau. A-mih-lan-tau, Loo-tuk-kiih-tau, na-nung kuk ?

T'ōk-z lung-kiih-le kuk zōk-kōk.

Koo-moo-loo-tau la 'a-le ?

La Mōk-san-bih kuk toong-pōk.

Ts'æh sa-mæh-z ?

Ts'æh dzung-hiang lau Hiueh-jih.

Doo-se-yang le kuk tau-ts kiau sa ?

Kiau San-uk-le-na-tau, A-sung-sung-tau, Fe-nong-tuk-tau, Song-too-mæ-tau, Pōk-ling-se-tau, Jih-wæ-tuk-tau, Mo-tuk-la-tau, Ka-na-lih-tau.

San-uk-le-na-tau na-nung kuk ?

Z lung-kiih-le kuk zōk-kōk. la A-fe-le-ka kuk se-næn.

Yung-s na-nung kuk ?

Zæ-z san.

T'en-c'e lau nie-t'eo na-nung ?

T'en-c'e mæh ts'ing-song kuk, nie-t'eo mæh fæh-da-tsong kuk.

Ts'æh sa-mæh-z ?

Ts'æh too-hau Koo-ts

Ŵæ-sa-lau yu-ming-sang?

Iung-ŵæ Nga-kōk Tsoong-kōk læ-c'e kuk zæn, tau e-du t'ōk-iau wan-ts lau, tang-s ma mæh-z kuk.

Jih-wæ-tuk-tau la 'a-le.

La Suk-næ-kong-pe kuk se-han?

Yung-s na-nung kuk?

Yu hoo-san kuk.

Ts'æh sa-mæh-z?

Ts'æh Ng-kōk lau, Men-hwo lau, Koo-ts lau, Ka-biau lau, Yāk-liau; ŵan-yu Ya-sū lau-sa.

Mo-tuk-là-tau la 'a-le?

La Moo-lok-koo kuk se-han, z Bæh-dau-ia kuk zōk-kōk.

Yung-s na-nung kuk?

Zæ-z san.

T'en-c'e na-nung?

Wung-'oo kuk.

Nie-t'oo na-nung?

Z tsong-kuk.

Ts'æh sa-mæh-z?

Ts'æh Ng-kōk lau, Koo-ts lau, Mōk-liau lau, Bæh-dau-kön lau, hau-kuk Tsiu

Ka-na-lih-tau na-nung?

Z Se-pan-ia kuk zōk-kōk, 'a la Moo-lok-koo kuk se-han.

Yung-s na-nung kuk?

Yu man-kau kuk hoo-san.

T'en-c'e lau nie-t'oo na-nung?

T'en-c'e mæh wung-'oo, nie-t'oo mæh tsong-kuk.

Ts'æh sa-mæh-z?

Ts'æh Ng-kōk lau, Māk lau, Koo-ts lau, Men-hwo lau, Kæn-tso lau, Yen lau, Mōk-liau lau, hau-kuk Tsiu lau, Hiang-liau.

PŌK A-MUK-LE-KA.

Næn Pōk A-Muk-Le-Ka,

Tsoong Lung.

A-muk-le-ka mæh na-nung kuk?

Z se-pæn-ju kuk de-fong, fung næn pōk liang-tsu; san-pāk-nien zen-du, toong-pæn-ju niung fæh-hiau-tuk kuk, 'u-su yu ih-kuk niung kiau Koo-lung-boo, 'ang-zæn koo Doo-se-yang c'e lau hiau-tuk kuk, kuk-lau niung-ting sau.

S-men kuk kiang-ka tau sa-'oo-dong?

Toong tau Doo-se-yang. Næn tau Næn-ping-yang. Se tau T'a-bing-yang. Pōk tau Pōk-ping-yang.

Yung-s na-nung kuk?

Se-pan-ban næn tau pōk, yu ih-diau ling len-la-kuk; tsu-le-hiang san mæh ting-kau kuk: 'oo lau woo mæh, zæ-z ting-doo kuk.

Nie-t'oo na-nung?

Tsong-kuk too lau fæh-tsong kuk sau.

Yu sa kuk hæ?

Liang-tsu tong-tsoong yu ih-kuk hæ, kiau Ka-le-pe.

Vung-le lau je-nie na-nung?

Pōk-A-muk-le-ka niung, tah-ts U-loo-po niung ts'o-fæh-too; Næn-A-muk-le-ka mæh t'æ-pan-ten.

Pōk-A-muk-le-ka kien-fong yu kie-hau le?

Iāk-kwæ yu pah-ts'en san-pāk san-zæh-san man.

Niung-ting yu kie-hau?

Iāk-kwæ yu ng-ts'en ng-pāk man.

Yu sa-kuk san?

Se-han yu Ka-le-fōk-nie-san, Lōk-kie-san, toong-han yu A-le-an-nie-san.

Yu sa-kuk 'oo?

Toong-pōk yu Lau-ling-sok 'oo, næn-han yu Mih-z-sih -pih-'oo, pōk-han yu Mo-kung-sue-'oo, z tung-doo kuk; wan-yu too-hau doo-'oo.

Woo mæh kiau sa?

Kiau Soo-pæ-liāk woo, Me-dze-ön -woo. Hiu -lung-woo, Uk-le-woo, ÖN-dah-lāk-woo, Da-yoong-woo, Noo-woo, Ve-nie-pah-woo, Nie-ka-la-kwo-woo, zæ-z man-doo kuk.

Yu sa-kuk ng-kiung?

Ng-kiung zæ yu kuk; wan-yu Niōk lau, S-kiung lau, Mæ lau, Yen, t'ōk too tuk-juk kuk.

T'oo-ts'an sa-mæh-z too?

Ts'æh Ng-kōk lau, Men-hwo lau. Kæn-tso lau Koo-ts, too-hau Mōk-liau lau, Yāk-liau.

Yu sa-kuk ya-su?

Yu Lau-hoo lau, Za Long lau, Yoong lau, Lōk lau, Ling-yang lau, S-t'ah lau, 'U lau, Hwæ-sū lau, Tiau lau, wan-yu bih yang kuk Ya-su lau, Tsoong-sang lau, hau lau doo-kuk Tiau-mau.

Yu sa-kuk kōk?

Kiau Hwo-je-kōk, lung-kiih-le-kōk. Len-kōk, Ngoo-loo-s, Muk-se-koo, Kwo-de-mo-la.

Hwo-Je Kōk.

Hwo-je-kōk kie-z e'e-du kuk?

Z Ya-Soo kong-s ih-ts'en ts'ih-pāk ts'ih-zæh-s nien. Zen-du z lung-kiih-le niung kwæn-la-kuk, 'u-su fan-ts lau z-ka lih-kōk kuk.

S-men kuk kiang-ka tau sa-'oo-dong?

Toong tau Doo-se-yang. Næn tau Muk-se-koo lau Muk-se-koo hæ. Se tau T'a-bing-yang. Pōk tau lung-kiih-le kuk zōk-kōk.

Kien-fong yu kie-hau le?

Iāk-kwæ yu san-ts'en pah-pāk kiu-sæh man fong-le.

Niung-ting yu kie-hau?

Iāk-kwæ yu nie-ts'en ng-pāk man.

Yung-s na-nung kuk?

Se-men yu kau-kuk san, doo-kuk bing-de; pōk-han yu kie-kuk doo-woo, wan-yu ih-diau ting-dzang-kuk 'oo.

Yu sa-kuk san?

Kiau Ka-le-fōk-nie-san, Lok-kie-san, A-le-an-nie-san.

Yu sa-kuk 'oo?

Kiau Mih-z-sih-pih-'oo, z de-men-long ting-dzang kuk; wan-yu bih-yang kuk doo-'oo.

Woo mæh kiau sa?

Kiau Soo-pæ-liāk woo, Me-dze-ön-woo, Hiu-lung-woo, Uk-le-woo, Ön-dah-lāk-woo; wan-yu too-hau woo.

T'en-c'e lau nie-t'oo na-nung kuk?

T'en-c'e mæh tah-ts Tsoong-kōk ts'o-fæh-too, nie-t'oo mæh tsong-kuk.

Yu sa-kuk ng-kiung?

Zæ too-kuk, Ŵan-yu S-niung lau, Yen lau, Mæ, 'a too-kuk.

T'oo-ts'an sa-mæh-z too?

Ts'æh Ng-kōk lau, Mōk-liau lau, Yāk-liau lau, Koo-ts lau, EN-yih lau, Kæn-tso; Men-hwo mæh tsuæ-too.

Vung-le na-nung kuk?

Z dzoong dōk-sū kuk, fæh-suk-z kuk niung sau-kuk.

Kōk-tsung na-nung kuk?

Ih-tsoong fung san-zæh-nie sang, fæh lih sa Ŵong-te, pāk-sing koong-kiue kuk kwæn-foo læ kwæn-z kuk.

Kiung-zung kiau sa?

Kiau Ŵo-zung-tung; kōk-tsū mæh s nien ih-dzung kuk, pāk-sing hwæn-hie mæh, k'au-e tsoo liang-dzung.

Ŵæ-sa-lau yu-ming-sang?

Iung-Ŵæ pāk-sing zæ suk-z. sang-e mæh doo, joong-niung mæh sau.

Iung-Kiih-Le.

A-muk-le-ka le kuk Iung-kiih-le, s-men kuk kiang-ka tau sa-'oo-dong?

'Toong tau Doo-se-yang. Næn tau Hwo-je-kōk. Se tau T'a-bing-yang lau Ngoo-loo-s. Pōk tau Pōk-ping-yang.

Kien-fong yu kie-hau le?

Iāk-kwæ yu nie-ts'en ts'ih-pāk pah-sæh man fong-le.

Niung-ting yu kie-hau?

Iāk-kwæ yu ih-pāk lōk-sæh man.

Yung-s na-nung kuk?

Se-han mah yu too-hau san, toong-han yu 'an-kuk woo, kok-ts'ū yu doo-kuk woo.

Yu sa-kuk 'oo?

Yu Lau-lung-sok-'oo, Mo-kung-sue-'oo.

Yu sa-kuk woo?

Yu man-doo kuk 'an woo kiau Huk-sung-hæ.

T'en-e'e na-nung?

Juk-lang kuk de-fong, niung fæh-hau dzū. næn-han mæh sau-w̆æ nöⁿ-niih-ten, yu niung dzū-la-hau.

Nie-t'oo na-nung?

Iung-w̆æ lang lau fæh-tsong kuk.

Ts'æh sa-mæh-z?

Ts'æh Doong lau, T'ih lau, Mæ lau. Zāk-kau lau, Ng-kōk lau. Mōk-lian; w̆an-yu too-hau hau-be kuk Ya-su.

Vung-le na-nung kuk?

Tah lung-klih-le ih-yang kuk.

Kōk-tsung na-nung kuk?

Fung ts'ih-sang, t'ōk-z Iung-kiih-le ts'a kwæn kwæn-la-kuk.

Sa-kuk zung mæh tsnæ iau-kiung?

Kiau Kwæ-pe-lau Mung-tih-le-au.

Len-Kōk.

Ye kiau Koo-Le-Lan.

Koo-le-lan s-men kuk kiang-ka tau

sa-'oo-dong?

T'oong-pōk tau Doo-se-vang. Se-næn tau Po-fung-hæ lau Da-pe-hæ. Pōk tau Pōk-ping-yang, z Len-kōk nung kwæn-la-kuk.

Kien-fong yu kie-hau le?

Len ih-kuk tau-ts, iāk-kwæ yu lōk-pāk man fong-le.

Niung-ting yu kie-hau?

Iāk-kwæ yu ng-man ts'ih-ts'en.

T'en-c'e na-nung?

T'en-c'e mæh juk-lang, kuk-lau niung-ting sau.

Nie-t'oo na-nung?

Fæh-tsong kuk.

Ts'æh sa-mæh-z

Ts'æh Ng lau hau-be kuk Ya-su.

Pāk-sing c'uk sa-mæh-z?

C'uk ng lau ya-su.

Ngoo-Loo-S .

A-muk-le-ka le kuk Ngoo-loo-s. s-men kuk kiang-ka tau sa-'oo-dong.

Toong tau lung-kiih-le. Se-næn tau T'a-bing-yang. Pōk tau Pōk-ping-yang.

Kien-fong yu kie-hau le?

Iāk-kwæ yu lōk-pāk man fong-le.

Niung-ting yu kie-hau?

Iāk-kwæ yu lōk-man.

T'en-c'e lau nie-t'oo na-nung?

T'en-c'e mæh juk-lang, nie-t'oo mæh fæh-sang-sa kuk.

Ts'æh sa-mæh-z?

Ts'æh Ng lau hau-be kuk Ya-su niung mæh tan de-tsoong mæh-z læ tsoo-sang-e kuk.

Muk-Se-Koo.

Muk-se-koo s-men kuk kiang-ka tau sa-'oo-dong?

Toong tau Muk-se-koo hæ. Toongkæn tau Kwo-de-mo-la. Se tau T'a-bing-yang. Se-pōk tau Hwo-je-kōk.

Kien-fong yu kie-hau le?

Iāk-kwæ yu pah-pāk kiu-sæh man.

Niung-ting yu kie-hau?

Iāk-kwæ yu ts'ih-pāk man.

Yung-s na-nung kuk?

Yu too-hau san lau hoo-san, s mæh fæh-too kuk.

T'en-c'e lau nie-t'oo na-nung?

Hæ-pen-du mæh ok-nilh, bih-ts'ū mæh wung-'oe-kuk; nie-t'oo mæh fæh-tsong kuk.

Yu sa-kuk ng-kiung?

Zæ-yu kuk, Niung-ts lau, S-niung mæh tsuæ-too; wan-yu Pau-zāk.

T'oo-ts'an sa-mæh-z too?

Ts'æh Ng-kōk lau, Men-hwo lau, Kæn-tso lau, Tsung-tsū-me lau, Mōk-liau lau. Yāk-liau lau, Hiang-liau lau, kok-yang Ngan-liau.

Vung-le na-nung kuk?

Fæh-dzoong dōk-sū kuk.

Kōk-tsung na-nung kuk?

Tah Hwo-je ts'o-fæh-too, zen-du z Se-pan-ia kwæn-la-kuk, u-su a z-ka lih-ts kōk.

Kiung-zung kiau sa?

Ziu kiau Muk-se-koo, z man-ts'ue kuk zung.

Kwo-De-Mo-La.

Kwo-de-mo-la s-men kuk kiang-ka tau sa-'oo-dong?

Toong tau Ka-le-pe-hæ. Se-næn tau T'a-bing-yang. Pōk tau Muk-se-koo lau Muk-se-koo hæ.

Kien-fong yu kie-hau le?

Iāk-kwæ yu nie-pāk ng-sæh man fong-le.

Niung-ting yu kie-hau?

Iāk-kwæ yu nie-pāk too man.

Yung-s na-nung kuk?

De-yung mæh 'ah-dzang, ye-yu san

lau hoo-san, s mæh sau-kuk.

T'en-c'e na-nung kuk?

Tah Muk-se-koo ts'o-fæh-too.

Ts'æh sa-mæh-z?

Ts'æh Kiung-ts lau, Niung-ts; Tsung-tsū lau, Ngan-liau lau, Hiang-liau; wăn-yu hau-k'öu kuk Mōk-liau.

Vung-le na-nung kuk?

Fæh-dzoong dōk-sū kuk.

Kōk-tsung na-nung kuk?

Tah Muk-se-koo ih-yang kuk.

Kiung-zung kiau sa?

'A kiau Kwo-de-mo-la.

Se-Iung-Doo Juen-Tau.

Se-iung-doo le too-hau tau-ts la 'a le?

Læh-la næn pōk liang-kuk A-muk-le-ka kuk tong-tsoong, Ka-pe-le hæ le.

Kien-fong yu kie-hau le?

Loong-tsoong iāk-kwæ yu ih-pāk man

fong-le.

Niung-ting yu kie-hau?

Iāk-kwæ san-pāk ng-sæh man.

Tau-ts vu kie-kuk?

S-kuk doo-kuk; kiau Koo-po, Poo-tuk-le, zæ-z Se-pan-ia kwæn-kuk, Ia-ma-ka z lung-kiih-le kwæn-kuk; Hæ-tih, z z-ka lih-kōk kuk; w̆an-yu too-hau siau-kuk tau-ts.

T'en-c'e lau nie-t'oo na-nung kuk?

T'en-c'e mæh juk-niih, nie-t'oo mæh ting-tsong kuk

Ng-kiung lau tsoong-sang mæh na-nung kuk?

Ng-kiung mæh fæh-sau, tsoong-sang mæh sau-kuk.

T'oo-ts'au sa-mæh-z too?

Ts'æh Tsung-tsū-me lau, Men-hwo lau, K'a-fe lau, E^N-yih lau, 'Oo-tsiau; w̆an-yu too-hau hau-kuk Koo-ts, Kæn-tso mæh ting

NÆN-A-MUK-LE-KA.

Næn-A-muk-le-ka kien-fong yu kie-hau le?

Iāk-kwæ yu ts'ih-ts'en nie-pāk-nian man fong-le.

Niung-ting yu kie-hau?

Iāk-kwæ yu me-ts'en man.

Yu su-kuk san?

Pōk-han mæh yu Po-le-me-sān; se-han yu ÖN-tih-s-san; toong-han yu Po-se-san.

Yu sa-kuk 'oo?

Pōk-han mæh yu Mo-aah-luk-na-'oo lau A-luk-nok-koo-'oo; wăn-yu A-mo-sung-'oo mæh, z s-ka-long ting-doo kuk 'oo; toong-nan mæh yu Fong-tse-kōk-'oo; hæn-han mæh yu La-pæh-la-t'a-'oo; wăn-yu mæh kiau Teo-kön-ding-'oo.

Woo mæh kiau sa?

Kiau Te-te-ka-woo, Mo-la-kæ-poo-woo.

Yu sa-kuk ng-kiung?

Ng-kiung zæ-yu, Kiung-ts lau Niung-ts mæh tsuæ-too; w̆an-yu Kiung-kong-tsuæn.

T'oo-ts'an sa-mæh-z too?

Ts'æh Ng-kōk lau, Men-hwo lau, Tsung-tsū-me lau, Kæn-tso lau, E^N-yih lau, Den-ts'ing lau, K'a-fe lau, Mōk-liau lau, Yāk-liau lau, Hiang-liau lau, Niu-he.

Yu sa-kuk ya-su lau tiau-niau?

Yu S-ts lau, Pau lau, w̆an-yu siau-kuk Ya-su, too-hau man-doo lau man-ts'ue kuk Tiau, ting-dzang kuk Dōk-zo.

Yu sa-kuk kōk?

Kiau Sing-ka-la-na-da-kōk, Uk-kwo-too-kōk, Wæn-næ-dzuæ-la-kōk, Ha-a-na-kōk, Po-se-kōk, Pe-loo-kok, Poo-le-te-kōk, Po-la-kwa-kōk, Oo-la-kwæ-kōk,

La-po-la-t'a-kōk, Ts-le-kōk, Po-t'a-ngoo-nie-kōk.

Sing-Ka-La-Na-Da.

Sing-ka-la-na-da-kōk s-men kuk kiang-ka tau sa-'oo-dong?

Toong tau Wæ-næ-dzuæ-la. Næn tau Uk-kwo-too. Se tau T'a-bing-yang. Pōk tau Ka-le-pe-hæ.

Kien-fong-yu kie-hau le?

Iāk-kwæ yu s-pāk nian-nie man fong le.

Niung-ting yu kie-hau?

Iāk-kwæ yu ih-pāk ts'ih-sæh man.

Yung-s na-nung kuk?

Yu too-hau san lau hoo-san, pih-koo toong-han mæh z bing-de.

Yu sa-kuk san?

Kiau ŌN-tih-s-san.

Yu sa-kuk 'oo?

Kiau Mo-dah-luk-na-'oo, tah-ts bih-kuk doo-'oo.

T'en-c'e na-nung?

Hæ-pen-du mæh tsuæ-niih, le-hiang mæh wung-'oo kuk.

Nie-t'oo na-nung?

Z fah-tsong-kuk.

Yu sa-kuk ng-kiung?

Ng-kiung zæ-yu kuk; Wan-yu Tsung-tsū lau, pau-pæ kuk Zăk-du.

T'oo-ts'an sa-mæh-z too?

Ts'æh K'a-fe lau, Kæn-tso lau, Dong lau, Den-ts'ng lau, EN-yih lau, Tsung-tsū-me lau, Koo-ts lau, Niu-be.

Vung-le na-nung kuk?

Fæh-dzoong dŏk-sū kuk.

Kŏk-tsung na-nung kuk

Kŏk-tsū lau kwæn-foo, z păk-sing koong-kiue kuk.

Kiung-zung kiau sa?

Kiau Poo-koo-da, z zau-la kau-kuk san-ting-long kuk.

Uk-Kwo-Too.

Uk-kwo-too s-men kuk kiang-ka tau sa-'oo-dong?

Toong tau Po-se. Næn tau Pe-loo. Se tau T'a-bing-yang. Pōk tau Sing-ka-la-na-da.

Kien-fong yu kie-hau le?

Iāk-kwæ yu sau-pāk ng-so-ng man fong-le.

Niung-ting yu kie-hau?

Iāk-kwæ yu lōk-sæh man.

Yung-s na-nung kuk?

Se-han mæh yu too-hau san lau hoo-san, bih-ts'ū mæh zæ-z bing-de lau zū-ling.

Yu sa-kuk san?

Kiau ŎN-tih-s-san.

T'en-c'e lau nie-t'oo na-nung?

T'en-c'e mæh wung-'oo, nie-t'oo mæh tsong-kuk.

T'oo-ts'an sa-mæh-z too?

Ts'æh Ng-kiung lau, Yen lau, Mæ lau, K'a-fe lau, Kæn-tso lau, Tsung-tsū-me lau, Dong lau, Koo-ts lau, Mōk-liau lau, Yāk-liau lau, Den-ts'ing lau, Niu-be.

Vung-le na-nung kuk?

Fæh-dzoong dōk-sū kuk

Kōk-tsung na-nung kuk?

Tah Sing-ka-la-na-da ts'o-fæh-too kuk.

Kiung-zung kiau sa?

Kiau Kie-too.

Wæ-Næ-Dzuæ-La

Wæ-næ-dzuæ-la s-men kuk kiang-ka tau sa-'oo-dong?

Toeng tau Hwa-a-na. Næn tau Po-se. Se tau Sing-ka-la-na-da. Pōk tau Ka-le-pe-hæ.

Kien-fong yu kie-hau le?

Iāk-kwæ s-pāk s-so-ng man fong-le.

Nnung-ting yu kie-hau?

Iāk-kwæ yu kiu-sæh man.

Yung-s na-nung kuk?

Yu san lau, hwong-ka-ya lau,'oo lau woo kuk.

Yu sa-kuk 'oo?

Yu A-luk-nok-koo-'oo.

Yu sa-kuk woo?

Yu Mo-la-kæ-poo-woo.

T'en-c'e na-nung?

Wung-'oo kuk.

Nie-t'oo na-nung?

Tsong-kuk.

T'oo-ts'an sa-mæh-z too?

Ts'æh Ng-kiung lau, Men-hwo lau, Mōk-liau lau, Yāk-liau lau, Kau lau, Den-ts'ing lau, Dong lau, wan-yu tsoong-sang lau, ting-hioong kuk Zo

Vung-le na-nung?

Fæh-dzoong dōk-sū kuk.

Kōk-tsung na-nung kuk?

Tah Uk-kwo-too ih-yang.

Kiung-zung kiau sa?

Kiau Ka-la-ka.

Hwa-A-Na.

Hwa-a-na s-meu kuk kiang-ka tau sa-'oo-dong?

Toong-næn tau Po-se. Se tau Wæ-næ-dzuæ-la. Pōk tau Doo-se-yang.

Kien-fong yu kie-hau le?

Iāk-kwæ yu zæh-ts'ih man fong-le.

Niung-ting yu kie-hau?

Iāk-kwæ yu niau man.

Yung-s na-nung kuk?

T'ōk-z bing-de lau te-sæh kuk, tsu-tsæn mæh yu doo-'oo lau zū-ling, pih-koo næn-hau mæh yu sau kuk.

T'en-c'e lau nie-t'oo na-nung?

T'en-c'e mæh ok-niih, nie-t'oo mæh tsong-kuk.

T'oo-ts'au sa-mæh-z too?

Ts'æh Bāk-dong lau, K'a-fe lau, Men hwo lau, Hiang-liau lau, Du-k'u lau, 'Oo-tsiau lau, Yāk-liau lau, Mōk-liau lau, EN-yih.

Vung-le na-nung kuk?

Fæh-dzoong dōk-sū kuk

Kōk-tsung na-nung kuk?

Fung san-kw'æ; ih-kw'æ zōk Iung-kiih-le, ih-kw'æ zōk Fah-lan-se, ih-kw'æ zōk 'Oo-lan.

Po - Se.

Po-se-kōk s-men kuk kiang-ka tau sa-'oo-dong?

Toong tau Doo-se-yang. Se tau Sing-ka-la-na-da lau, Pe-loo lau, Poo-le-fe lau, Oo-la-kwæ. Pōk tau Doo-se-yang lau Hwa-a-na.

Kien-fong yu kie-hau le?

Iāk-kwæ yu san-ts'en man fong-le.

Niung-ting yu kie-hau?

Iāk-kwæ yu ts'ih-pāk man.

Yung-s na-nung kuk?

Toong-han næn-han mæh vu too-hau san, se-han pōk-han mæh de-yung te-sæh kuk, ŵan-yu tsuæ-doo lau iau-kiung kuk 'oo.

Yu sa-kuk san?

Kiau Po-se-san.

Yu sa-kuk 'oo?

Kiau A-mo-sung-'oo, Too-kön-ding-'oo, Fong-tse-kok-'oo.

T'en-c'e lau nie-t'oo na-nung?

Næn-han mæh wung-'oo, pōk-han te-sæh kuk 'oo-dong mæh juk-niih; nie-t'oo mæh tsong-kuk.

Ts'æh sa-mæh-z?

Ts'æh Kiung-ts lau, T'ih lau, Pau-zāk lau, Kiung-kong-tsuæn lau, Men-hwo lau, EN-yih lau, Hiang-liau lau, Mōk-liau lau, Be lau, Kau lau, Ts'ih lau, Den-ts'ing lau, Yen lau, Yāk-liau.

Vung-le na-nung kuk?

Fæh-dzoong dōk-sū kuk.

Kōk-tsung na-nung kuk?

Kōk-wong iau tah pāk-sing koong-kiue la kuk kwæn-foo song-liang kuk. Kiung-zung mæh kiau Læ-iāk-jih-næ-loo.

Pe-Loo.

Pe-loo-kōk s-men kuk kiang-ka tau sa-'oo-dong?

Toeng tau Po-se lau Poo-le-fe. Se-næn tau T'a-bing-yang. Pōk tau Uk-kwo-too.

Kien-fong yu kie-hau le?

Iāk-kwæ yu ng-pāk ng-zæh-lōk man fong-le.

Nung-ting yu kie-hau?

Iāk-kwæ yu ih-pāk ts'ih-sæh man.

Yung-s na-nung kuk?

Yu sau lau 'oo lau bing-de.

T'en-c'e na-nung kuk?

Hæ-pen-du mæh sau-niih, bih-kw'æ

mæh wung-'oo kuk.

Nie-t'oo na-nung?

Tsong-kuk too lau fæh-tsong kuk sau.

Yu sa-kuk ng-kiung?

Yu Kiung-ts lau Niung-ts, S-niung mæh tsuæ too.

T'oo-ts'an sa-mæh-z too?

Ts'æh Men-hwo lau, Oo-tsiau lau, Yāk-liau lau, Dong lau, Ngan-liau lau, Kau.

Vung-le na-nung?

Fæh-dzoong dōk-sū kuk.

Kōk-tsung na-nung kuk?

Kōk-tsū 'a-z pāk-sing koong-kiue kuk.

Kiung-zung kiau sa?

Kiau Le-mo.

Poo-Le-Fe.

Poo-le-fe s-men kuk kiang-ka tau sa-'oo-dong?

Toong-pōk tau Po-se. Næn tau La.

po-la-t'a. Se tau Pe-loo lau T'a-bing-yang.

Kien-fong yu kie-hau le?

Iāk-kwæ yu ng-pāk man fong-le.

Niung-ting yu kie-hau?

Iāk-kwæ yu ih-pāk man.

Yung-s na-nung kuk?

Yu san lau, hoo-san lau, so-de; wan-yu ta-diau 'oo.

T'en-c'e lau me-t'oo na-nung?

T'en-c'e mæh kön-sau, nie-t'oo mæh tsong-kuk.

Yu sa-kuk ng-kiung?

Ng-kiung zæ-yu, pih-koo Niung-ts mæh tsuæ-too.

T'oo-ts'an sa-mæh-z too?

Ts'æh Niu-be lau, 'Oo-tsiau lau Dong lau, Yāk-liau lau, Kau lau, Hiang-liau lau Ngan-liau.

Vung-le na-nung kuk?

Fæh-dzoong dōk-sū kuk.

Kōk-tsung na-nung kuk?

Kōk-tsū 'a-z pāk-sing koong-kiue kuk.

Kiung-zung kiau sa?

Kiau Tsū-kie-so-kia

Po-La-Kwæ.

Po-la-kwæ s-men kuk kiang-ka tau sa-'oo-dong?

Toong-pōk tau Po-se. Se-næn tau La-po-la-t'a.

Kien-fong yu kie-hau le?

Iāk-kwæ yu ih-pāk nian man fong-le.

Niung-ting yu kie-hau?

Iāk-kwæ yu san-sæh man.

Yung-s na-nung kuk?

Zæ-z bing-de.

T'en-c'e lau nie-t'oo na-nung?

T'en-c'e mæh wung-'oo; nie-t'oo mæh tsong-kuk.

T'oo-ts'an sa-mæh-z too?

Ts'æh Ng-kōk lau, Koo-ts lau, Men-hwo lau, Den-ts'ing lau, EN-yih lau, Mih lau, Lah lau, Dzo-yih lau, Niu-be.

Vung-le na-nung?

Fæh-dzoong dōk-sū kuk.

Kōk-tsung na-nung kuk?

Kōk-tsū 'a-z pāk-sing koong-kiue kuk.

Kiung-zung kiau sa.

Kiau A-soong-song.

Oo-La-Kwæ.

Oo-la-kwæ s-men kuk kiang-ka tau sa-'oo-dong?

Toong-næn tau Doo-se-yang. Se tau La-po-la-t'a. Pōk tau Po-se.

Kien-fong yu kie-hau le?

Iāk-kwæ yu ih-pāk man man fong-le.

Niung-ting yu kie-hau?

Iāk-kwæ so-ng man.

Yung-s na-nung kuk?

Yu bing-de lau san lau 'oo.

T'en-c'e lau nie-t'oo na-nung?

T'en-c'e mæh wung-'oo, nie-t'oo mæh tsong-kuk.

T'oo-ts'an sa-mæh-z too?

Ts'æh Niu-be lau, Niu-yu; wan-yu too-hau Mŏk-liau lau Tsoong-sang.

Yung-le na-nung?

Fæh-dzoong dŏk-sū kuk.

Kŏk-tsung na-nung kuk?

Kŏk-tsū 'a-z pāk-sing koong-kiue kuk.

Kiung-zung kiau sa?

Kiau Moong-tuk-ve-tih.

La-Po-La-T'a.

La-po-la-t'a s-men kuk kiang-ka tau sa-'oo-dong?

Toong tau Po-la-kwæ lau, Oo-la-kwæ lau Doo-se-yang. Næn tau Po-t'a-ngoo-nie, Se tau Ts-le Pŏk tau Poo-le-fe

Kien-fong yu kie-hau le?

Iāk-kwæ ih-ts'en man fong-le.

Niung-ting yu kie-hau?

Iāk-kwæ ih-pāk man.

Yung-s na-nung kuk?

Yu bing-de lau san lau 'oo.

Yu sa-kuk 'oo?

Yu La-po-la-t'a-'oo.

T'en-c'e na-nung kuk?

Wung-'oo kuk.

Nie-t'oo na-nung kuk?

Tsong-kuk.

Ts'æh sa-mæh-z?

Ts'æh Kiung-ts lau, Ng-kōk lau, Koo-ts lau, Niu-kok lau. Niu-yu; ŵan-yu too-hau Tsoong-sang.

Vung-le na-nung kuk?

Fæh-dzoong dōk-sū kuk.

Kōk-tsung na-nung kuk?

Kōk-tsū 'a-z pāk-sing koong-kiue

kuk.

Kiung-zung kiau sa?

Kiau Pæh-nie-suk-le.

Ts-Le Kōk.

Ts-le-kōk s-men kuk kiang-ka tau sa-'oo-dong?

Toong tau La-po-la-t'a. Se-næn tau T'a-bing-yang. Pōk tau Poo-le-fe.

Kien-fong yu kie-hau le?

Iāk-kwæ yu ih-pāk kiu-sæh man fong-le.

Niung-ting yu kie-hau?

Iāk-kwæ yu ih-pāk ng-sæh man.

Yung-s na-nung kuk?

Toong-pan-ban yu kau-kuk san, s mæh fæh-too kuk.

T'en-c'e lau nie-t'oo na-nung?

T'en-c'e mæh wung-'oo, nie-t'oo mæh tsong-kuk.

Yu sa ng-kiung?

Yu Kiung-ts lau, Niung-ts lau, Doong lau, Pau-zāk.

T'oo-ts'an sa-mæh-z too?

Ts'æh Ng-kōk lau, Mo lau, Men lau, Niu-be lau, Niu-yu; Wan-yu too-hau Tsoong-sang.

Vung-le na-nung kuk?

Fæh-dzoong dōk-sū kuk.

Kōk-tsung na-nung kuk?

Kōk-tsū 'a-z pāk-sing koong-kiue kuk.

Kiung-zung kiau sa?

Kiau San-tih-ia-k'oo.

Po-T'a-Ngoo-Nie.

Po-t'a-ngoo-nie s-men kuk kiang-ka tau sa-'oo-dong?

Toong, Næn, Se, zæ-z hæ. Pōk tau La-po-la-t'a.

Kien-fong yu kie-hau le?

Iāk-kwæ yu s-pāk man fong-le.

Niung-mæh na-nung?

T'ōk-z t'oo-fan, pih-koo tsok-ng lau tang-ya-su læ wæh-ming kuk.

Yung-s na-nung?

Yu bing-de lau, san lau hoo-san.

T'en-c'e lau nie-t'oo na-nung?

T'en-c'e mæh juk-lang, nie-t'oo mæh fæh tsong-kuk.

Da-Yang-Juen-Tau.

T'a-bing-yang le too-hau tau-ts la 'a-le?

La A-se-a kuk toong-nœn, A-muk-le-ka kuk se-han.

Loong-tsoong kien-fong yu kie-hau le?

Iāk-kwæ yu ng-ts'en man fong-le.

Niung-ting yu kie-hau?

Iāk-kwæ yu nie-ts'en man.

Yung-s na-nung kuk?

Kōⁿ-kōⁿ tau-ts zæ-yu saⁿ.

Juen-tau fung kie-kuk?

Fung saⁿ-kuk, kiau A-se-a juen-tau, Au-da-le-a juen-tau, Næn-yang juen-tau.

A-Se-A Juen-Tau.

A-se-a juen-tau kiau sa?

Kiau Le-soong, Se-le-pāk, Boo-loo-tsu, Kwo-wo. Soo-mung-tæh-lah.

Le-soong tau la 'a-le?

Z la Tsoong-kōk kuk toong-næⁿ.

Niung-ting yu kie-hau?

Iāk-kwæ yu lōk-pāk man.

T'en-c'e lau nie-t'oo na-nung?

T'en-c'e kwa-niih, nie-t'oo mæh tsong-kuk.

T'oo-ts'an sa-mæh-z too?

Ts'æh Kiung-ts lau, T'ih lau, K'an lau, S-niung lau. Tsū-so lau, Mo lau, Eⁿ-vih lau. Mōk-liau lau, Hiang-liau lau.

Lah lau, E^N- oo lau, Hæ-ts'æ.

Vung-le na-nung kuk?

Fæh dōk-sū kuk.

Kōk-tsung na-nung kuk?

Z Se-pan-la kwæn kuk.

Sang-zung kiau sa?

Kiau Mo-n la

Se-le-pāk-tau la 'a-le?

La Boo-loo-tsu kuk toong-han.

Nung-ting yu kie-hau?

Jāk-kwæ ih-pāk too man.

T'en-c'e lau nie-t'oo na-nung?

T'en-c'e juk-niih, nie-t'oo mæh tsong-kuk.

Ts'æh sa-mæh-z?

Ts'æh Kiung-ts lau, T'ih lau, Ng-kōk lau, Men-hwo lau, E^N-yih lau, Hiang-liau; wan-yu Lōk lau, Ya-ts-loo.

Vung-le na-nung?

Fæh dōk-sū kuk.

Kōk-tsung na-nung?

Z 'Oo-lan kwæn kuk.

Boo-loo-tsu-tau la 'a-le?

La Le-soong kuk se-næn.

Kien-fong yu kie-hau le?

Iāk-kwæ yu san-pāk man fong-le.

Niung-ting yu kie-hau?

Iāk-kwæ yu san-pāk man.

T'en-c'e lau nie-t'oo na-nung?

T'en-c'e juk-niih, nie-t'oo mæh tsong-kuk.

Ts'æh sa-mæn-z?

Ts'æh Kiung-ts lau, Kiung-kong-tsuæn lau, T'ih lau, Mæ lau, Mōk-liau lau, Yāk-liau lau, Hiang-liau; Wan-yu Ziang lau, Pau lau, Se-niu lau 'U.

Vung-le na-nung kuk?

Fæh dōk-sū kuk.

Kōk-tsung na-nung kuk?

Pāk-sing z dziu-tsang kwæn-la-kuk.

Soo-mung-tæh-lah la 'a-le?

La Moo-loo-niue kuk se-næn.

Kien-f'ong yu kie-hau le?
Iāk-kwæ ih-pāk s-sæh man fong-le.
Niung-ting yu kie-hau?
Iāk-kwæ nie-pāk man.
T'en-c'e lau nie-t'oo na-nung?
T'en-c'e juk-niih, nie-t'oo mæh tsong-kuk.
Ts'æh sa-mæh-z?
Tah Boo-loo-tsu ts'o-fæh-too.
Vung-le na-nung?
Fæh dōk-sū kuk.
Kōk-tsung na-nung?
Dziu-tsang kwæn kuk
Kwo-wo-tau mæh la 'a-le?
La Soo-mung-tæh-lah kuk toong-næn.
Kien-fong yu kie-hau le?
Iāk-kwæ lōk-sæh man fong-le.
Niung-ting yu kie-hau?
Iāk-kwæ lōk-pāk man.
T'en-c'e lau nie-t'oo na-nung?
Hæ-pen-du mæh juk-niih, tong-tsoong

mæh wung-'oo, nie-t'oo mæh tsong-kuk.

T'oo-ts'an sa-mæh-z too?

Ts'æh Ng-kōk lau, EN-'oo lau, Ping-dong lau, Ts'ing-dæ lau, 'Oo-tsiau; dōk-z K'a-fe mæh ting-yu mung-sang.

Vung-le na-nung?

Fæh dōk-sū kuk.

Kōk-tsung na-nung?

'Oo-lan-kōk kwæn-la-kuk.

Au-Da-Le-A Juen-Tau.

Au-da-le-a-tau mæh na-nung kuk?

Z t'en-te-'au ting-doo kuk tau-ts, la A-se-a kuk toong-næn.

Kien-fong yu kie-hau le?

Iāk-kwæ yu san-ts'en s-pāk man fong-le.

Niung-ting yu kie-hau?

Iāk-kwæ s-ts'en too man.

Yung-s na-nung kuk?

Hæ-pen-long yu san, tong-tsoong yu

too-hau so-de.

T'en-c'e na-nung?

Yu-ts'ū juk-niih, yu-ts'ū wung-'oo.

Nie-t'oo na-nung?

Tsong-kuk sau lau, fæh-tsong kuk too.

Ts'æh sa-mæh-z?

Ts'æh Ng-kiung lau, Hæ-sung lau, Mæ lau, Yang-mau; wan-yu too-hau Tsoong-sang.

Vung-le na-nung?

Hah-tuk lung-kiih-le ih-yang, t'oo-fan mæh fæh-suæn.

Kōk-tsung na-nung?

Z lung-kiih-le kuk zōk-kōk.

Van-de-man-lan-tau la 'a-le?

La Au-da-le-a kuk toong-næn.

Niung-ting yu kie-hau?

Iāk-kwæ lōk man.

T'en-c'e lau nie-t'oo na-nung?

T'en-c'e wung-'oo, nie-t'oo mæh tsong-kuk.

Ts'æh sa-mæh-z?
Ts'æh Ng-kōk lau Tsoong-sang.
Kōk-tsung na-nung?
Z Iung-kiih-le kuk zōk-kōk.
Sing-se-lan-tau la 'a-le?
La Van-de-man-lan kuk toong-næn.
Niung-ting yu kie-hau?
Iāk-kwæ zæh-san man.
T'en-c'e lau nie-t'oo na-nung?
T'en-c'e wung-'oo, nie-t'oo mæh tsong-kuk.
Ts'æh sa-mæh-z?
Ts'æh Mæ lau, Mo Iau, Mōk-liau.
Kōk-tsung na-nung?
Z Iung-kiih-le kuk zōk-kōk.
Po-poo-a-tau la 'a-le?
La Au-da-le-a kuk pōk-han.
Kien-fong yu kie-hau le?
Iāk-kwæ yu nie-pāk san-sæh man fong-le.
Niung mæh na-nung kuk?

Z-kuk t'oo-fan.

Ts'æh sa-mæh-z?

Ts'æh Hiang-liau lau ts'ue-kuk Tiau.

Næn-Hæ Juen-Tau.

Næn-hæ juen-tau la 'a-le?

La T'a-bing-yang kuk næn-han, Au-da-le-a kuk toong-han, A-muk-le-ka kuk se-han, ve-kiau Pæh-le-nie-se, z kie-pāk siau tau-ts kuk tsoong-ming.

地理志问答（上海土白）

博美龄（Mary A. Posey）著

美华书馆
上海
1896年

导读

Introduction

盛益民

《地理志问答》是一本地理问答体教材，由美国基督教长老会传教士博美龄（Mary A. Posey）编著，64 页，版高 28 厘米。上海美华书馆 1896 年出版。该书只在序言中有署名“博马利亚”，不过封面有钢笔写的“*Geography*，Shanghai Colloquial，Mary a. Posey”字样，帮助锁定作者。

“博美龄”这一汉名，我们是根据黄光域先生的《近代中国专名翻译词典》(四川人民出版社，2001）而定。根据《教务杂志》，博小姐 1888 年来到中国上海，1904 年与甘路德（Joshua Crowe Garritt，1865—1945）一家一道回美国休假，之后又回到上海。从序中提到清心书院可知，其一直在南门外的清心书院从事教育工作。除此而外，我们对其所知甚少。

博美龄在序言中对写作目的及成书过程写得很清楚：“余在上海已阅多年，苦无此书以教小学，深冀上海口音会，印成善本，以训蒙童，惟无人肯当此任，是以不揣鄙陋，欲任此事。继见山东有《地理问答》一书，倩人译成土语，惟太觉简略，故将上海蓝柏先生所著之《地理问答》，及福州之《地理问答》、京都之《地理初阶》等书，摘其要意，收集成书，又从英文新辑地理志书中所新定之里数疆界，以作定本，并用精细画图发明。……愿在上海之人，喜用此书，以教其小子。”博美龄在清心书院教书，《地理志问答》大概是其使用的教材。

全书共 10 章，117 课，通篇采用问答形式。作者“初意原思地图与白文一并印入，奈一时镌刻不及”，所以没有放入地图，“特用京都《地理初阶》所有从日本印就之图增入”，倒是成就了该书附有精美的图片的一大特点。由于本书多参考日本的《地理初阶》，作者在序中也提到“书中所用地名，俱从其名以名之”，所以书中将“半岛、海湾”翻译成“土股、海股”，应当是受到了日语的影响。

本丛书的影印底本根据澳大利亚国立图书馆伦敦会特藏（Bo Maliya，National Library of Australia，nla.obj-46269474），感谢澳大利亚国立图书馆中文部郑冰女士帮助提供高清版的《地理志问答》封面。由于《地理志问答》近年来才为学界所知，又未见各种书目记载，关于该书的研究至今尚未展开。希望本次影印出版，能推动相关的研究。

2020 年 12 月 20 日

耶穌降世一千八百九十六年

美國 博馬利亞著

地理志問答

大清光緒二十二年歲次丙申

上海美華書館擺

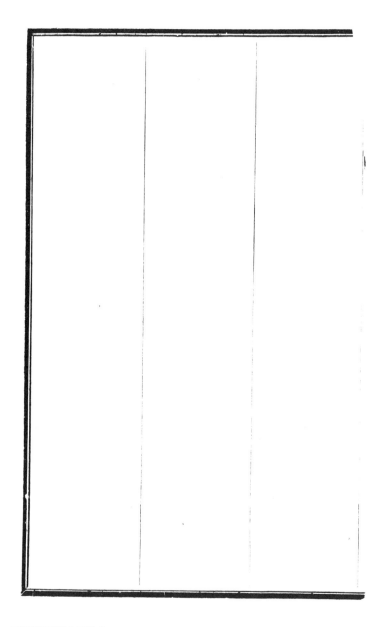

地理志問答序

余在上海已閱多年、苦無此書以教小學、深冀上海口音會、印成善本、以訓蒙童、惟無人肯當此任、是以不揣鄙陋、欲任此事、繼見山東有地理問答一書、倩人譯成土語、惟太覺簡畧、故將上海藍栢先生所著之地理問答、及福州之地理問答、京都之地理初階等書、摘其要意、斜集成書、又從英文新輯地理志書中所新定之里數疆界、以作定本、并用精細畫圖發明、余於此書、不憚工夫之多、欲期精益求精、初意原思地圖與白文一併印入、奈一時鐫刻不及、故商之於友人、特用京都地理初階所有從日本印就之圖、增入是以書中所用地名、俱從其名以名之、願在上海之人、喜用此書、以教其小子、惟是書係屬初作、自知不甚完全、深望有完全者出、是爲余之所厚望焉、

耶穌降世一千八百九十五年

長老會博馬利亞序於滬南清心書院

序　一

第十九課○論疆界咾天氣
第二十課○論百姓出產屬地
第二十一課○論萬里長城
第二十二課○論中國个京城咾運糧河
第二十三課○論省
第二十四課○論直隸省
第二十五課○論山東省
第二十六課○論山西省
第二十七課○論河南省
第二十八課○論江蘇省
第二十九課○論安徽省
第三十課○論江西省
第三十一課○論浙江省
第三十二課○論福建省
第三十三課○論廣東省
第三十四課○論廣西省
第三十五課○論雲南省
第三十六課○論貴州省
第三十七課○論湖北省
第三十八課○論湖南省
第三十九課○論陝西省
第四十課○論甘肅省
第四十一課○論四川省
第四十二課○論滿洲
第四十三課○論蒙古
第四十四課○論伊犁
第四十五課○論青海
第四十六課○論西藏

地理志問答目錄 上海口音

第一章〇論地球

第一課〇論地球个形狀　第二課〇論地球運動
第三課〇論地圖　第四課〇論方向
第五課〇論度數　第六課〇論熱道
第七課〇論溫道　第八課〇論寒道
第九課〇論旱地　第十課〇論大洲
第十一課〇論鹹水　第十二課〇論淡水
第十三課〇論大洋

第二章〇論亞西亞

第十四課〇論亞西亞个疆界咾里數　第十五課〇論亞西亞裏个江河
第十六課〇論亞西亞裏个山咾海　第十七課〇論亞西亞个地勢天氣咾百姓
第十八課〇論國度咾疆界个樣式

第三章〇論中國

第七十課○論瑞典咾哪威
第七十一課○論和蘭咾比利時
第七十二課○論德意志咾稅貲
第七十三課○論奧斯馬加
第七十四課○論奧斯馬加東面个四小國

第六章○論亞非利加

第七十五課○論亞非利加个大勢
第七十六課○論亞非利加裏个百姓
第七十七課○論伊及
第七十八課○論阿比辛伊亞
第七十九課○論亞非利加東邊四國
第八十課○論瑪達嘎斯嘎島
第八十一課○論亞非利加南邊三國
第八十二課○論亞非利加西邊四國
第八十三課○論亞非利加西南邊三國
第八十四課○論撒哈拉沙漠
第八十五課○論亞非利加北邊三國

第七章○論北亞美利加

第八十六課○論北亞美利加个大勢
第八十七課○論北亞美利加洲个百姓
第八十八課○論英國个屬地
第八十九課○論美國
第九十課○論美國个形勢
第九十一課○論美國个百姓

第四章〇論亞西亞各國

第四十七課〇論高麗
第四十八課〇論日本咾琉球
第四十九課〇論西比利亞
第五十課〇論西域
第五十一課〇論波斯國
第五十二課〇論卓支亞咾土耳基
第五十三課〇論猶太國
第五十四課〇論亞拉伯
第五十五課〇論備魯支咾阿弗干
第五十六課〇論印度國
第五十七課〇論緬甸國
第五十八課〇論暹羅國
第五十九課〇論安南國

第五章〇論歐羅巴

第六十課〇論歐羅巴个大勢
第六十一課〇論歐羅巴裏个百姓
第六十二課〇論俄羅斯
第六十三課〇論土耳基咾希利尼
第六十四課〇論義大利
第六十五課〇論日斯巴尼亞
第六十六課〇論葡萄牙
第六十七課〇論法郎西
第六十八課〇論英國
第六十九課〇論丹國

第一百十二課○論高嘎西亞蒙古利亞兩族第一百十三課○論內革羅瑪雷印第安三族
第一百十四課○論行業　　　　　　　　第一百十五課○再論行業
第一百十六課○論國政　　　　　　　　第一百十七課○論教會

地理志問答目錄終

第九十二課○論美希哥
第九十三課○論中亞美利加咾阿拉施嘎
第九十四課○論西印度羣島

第八章○論南亞美利加

第九十五課○論南亞美利加个大勢
第九十六課○論南亞美利加个山咾河
第九十七課○論巴西
第九十八課○論基阿那
第九十九課○論南亞美利加西北邊三國
第一百課○論秘魯
第一百零一課○論玻利斐亞
第一百零二課○論支利國
第一百零三課○論阿狠第那
第一百零四課○論巴拉圭
第一百零五課○論南亞美利加南面兩國

第九章○論俄西亞尼嘎

第一百零六課○論俄西亞尼嘎个大勢
第一百零七課○論俄西亞尼嘎个百姓
第一百零八課○論瑪雷西亞
第一百零九課○再論瑪雷西亞
第一百一十課○論奧斯達拉西亞
第一百十一課○論波利尼西亞

第十章○總論

各種車

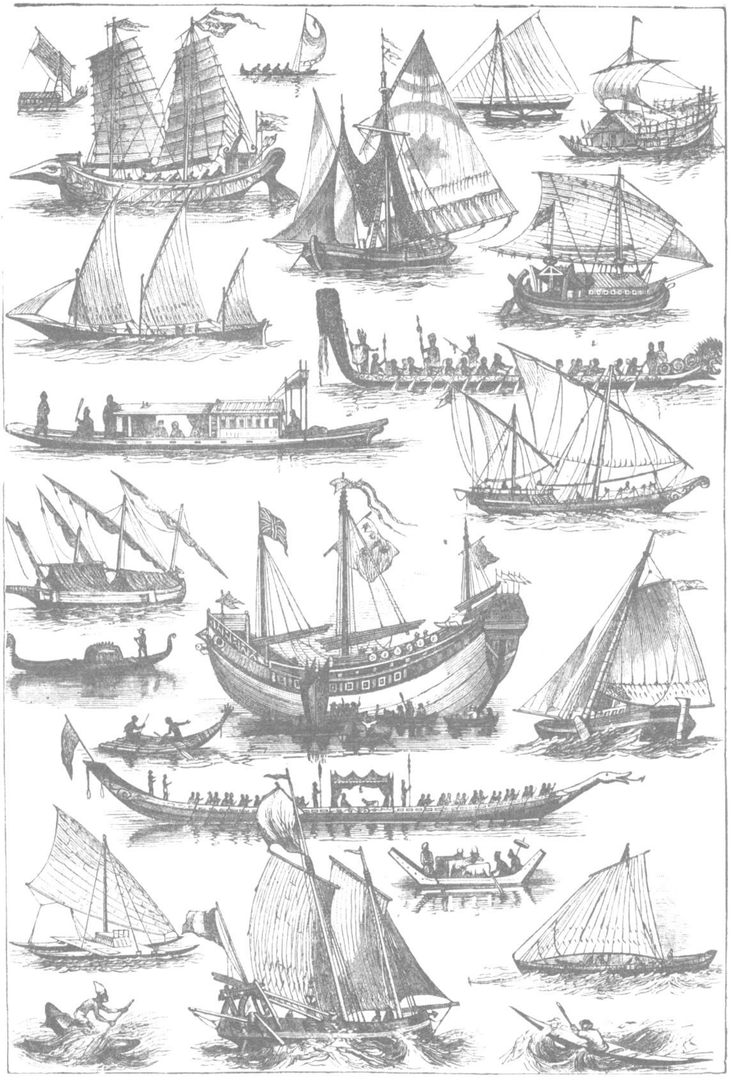

各種船

孔雀

猫頭鷹

琴鳥

鷹

鷹

駱駝

海馬

地球

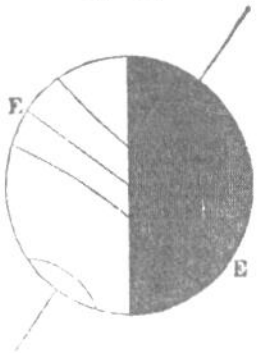

地球分五道

地球个緯線

開講地理

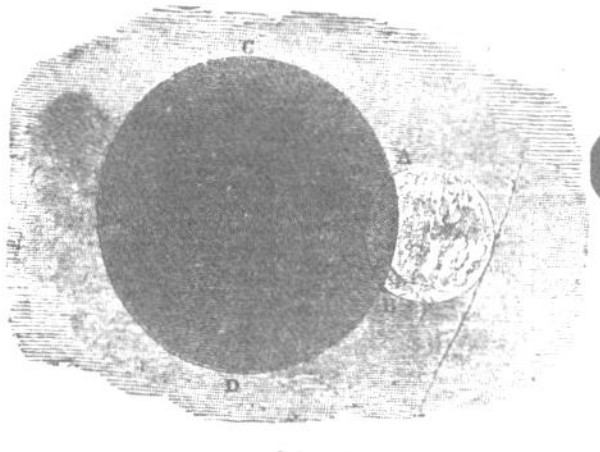

月蝕

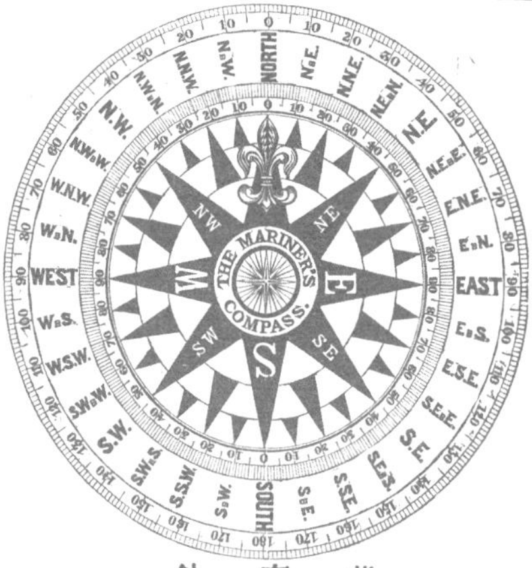

指南針

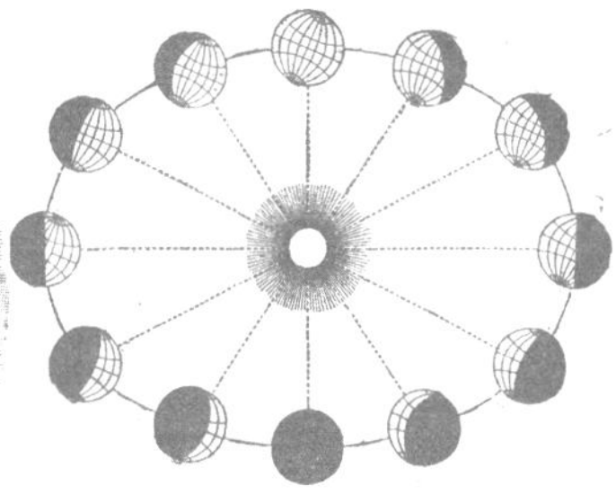

地球挽轉日頭成功四季

第二課　論地球運動、

問　地球有啥物事托住个否、　答　無沒、是掛拉空裏、像月亮一樣、

問　地球拉空裏動否、　答　動个、常庄拉從西朝東轉、

問　幾化工夫轉一回、　答　十二个時辰、就是一日一夜、

問　那能分日咾夜、　答　對日頭个一面、是日裏、勿對日頭个一面、是夜裏、

問　地球還有別樣動法否、　答　有兜轉日頭个動、

問　兜轉日頭要幾日、　答　三百六十五日零三个時辰、就是足一年、

第三課　論地圖、

問　啥个叫地圖、　答　就是畫出地球个外面、

問　地球那能分法、　答　分兩半、叫東半球咾西半球、

問　地圖上那能分東西南北、　答　右邊是東、左邊是西、下頭是南、上頭是北、

問　有啥个機器、可以定準四方、　答　指南針、

問　指南針用啥來做个、　答　是鋼、一頭朝南、一頭朝北、

問　指南針有啥个用頭、　答　無沒日頭个時候、可以看得出四方、

第一章　論地球、

第一課　論地球个形狀、

問　我伲世界上人全住拉啥上、　答　地球上、

問　考究地球个書呌啥、　答　地理志、

問　地球像啥、　答　像橘子能圓个、

問　地圓末有幾个憑據、　答　三个憑據、

問　第一个憑據是啥　答　有行船个人、一直朝前行、後首仍舊行到老地方、

問　第二个呢、　答　看遠地方來个船、先見檣子个稍、以後越近末越高難末看見船个全身、

問　第三个呢、　答　月蝕實在撥地球个影遮沒月面、看到月面个黑影是圓个、就可以曉得地是圓个、

問　古時間人話、地是那能个、　答　伊拉勿曾考究、所以話、地是匾咾平个、

問　地球上赤道个週圍、有幾里、　答　約規七萬五千里、

問　比方從地球當中南極通到北極、有幾里、　答　約規二萬四千里、

問赤道到北極、有幾度、　答九十度、

問赤道到南極、有幾度、　答也是九十度、

問赤道搭南帶、隔開幾度、　答廿三度半、

問北帶搭南帶、隔開幾度、　答四十七度、

問南帶搭南圓線、隔開幾度、　答四十三度、

問南圓搭南極、隔開幾度、　答廿三度半、

問地球分幾道、　答分五道、叫熱道、北溫道、南溫道、北寒道、南寒道、

第六課　論熱道、

問熱道个天氣那能、　答頂熱、

問百姓那能、　答性情懶惰、種田个勿多、

問伊拉着啥个衣裳、　答一大半是赤膊、

問地勢那能、　答草木茂盛、飛禽走獸末最多、人个住處也便當、

問熱道裏出啥个果子、　答橘子、無花果、菠羅、椰子咾啥、全是頂大咾頂好、還有頂好看个花、

第四課　論方向、

問　地圖上極南極北个地方叫啥、　答　南極咾北極、

問　地圖當中个一條橫線叫啥、　答　赤道、

問　赤道上下个兩條線叫啥、　答　南帶咾北帶、

問　南極咾北極个兩條線叫啥、　答　南圓線咾北圓線、

問　地圖上个橫線叫啥、　答　緯線、

問　地圖上个直線叫啥、　答　經線、

問　緯線有啥用頭、　答　量地方、可以曉得赤道个遠近、

問　經線有啥用頭、　答　也是量地方、可以曉得東西个遠近、

問　從啥地方量起、　答　大英國个倫盾京城、

第五課　論度數、

問　一个地球分幾度、　答　三百六十度、

問　一度有幾里、　答　二百十里、

問　一度當中還有啥別樣分法否、　答　有个、一度裏分六十分、一分裏分六十秒、

細毛羊

豹

火山

犀牛

山嶺

駱駝

象

獅子

問 人吃啥物事、 答 吃鯨魚、海狗、狗熊、搭之各樣个油、果子咾菜蔬、是無沒吃个、

問 伊拉出門坐啥物事、 答 坐冰床、用狗來拖个、或者用像鹿能个羱羊來拖、爲之伊塊無沒牛馬个咾、

第九課　論旱地、

問 地球上个旱地搭之水、那裏一樣多、 答 水比旱地多三倍、

問 旱地有啥个分別、 答 有大洲、海島、土股、土角、土腰、平地、沙漠、山咾山谷、山澳、

問 大洲是那能个、 答 是頂大个一段旱地、

問 海島是那能个、 答 是四面有水个一塊地、

問 土股是那能个、 答 是三面有水个一塊地、一面末、連拉大洲上个、

問 土角是那能个、 答 是地邊頭个一塊尖土、伸拉海裏个、

問 土腰是那能个、 答 是一塊狹个地、兩邊是水、兩頭有大个旱地、

問 平地是那能个、 答 是無沒山个旱地、

問 沙漠是那能个、 答 一塊闊个地、全是沙泥、人勿能彀住、水也無沒、草木也

問　熱道裏出啥个野獸、　答　獅子、老虎、犀牛、駱駝、猢猻、象、豹咾啥、再有頂趣个鳥、頂好看个飛蟲、

第七課　論溫道、

問　溫道个天氣那能、　答　近南極北極个、是頂冷、近赤道个、是頂熱、當中末溫和、

問　百姓那能、　答　比熱道咾寒道、來得有力量、也能彀用心做工、

問　伊拉拉一年裏是那能、　答　春夏秋三季末、認眞種咾收、到冬天、平安過日脚、

問　地勢那能、　答　田土一大半壯咾好个、

問　溫道裏出啥个五穀咾果子、　答　麥咾米、蘋果搭之生梨咾啥、

問　還出啥个中牲、　答　牛、馬、羊、狗咾啥、全是有用个、

第八課　論寒道、

問　寒道个天氣那能、　答　頂冷、

問　地勢那能、　答　全年有冰雪、草木勿大生長、海面結冰、還有頂大个冰塊、氽拉水面上、

問　百姓那能、　答　人末少、全年著皮衣裳个、也用冰來做房子、

問第六个呢、　答俄西亞尼嘎、

第十一課　論鹹水、

問地球上个水有啥分別、　答有洋、海、海股、海灣、海腰、海岔、江河、湖泊、山澗、山峽、

問洋是那能、　答是頂大个鹹水、

問海是那能、　答比洋小點、水也是鹹个、

問海股是那能、　答是洋咾海邊頭个水、灣進旱地裏、深咾闊个、

問海灣是那能、　答也是洋咾海灣進去个、必過水末、淺咾狹个、

問海腰是那能、　答是一路水、兩邊是岸、兩頭有大水流通个、

問海岔是那能、　答比海腰闊點、

問海口是那能、　答就是小海灣、可以停船、免脫大風个危險、

第十二課　論淡水、

問啥个水是淡个、　答湖、泊、江河、山澗、山峽、

問湖泊是那能、　答是一片水、四面全是旱地、

問頂小个湖泊叫啥、　答池咾塘、

無沒、

問 山是那能个、 答 就是頂高个地、

問 山嶺是那能个、 答 有多化山相連咾長个、

問 火山是那能个、 答 山頂上有時候冐出烟咾火、搭之熱个石頭、

問 山谷咾山澳是那能个、 答 全是山當中个平地、

第十課 論大洲、

問 地球上有幾个大洲、 答 六个、

問 東半球有幾个、 答 四个、就是亞細亞、歐羅巴、亞非利加、俄西亞尼嘎、

問 西半球有幾个、 答 兩个、就是北亞美利加南亞美利加、

問 第个六个洲、那裏一个頂大咾人頂多、 答 是我伲住个亞西亞、

問 第二个呢、 答 亞非利加、

問 第三个呢、 答 北亞美利加、

問 第四个呢、 答 南亞美利加、

問 第五个呢、 答 歐羅巴、

大西洋

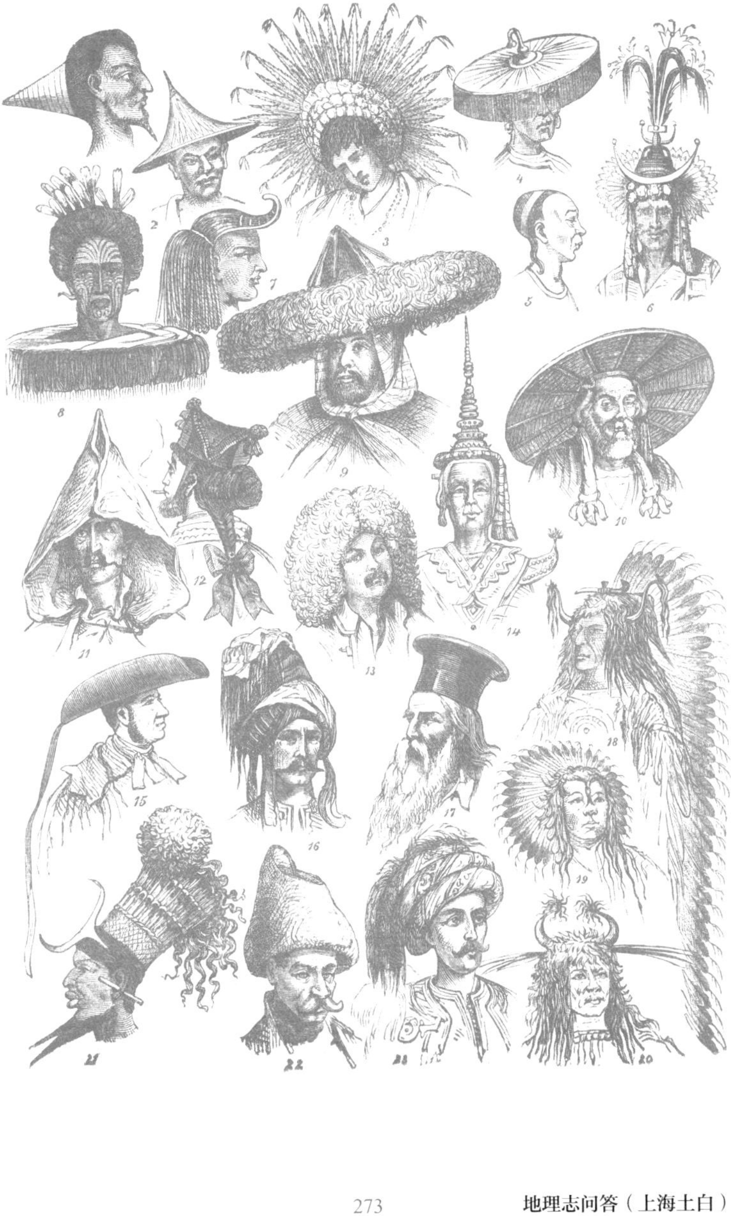

北冰洋

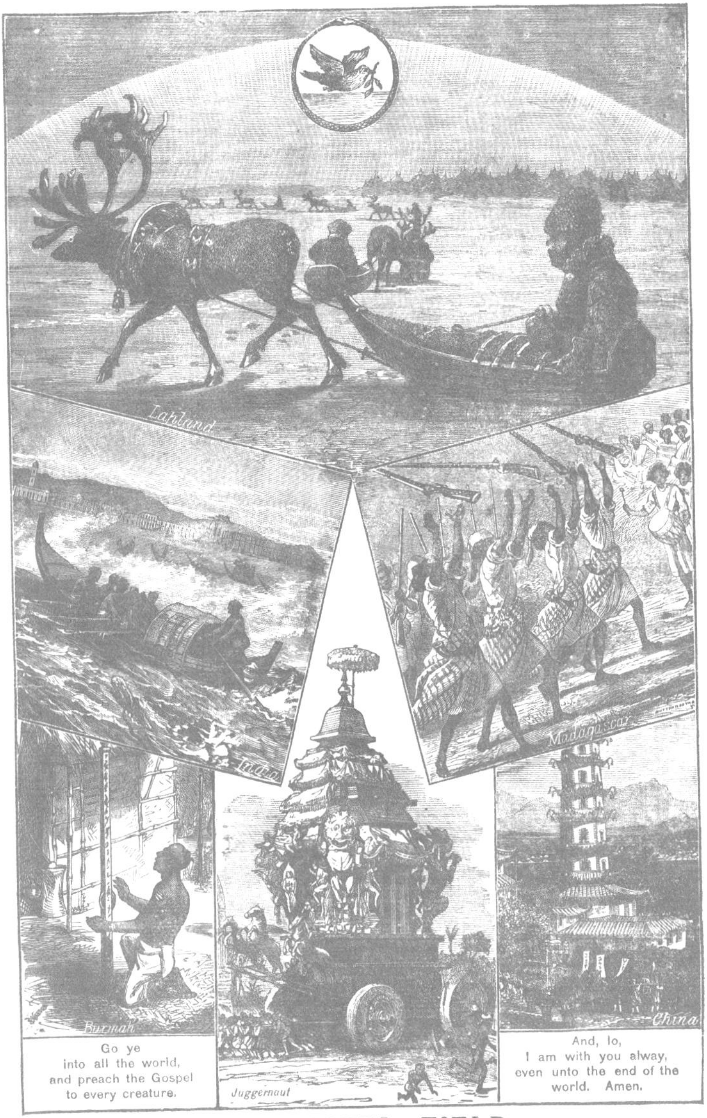

THE GOSPEL FIELD.

"The field is the world."

我伲既然立拉地上、必定應該曉得地是啥个樣式、古時間人話、地是匾咾平个、第个是勿對个、實在是圓咾像橘子能、所以叫地球、也是從西到東、常庄拉轉動个、每日自家轉動一回、成功一日、每年兜轉日頭一回、成功四季、人要明白第个事體末、必須看地圖、因爲地圖上畫出樣式來、可以分明白、左邊是東、右邊是西、下面是南、上面是北、極南是南極、極北是北極、當中是赤道、赤道上下有北帶咾南帶、北帶个北面有北圓線、南帶个南面有南圓線、赤道上下有橫線、叫北緯線咾南緯線、還有直線叫經線、緯線咾經線、是量地个度數用个、又分五道、叫熱道、北溫道、南溫道、北寒道、南寒道、從北帶到南帶是熱道、樹木興旺、禽獸最多、人末懶惰、從北帶到北圓線、南帶到南圓線、是溫道、田土是壯、中牲也好、人是認眞、從北圓線到北極、南圓線到南極、是寒道、天氣極冷、常庄結冰、人不過捉魚咾打獵、地球上分旱地咾水、旱地一倍、水是三倍、旱地末分大洲、海島、土股、土腰、土角、平地、沙漠、山、山谷、山澳、水末分大洋、海、海股、海灣、海腰、海岔、江、河、湖、泊、山澗、山峽、地球上大洲有六个、就是亞西亞、歐羅巴、亞非利加、俄西亞尼嘎、北亞美利加、南亞美利加、大洋有五个、叫太平洋、大西洋、南冰洋、北冰洋、印度洋、

第二章　論亞西亞

第十四課　論亞西亞个疆界咾里數、

問　亞西亞東面个疆界是啥、　答　太平洋、

問　江河是那能、　答　一路細長个水、可以流通个、

問　山澗是那能、　答　就是頂小个江河、

問　山峽是那能、　答　兩邊是山、當中一路水、朝下流來頂快个、

問　江河个水、那裏來个、　答　從山澗咾小溝、或者拉湖泊裏流來个、

問　江河个口子是那能、　答　是江河裏个水、流出到海裏个地方、

第十三課　論大洋、

問　地球上有幾个大洋、叫啥、　答　有五个、叫太平洋、大西洋、南冰洋、北冰洋、印度洋、

問　那裏一个是頂大、　答　太平洋、

問　太平洋拉那裏、　答　拉亞西亞咾亞美利加个當中、

問　大西洋拉那裏、　答　拉亞美利加、歐羅巴、亞非利加个當中、

問　南冰洋拉那裏、　答　拉南極、

問　北冰洋拉那裏、　答　拉北極、

問　印度洋拉那裏、　答　拉亞西亞个南面、

總意

江　子　洋

江　子　洋

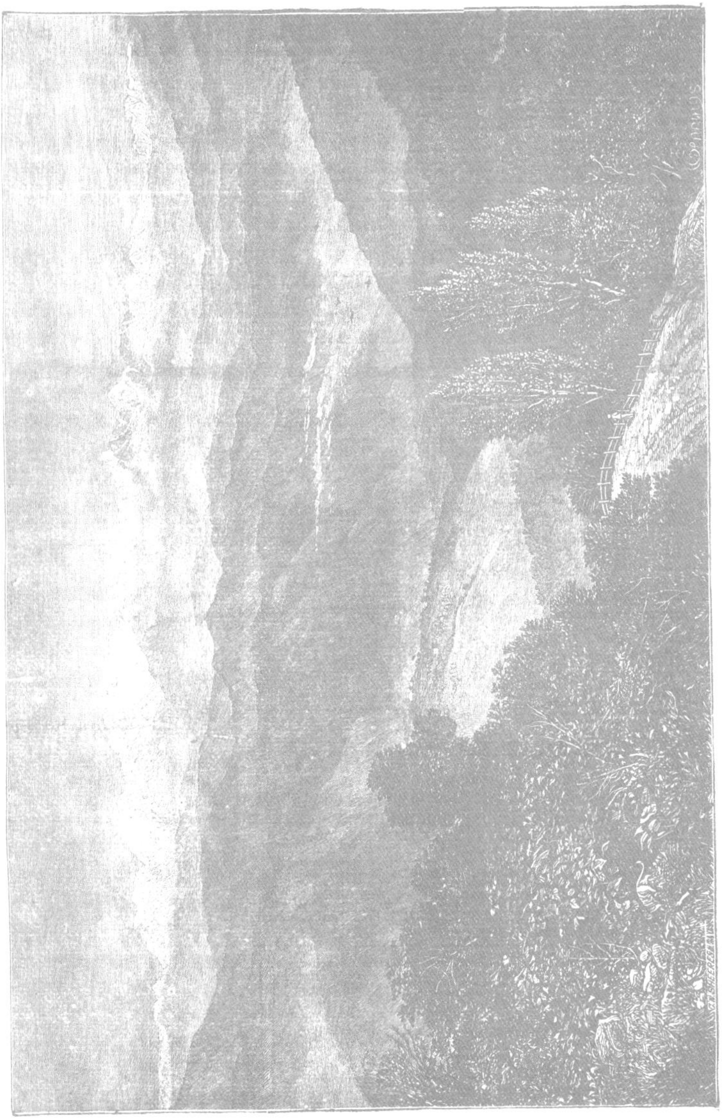

希馬拉山嶺

問 亞西亞裏有三條大江河、流到北冰洋个、叫啥、 答 俄比河、延伊色河、雷那河、

問 再有三條流到太平洋个、叫啥、 答 黑龍江、黄河、揚子江、

問 還有三條流到印度洋个、叫啥、 答 恒河、印度斯河、法拉德河、

第十六課 論亞西亞裏个山咾海、

問 亞西亞裏有頂大个山嶺叫啥、 答 希馬拉嶺、

問 第个嶺拉那裏、 答 拉西藏南邊、印度北邊、貼準兩面夾界个地方、

問 亞西亞西面有四个海、叫啥、 答 嘎斯卞海、黑海、地中海、紅海、

問 東面有五个海、叫啥、 答 比令海、俄賀賓革海、日本海、東海、南海、

問 南面有啥个大海咾海灣、 答 亞拉伯海咾孟加拉灣、

問 亞西亞南邊有三个土股、叫啥、 答 麻辣甲、印度、亞拉伯、

問 東邊有兩个土股、叫啥、 答 千乍德嘎又叫堪察加、高麗、

第十七課 論亞西亞个地勢、天氣咾百姓、

問 亞西亞个地勢是那能、 答 當中高咾四面低、

問南面是啥、答印度洋、

問西面是啥、答紅海、地中海、黑海、高嘎色斯嶺、裏海、烏拉河、烏拉嶺、

問北面是啥、答北冰洋、

問從比令海腰到巴備滿德海腰有幾化長、答二萬二千五百里、

問南到北有幾化長、答一萬六千六百六十里、

問一共有幾方里、答一萬五千萬方里、

問合天下个旱地、拉亞西亞裏有幾化、答三分之一、

第十五課　論亞西亞裏个江河、

問亞西亞裏頂大个江叫啥、答揚子江又叫長江咾金沙江、

問揚子江從啥地方發源个、答西藏、

問出口个戸蕩拉那裏、答相近上海、

問再有頂大个河叫啥、答黃河、

問黃河從啥地方發源个、答青海、

問黃河出口、拉啥个省裏、答山東省、

問　我伲住拉啥个國度裏、　答　大淸國、

問　大淸國是那能、　答　君主國、

問　啥叫君主國、　答　皇帝自家作主、勿受別國管束个、

問　大美國是啥國、　答　民主國、

問　啥叫民主國、　答　皇帝是百姓公舉、國度裏个事體、皇帝勿能作主、必須搭議士商量、

問　啥叫議士、　答　是百姓揀選來商量國政个、

問　大英國是那能、　答　君民共主國、

問　啥叫君民共主國、　答　皇帝个位傳下去、國度裏个事體末、必要搭百姓裏公正人咾議士商量、

問　皇帝住个城叫啥、　答　京城、

問　省城是那能、　答　就是制臺、撫臺、藩臺、臬臺咾啥住个場化、

問　啥个叫府城、　答　知府住个場化、

問　啥个叫州城、　答　直隷州咾屬州住个場化、

問　高个地是那能、　答　有高山環繞、四週圍全是乾咾瘦个地土、

問　亞西亞四周圍个地土、是那能、　答　全是平咾壯个、

問　第个洲裏个人有幾樣、　答　樣式是勿少、國度咾風俗、分開个也多、

問　百姓个穿著咾禮貌是那能、　答　衣裳咾禮貌、全勿同个、

問　女人學習啥、　答　全是學習針黹咾女工、讀書末少个、

問　亞西亞裏有幾个大國度、　答　有四个、就是中國、日本、印度、西比利亞末、是俄羅斯个屬地、

問　亞西亞裏啥物事比別塊出來多、　答　頂高个山、頂長个河、頂闊个地、再有鹹海咾沙漠、

問　天氣那能、　答　北邊冷咾南邊熱、東面溫和、西面末有時冷咾有時熱、

第十八課　論國度咾疆界个樣式、

問　神造个疆界是那能、　答　是自然而然有个、像大洲咾海島能、

問　人造个疆界是那能、　答　就是國度、省分、府縣咾啥、

問　國度是那能、　答　有皇帝官府咾百姓个地方、

問　屬國是那能、　答　就是撥別國管个、

百姓、還有屬國、是撥拉別个國度管理个。我伲住拉个國、是叫大淸國、是皇帝作主、所以叫君主國、搭大美國是勿同个、因爲大美國、皇帝勿能作主、要搭議士商量、所以叫民主國、還有大英國、又是一樣个皇帝搭百姓一淘作主、所以叫君民共主國。皇帝所住个地方、叫京城、總督撫臺咾啥住个、叫省城、知府、知州、知縣所住个、叫府城、州城、縣城。

第三章 論中國、

第十九課、 論疆界咾天氣、

問 中國拉那裏、 答 拉亞西亞个東南、貼近太平洋、

問 中國東面个疆界是啥、 答 東海咾南海、

問 西面呢、 答 西域咾印度、

問 南面呢、 答 暹羅緬甸安南、

問 北面呢、 答 西比利亞、

問 天氣那能、 答 北面、冷熱全有、南面、熱多冷少、

問 合國有幾化地方、 答 拉亞西亞洲裏有三分之一是中國、約規有四千萬方里、

問 啥个叫縣城、 答 知縣住个場化、

總意

亞西亞四面个疆界、東到太平洋、南到印度洋、西到紅海、地中海、黑海、高嘎色斯嶺、裏海、烏拉河、烏拉嶺、北到北冰洋。從東北比令海腰到西南巴備滿德海腰、是最長約規有二萬二千五百里、從南到北有一萬六千六百六十里、見方有一萬五千萬方里、是六大洲當中頂大个、合天底下个旱地、伊約規佔三分裏一分。有大江、叫揚子江、又叫長江、從西藏發源、到上海个相近出口、還有大河叫黃河、從青海發源、到山東出口、再有黑龍江、從滿洲到西比利亞出口、第个三條、全是流到太平洋裏去个。流到印度洋个大河末、有恒河、印度斯河、法拉德河。流到北冰洋个大河末、有俄比河、延伊色河、雷那河。有頂大个山嶺、叫希馬拉嶺、拉印度北邊、西藏南邊、夾界地方、東邊有五个海、叫東海、南海、日本海、俄賀資革海、比令海、西邊有四个海、叫紅海、黑海、地中海、嘎斯卡海。南邊有亞拉伯海咾孟加拉海灣、還有三个土股、叫麻辣甲、印度、亞拉伯。東邊有兩个土股、叫高麗、千乍德嘎、又叫堪察加。話到地土、當中有高山、四周圍全是平咾壯个。人个樣式風俗、衣裳、禮貌各有勿同、女人全做針線咾女工、讀書个是勿多。國度分開个也勿少、內中有中國、日本、印度、西比利亞、是大个。話到天氣、東邊溫和、南邊熱、西邊或冷或熱、北邊冷。〇話到疆界、有个是自然而然个、像大洲海島咾啥、有个是人定當拉个、像國度省分等類。國度末、有皇帝、官府、管理

北京城

北氷洋冰山

萬里長城

問 幾化闊、 答 五尺、

問 極東到啥地方、 答 直隸海股、

問 拉第塊有一个關叫啥、 答 山海關、

問 極西到啥地方、 答 相近靑海、

問 第塊也有一个關叫啥、 答 嘉峪關、

問 爲啥造第个城、 答 保護中國咾防備北邊个胡人、

第二十二課 論中國个京城咾運糧河、

問 中國个京城叫啥、 答 北京、

問 北京拉啥个省裏、 答 直隸省裏、

問 拉北京有幾化百姓、 答 約規有二百萬、

問 第个城有幾化大、 答 裏面个城有四十里見方、南半城是外城、有念八里闊、

問 皇帝个宮殿拉那裏、 答 拉裏城个貼當中紫禁城个裏向、

問 有人從杭州到北京開一條啥个河、 答 運糧河、

問 運糧河啥解釋、 答 是解糧到北京个意思、

問　地土比別國个多少那能、　答　除之英國咾俄國、就算中國、

第二十課　論百姓、出產、屬地、

問　中國个人數有幾化、　答　約規有四萬萬多、

問　百姓靠之啥咾過日脚、　答　種田个多、

問　頂大个出產是啥、　答　大米、茶葉、絲、綢緞、瓷器、

問　有啥个屬地、　答　滿洲、蒙古伊犁青海西藏、

問　中國分幾省、　答　十八省、

問　十八省當中、那裏一省頂大、　答　四川省、

問　那裏一省頂小、　答　浙江省、

第二十一課　論萬里長城、

問　十八省个北界上、有啥个城、　答　萬里長城、

問　第个城啥人造个、　答　秦始皇、

問　有幾化高、　答　三丈、

問　幾化長、　答　五千里、

問 直隸个省城叫啥、 答 保定府、

問 管直隸一省个大官叫啥、 答 直隸總督、

問 總督衙門拉那裏、 答 省城裏、

問 直隸省裏、有幾府幾州幾縣、 答 十一府、六个直隸州、十七个屬州、一百廿三个縣分、

問 直隸省裏、有一个大城搭別國通商个叫啥、 答 天津府、

問 天津拉啥地方、 答 拉運糧河流到海河个地方、

問 有幾條啥个河、流到海河裏、 答 北河、混河、滹沱河、御河、

問 還有一條、拉長城北面發源咾朝東流進直隸海股个叫啥、 答 灤河、

問 直隸省个地勢是那能、 答 西北多山、東南多平地、地土是壯咾好个、

問 直隸省个山裏出啥、 答 煤鐵咾漢白玉、

問 直隸省个田裏出啥、 答 麥、米、豆、高粱、搭之各樣个果子、

第二十五課 論山東省、

問 有幾化長、　答 一千七百多里、
問 通到幾省、　答 四省、直隸山東江蘇浙江

第二十三課　論省、

問 相近蒙古个幾省吽啥、　答 直隸山西陜西甘肅
問 近海个幾省吽啥、　答 山東江蘇浙江福建廣東
問 拉十八省南邊、廣東咾雲南當中个省吽啥、　答 廣西、
問 西南个兩省吽啥、　答 雲南咾貴州、
問 西邊个一省吽啥、　答 四川
問 當中个五省吽啥、　答 河南、安徽江西湖北湖南

第二十四課　論直隸省、

問 東北个四省吽啥、　答 直隸山東、山西河南
問 直隸省拉那裏、　答 十八省个東北角、
問 直隸兩个字啥意思、　答 是皇帝住个場化咾、能彀管理各省、

問 山西个省城叫啥、 答 太原府、

問 管山西一省个大官叫啥、 答 山西巡撫、

問 山西省裏有幾府幾州幾縣、 答 九府、十一个直隸州、六个屬州、八十五个縣分、

問 山西省个西界咾南界上有啥个大河、 答 黄河、

問 山西省裏還有啥个河流到黄河、 答 沁河咾汾河、

問 山西省个地勢那能、 答 一大半是山、

問 山西省裏有啥个有名聲个山、 答 恒山、

問 還有一个山叫啥、 答 五臺山、

問 山西省裏个土産是啥、 答 山裏出雲母石、煤炭咾銅鐵、

第二十七課 論河南省、

問 河南省拉那裏、 答 拉直隸咾山西个南面、

問 河南个省城叫啥、 答 開封府、又叫汴梁城、

問 管河南一省个大官叫啥、 答 河南巡撫、

問 河南省裏有幾府幾州幾縣、 答 九府、四个直隸州、六个屬州、九十六个縣分、

問 山東省拉那裏、答 直隸个南面、
問 山東个省城叫啥、答 濟南府、
問 管山東一省个大官叫啥、答 山東巡撫、
問 山東省裏有幾府幾州幾縣、答 十府、兩个直隸州、九个屬州、九十六个縣分、
問 山東省裏个通商口子叫啥、答 烟臺、
問 山東个北直隸个東有啥个海股、答 直隸海股、
問 山東省裏有一个有名个山叫啥、答 泰山、
問 前頭拉山東省裏、出過啥个有名聲人、答 孔夫子咾孟夫子、
問 孔夫子養拉啥地方、答 兗州府曲阜縣、
問 孟夫子養拉啥地方、答 兗州府鄒縣、
問 山東省个地勢那能、答 東面多山、西面多平地、
問 山東省裏頂好个土產是啥、答 雪梨咾柿餅、

第二十六課　論山西省、

問 山西省拉那裏、答 直隸个西面、

問 南京个地方那能、　答 是古時間个京城、最繁華个、

問 蘇州呢、　答 也是頂好咾頂鬧熱、所以俗語話、上有天堂、下有蘇杭、

問 江蘇省裏、有幾府幾州幾縣、　答 八府、三个直隸州、三个屬州、六十三个縣分、

問 江蘇省裏搭別國通商个大海口叫啥、　答 上海縣、

問 上海个地方是那能、　答 是頂大个通商碼頭、街路最闊、再有各樣个車子、實在是最繁華个、

問 上海拉那裏、　答 拉本省个東南、相近揚子江出口个地方、

問 還有啥地方搭別國通商、　答 鎮江府、

問 鎮江拉那裏、　答 拉運糧河通過揚子江个地方、

問 江蘇省裏有啥个大湖、　答 太湖、丹陽湖、高郵湖、

問 江蘇个地勢那能、　答 一大半是田咾水、

問 江蘇省裏有啥个有名聲个貨色、　答 絲咾米、綢緞、

第二十九課　論安徽省、

問 安徽省拉那裏、　答 拉江蘇咾河南个南面、

問　河南省裏、有啥个大河、從西界朝東流過第省、　答　黃河、

問　拉河南咾山東、貼近黃河个百姓、有啥个害處、　答　爲之黃河常庄漲發、衝壞岸灘、村庄咾房子、全要沒脫、

問　河南省裏个人多否、　答　頂多、

問　拉河南省裏、有名聲个山叫啥、　答　嵩山、

問　河南省个地勢那能、　答　一大半是平地、田土末好咾壯个、

問　河南省裏、出啥物事、　答　棉花咾五穀、

第二十八課　論江蘇省、

問　中國東五省是啥、　答　江蘇、安徽、江西、浙江、福建、

問　江蘇省拉那裏、　答　拉山東个東南、貼近東海、

問　江蘇个省城叫啥、　答　江甯府、又叫南京、

問　管江蘇一省个大官叫啥、　答　兩江總督、江蘇巡撫、

問　伊拉个衙門拉那裏、　答　總督衙門拉南京、巡撫衙門拉蘇州

問 江西个省城呌啥、 答 南昌府、

問 南昌府拉那裏、 答 相近鄱陽河、

問 管江西一省个大官呌啥、 答 江西巡撫、還有兩江總督帶管、

問 江西省裏有幾府幾州幾縣、 答 十三府、一个直隸州、一个屬州、七十五个縣分、

問 江西省裏个通商口子呌啥、 答 貼近揚子江个、呌九江府、

問 江西省个北境有啥个大江、 答 揚子江、

問 江西省裏有啥个大湖、 答 鄱陽湖、

問 江西省當中有啥个江、流到鄱陽湖、 答 贛江、

問 江西省个地勢那能、 答 多山嶺、

問 江西省裏出啥个有名聲个貨色、 答 最好是瓷器咾夏布、再有茶葉、白糖、米咾麥、

第三十一課 論浙江省、

問 浙江省拉那裏、 答 拉江蘇个南面海邊上、

問 浙江个省城呌啥、 答 杭州府、

問 杭州是那能个地方、 答 是最繁華个城、外面有西湖、景緻末頂好、

問 安徽个省城呌啥、 答 安慶府、

問 安慶府拉那裏、 答 拉本省个南邊、相近揚子江、

問 管安徽一省个大官呌啥、 答 兩江總督、安徽巡撫、

問 安徽省裏有幾府幾州幾縣、 答 八府、五个直隸州、四个屬州、五十个縣分、

問 安徽省裏个通商碼頭呌啥、 答 蕪湖、

問 安徽省个北邊有啥个大河、 答 淮河、

問 安徽省當中有啥个湖、 答 巢湖、

問 安徽省裏出過啥个有名聲个人、 答 朱夫子、

問 伊養拉啥地方、 答 徽州府、婺源縣、

問 安徽个地勢那能、 答 全是低田、

問 安徽省裏出啥个有名聲个貨色、 答 生漆、茶葉、香墨、第種是頂有名聲、還有苧麻、棉花、米咾絲、

第三十課　論江西省、

問 江西省拉那裏、 答 拉安徽个南面、

問福州府拉那裏、　答拉本省个東界、閩江出口个地方、

問厦門拉那裏、　答是一个海島、拉福建省个東南、

問福建搭江西夾界个地方、有啥个山、　答武夷山、

問福建對過个海島叫啥、　答臺灣、現在讓撥拉日本國、

問福建省个地勢那能、　答一大半是水田、山嶺也勿少、

問福建省个出產是啥、　答果子多咾五穀少、還有木料、拉龍岩州末、出頂好个茶葉、

第三十三課　論廣東省、

問中國南四省叫啥、　答廣東廣西貴州雲南

問廣東省拉那裏、　答拉福建省个西南、南海邊上、

問廣東个省城叫啥、　答廣州府、

問廣州府拉那裏、　答拉本省个當中、貼近珠江口、離開南海、約規二百里、

問管廣東一省个大官叫啥、　答兩廣總督、廣東巡撫

問廣東省裏、有幾府幾州幾縣、　答九府、四个直隸州、七个屬州、七十八个縣分、

問　管浙江一省个大官𠰲啥、　答　浙江巡撫再有閩浙總督帶管、

問　總督个衙門拉那裏、　答　拉福建个省城裏、

問　浙江省裏有幾府幾州幾縣、　答　十一府、一个屬州七十六个縣分、

問　浙江省裏个通商口子𠰲啥、　答　寗波府、

問　寗波府拉那裏、　答　浙江省个東面、貼近東海、

問　浙江省个東界上有啥个海灣、　答　杭州海灣、

問　浙江省个地勢那能、　答　全是平地、

問　浙江省裏有啥个出產、　答　絲、綢緞、茶葉、筆咾墨、

第三十二課　論福建省、

問　福建省拉那裏、　答　拉浙江个西南、東海邊上、

問　福建个省城𠰲啥、　答　福州府、

問　管福建一省个大官𠰲啥、　答　閩浙總督、福建巡撫、

問　福建省裏有幾府幾州幾縣、　答　十府、兩个直隸州、六十二个縣分、

問　福建省裏有通商个地方𠰲啥、　答　福州府、厦門

問　管廣西一省个大官叫啥、　答　廣西巡撫、還有兩廣總督帶管、

問　兩廣總督个衙門拉那裏、　答　肇慶府、常住拉省城裏做行臺、

問　廣西省裏、有幾府幾州幾縣、　答　十一府、一个直隷州、十六个屬州、四十七个縣分、

問　有啥个江、從廣西省流到廣東省裏、　答　西江、

問　有啥个幾个江水、併成功一條西江、　答　桂江、龍江、紅水江、鬱江、

問　廣西省个地勢那能、　答　山嶺多咾百姓少、

問　廣西省裏个出產是啥、　答　桂皮、木料、大米、金子、銀子、水銀、

問　廣西省个西南、搭啥地方是夾界、　答　安南、

第三十五課　論雲南省、

問　雲南省拉那裏、　答　拉廣西个西面、

問　雲南个省城叫啥、　答　雲南府、

問　雲南府拉那裏、　答　拉本省个東面、相近滇池、

問　管雲南一省个大官叫啥、　答　雲貴總督、雲南巡撫、

問　雲貴總督个衙門拉那裏、　答　拉雲南个省城裏、

問 廣東省裏个通商口子叫啥、 答 廣州府、汕頭、

問 汕頭拉那裏、 答 拉本省个東界上、貼近南海、

問 廣東省裏有啥个江、流到廣州海股、 答 東江、北江、珠江、又叫西江、

問 廣東省南面、有啥个大海島、屬本省管个、 答 海南又叫瓊州、

問 還有屬英國个海島叫啥、 答 香港

問 再有西洋人住拉个海島叫啥、 答 澳門、

問 廣東省个南海邊、從東到西有幾里、 答 大約有二千里、

問 從香港到廉州个南海裏多啥、 答 海島大約有幾百拉、

問 廣東省个地勢那能、 答 北面多山南面多平地、

問 廣東省裏、有啥个土產、 答 絲、白糖、茶葉、烟葉、還有各樣个果子、

第三十四課 論廣西省、

問 廣西省拉那裏、 答 拉廣東个西面、

問 廣西个省城叫啥、 答 桂林府、

問 桂林府拉啥地方、 答 拉桂江發源个地方、

問　管貴州一省个大官叫啥、　答　貴州巡撫再有雲貴總督帶管、

問　貴州省裏有幾府幾州幾縣、　答　十二府、一个直隷州、十三个屬州、三十三个縣分、

問　有啥个江、拉貴州省裏發源、　答　烏江、赤水江、紅水江、淸水江、

問　啥个江、朝北流到揚子江、　答　烏江咾赤水江、

問　貴州省南邊个山裏、住啥等樣人、　答　苗子、

問　苗子當中有一種頂勿好咾官也勿能管　伊拉个叫啥、　答　猺人、

問　貴州省裏个百姓那能、　答　知識是少、禮貌也是缺少、

問　貴州省个地勢那能、　答　地土瘦咾多山嶺、

問　貴州省裏有啥个出產、　答　米麥、銅、鐵、鉛、麝香咾烟葉、

第三十七課　論湖北省、

問　中國个當中兩省叫啥、　答　湖北湖南、

問　湖北省拉那裏、　答　拉湖南省北面、

問　湖北个省城叫啥、　答　武昌府、

問 雲南省裏、有幾府幾州幾縣、 答 十四府、四个直隸州、二十六个屬州、三十九个縣分、

問 雲南省裏搭緬甸人通商个地方叫啥、 答 盞達、

問 緬甸人販進啥物事來、 答 棉花、象牙、犀角、燕窩、

問 雲南省裏、有啥个江通過北界、 答 揚子江、

問 還有啥个江、流到安南咾暹羅个當中、 答 瀾滄江、

問 再有啥个江、流到緬甸、 答 怒江、

問 雲南省裏有三條湖叫啥、 答 洱海、滇池、仙湖、

問 雲南省个地勢那能、 答 地土瘦咾薄、而且多山嶺、

問 雲南省裏个出產是啥、 答 絲、茶葉咾紅銅、搭之各樣个石頭、

問 雲南省个南面、搭啥地方是夾界、 答 安南咾緬甸、

第三十六課 論貴州省、

問 貴州省拉那裏、 答 拉廣西个北面、雲南个東面、

問 貴州个省城叫啥、 答 貴陽府、

問 貴陽府那裏、 答 拉貴州省个當中、貼近烏江、

問　湖南省裏有幾府幾州幾縣、　答　九府、四个直隸州、三个屬州、六十四个縣分、

問　湖南省个北界、有啥个大江、　答　揚子江、

問　還有啥个大湖、　答　洞庭湖、

問　有啥个江、流到洞庭湖、　答　沅江、湘江、

問　湖南省裏有啥个有名聲个山、　答　衡山、

問　湖南省个地勢那能、　答　南面多山、北面多平地、相近洞庭湖个田土、是壯咾好个、

問　湖南省裏有啥个土產、　答　山裏多煤、其餘搭湖北省裏个出產一樣个、

第三十九課　論陝西省、

問　中國西三省叫啥、　答　陝西、甘肅、四川、

問　陝西省拉那裏、　答　拉山西咾河南个西面、

問　陝西个省城叫啥、　答　西安府、

問　西安府拉啥地方、　答　拉本省个當中、貼近渭水河、

問　拉渭水河出口个地方有啥个關、　答　潼關、兩邊是山、當中到省裏去个要路、是頂高頂狹咾

問　武昌府拉那裏、　答　拉本省个東南、貼近揚子江、
問　管湖北一省个大官叫啥、　答　兩湖總督、湖北巡撫、
問　兩湖總督个衙門拉那裏、　答　拉武昌城裏、
問　湖北省裏有幾府幾州幾縣、　答　十府、一个直隸州、七个屬州、六十个縣分、
問　湖北省裏个通商碼頭叫啥、　答　漢口、
問　漢口拉那裏、　答　拉漢水流過揚子江个戸蕩、
問　湖北省裏有三條湖叫啥、　答　梁子湖、斧頭湖、沔陽湖、
問　湖北省个地勢那能、　答　多江河咾大湖、所以地土極滋潤、
問　湖北省裏有啥个出產、　答　茶葉、木料、棉花、絲、再有製造紙料、

第三十八課　論湖南省、

問　湖南省拉那裏、　答　拉貴州省个東面、
問　湖南个省城叫啥、　答　長沙府、
問　長沙府拉那裏、　答　拉本省个東邊、貼近湘江、
問　管湖南一省个大官叫啥、　答　湖南巡撫、還有兩湖總督帶管、

問 甘肅个省城叫啥、 答 蘭州府、
問 蘭州府貼近啥个河、 答 黃河、
問 管甘肅一省个大官叫啥、 答 陝甘總督、
問 陝甘總督个衙門拉那裏、 答 蘭州城裏、
問 甘肅省裏、有幾府幾州幾縣、 答 八府、六个直隷州、七个屬州、五十二个縣分、
問 甘肅省裏、有三條啥河流進黃河、 答 洮河、大夏河、大通河、
問 甘肅省北界、有啥个城、 答 萬里長城、
問 甘肅省西邊搭啥地方夾界、 答 青海咾伊犁、
問 甘肅省个地勢那能、 答 地大咾人少、田土瘦咾薄个、
問 甘肅省裏个土產是啥、 答 貼準搭陝西一樣、

第四十一課 論四川省、

問 四川省拉那裏、 答 拉陝西甘肅个南面、湖北个西面、雲南貴州个北面、
問 四川个省城叫啥、 答 成都府、
問 管四川一省个大官叫啥、 答 四川總督、

頂危險个、

問西安府向來那能、　答古時間个皇帝全拉第塊做京城、也是中國最先个省分、

問管陝西一省个大官叫啥、　答陝西巡撫還有陝甘總督帶管、

問陝西省裏有幾府幾州幾縣、　答七府、五个直隸州、五个屬州、七十三个縣分、

問陝西个東界有啥个河、　答黄河、

問陝西省裏還有啥个河、　答涇河、洛河、

問陝西省个西界、有啥个發源个水、流到湖北省裏、　答漢水、

問北界有啥个城、　答萬里長城、

問陝西省个地勢那能、　答多山、地也壯个、

問陝西省个土產是啥、　答大黄、棉花、麥、煤、馬、牛、羊咾啥、

第四十課　論甘肅省、

問甘肅省拉那裏、　答拉陝西省西面、

問 滿洲个京城叫啥、 答 奉天府、又叫盛京、

問 奉天府拉那裏、 答 拉滿洲个西南、相近直隸海股、

問 滿洲有通商口子叫啥、 答 牛庄、

問 滿洲个天氣那能、 答 有頂大个霜雪、所以冷得極、

問 滿洲地方有幾化、 答 長有三千里、闊有四千里、一共有二千三百萬方里、

問 滿洲个地勢那能、 答 一大半是樹林、不過南面末、有肥壯个地土、

問 滿洲有幾化百姓、 答 二百萬多點、

問 滿洲个百姓做啥个行業、 答 捉魚打獵咾種田个多、

問 滿洲有啥个頂大个窵、 答 鵰、比鷹大、能彀捉麞鹿咾鱉、

問 滿洲有啥个土產、 答 人參、大黃、珍珠、米麥咾駱駝、

第四十三課 論蒙古、

問 蒙古拉那裏、 答 拉中國个北面、滿洲个西面、

問 蒙古个地方那能分法、 答 分內蒙古咾外蒙古、

問 蒙古个北邊、搭啥地方夾界、 答 西比利亞、

問總督个衙門拉那裏、　答拉省城裏、

問四川省裏有幾府幾州幾縣、　答十二府、八个直隸州、十一个屬州、一百廿个縣分、

問四川省裏、有啥个大江、從西邊流過南邊、　答揚子江、

問揚子江拉四川个西南叫啥、　答金沙江、

問四川省裏有四條啥江、從北面流到揚子江、　答嘉陵江、涪江、羯磏江、岷江、

問拉嘉陵江流過揚子江地方个通商碼頭叫啥、　答重慶府、

問四川省西邊搭啥地方夾界、　答西藏、

問四川省个地勢那能、　答河咾山來得多、

問四川省裏、有啥个土產、　答銅、鐵、鉛、煤、絲、茶葉、藥料、

第四十二課　論滿洲、

問大清國皇帝个出身是啥地方、　答滿洲

問滿洲拉啥地方、　答拉直隸省个東北、

問　伊犁有啥个出產、　答　玉、石頭、金子、硫礦咾硝、

第四十五課　論青海、

問　青海拉那裏、　答　拉中國咾伊犁个當中、

問　青海有頂大河叫啥、　答　青海、

問　啥个河拉青海發源、　答　黃河、

問　青海个百姓、做啥生意、　答　養中牲个多咾種田个少、

問　管百姓那能个、　答　像蒙古一樣、

問　青海个地勢那能、　答　高山多咾壯地少、還有多化大河、

第四十六課　論西藏、

問　西藏拉那裏、　答　拉四川个西面、

問　西藏个京城叫啥、　答　拉薩、

問　拉拉薩城裏、有啥个尊貴个人、　答　喇嘛教个頭腦、就是稱大活佛个、

問　西藏北界、有啥个大山、　答　崐崘山、

問　第个山、從海面到山頂、有幾丈、　答　一千五百丈、

問蒙古个天氣那能、　答冷天末頂冷、熱天末頂熱、

問蒙古个百姓有幾化、　答大約二百多萬、

問伊拉做啥个行業、　答看馬牛羊咾駱駝、種田是勿歡喜个、住末拉帳篷裏、

問蒙古人有啥个教門、　答一大半敬重佛教咾喇嘛教、領頭个喇嘛末、稱伊活佛、

問管蒙古个百姓、用啥法則、　答分開各部咾各旗管个、

問蒙古搭俄羅斯通商个地方叫啥、　答買賣城、

問蒙古從東到西有啥、　答有五千里長咾一千里闊个大沙漠、叫瀚海、

問蒙古个地方有幾化、　答四千里長、五千里闊、一共有四百五十萬方里、

第四十四課　論伊犁、

問伊犁拉那裏、　答拉甘肅咾蒙古个西面、

問伊犁个百姓有幾化、　答約規有三百多萬、

問天山南面是啥、　答全是沙漠咾山崗、壯地是勿有个、

問伊犁个天氣那能、　答常庄發大風咾極冷、雨也勿大落个、

問伊犁有幾化地方、　答一千里長、四千里闊、攏總有二百萬方里、

中國拉亞西亞个東南、貼近太平洋、東到東海咾南海、西到西域咾印度、南到暹羅咾緬甸咾安南、北到西比利亞、天氣北面冷熱全有、南面熱多冷少、約規四千萬方里、拉亞西亞裏有三分之一、除之英國咾俄國、要算中國是大个、人丁約規有四萬萬多、百姓大概是種田、分十八省、還有五个屬地、就是滿洲、蒙古、伊犁、青海、西藏。十八省裏四川省是頂大、浙江省是頂小、十八省个北面、有萬里長城、是秦始皇造拉个、高三丈、闊五尺、長五千里、極東到山海關、極西到嘉峪關、是古時間防備胡人咾造个、京城叫北京、拉直隸省裏、人丁約歸二百萬、裏向有皇帝个宮殿、還有運糧河、是人開拉个、可以運糧到北京、從杭州起直到北京、長一千七百多里、通過直隸、山東、江蘇、浙江四省。〇十八省裏有直隸、山西、陝西、甘肅是相近蒙古。山東、江蘇、浙江、福建、廣東、是貼近海邊。廣西是拉南邊。雲南咾貴州是拉西南邊。四川是拉西邊。河南、安徽、江西、湖北、湖南是拉當中。十八省又分五路、叫東北四省、東五省、南四省、中兩省、西三省。〇東北四省裏有直隸省城叫保定府、有直隸總督住拉化、還有通商个地方、叫天津、拉運糧河流到海河个地方、山東省城叫濟南府、有山東巡撫住拉化、有通商个地方、叫煙臺、有有名个山、叫泰山、山東出過孔夫子咾孟夫子、是聖人咾賢人。山西省城叫太原府、有有名个山、叫恒山咾五臺山。河南省城叫開封府、又叫汴梁城、有河南巡撫住拉化、拉山東咾河南貼近黃河个百姓、爲之黃河个漲發、村庄咾房子、常庄要沒脫个、有有名个山、叫嵩山。〇東五省裏有江蘇、省城叫江甯府、又叫南京、是古時間个京城、有兩江總

問 西藏南邊搭啥地方夾界、答 印度、
問 拉夾界地方个山叫啥、答 希瑪拉山、是世界上頂高个山嶺、
問 第个山東到西有幾里、答 四千五百里、
問 頂高个山峯有幾丈、答 從海面到山頂有二千九百丈、
問 西藏有幾化百姓、答 約規有三百五十萬、
問 西藏人做啥个生意、答 種田个少、打獵咾養中牲个多、
問 有啥个大河、從西藏發源、答 雅魯藏布江、揚子江、怒江、印度斯河、恒河、
問 西藏个天氣那能、答 頂冷、
問 西藏个中牲那能、答 周身个毛長咾多、
問 西藏有幾化地方、答 一千七百里長、七千里闊、一共有六百萬方里、
問 西藏个地勢那能、答 四面有最高个山、當中一大半是高平地、
問 西藏出啥物事、答 金子、銀子、寶石、麝香、長尾巴个大牛咾細毛羊、
問 蒙古伊犁西藏第个三塊地方有啥、答 有多化小湖、而且一大半是鹹水、

總意

西省城叫西安府、古時間个皇帝、全拉第塊做京城个、有陝西巡撫住拉化、有大个河、叫漢水、還有涇河咾洛河、北邊有萬里長城。甘肅省城叫蘭州府、有陝甘總督住拉化、有大河三條、叫洮河、大夏河、大通河、北面有萬里長城。四川省城叫成都府、有四川總督住拉化、有大江四條、叫嘉陵江、涪江、鴉礱江、岷江、有通商地方、叫重慶。〇十八省以外、有屬地、叫滿洲、拉中國个東北邊、京城叫奉天府、又叫盛京、有通商个地方、叫牛庄、天氣是冷、百姓有二百多萬、全是捉魚咾打獵个多。蒙古拉中國个北邊、分開內蒙古咾外蒙古、天氣冷天是冷、熱天是熱、百姓大約二百多萬、養中牲咾駱駝、住拉帳篷裏个、有地方叫買賣城、是搭俄國通商个、還有一个大沙漠、叫瀚海、有五千里長咾一千里闊。伊犁百姓有三百多萬、天氣常庄有大風咾極冷、雨也勿大落个。青海有頂大个河、也叫青海、黃河末、拉此地發源个、百姓養中牲个多。西藏京城叫拉薩、有大山叫崐崘山、高一千五百丈、南邊有頂高个山嶺、叫希瑪拉是世界上頂高个、四千五百里長、二千九百丈高、百姓約規三百五十萬、打獵咾養中牲个多、有大河、叫雅魯藏布江、揚子江、怒江、印度斯河、恒河、全拉此地發源个、天氣是頂冷、蒙古伊犁西藏有多化小湖、一大半是鹹水。

第四章　論亞西亞各國

第四十七課　論高麗國、

問　高麗國拉那裏、

答　拉中國个東北、是一个土股、搭滿洲相連个、督住拉化、還有蘇州、有江蘇巡撫住拉化、有一个通商大地方、叫上海、頂是繁華、還有別个通商地方、叫鎭江、有大个河、叫太湖、丹陽湖、高郵湖。安徽省城叫安慶府、有安徽巡撫住拉化、有一个通商个地方、叫蕪湖、還有大个湖、叫巢湖、出過大名聲个人、叫朱夫子。江西省城叫南昌府、有江西巡撫住拉化、有一个通商地方、叫九江、有大个湖、叫鄱陽湖。浙江省城叫杭州府、有浙江巡撫住拉化、城外有西湖、景緻是頂好、有一个通商个地方、叫寗波。福建省城叫福州府、有閩浙總督咾福建巡撫住拉化、通商个地方、就是福州咾厦門、有有名个山、叫武夷山、對過有一个大海島、叫臺灣、現在讓撥拉日本國。○南四省裏有廣東省城叫廣州府、有兩廣總督、廣東巡撫住拉化、通商个地方、就是廣州咾汕頭、還有一个海島、叫海南、又叫瓊州、還有香港海島、是屬英國管个、再有澳門、是西洋人住拉个、從香港到廉州个南海裏、海島約規有幾百个。廣西省城叫桂林府、有廣西巡撫住拉化、有大个江、叫西江、從廣西流到廣東、是桂江、龍江、紅水江、鬱江、併攏來成功拉个。雲南省城叫雲南府、有雲貴總督雲南巡撫住拉化、有搭緬甸人通商个地方、叫盞達、有大个河、叫瀾滄江、還有怒江、洱海、滇池、仙湖。貴州省城叫貴陽府、有貴州巡撫住拉化、有大个江、叫烏江、赤水江、紅水江、淸水江、山裏有野人、叫苗子、內中有一種頂勿好个、叫猺人。○中兩省裏有湖北省城叫武昌府、有兩湖總督、湖北巡撫住拉化、有通商个大地方、叫漢口、有湖、叫梁子湖、斧頭湖、沔陽湖。湖南省城叫長沙府、有湖南巡撫住拉化、有大湖、叫洞庭湖、有有名个山、叫衡山。○西三省有陝

西比利亞京城多波勒斯

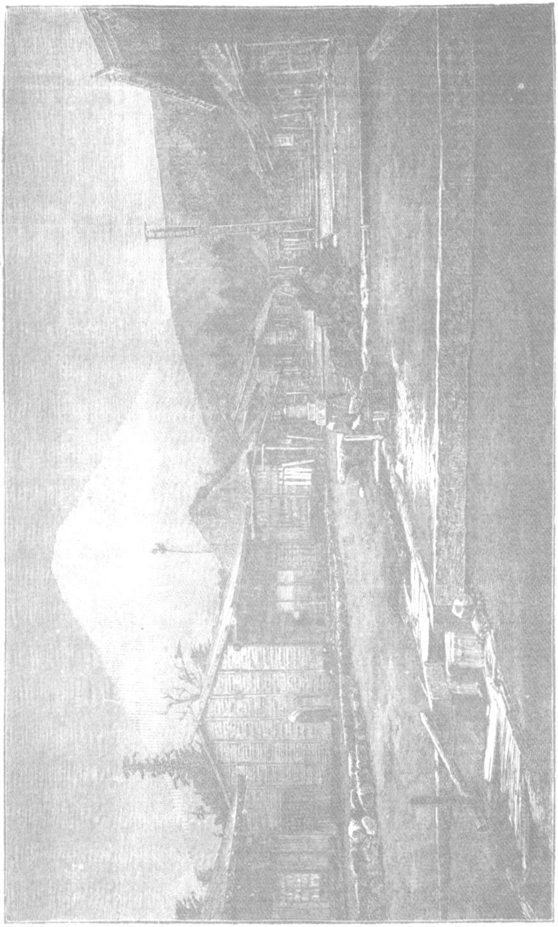

日本國大山

問 日本西面有啥个海、 答 日本海、

問 日本東面是啥个洋、 答 太平洋、

問 日本有幾化百姓、 答 約規有二千五百萬、

問 日本个人品咾風俗那能、 答 面相、禮貌學問、搭中國差勿多个、

問 日本有啥个土產、 答 金子、銀子、紅銅、馬口鐵、硫磺、樟腦、

問 日本有頂精巧个手藝是啥、 答 做金漆个器皿、

問 九州南面有多化島子屬於日本、伊个總名叫啥、 答 琉球、

問 琉球个竟况那能、 答 國度小咾百姓窮、出產也少、

問 琉球有一个通商碼頭叫啥、 答 那巴、

第四十九課 論西比利亞、

問 西比利亞拉那裏、 答 拉亞西亞个北邊、就是俄羅斯个屬國、

問 西比利亞个京城叫啥、 答 多波勒斯、

問 多波勒斯拉那裏、 答 貼近耳第施河、

問 高麗个京城叫啥、 答 漢城又叫漢陽、

問 漢城拉那裏、 答 京畿道、

問 高麗有幾化百姓、 答 約規有一百萬、

問 高麗个風俗那能、 答 政事咾讀書、搭中國一樣、著末、著明朝个服色、坐末、勿有凳、坐拉地上、

問 高麗有幾化地方、 答 連長九百里、闊五百里、

問 高麗个地勢那能、 答 南方个地土、壯咾人多、北方末、瘦咾人少、

問 高麗个土產是啥、 答 大麥、棉花、珠子、金子、鐵咾錫、頂好是高麗參、

第四十八課 論日本咾琉球、

問 日本國拉那裏、 答 拉高麗東邊个對過、是多化海島併成功个、

問 日本有四个大海島、叫啥、 答 本土、四國、九州、蝦夷、

問 第个四个島當中、那裏一个頂大、 答 本土島、

問 日本个京城叫啥、 答 東京、

問 東京拉啥个島上、 答 本土島上、

問 百姓做啥个行業、 答 捉魚咾打獵、搭之掘金銀銅鐵、

問 拉西比利亞、多啥等樣人咾著啥个衣裳、答 有多化俄羅斯兵、百姓末常著皮咾草、

問 西比利亞有幾化地方、 答 長一萬四千里、闊六千五百里、攏總有一千八百萬方里、

問 西比利亞个地勢那能、 答 地是平闊、南末高咾漸漸能朝北低下去、

問 西比利亞有啥个土產、 答 金銀銅鐵、金鋼鑽、寶石、金貂皮、

第五十課 論西域、

問 西域拉那裏、 答 拉西比利亞个西南、

問 西域个京城叫啥、 答 波嘎拉、

問 西域个西界貼近啥海、 答 嘎斯卞海、

問 西域个天氣那能、 答 有大冷咾大熱、

問 西域有幾化百姓、 答 約規有六百萬、

問 西域有幾化地方、 答 長四千五百里、闊四千里、一共有一百四十萬方里、

問 西域个地勢那能、 答 多荒野咾沙漠、地土末肥壯个少、

問西比利亞个南邊、搭啥地方夾界、　答滿洲蒙古伊犁西域波斯、
問拉伊犁夾界地方、有啥个大山嶺、　答阿爾太嶺、
問西比利亞个北界是啥、　答北冰洋、
問北界有啥个河、流到北冰洋、　答俄比河、延伊色河、雷那河、
問西比利亞東北、有啥个海腰、分開亞西亞
咾北亞美利加、　答比令海腰、
問相近比令海腰、有啥个土股、　答干乍德嘎、
問干乍德嘎个東南、有啥个海、　答俄賀資革海、
問相近黑龍江口、有一个狹長个海島叫啥、　答庫頁、
問庫頁个東南、有一个大島叫啥、　答伊蘇、
問伊蘇咾干乍德嘎當中个羣島叫啥、　答古利勒羣、又叫唐太島、
問貼近東界、有啥地方搭中國通商、　答恰克圖、
問西比利亞个天氣那能、　答天氣極冷、冰雪最深、拉車子末用馬咾鹿、或者用大狗、
問西比利亞个百姓有幾化、　答約規有七百萬、

耶路撒冷

百里恒

波斯國皇宮

聖殿

問 土耳基拉那裏、 答 拉波斯咾卓支亞个西面、還有半个國、拉歐羅巴、

問 土耳基當中有啥个海、 答 瑪摩拉海、

問 土耳基南面有啥个海、 答 希利尼海、地中海、

問 希利尼海咾瑪摩拉海流通个地方、有啥个海腰、 答 達達內勒斯海腰、

問 希利尼海外面有啥个海島、屬土耳基个、 答 革哩底、

問 地中海東邊有啥个海島、屬於大英个、 答 居比路、

問 土耳基北面、有啥个海、 答 黑海、

問 土耳基有幾化百姓、 答 約規有一千二百萬、

問 土耳基有幾化地方、 答 三千里長、四千里闊、攏總有一百八十萬方里、

問 土耳基个天氣那能、 答 相近平地个戶蕩、是和暖咾爽快、

問 土耳基个地勢那能、 答 平地咾山嶺差勿多、

問 土耳基有啥个出產、 答 絲、咖啡、菩提子、無花果、麻、烟草、

第五十三課 論猶太國、

問 西域有啥个土產、 答 棉花、羊毛、馬牛羊咾啥、

第五十一課 論波斯國、

問 波斯國拉那裏、 答 嘎斯卞海南面、

問 波斯个京城𠮩啥、 答 德蘭、

問 波斯有幾化百姓、 答 約規有一千二百萬、

問 波斯个百姓敬奉啥教、 答 回回教、還有太陽教伊拉拜日頭末、是點之火咾對伊拜个、

問 波斯个百姓做啥个手藝、 答 製造布、地氈、大褸、

問 波斯有幾化地方、 答 二千里長、二千五百里闊、攏總有一千二百萬方里、

問 波斯个地勢那能、 答 內地高平咾多沙漠、不過西邊个地土末、壯个多、

問 波斯有啥个土產、 答 絲、棉、麻、罌粟花、牛羊咾羊毛、

第五十二課 論卓支亞咾土耳基、

問 卓支亞拉那裏、 答 波斯个北面、是一个小國、

問 卓支亞个京城𠮩啥、 答 第弗利斯、

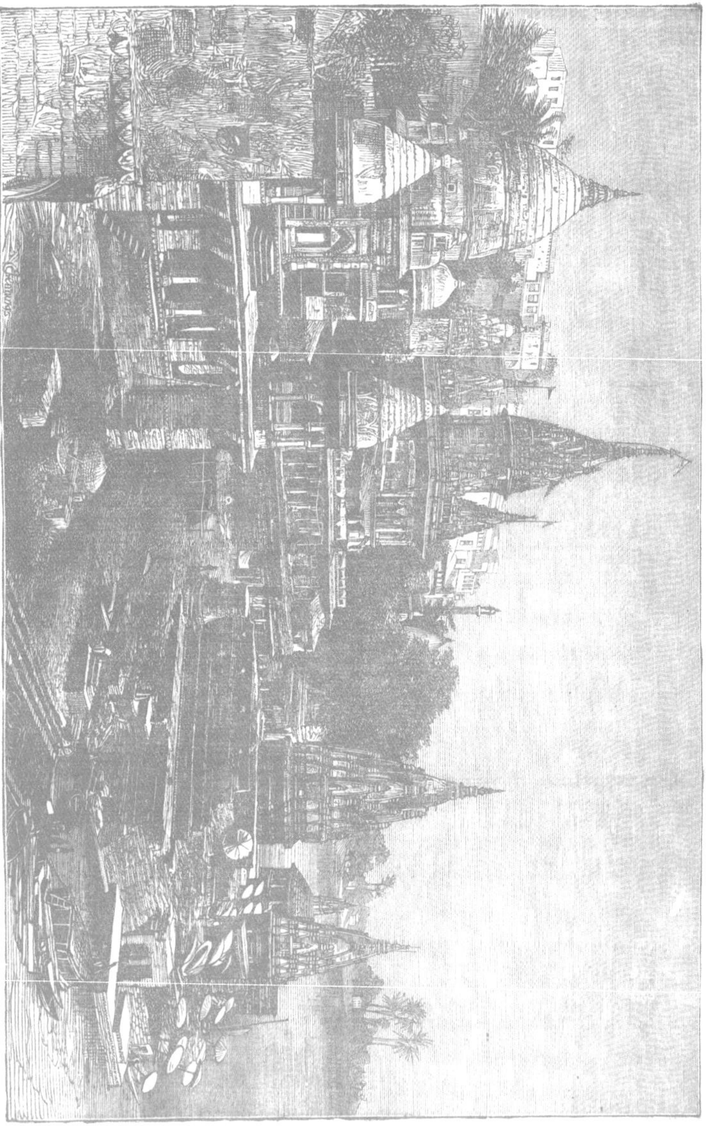

印度廟宇

利　　利　　加

勒　　撒　　拏

問 爲啥咾實蓋、

答 爲之猶太人勿敬天父、勿信耶穌、所以地土荒廢、百姓散開、是應驗之天父个說話、

第五十四課 論亞拉伯、

問 亞拉伯拉那裏、

答 亞西亞土耳基个南面、是一个土股、

問 亞拉伯个京城叫啥、

答 美嘎、

問 波斯、土耳基亞拉伯三國當中、有啥个海股、

答 波斯海股、

問 再有啥个海腰、

答 賀木斯海腰、

問 亞拉伯个東南、有啥个海、

答 亞拉伯海、

問 亞拉伯西面、有啥个海、

答 紅海、

問 貼近紅海个地方、屬於啥國、

答 土耳基國、

問 亞拉伯西邊、有有名聲个城叫啥、

答 美第那、

問 美嘎咾美第那爲啥有名聲、

答 爲之回回教个聖人穆罕莫德養拉美嘎咾死拉美第那个、

問 猶太國拉那裏、 答 拉亞西亞土耳基个西南邊上、就是稱聖地个、

問 爲啥稱伊聖地、 答 爲之耶穌降生拉第塊咾、

問 拉古時間猶太个京城叫啥、 答 耶路撒冷

問 猶太國有啥个河、流到啥个海裏、 答 有約但河、流到死海裏、

問 猶太人得第个聖地个時候、那能分開、 答 分十二支派、

問 耶穌養拉啥地方、 答 養拉耶路撒冷朝南十五里、叫伯利恒、

問 耶路撒冷个東北、貼近約但河、有頂有名聲个地方叫啥、 答 耶利哥、

問 北面聖地當中、有啥个城、 答 撒馬利亞城、

問 耶穌拉世界上个時候、猶太分幾省、 答 四省、

問 四省叫啥、 答 猶太、撒馬利亞、加利利、庇利亞、

問 耶穌拉啥地方長大、 答 拏撒勒、

問 常住拉啥地方、 答 迦百農、

問 猶太國現在那能、 答 地土雖然蠻壯、但是居住个人極少、

問 備魯支个地勢那能、 答 山嶺多咾地土瘦、所以耕種末最難、

問 備魯支有啥个出產、 答 米、棉花、牛咾羊、

問 阿弗干个京城叫啥、 答 嘎布勒、

問 阿弗干有幾化百姓、 答 約規有五百五十萬、

問 阿弗干百姓做啥个生意、 答 販馬到印度國、人末歡喜爭鬬、百姓末各分部屬、

問 阿弗干有幾化地方、 答 三千里長、二千里闊、一共有一百萬方里、

問 阿弗干个地勢那能、 答 地土多闊咾壯、高山也勿少、

問 阿弗干有啥个土產、 答 多種烟葉、養馬牛羊咾啥、

第五十六課 論印度國、

問 備魯支咾阿弗干个東面有啥國、 答 印度國、又叫天竺國、

問 印度个京城叫啥、 答 嘎勒革達、

問 嘎勒革達拉那裏、 答 拉東界、貼近恒河口、

問 印度東面有啥个海灣、 答 孟加拉海灣、

問 第个海灣當中、有啥个羣島、 答 安達滿羣島、

問亞拉伯个西南、有啥个海腰、　答巴備滿德海腰、

問亞拉伯个天氣那能、　答熱多咾雨少、

問亞拉伯有幾化百姓、　答約規有一千二百萬、

問亞拉伯有幾化地方、　答五千里長、四千里闊、一共有二百九十萬方里、

問亞拉伯个地勢那能、　答內地多沙漠、近海个地土、是壯个、第个國是普天下頂乾燥个地方、

問亞拉伯有啥个出產、　答有好馬、駱駝、咖啡、

問駱駝有啥个用場、　答可以拉沙漠地方搬運雜物、爲之伊能穀忍耐七八日勿呷啥咾、

第五十五課　論備魯支咾阿弗干、

問備魯支咾阿弗干拉那裏、　答拉波斯个東面、

問備魯支个京城叫啥、　答革拉德、

問備魯支个百姓有幾化、　答約規有二百萬、

問備魯支有幾化地方、　答二千里長、一千里闊、共總有六十萬方里、

羅馬京城

白熊

北極鹿車

印度國王陵

大蛇

問 緬甸个京城叫啥、 答 滿德來、

問 滿德來拉那裏、 答 拉國个當中、貼近伊拉瓦第江、

問 緬甸有幾化百姓、 答 約規有五百七十萬、

問 緬甸有幾化地方、 答 三千里長、六百里闊、一共有五千萬方里、

第五十八課 論暹羅國、

問 暹羅國拉那裏、 答 緬甸个東面、

問 暹羅个京城叫啥、 答 邦革革、

問 相近邦革革有啥个河、 答 湄南河、

問 暹羅南面、有啥个土股、 答 麻喇甲土股、

問 麻喇甲東面、有啥个海股、 答 暹羅海股、

問 麻喇甲南面、有啥个海島、屬於英國个、 答 新嘉坡現在叫星嘎坡、

問 星嘎坡西面、有啥个海島、也屬英國个、 答 庇能島、

問 第个兩个海島、有啥个要緊个關係、 答 爲之是各國个通商口子、

問 麻喇甲東南、有啥个土角、 答 羅馬尼亞土角、

問　印度个東南、有啥个海腰、　答　瑪那耳海腰、

問　第个海腰个東南、有啥个海島、　答　西倫島、向來叫錫蘭、

問　印度有三个大海口叫啥、　答　嘎勒革達、瑪德拉斯、孟買、

問　孟買地方有啥个河、流到亞拉伯海裏、　答　印度斯河、又叫黑河、

問　印度有幾化百姓、　答　約規有二萬五千萬、

問　印度个百姓是一樣呢、還是有幾樣拉、　答　有多化樣式、文字咾說話、全勿同个、

問　印度屬於啥國、　答　大英國、

問　印度有幾化地方、　答　六千里長、六千里闊、攏總有三百五十萬里、

問　印度个地勢那能、　答　地土極壯、花草樹木最好、

問　印度有啥个出產、　答　米、白糖、胡椒、檀香、茶葉、棉花、金鋼鑽、寶石、洋靛、象、豹、老虎、鱷魚、大毒蛇、再有頂勿好个出產、就是鴉片烟土、第个土、一大半販到中國、

第五十七課　論緬甸國、

問　緬甸國拉那裏、　答　印度國東面、

問安南有幾化百姓、 答約規有一千二百萬、

問安南有啥事體、搭中國相同个、 答官府个名頭咾文學、服色末、搭明朝一樣个、

問安南有幾化地方、 答三千里長、六百里闊、攏總有四十萬方里、

問安南有啥个出産、 答金子、銀子、紅銅、硫磺、樟腦、玉桂、

總意

中國个東北、有一个土股个國度、叫高麗、京城叫漢陽、是拉京畿道裏、百姓約規一百萬、政事咾讀書、搭中國一樣个、南方人多、北方人少。〇高麗東邊、有一个海島个國度、叫日本、京城叫東京、百姓約規二千五百萬、面貌咾學問、搭中國差勿多个、善於做金漆个器皿、伊拉个南面、有屬地、叫琉球、通商碼頭叫那巴。〇拉亞西亞个北邊、有西伯利亞、就是俄羅斯个屬國、京城叫多波勒斯、天氣極冷、百姓約規有七百萬、大概是捉魚咾打獵、搭之掘金銀銅鐵、地勢是平咾闊、南面是高、北面漸漸能低下去个。〇西伯利亞西南、有西域、京城叫波嘎拉、天氣有大冷咾大熱、百姓約規有六百萬、荒野咾沙漠地多、肥壯地少。〇嘎斯卞海个南面、有波斯國、京城叫德蘭、百姓約規有一千二百萬、敬奉回回教咾太陽教、地勢多沙漠、不過西邊末壯个。〇波斯个北面、有卓支亞、京城叫第弗利斯。〇波斯咾卓支亞个西面、有土耳基、還有半个國、是拉歐羅巴、百姓約規有一千二百萬、天氣是和暖、地勢是平地咾山嶺差勿多。〇土耳基个西南

問 麻喇甲西南、有啥个海腰、 答 麻喇甲海腰、

問 還有啥个海島、 答 蘇門答臘、

問 麻喇甲西面、有啥个海股、 答 瑪達班海股、

問 暹羅有幾化百姓、 答 約規有三百萬、

問 暹羅有幾化地方、 答 四千里長、一千五百里闊、一共有七十萬方里、

問 暹羅有啥个出產、 答 烏木、蘇木、象牙、犀角、牛角、燕窩、荳蔻、沉香、速香、降香、銀子、鉛、最多末是平常个米、

第五十九課 論安南國、又叫交趾咾越南、

問 安南國拉那裏、 答 暹羅个東面、中國个南面、

問 安南个京城叫啥、 答 順化、

問 安南个東面、有啥个海股、 答 東京海股、

問 安南个南面有啥个海、 答 南海、

問 安南國裏有啥个河、流到南海、 答 西岸河、

問 安南咾暹羅當中、有啥个江、分開兩國、 答 瀾滄江、

海股、搭暹羅分界个當中、有瀾滄江、百姓約規有一千二百萬、官府个名頭、文學、服式、搭明朝一樣个。

第五章　論歐羅巴

第六十課　論歐羅巴个大勢、

問　歐羅巴拉那裏、
答　亞西亞个西北、

問　歐羅巴比亞西亞小幾化、
答　五分之四、

問　歐羅巴東面个疆界是啥、
答　烏拉河、烏拉山、嘎斯卞海、

問　南面是啥、
答　高嘎色斯山、黑海、地中海、

問　西面是啥、
答　大西洋、

問　北面是啥、
答　北冰洋、

問　歐羅巴个天氣那能、
答　溫和个、不過北邊末冷个、

問　歐羅巴有幾化地方、
答　從支伯拉德海腰到烏拉山个北盡頭、有一萬零五百里長、

問　從歐羅巴四面个水邊上算起來、有幾化長、
答　攏總有三千四百萬方里、

邊、有猶太國、又稱聖地、是耶穌降生拉第塊个京城叫耶路撒冷、耶穌末養拉伯利恒、長大拉拏撒勒、常住拉迦百農。猶太國現在地土雖然蠻壯、但是居住个人極少、爲之伊拉勿敬天父、勿信耶穌、所以地土荒廢、百姓散開、是應驗之天父个說話。○土耳基个南面、有一个土股个國度、叫亞拉伯、京城叫美嘎、還有城叫美第那、第个兩个城、是爲之回回教个聖人穆罕莫德養拉美嘎、死拉美第那、所以有名聲、百姓約規一千二百萬、地勢是普天下頂乾燥个、有駱駝、可以拉沙漠地方搬運雜物、爲之伊能彀忍耐七八日、勿呷啥咾。○波斯个東面、有兩个國度、叫備魯支咾阿弗干、備魯支个京城、叫革拉德、百姓約規有二百萬、地勢、山嶺多咾地土瘦、所以耕種是最難。○阿弗干个京城、叫嘎布勒、百姓約規有五百五十萬、地勢闊咾壯、高山也勿少、備魯支咾阿弗干个東面、有印度國、也叫天竺國、京城叫嘎勒革達、是拉東界、貼近恒河口、東面有孟加拉海灣、拉東南上有一个海島、叫西倫向來叫錫蘭、有三个大海口、叫嘎勒革達、瑪德拉斯、孟買、百姓約規有二萬五千萬、百姓有多化樣式、文字咾說話、全是勿同、現在屬於大英國、地土是極壯、花草樹木、全是最好。○印度个東南、有緬甸國、京城叫滿德來、百姓約規有五百七十萬。○緬甸个東面、有暹羅國、京城叫邦革革、南面有麻喇甲土股、麻喇甲南面、有海島叫新加坡、現在叫星嘎坡、屬於英國。還有西面叫庇能島、也屬英國、第个兩个海島、是各國通商个口子、所以是要緊个、還有蘇門答臘海島。暹羅百姓、約規有三百萬。○暹羅个東面、中國个南面、有安南國、京城叫順化、東面、有東京

問 歐羅巴當中有啥个教訓、答 東方人敬重希利尼教个多、

問 南方人呢、答 敬重天主教、又叫羅馬教个多、

問 西方咾北方呢、答 敬奉耶穌教个多、

問 還有啥別教否、答 不過土耳基合國个百姓、相信回回教、

問 歐羅巴洲攏總分幾國、答 二十國、內中有頂大个、就是俄羅斯、英國、德意志、法郎西、

總意

歐羅巴拉亞西亞个西北、比亞西亞小五分之四、四面个疆界、東到烏拉河、烏拉山、嘎斯卞海、南到高嘎色斯山、黑海、地中海、西到大西洋、北到北冰洋、天氣北邊末冷、南邊是溫和、從支伯拉德海腰到烏拉山个北盡頭、長一萬零五百里、從四面个水邊上算起來、有三千四百萬方里、地勢東西咾當中是平地、南咾北末多高山、四面个海咾海灣也勿少、出產有鐵、銅、鉛、白鐵、煤、大麥、小麥、苡仁米、馬、牛、羊、猪、狗、荒野裏有野獸咾毒蛇、還有白熊咾大鹿。○話到人丁、約規有三萬三千萬、皮色大概是白个、男人常常戴帽子、女人著長衣裳、脚末勿纏个、地土雖然少、然而百姓个權能咾聰明、要算第一、做生意也勤儉、來去有馬車、火輪車、火輪船、還有頂精巧个手藝、大概東方人敬重希利尼教、南方人敬重天主教、西方咾北方、敬

問歐羅巴个地勢那能、　答東西咾當中是平地、不過南北末多高山、四面个海咾海灣咾啥、也勿少、

問歐羅巴个山裏、有啥个出產、　答鐵、銅、鉛、白鐵、煤、

問歐羅巴个田裏出啥、　答大麥、小麥、苡仁米、

問歐羅巴裏有啥个中牲、　答馬、牛、羊、咾猪狗、荒野塲化、偶然有野獸咾毒蛇、

問亞勒伯山个戶蕩出啥、　答白熊咾拖車子个大鹿、

第六十一課　論歐羅巴裏个百姓、

問歐羅巴个百姓有幾化、　答約規有三萬三千萬、

問歐羅巴百姓个皮色那能、　答白个多、不過眼睛咾頭髮、有黑咾黃个、

問歐羅巴百姓个服色那能、　答男人常常戴帽子、著勿長勿短个衣裳、女人末、著長衣裳、戴大帽子、脚末全勿纒个、

問歐羅巴比別洲那能、　答地土最小、百姓个權能咾聰明、是第一、做生意也勤儉、往來末、有馬車、火輪車、火輪船、

問歐羅巴个百姓、有啥个技藝、　答頂精巧个手藝、

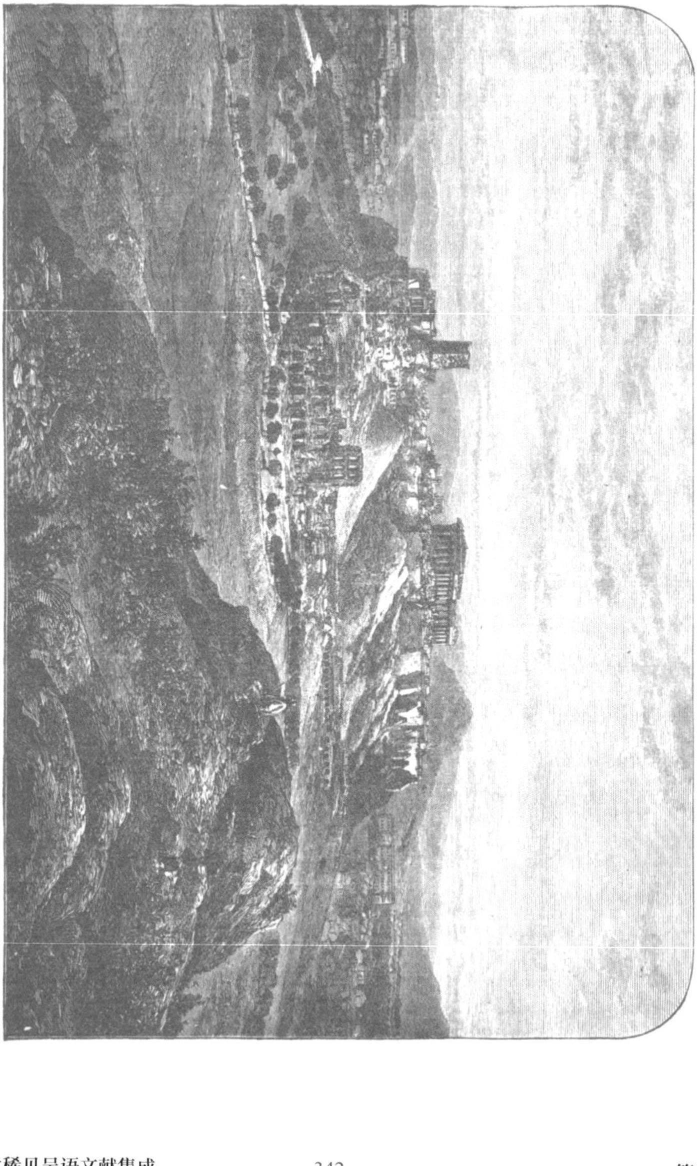

希利尼京城雅典

城京个間時古斯羅俄

問 俄羅斯有幾化地方、答 長約規有六千多里、闊有五千多里、攏總有歐羅巴个一大半地方、

問 俄羅斯个地勢那能、答 平地來得多、南方个地土、是壯咾物事出來好、北方个地土、是瘦个、

問 俄羅斯有啥个出產、答 銅、鐵、木料、大麥、小麥、養牛羊、織麻布、還有粟米末更加多、

第六十三課 論土耳基咾希利尼、

問 土耳基拉那裏、答 黑海个東南、還有半國拉亞西亞、

問 土耳基个京城叫啥、答 根斯旦第那伯、

問 根斯旦第那伯拉那裏、答 貼近斯波魯斯海腰、

問 地中海裏、有啥个大海島、屬於土耳基个、答 革哩底島、

問 希利尼拉那裏、答 土耳基南面个土股上、

問 希利尼个京城叫啥、答 雅典、

問 雅典貼近啥个海、答 希利尼海、

奉耶穌教、土耳基合國末、相信回回教。攏總分二十个國、內中頂大个、叫俄羅斯、大英、德意志、法郎西。

第六十二課　論俄羅斯、

問　俄羅斯國拉那裏、　答　俄羅巴个東北、

問　俄羅斯个京城叫啥、　答　散備德伯、

問　散備德伯拉那裏、　答　本國个西邊、貼近拉多嘎湖、

問　俄羅斯東面个境界是啥、　答　烏拉山、烏拉河、嘎斯卞海、

問　南面呢、　答　高嘎色斯山、黑海、

問　西面呢、　答　魯馬尼亞、奧斯馬加、德意志、保勒第海、瑞典、哪威、

問　俄羅斯當中有啥个城、是古時間个京城、　答　麻斯瓜、

問　俄羅斯个西北、有兩條河、流到嘎斯卞海个、叫啥、　答　烏拉河、弗拉嘎河、

問　還有流到黑海裏个兩條、叫啥、　答　盾河、聶伯河、

問　俄羅斯个天氣那能、　答　北方全年冷、南方夏天溫和、

問　俄羅斯个百姓有幾化、　答　約規有五千六百萬、

義大利斐蘇俄火山

土京根斯旦第那伯

啥、 答 西西利咾撒第尼亞、

問 西西利个東邊有一个火山叫啥、 答 哀德那火山、

問 義大利个西南、西西利个東北、有啥个海腰、 答 美西那海腰、

問 美西那海腰个西北、有啥个火山、 答 斯東波利火山、

問 義大利个東南到西北、有啥个大山嶺、 答 阿笨年山、

問 義大利个西邊近海、有啥个火山、 答 斐蘇斐俄火山、

問 義大利个天氣那能、 答 極溫和、

問 義大利个百姓有幾化、 答 約規有三千萬、

問 義大利个百姓、有啥个技藝、 答 頂會畫畫、也會雕刻人咾飛禽走獸、

問 義大利有幾化地方、 答 二千五百里長、闊末、北邊有一千多里、南邊不過有幾里、一共有十二萬方里、

問 義大利个地勢那能、 答 一大半是山嶺、

問 義大利有啥个出產、 答 絲、穀種、菓子、好酒、

問　希利尼南邊有啥个土角、　答　瑪達班角、

問　希利尼有幾化百姓、　答　約規有三百萬、

問　希利尼百姓拉古時間有啥名聲、　答　講究學問咾歡喜打仗、

問　希利尼有幾化地方、　答　一千二百里長、三百里闊、

問　希利尼个地勢那能、　答　山谷多、地土是壯个、

問　希利尼有啥个出產、　答　絲、葡萄、無花果、搭之各様个果子、

第六十四課　論義大利、

問　義大利拉那裏、　答　土耳基西邊个對過、是一个土股、

問　義大利个京城叫啥、　答　羅馬、拉本國个西邊、

問　羅馬城裏有啥人住拉化、　答　天主教个教皇、

問　義大利東面有啥个海、　答　阿德利亞海、

問　阿德利亞海个東南、有啥个海腰、　答　俄德蘭多海腰、

問　義大利東南、有啥个海股、　答　達蘭多海股、

問　地中海裏有兩个大海島、屬義大利个叫

問 再有搭法耶西夾界个地方、有啥个山、 答 比勒尼斯山、

問 日斯巴尼亞有幾化百姓、 答 約規有一千三百五十萬、

問 日斯巴尼亞有幾化地方、 答 一千四百里長、二百里闊、攏總有六十一萬方里、

問 日斯巴尼亞个地勢那能、 答 高平地咾山、是各一半、

問 日斯巴尼亞有啥个出產、 答 水銀、鉛、鐵、五穀、各樣果子、然而最好个、是羊毛咾葡萄酒、

第六十六課 論葡萄牙、

問 葡萄牙拉那裏、 答 日斯巴尼亞个西面、

問 葡萄牙个京城叫啥、 答 利斯波阿、

問 利斯波阿拉那裏、 答 葡萄牙西邊、貼近達賀河口、

問 葡萄牙个西面、有啥个洋、 答 大西洋、

問 流到大西洋个三條河、叫啥、 答 瓜第亞那河、達賀河、度羅河、

問 葡萄牙个西南、有啥个土角、 答 散分森德角、

問 葡萄牙有幾化百姓、 答 約規有三百五十萬、

第六十五課　論日斯巴尼亞、

問　日斯巴尼亞拉那裏、　答　拉歐羅巴个西南、是一个土股、

問　日斯巴尼亞个京城叫啥、　答　瑪德利德、

問　瑪德利德拉那裏、　答　貼準拉本國个當中、

問　日斯巴尼亞東面个海叫啥、　答　地中海、

問　有啥个大河、流到地中海裏、　答　哀伯羅河、

問　地中海裏有啥个海島屬日斯巴尼亞个、　答　巴利阿利羣、

問　日斯巴尼亞南邊有啥个海腰、　答　支伯拉德海腰、

問　支伯拉德海腰分開啥、　答　歐羅巴咾亞非利加、

問　第个海腰个北邊、有頂高咾頂大个磐石、可以紮營个、屬於啥國、　答　英國、

問　日斯巴尼亞西南、有啥个河流到太平洋、　答　瓜達勒基斐河、

問　日斯巴尼亞个東北、有兩个土角叫啥、　答　斐尼斯疊雷角咾俄第嘎勒角、

問　日斯巴尼亞北面、有啥个海灣、　答　比斯嘎海灣、

倫盾橋

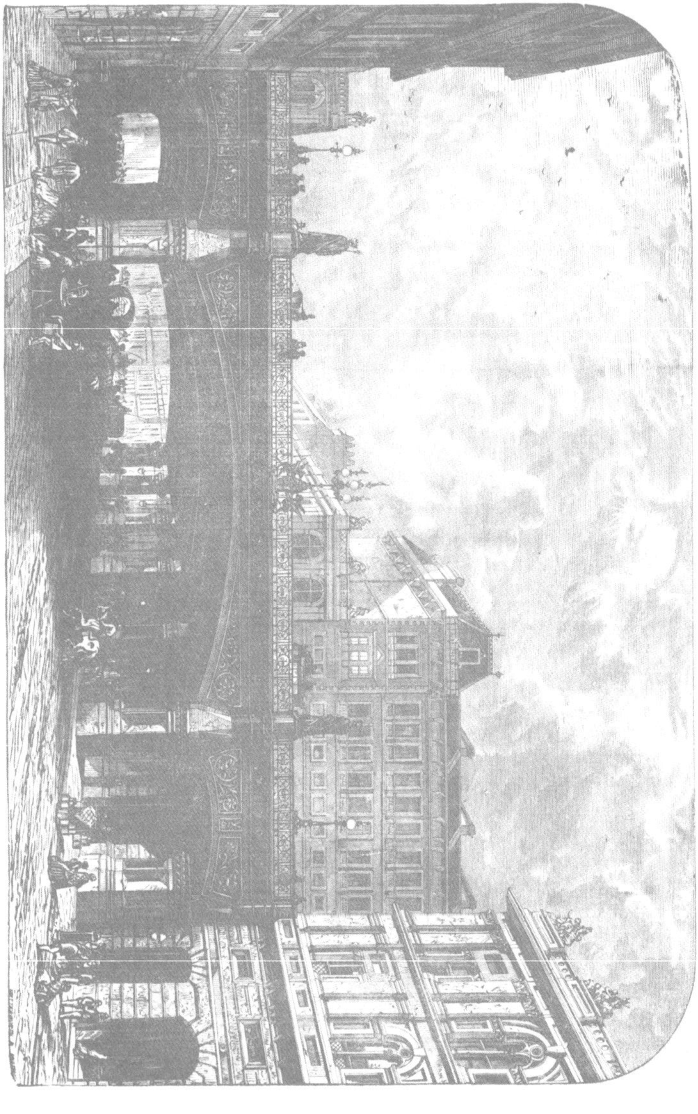

法國巴利京城

日斯巴尼亞京城瑪德利德

STREET OF THE ENGLISH AT OPORTO.

問 還有啥个土角、 答 散馬太角、

問 流到比斯嘎海灣裏个兩條河、叫啥、 答 剌龍德河、勒瓦耳河、

問 法郎西个西北、有啥个海汊、 答 英革蘭海汊、

問 英革蘭海汊个東北、有啥个海腰、 答 多弗海腰、

問 法郎西有幾化百姓、 答 約規有三千四百萬、

問 法郎西个百姓、做啥个行業、 答 一大半人種桑葉來養蠶、種葡萄來做酒、

問 伊拉還做啥个手藝、 答 做絲、織棉布、麻布、花邊、鑲金銀器皿个末、更加多、

問 法郎西出綢緞頂多个地方叫啥、 答 利昂城、

問 法郎西有幾化地方、 答 長咾闊、大約全有二千里、一共有六十八萬方里、

第六十八課 論英國、

問 英國拉那裏、 答 法郎西西北个對過、是兩个海島、併成功个、

問 英國分幾段、 答 四段、

問 第个四段叫啥、 答 英革蘭、偉勒斯、哀耳蘭、斯革蘭、

問 英國个京城叫啥、 答 倫盾、

問 葡萄牙有幾化地方、 答 一千里長、六百里闊、攏總有十二萬方里、

問 葡萄牙有啥个出產、 答 所出个物事、搭日斯巴尼亞一樣、不過多做葡萄酒、

問 最好个葡萄酒、出拉那裏、 答 阿波爾多城、

第六十七課 論法郎西、

問 法郎西拉那裏、 答 日斯巴尼亞个東北、

問 法郎西个京城叫啥、 答 巴利、

問 巴利拉那裏、 答 拉本國个西北、貼近色因河、

問 法郎西東南、有啥个海股、 答 利昂海股、

問 地中海裏有啥个海島、屬於法郎西个、 答 哥西嘎、

問 哥西嘎南面、有啥个海腰、 答 波尼法卓海腰、

問 哥西嘎北面咾義大利南面、有啥个海股、 答 遮挪法海股、

問 法郎西个東南、有啥个通商口子、 答 瑪色勒、

問 瑪色勒西面有啥个河、流到利昂海股、 答 倫河、

問 法郎西个西面、有啥个海灣、 答 比斯嘎海灣、

斯革蘭石洞

英國皇宮

伊斯蘭亥革拉火山

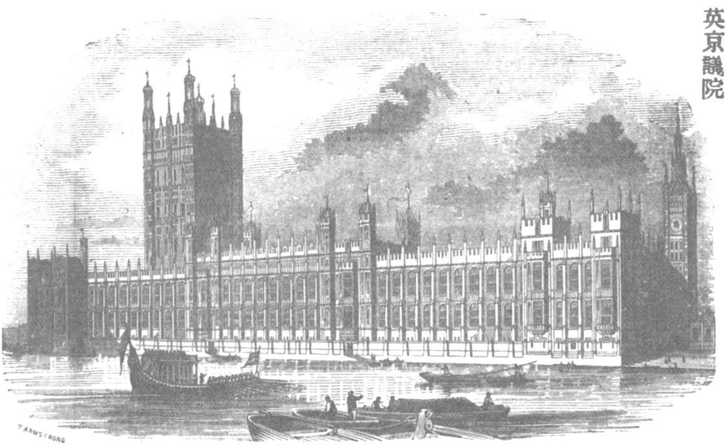

英京議院

問 哀耳蘭个地勢那能、 答 地勢是平坦、也是壯咾好个、

問 哀耳蘭有啥个出產、 答 最好个是蘇布、還多種荷蘭薯、

第六十九課 論丹國、

問 丹國拉那裏、 答 北海个東邊是一个土股咾幾个海島併成功个、

問 丹國个京城叫啥、 答 哥本哈根、

問 哥本哈根拉那裏、 答 西蘭島、

問 丹國咾西蘭个當中還有啥个大海島、 答 斐內恩島、

問 西蘭个東面有啥个海腰、 答 孫德海腰、

問 丹國个東北咾西北有兩个海岔叫啥、 答 東北是嘎第嘎德岔、西北是斯嘎革拉革岔、

問 拉大西洋裏有啥个海島屬於丹國、 答 伊斯蘭、

問 伊斯蘭南面有啥个火山、 答 亥革拉火山、

問 伊斯蘭个大城叫啥、 答 來加斐革、

問 丹國有幾化百姓、 答 約規有二百五十萬、

問 丹國个百姓做啥个行業、 答 種田咾養牛、做牛油咾乳餅、

問倫盾拉那裏、　答英革蘭个東南、貼近典斯河、

問英革蘭西邊、有啥个大海口、　答利斐布勒、

問英革蘭有幾化大、　答搭中國个山東省差勿多、

問斯革蘭个省城叫啥、　答哀典伯、

問哀耳蘭个省城叫啥、　答德伯林、

問哀耳蘭咾英革蘭个當中、有啥个海、　答哀耳蘭海、

問英國个天氣那能、　答溫和、

問英國所管个地方有幾化、　答合天下六分之一、

問英國百姓有幾化、　答普天下五分之一、約規有一千萬、

問英革蘭出最好个是啥、　答製造最精巧个各樣物事搭之做生意、

問英革蘭个地勢那能、　答東半爿多平地、不過西邊偉勒斯地方多山、

問英革蘭有啥个出產、　答麥、銅、鐵、煤、白鐵、製造棉花布、羊毛布、玻璃咾鐵器、

問斯革蘭个地勢那能、　答南方多壯地、北方多山嶺、

問斯革蘭有啥个出產、　答穀種、煤、鐵、海魚、製造棉花布咾蔴布、

問 第个兩國有幾化地方、 答 全有四千里長、一千五百里闊、一共有九十七萬方里、

問 第个兩國个地勢那能、 答 瑞典多平地、哪威多山嶺、

問 第个兩國、有啥个出產、 答 養牛、掘銅鐵、捉魚、

第七十一課 論和蘭咾比利時、

問 和蘭咾比利時拉那裏、 答 法郎西个北面、

問 和蘭个京城叫啥、 答 亥革、

問 亥革拉那裏、 答 和蘭个西邊貼近北海、拉來因河口、

問 和蘭西北、有啥个海股、 答 賽德海股、

問 和蘭个百姓有幾化、 答 約規有二百六十萬、

問 比利時个京城叫啥、 答 伯呂色勒、

問 比利時有幾化百姓、 答 約規有四百八十萬、

問 第个兩國有幾化地方、 答 全有六百里長、四百多里闊、和蘭有四萬三千方里、比利時有五萬方里、

問 第个兩國个地勢那能、 答 最低咾最壯、

問丹國有幾化地方、答一千里長、三百五十里闊、攏總有七萬八千方里、
問丹國个地勢那能、答低平咾極壯、
問丹國有啥个土產、答穀種、

第七十課 論瑞典咾哪威、

問瑞典咾哪威拉那裏、答丹國北邊个對過、是一个土股、
問瑞典个京城叫啥、答斯德賀倫、
問斯德賀倫拉那裏、答瑞典个北邊、貼近保勒第海、
問瑞典个北面、有啥个海股、答波德尼亞海股、
問瑞典个百姓有幾化、答約規有二百九十萬、
問哪威个京城叫啥、答革利斯第亞那、
問革利斯第亞那拉那裏、答哪威个南邊、搭瑞典夾界个地方、
問哪威个西面咾北面、有啥个洋、答西面是大西洋、北面是北冰洋、
問哪威有幾化百姓、答約規有一百十萬、
問第个兩國个天氣那能、答頂冷、

問稅餉个京城叫啥、　答伯諾、

問稅餉有幾化百姓、　答約規有二百零一萬三千一百、

問稅餉有幾化地方、　答大約有八百里長、七百里闊、攏總有五萬方里、

問稅餉个地勢那能、　答最多是山嶺咾河、

問稅餉有啥个出產、　答穀種、藥料、牛羊、做乳餅、牛油、表、

第七十三課　論奧斯馬加、

問奧斯馬加拉那裏、　答德意志个東南、

問奧斯馬加个京城叫啥、　答偉恩

問偉恩拉那裏、　答拉本國个西邊、貼近多腦河、

問奧斯馬加東邊有啥个大山嶺、　答嘎巴典嶺、

問奧斯馬加有幾化百姓、　答約規三千五百萬、

問奧斯馬加个地勢那能、　答有頂高个山嶺、也有頂闊个平地、

問奧斯馬加有啥个出產、　答天下最好个鹽、

問 和蘭國有啥个出產、　答 養牛、做牛油咾乳餅、織羽緞、氈毯、羊毛布、蔴布、

問 比利時有啥个出產、　答 煤、烟葉、五穀、織羊毛布、蔴布、花邊、氈毯、是最有名聲个、

第七十二課　論德意志咾稅貢、

問 德意志咾稅貢拉那裏、　答 和蘭比利時、法郎西个東面、

問 德意志个京城叫啥、　答 伯林、

問 伯林東面有啥河、　答 俄德河、

問 德意志北方有流到北海个三條河、叫啥、　答 哀勒伯河、偉色河、恩斯河、

問 德意志東北、有啥个海股、　答 旦劑革海股、

問 拉第塊有啥个河、流到旦劑革海股、　答 斐斯度拉河、

問 德意志有幾化百姓、　答 約規有三千四百萬、

問 德意志个百姓創造啥、　答 火藥、時辰鐘表、活板印書、

問 德意志有幾化地方、　答 大約有三千四百里長、二千八百里闊、

問 德意志个地勢那能、　答 北方低咾多平地、南方多山、

問 德意志有啥个出產、　答 穀種、苧蔴、烟葉、製造香水、葡萄酒、紙料、織蔴布咾羊毛

京城叫麻斯瓜、百姓約規有五千六百萬、伊拉个地方有歐羅巴个一大半、天氣北方全年冷、南方夏天溫和、地勢南方是壯、北方是瘦。○拉黑海个東南有土耳基國、伊還有半个國是拉亞西亞、京城叫根斯旦第那伯、貼近斯波魯斯海腰、還有一个大海島、叫革哩底。○土耳基个南面有一个土股个國叫希利尼、京城叫雅典、百姓約規有三百萬、是古時間有名聲个國度、地土是壯个。○土耳基西邊个對過有一个土股个國、叫義大利、京城叫羅馬、是拉本國个西邊、還有兩个大海島、一个叫西西利、一个叫撒第尼亞、西邊近海有火山叫斐蘇斐俄、是有名聲个、百姓約規有三千萬、天氣極溫和、地勢大半是山嶺。○歐羅巴个西南、有一个土股个國、叫日斯巴尼亞、京城叫瑪德利德、是拉本國个當中、還有海島拉地中海裏个、叫巴利阿利羣、百姓約規有一千三百五十萬、地勢平地咾山、是各一半。○日斯巴尼亞个西面、有葡萄牙國、京城叫利斯波阿、貼近達賀河口、百姓約規有三百五十萬、拉阿波爾多城、出最好个葡萄酒。○日斯巴尼亞个東北、有法郎西國、京城叫巴利、貼近色因河、拉地中海、有一个海島、是伊个屬地、東南有通商个口子、叫瑪色勒、百姓約規有三千四百萬、有出綢緞个地方、叫利昂城。○法郎西西北个對過、有兩个海島併成功个、叫英國、共分四段、叫英革蘭、偉勒斯、哀耳蘭、斯革蘭、京城叫倫盾、貼近典斯河、西邊有大海口、叫利斐布勒、斯革蘭省城叫哀典伯、哀耳蘭省城叫德伯林、天氣是溫和、伊所管个地方、合天下六分之一、百姓約規有一千萬、英革蘭地勢、東半爿多平地、西邊多山、斯革蘭南方多壯地、北方多

問　還出啥別樣否、　答　金子、銀子、鐵、穀種、製造綢緞咾葡萄酒、

第七十四課　論奧斯馬加東面个四小國、

問　奧斯馬加東面个四小國、叫啥、　答　門德內革羅、色斐亞、布勒嘎利亞、魯馬尼亞、

問　門德內革羅拉那裏、　答　土耳基个西北、貼近阿德利亞海、

問　門德內革羅个京城叫啥、　答　色典基、

問　色斐亞拉那裏、　答　門德內革羅个東北、

問　色斐亞个京城叫啥、　答　比革拉德、

問　布勒嘎利亞拉那裏、　答　土耳基个北面、

問　布勒嘎利亞个京城叫啥、　答　梭斐亞、

問　魯馬尼亞个京城叫啥、　答　布嘎勒斯、

問　魯馬尼亞咾布勒嘎利亞夾界个地方、有啥个河、　答　多腦河、

總意

歐羅巴个東北、有一个大國、叫俄羅斯、京城叫散備德伯、是拉本國个西邊、貼近拉多嘎湖、還有一个舊

第六章　論亞非利加、

第七十五課　論亞非利加个大勢、

問　亞非利加拉那裏、　答　歐羅巴个南面、亞西亞个西面、
問　亞非利加東面个疆界是啥、　答　紅海咾印度洋、
問　南面是啥、　答　也是印度洋、
問　西面是啥、　答　大西洋、
問　北面是啥、　答　地中海、
問　亞非利加个天氣那能、　答　頂熱爲之全洲拉熱道上咾、
問　還有啥別个緣故否、　答　少雨露咾江河、多沙漠、
問　亞非利加有幾化地方、　答　長咾闊、全是一萬五千里、一共有四萬方里、
問　亞非利加比別个洲那能、　答　比歐羅巴大兩倍、
問　亞非利加个地勢那能、　答　高平咾多瘦、沿海多山、相近水个地方、是壯咾好个、
問　亞非利加个山裏、有啥个出產、　答　金鋼石、金子、銀子、銅咾鐵、硫磺、
問　亞非利加个田裏、出啥物事、　答　五穀、棉花、靛青、象牙、咖啡、烟葉、駝鳥毛、

山嶺、哀耳蘭是平坦、也是壯咾好个。○拉北海个東邊、有一个土股咾幾个海島併成功个國、叫丹國、京城叫哥本哈根、拉西蘭島上。還有一个大海島、叫斐內恩、是拉丹國咾西蘭島當中。還有拉大西洋裏、有一个屬島、叫伊斯蘭、南面有亥革拉火山、百姓約規有二百五十萬、大概種田咾養牛、地勢低平咾極壯。○丹國北邊个對過、有兩个土股个國、叫瑞典咾哪威、瑞典个京城叫斯德賀倫、貼近保勒第海、百姓約規有二百九十萬。哪威个京城叫革利斯第亞那、拉搭瑞典交界个地方、百姓約規有一百十萬、兩國个天氣是頂冷、地勢、瑞典多平地、哪威多山嶺。○法郎西个北面、有和蘭咾比利時國、和蘭个京城叫亥革、貼近北海、拉來因河口、百姓約歸有二百六十萬。比利時个京城叫伯呂色勒、百姓約規有四百八十萬、兩國个地勢、最低咾最壯。○和蘭、比利時、法郎西个東面、有兩个國、叫德意志咾稅貲、德意志个京城叫伯林、百姓約規有三千四百萬、地勢北方低咾多平地、南方多山、稅貲个京城叫百諾、百姓約規有二百零一萬三千一百、地勢山嶺咾河最多。○德意志个東南、有奧斯馬加國、京城叫偉恩、貼近多腦河、百姓約規有三千五百萬、地勢有頂高个山嶺咾頂闊个平地。○奧斯馬加東面、有四个小國、叫門德內革羅、色斐亞、布勒嘎利亞、魯馬尼亞、門德內革羅拉土耳基个西北、貼近阿德利亞海、京城叫色典基、色斐亞拉門德內革羅个東北、京城叫比革拉德、布勒加利亞拉土耳基个北面、京城叫梭斐亞、魯馬尼亞个京城叫布嘎勒斯。

亞非利加南邊喥弗雷利亞人

鴕鳥

河馬

稅賁京城伯諾

問 現在仍舊有人做第个事體否、　答 有亞拉伯个回回教人仍舊拉做、

問 亞非利加一共有幾國、　答 十九國、

總意

亞非利加拉歐羅巴个南面、亞西亞个西面、四面个疆界、東到紅海咾印度洋、南到印度洋、西到大西洋、北到地中海、天氣頂熱、少雨露咾江河、多沙漠、地方長咾闊、全是一萬五千里、一共有四萬方里。比歐羅巴大兩倍。地勢高平咾多瘦、沿海多山、相近水个地方末、是壯咾好个。出產金剛石、金子、銀子、銅咾鐵硫磺、五穀棉花、靛青象牙、咖啡、烟葉、駝鳥毛、野獸末、有大象、犀牛、獅子、河馬、虎斑馬、鹿豹、駱駝豹、鱷魚、還有駝鳥。○話到人丁、約規二萬萬、皮色全是黑个、百姓常庄赤身露體、不過下身遮一幅布、性情是呆笨、勿歡喜做事體。北方奉回回教、其餘拜日頭、月亮、飛禽、走獸、蟲豸、搭之魚咾一切物事、全拜个。四面近海个地方末、有耶穌教咾天主教、現在也到內地去哉。百姓分多化族類、前頭有別洲人拐伊拉到別處去賣撥人家做奴僕、現在有亞拉伯个回回教人仍舊拉做亞非利加一共有十九个國。

第七十七課　論伊及、

問 伊及國拉那裏、　答 亞非利加个東北、貼近紅海咾地中海、

問 伊及个京城叫啥、　答 該羅、

問 亞非利加出啥个野獸、 答 大象、犀牛、獅子、河馬、虎斑馬、鹿豹、駱駝、豹、鱷魚、還有駝鳥、是頂有力个飛禽、

第七十六課 論亞非利加裏个百姓、

問 亞非利加有幾化百姓、 答 約規有二萬萬、

問 亞非利加百姓个皮色那能、 答 通身全是黑个、

問 亞非利加个百姓著啥、 答 常庄赤身露體、不過下身末、用一幅布來遮拉个、

問 亞非利加百姓个性情那能、 答 呆笨个多、勿歡喜種田咾做生意、

問 亞非利加百姓有啥个教化、 答 北方奉回回教个多、餘者末、拜日頭、月亮、飛禽、走獸、蟲豸咾魚、還有拜各樣物事个、

問 現在有啥教傳拉亞非利加、 答 耶穌教咾天主教、

問 傳耶穌教个人拉啥地方、 答 全拉亞非利加四面近海个地方、現在也到內地去哉、

問 亞非利加个百姓有幾族、 答 分多族拉、

問 前頭有別洲人到亞非利加來做啥个惡事、 答 拐人到別處去、賣拉人家做奴僕、

問伊及咾努比亞个地勢那能、　答多沙地咾瘦、不過尼洛河兩邊个地土、是壯咾好个、

問伊及咾努比亞當中有啥个土產、　答穀種、棉花、藥料、各樣果子、

第七十八課　論阿比辛伊亞、

問阿比辛伊亞拉那裏、　答伊及个東邊、貼近紅海、

問阿比辛伊亞个京城叫啥、　答根達、

問根達拉那裏、　答拉本國个當中、

問阿比辛伊亞是那能个國、　答君主國、

問有啥个河、拉阿比辛伊亞發源、　答阿德巴拉河、藍尼勒河、

問阿比辛伊亞个天氣那能、　答和暖咾多雨、

問阿比辛伊亞有幾化百姓、　答約規有三百萬、

問阿比辛伊亞百姓个性情那能、　答呆笨咾歡喜爭鬭、凡係有中牲咾野獸末、全是生吃个、

問阿比辛伊亞有幾化地方、　答二千三百里長、二千里闊、攏總有一百萬方里、

問阿比辛伊亞个地勢那能、　答地壯咾山多、

第七十九課　論亞非利加東邊四國、

問 該羅拉那裏、 答 拉本國个北邊、

問 伊及是那能个國、 答 君主國、

問 伊及當中有啥个河、 答 尼洛河、

問 尼洛河出口个地方、有啥个大城、 答 阿勒散第亞城、

問 伊及个北邊、有啥个土腰、 答 綏斯土腰、

問 第个土腰上有啥、 答 有人創造一條水路、使地中海搭紅海流通、

問 第條水路叫啥、 答 綏斯運河、

問 伊及个天氣那能、 答 爲之勿大落雨咾、天氣極其乾燥

問 伊及南邊有屬地叫啥、 答 努比亞、

問 努比亞南邊有啥个湖、 答 阿勒伯尼安撒湖、

問 伊及咾努比亞、一共有幾化百姓、 答 約規有三百三十萬、

問 伊及連之屬地个百姓、做啥个生意、 答 販象牙、駝鳥毛、到別國去賣、若然經過沙漠末、全用駱駝來駄个、

問 伊及咾努比亞攏總有幾化地方、 答 四千七百里長、三千七百里闊、一共有五十五萬方里、

問 摩散比革西北有啥湖、 答 尼亞撒湖、

問 第个幾處地方有啥个出產、 答 象牙、駝鳥毛、金砂、穀咾果子、

第八十課 論瑪達嘎斯嘎島、

問 瑪達嘎斯嘎島拉那裏、 答 摩散比革个東邊對過、

問 瑪達嘎斯嘎是那能个國、 答 君民共主國、

問 瑪達嘎斯嘎个京城叫啥、 答 安達那那利佛、

問 安達那那利佛拉那裏、 答 貼準拉國度个當中、

問 瑪達嘎斯嘎東南、有啥个海島屬法國、 答 波爾笨島、

問 瑪達嘎斯嘎西面、有啥个海岔、 答 摩散比革岔、

問 瑪達嘎斯嘎西北、有啥个羣島屬法國、 答 革摩羅羣、

問 瑪達嘎斯嘎有幾化大、 答 有中國个江蘇、浙江、福建、廣東四省能大、

第八十一課 論亞非利加南邊三國、

問 亞非利加南邊个三國叫啥、 答 德蘭斯法勒、革伯哥羅尼、達瑪拉、

問 德蘭斯法勒拉那裏、 答 摩散比革个西南、

問亞非利加東邊个四國叫啥、答梭茅利、桑革巴一半屬英國、一半屬德國、摩散比革、

問梭茅利拉那裏、答阿比辛伊亞个東南、貼近印度洋、

問梭茅利是那能个國、答分部咾有部長管个、

問梭茅利東北、有啥个海腰咾海股、答巴備滿德海腰、阿典海股、

問還有啥个土角、答瓜達斐角、

問桑革巴拉那裏、答梭茅利西南、貼近印度洋、

問桑革巴是那能个國、答君主國、

問桑革巴屬於啥國、答一大半屬德國、一小半屬英國、

問桑革巴个西邊有啥湖、答旦干亦嘎湖、

問德屬咾英屬夾界地方、有啥湖、答斐多利亞湖、尼亞撒湖、

問摩散比革拉那裏、答桑革巴个南面、

問摩散比革屬於啥國、答葡萄牙、

問摩散比革咾桑革巴當中、有啥山、答魯巴達山、

問摩散比革个當中有啥河、答散備西河、

問 法屬拉那裏、 答 庚哥國西面、

問 法屬東邊有啥个城、 答 羅昂哥城、

問 嘎米倫拉那裏、 答 法屬北面、

問 嘎米倫西面有啥个海股、 答 基尼海股、

問 第个幾國、有啥个出產、 答 象牙、駝鳥毛、金砂、油、

問 第个幾國个百姓、那能做生意、 答 有外國人拏酒、玻璃傢生、火藥手鎗、料珠、還有吃个物事咾啥來換个、

第八十三課 論亞非利加西南邊三國、

問 亞非利加西南个三國叫啥、 答 蘇旦、森伊干比亞、來比利亞、

問 蘇旦拉那裏、 答 嘎米倫北面、

問 蘇旦西北、有啥个河流到基尼海股、 答 奈遮河、

問 蘇旦東北有啥个湖、 答 乍德湖、

問 蘇旦是那能个國、 答 分部咾有部長管个、

問 森伊干比亞拉那裏、 答 蘇旦西面、

問　搭摩散比革夾界地方有啥河、答　林波波河、
問　革伯哥羅尼拉那裏、答　摩散比革咾德蘭斯法勒个西面、
問　革伯哥羅尼屬啥國、答　英國、
問　革伯哥羅尼南邊、有兩个土角吗啥、答　阿古拉斯角、好望角、
問　還有啥个山、答　雪山、
問　革伯哥羅尼北邊有啥湖、答　邦圭俄羅湖、
問　革伯哥羅尼當中有啥个沙漠、答　嘎拉哈利沙漠、
問　達瑪拉拉那裏、答　革伯哥羅尼个西面、
問　達瑪拉搭革伯哥羅尼夾界地方有啥河、答　俄蘭支河、

第八十二課　論亞非利加西邊四國、

問　亞非利加西邊个四國吗啥、答　安哥拉庚哥國法屬嘎米倫
問　安哥拉拉那裏、答　達瑪拉北面、
問　庚哥國拉那裏、答　革伯哥羅尼咾安哥拉北面、
問　庚哥國裏有啥个河流到大西洋、答　庚哥河、

問 伯郎哥角對過有啥个海島、 答 斐德角羣島、

問 斐德角羣屬於啥國、 答 葡萄牙、

問 撒哈拉西北邊个對過、有啥个羣島、 答 嘎那利羣島、

問 嘎那利羣屬於啥國、 答 日斯巴尼亞、

第八十五課 論亞非利加北邊三國、

問 亞非利加北邊个三國叫啥、 答 摩勒哥阿勒支利亞德利波利

問 摩勒哥拉那裏、 答 亞非利加个極西北、貼近大西洋、

問 摩勒哥是那能个國、 答 君主國、

問 摩勒哥西邊對過、有屬葡萄牙个海島叫啥、 答 瑪德拉羣島、

問 摩勒哥北邊有啥个海腰、 答 支伯拉德腰、

問 摩勒哥有啥个好物事出來頂多、 答 拿山羊皮來做拉个番皮、

問 阿勒支利亞拉那裏、 答 摩勒哥東面、貼近地中海、

問 阿勒支利亞東北个地方叫啥、 答 度尼斯、

問 森伊千比亞屬啥國、　答 法國、

問 森伊千比亞西邊有啥个土角、　答 德角、

問 來比利亞拉那裏、　答 森伊千比亞南邊、

問 來比利亞是那能个國、　答 民主國、

問 來比利亞个百姓是那能、　答 是合衆个黑人、到來比利亞來開國、蓋咾頂有聰明咾見識、

問 第个幾國个出產咾生意、是那能个、　答 搭亞非利加西邊个四國一樣、

問 來比利亞西面、有一小半地方屬英國个叫啥、　答 些拉雷俄內、

問 第个三國沿海股地方个總名叫啥、　答 基尼、

第八十四課　論撒哈拉沙漠、

問 撒哈拉大沙漠拉那裏、　答 蘇旦咾森伊千比亞个北面、

問 第个沙漠有幾化地方、　答 闊三千里、長九千里、有美國五分之四、

問 撒哈拉西邊有啥个土角、　答 伯郎哥角、

○阿比辛伊亞个東南、有梭茅利、是部長管个、東北有巴備滿德海腰咾阿典海股。○梭茅利个西南、有桑革巴、是君主个國、一半屬英國、一半屬德國、交界个地方、有斐多利亞湖咾尼亞撒湖。○桑革巴个南面、有摩散比革、是屬於葡萄牙个、當中有魯巴達山咾散備西河。○摩散比革个東邊對過、有瑪達嘎斯嘎海島、是君民共主个國、京城叫安達那利利佛、拉當中、西北有革摩羅羣島、是法國个屬地。○摩散比革个西南、有德蘭斯法勒、搭之摩散比革夾界、有林波波河。○德蘭斯法勒咾摩散比革个西面、有革伯哥羅尼、是屬於英國、南邊有兩个土角、叫阿古拉斯角咾好望角、還有雪山。○革伯哥羅尼西面、有達瑪拉、搭之革伯哥羅尼夾界、有俄蘭支河。○達瑪拉个北面有安哥拉。○安哥拉咾革伯哥羅尼北面、有庚哥國、有庚哥河、流到大西洋。○庚哥國西面、有法屬東邊有羅昂哥城。○法屬北面有嘎米倫西面有基尼海股。○嘎米倫北面、有蘇旦、是部長管个。○蘇旦个西面、有森伊千比亞屬於法國。○森伊千比亞南面、有來比利亞、是民主个國、百姓是聰明咾有見識个、第个三國沿海股个地方、總名叫基尼。○蘇旦咾森伊千比亞北面、有撒哈拉大沙漠、大小有美國五分之四。○亞非利加个極西北、有摩勒哥、是君主个國、會拏山羊皮來做番皮、北邊有支伯拉德海腰。○摩勒哥个東面、有阿勒支利亞、貼近地中海。○阿勒支利亞个東北、有度尼斯、第个兩國、屬於法國。○阿勒支利亞東面、有德利波利、屬於土耳基、第个三國、總名叫巴巴利、出棗子最多。

問度尼斯咾阿勒支利亞屬啥國、答法郎西、

問度尼斯東面有啥个海股、答加備斯海股、

問東北有啥个土角、答笨角、

問摩勒哥咾阿勒支利亞當中有一埭山嶺叫啥、答阿德拉斯山、

問德利波利拉那裏、答阿勒支利亞東面、

問德利波利屬啥國、答土耳基、

問德利波利北面有啥个海股、答西德拉海股、

問第个三國个總名叫啥、答巴巴利、

問巴巴利有啥个土產、答棗子最多、

總意

亞非利加个東北、有伊及京城叫該羅拉東邊、是君主个國、有大个河、叫尼洛河、還有人開拉个河、叫紱斯運河、天氣極乾燥、地勢多沙地咾瘦、南邊有一个屬地、叫努比亞、百姓約規三百三十萬。○伊及東邊、有阿比辛伊亞京城叫根達拉當中、是君主个國、天氣是和暖咾多雨、地勢是壯个、百姓約規有三百萬。

問 北亞美利加有啥个出產、 答 五穀、白糖、棉花、各樣菓子、還有五金咾煤炭、

問 北亞美利加有啥个野獸、 答 各樣全有、還有一種叫雅隔、人稱伊叫亞美利加个老虎、

問 第个兩大洲幾時尋著个、 答 拉四百多年以前、義大利人科倫布尋著个、

第八十七課 論北亞美利加洲个百姓、

問 北亞美利加个百姓有幾化、 答 約規有四千萬、

問 百姓个種類是那能、 答 先有野人住拉此地、以後各處有人搬來、趕開野人咾設立國度、

問 皮色那能、 答 野人个皮色是紅个、還有歐羅巴个白人、亞非利加个黑人、亞西亞个黃人、

問 啥个種類頂多、 答 紅人个種類幾乎絕滅、內中白人是頂多咾有權柄、

問 性情那能、 答 心思靈巧、精通各種學問咾生意、

問 相信啥个教、 答 大概相信耶穌教咾天主教、

問 百姓啥行業、 答 有个捉魚、有个種田、但是沿海个地方、全做生意、

第七章　論北亞美利加、

第八十六課　論北亞美利加个大勢、

問　西半球有幾个大洲、　答　兩个、

問　吽啥、　答　北亞美利加咾南亞美利加

問　第个兩个洲、有啥地方相連、　答　巴那瑪土腰、

問　北亞美利加拉那裏、　答　南亞美利加个北面、

問　北亞美利加東面个疆界是啥、　答　大西洋、

問　南面是啥、　答　南亞美利加咾太平洋、

問　西面是啥、　答　太平洋、

問　北面是啥、　答　北冰洋、

問　北亞美利加个天氣是那能、　答　北邊是冷、當中咾南邊是溫和、

問　北亞美利加个地勢是那能、　答　西邊多高山、其餘是平地、

問　北亞美利加个地土那能、　答　北邊末瘦、其餘全是壯个、

問　第洲个大小那能、　答　南北有二萬八千里、東西有一萬五千里、

問 英國个屬地名頭叫啥、 答 干阿達、

問 干阿達有幾化大、 答 約規有八百五十萬方里、

問 干阿達有幾化百姓、 答 約規有一百七十萬、

問 干阿達个地土那能、 答 北邊瘦、東南末壯、西邊有羅基山、樹木極多、

問 干阿達个天氣那能、 答 天氣最冷、

問 干阿達東北、有啥个大島、 答 革林蘭、

問 干阿達當中、有啥个海灣、 答 赫德森海灣、

問 干阿達有幾處通商口岸、 答 四處、

問 干阿達東面有啥个海島、 答 牛分德蘭、

問 干阿達个百姓做啥行業、 答 北邊个人、打獵咾捉魚、南邊个人末種田、

問 干阿達有啥个土產、 答 五穀、煤炭咾木料、

問 牛分德蘭島出啥物事、 答 出多化海魚、所以捉魚船是極多、

第八十九課 論美國、

問 美國拉那裏、 答 拉干阿達咾美希哥个當中、

問　黑人那能來个、答　撥人拐來賣做奴才、但是現在已經釋放哉、
問　北亞美利加攏總有幾个國、答　不過美國咾美希哥搭之英國个屬地咾中亞美利加、
問　拉嘎斯比海、有啥个海島、答　有西印度羣島、是屬各國管个、

總意

西半球有兩个大洲、叫北亞美利加、南亞美利加、兩洲當中、有巴那瑪土腰相連个。北亞美利亞四面疆界、東到大西洋、南到南亞美利加咾太平洋、西到太平洋、北到北冰洋、天氣北邊是冷、當中咾南邊是溫和、地勢西邊多高山、地土北邊是瘦。大小南到北有二萬八千里、東到西有一萬五千里。出產有五穀、白糖、棉花、菓子、五金、煤炭。野獸有雅隔、是亞美利加个老虎。第个兩大洲、是拉四百多年以前、義大利人科倫布尋著个。○話到人丁、約規有四千萬、起先有野人住拉、後來有各處人搬來、趕開伊拉、野人个皮色是紅个、還有白人、黑人、黃人、內中白人是頂多咾有權柄、心思也靈巧、學問咾生意、全精通个、大概相信耶穌教咾天主教、行業、是捉魚、種田、沿海个地方末、做生意、黑人个來、是撥人拐來賣做奴才个、現在是釋放哉、洲裏有美國、美希哥、英國个屬地咾中亞美利加、拉嘎斯比海裏、有西印度羣島、是屬各國管个。

第八十八課　論英國个屬地、

問　英國个屬地拉那裏、答　拉北亞美利加个北面、

人地本國美

人蘭林革

問合國分幾省、　答四十二省、

問京城拉那裏、　答拉東面海邊上、相近伯多瑪哥河、

第九十課　論美國形勢、

問美國南面有啥个河、　答米西西比河咾革蘭德河、

問西面有啥个河、　答哥倫比亞河咾革羅拉多河、

問東北有幾个湖相連个、　答五个、

問名頭叫啥、　答蘇比利耳湖、米西干湖、瑚倫湖、伊利湖、恩德署湖、

問美國西邊有啥个高山、　答羅基山、

問美國頂大个通商口子叫啥、　答牛約革、

問還有啥个通商口子、　答波斯盾咾牛我林斯、

問米西干湖相近、有啥个大城、　答施嘎哥、

問施嘎哥城爲啥有名聲、　答爲之曾經拉此地設立過萬國博覽會个、

問美國西邊、有啥个大口子、　答散凡希斯哥、

問散凡希斯哥又叫啥、　答中國人稱伊叫舊金山、

問 美國又叫啥、 答 叫合衆國、

問 爲啥叫合衆國、 答 只有總統、無沒君皇、百姓同心商議國政、所以叫合衆國、

問 還有啥名頭否、 答 爲之旗號是頂趣、所以中國人又叫伊花旗國、

問 美國從立國到現在有幾年、 答 不過一百多年、

問 美國个京城叫啥、 答 叫瓦升盾、

問 美國有幾化大、 答 有三千二百萬方里、

問 美國有幾化百姓、 答 約規有六千萬、

問 美國个國勢那能、 答 拉西半球裏美國是頂大咾頂有權柄、

問 美國个地勢那能、 答 西邊有羅基山、東邊有阿利革尼山、當中多平地、東邊沿海、地形頂低、

問 美國个天氣那能、 答 溫和、搭中國相仿、

問 美國從前屬啥國、 答 屬英國、拉西歷一千七百七十六年上自立个、

問 美國頭一个總統叫啥、 答 叫瓦升盾伊是領百姓同英國打仗个、

問　現在釋放否、　答　一齊釋放咾讓伊拉自作主、

問　拉美國有幾化中國人、　答　約規有二十多萬、

問　伊拉做啥行業、　答　有點生意人但是做工个頂多、

問　大概住拉啥地方、　答　相近舊金山个嘎利佛尼亞咾俄利干兩省地方、

問　現在美國設立啥个新例、　答　禁止中國个做工人再到伊塊去、

第九十二課　論美希哥、

問　美希哥拉那裏、　答　美國个南面、

問　美希哥海股裏个水是那能个、　答　是熱个、流到歐羅巴洲个西面去、以致伊塊个天氣也變爲溫和哉、

問　美希哥有幾化里、　答　約規有二百五十萬方里、

問　美希哥个京城叫啥、　答　就叫美希哥、

問　京城个形勢是那能、　答　地勢極高極其華美、

問　美希哥有幾化百姓、　答　約規有七百五十萬、

問　百姓个種類是那能、　答　一半是土人、一半是日斯巴尼亞人、

問爲啥叫舊金山、答因爲有金山出多化金子个、

問美國還有啥个礦產、答有煤咾鐵、銅咾鉛咾銀子、

問美國有啥个土產、答米、麥、棉花、白糖、煙葉、

問美國有啥个貨色消拉中國、答洋布、乾麵、各樣雜貨、

第九十一課　論美國个百姓、

問美國个百姓、敬奉啥个教、答大半耶穌教、小半天主教、

問性情是那能、答安分做事體、勿歡喜多事个、

問做啥个行業、答種田咾菓子、開礦、搭之各樣生意、

問種田个法子是那能、答用火輪機器、所以最便當、

問人咾貨色來往末那能、答合國有鐵路、用火輪車通行各處、還有火輪船、馬車、馬船、全有用个、

問美國个國政是那能、答每省百姓公舉一位總督、管理伊拉、

問美國个總統是那能、答四年一任、也是百姓公舉个、

問從前美國、爲啥自家打仗、答爲之釋放黑人做奴才个事體咾、

問 從前屬啥國、　答 俄羅斯國、

問 阿拉斯嘎有幾化大、　答 長四千里、闊三千六百里、共一百七十萬方里、

問 阿拉斯嘎个百姓有幾化、　答 俄羅斯人有幾千、土人約規有四萬多、

問 阿拉斯嘎个地勢那能、　答 頂瘦、

問 阿拉斯嘎个天氣那能、　答 頂冷、百姓常庄著皮衣裳个、

問 阿拉斯嘎有啥个出產、　答 只有皮貨是頂好、可以賣大價錢个、

第九十四課　論西印度羣島、

問 西印度羣島拉那裏、　答 拉南北亞美利加个當中、

問 西印度一共有幾化海島、　答 大小海島有五十多个、

問 大島有幾化、　答 五个、

問 五个大島叫啥名頭、　答 古巴、亥第、牙買加、波爾多利、特尼答、

問 古巴咾波爾多利島屬啥國、　答 日斯巴尼亞、

問 牙買加咾特尼答島屬啥國、　答 屬英國、

問 亥第島那能、　答 有兩个黑人做王、分開管理个、

問　美希哥个地勢那能、　答　有高山咾高平地、

問　美希哥个天氣那能、　答　高个地方冷、不過沿海地方極熱、

問　美希哥有啥个土產、　答　菓子、棉花、白糖、

問　美希哥有啥个物事通行中國、　答　美希哥銀錢、

第九十三課　論中亞美利加咾阿拉施嘎、

問　中亞美利加拉那裏、　答　美希哥个南邊、

問　中亞美利加有幾里、　答　長三千五百里、闊一千里咾二百五十里、一共有五十萬方里、

問　中亞美利加有幾化百姓、　答　約規有二百五十萬、

問　中亞美利加个地勢那能、　答　火山最多、時常地動、坍毀房屋、

問　拉第塊有幾化國、　答　分爲五小國、南面還有一个小國、是英國管个、

問　中亞美利加有啥个土產、　答　靛青、棉花、白糖、還有貴重个木料、

問　阿拉斯嘎拉那裏、　答　干阿達个北面、

問　阿拉斯嘎現在屬啥个國、　答　美國、

當新个律例、禁止中國做工个人再到伊塊去。○美國个南邊、有美希哥國、百姓約規有七百五十萬、天氣高个地方冷、沿海是熱、京城就叫美希哥、伊拉个銀錢、通行中國。○美希哥南邊、有中亞美利加、百姓約規有二百五十萬、分爲五小國、南面還有一个小國、是英國管个。○北亞美利加个西北、有阿拉斯嘎、從前屬於俄羅斯、現在屬於美國、百姓約規有四萬多、爲之天氣頂冷、所以常庄著皮衣裳个。○西印度羣島、是拉南北亞美利加个當中、大小有五十多个、大个有五个、叫古巴、亥第、牙買加、波爾多利特尼答、古巴咾波爾多利屬拉日斯巴尼亞、牙買加屬於英國、亥第有兩个黑人做王、分開管理个、其餘个小羣島、全屬於歐羅巴洲各國个、百姓約規有三百五十萬、種類末、白人咾黑人、各有一半。

第八章　論南亞美利加、

第九十五課　論南亞美利加个大勢、

問　南亞美利加拉那裏、　答　北亞美利加个南面、

問　南亞美利加个北面到啥海、　答　嘎利比海、

問　東面是啥洋、　答　大西洋、

問　西面是啥洋、　答　太平洋、

問　南面是啥洋、　答　南冰洋、

問　其餘个小羣島那能、　答　全屬歐羅巴洲各國个、

問　西印度羣島有幾化百姓、　答　約規有三百五十萬、

問　伊个種類那能、　答　白人咾黑人各有一半、

問　西印度个地土那能、　答　全是壯个、

問　西印度有啥个土產、　答　咖啡、烟葉、白糖、棉花、椰子、波羅蜜咾橙子、

總意

英國个屬地、拉北亞美利加个北面、吗千阿達、百姓約規有一百七十萬、東北有革林蘭島、當中有赫德森海灣、東面有牛分德蘭島、百姓捉魚个極多。〇美國、拉千阿達咾美希哥个當中、又吗合衆國、爲之無沒君皇、百姓同心商議國政个咾、中國人爲之伊个旗號趣、所以也吗伊花旗國、百姓約規有六千萬、拉西半球裏、美國要算頂大咾頂有權柄、京城吗瓦升盾、相近伯多瑪河、有頂大个通商口子、吗牛約革、還有波斯盾咾牛我林斯米西干湖相近、有施嘎哥城、是曾經設立博覽會个、西邊有散凡希斯哥、中國人吗伊舊金山、是个大口子、出多化金子个、百姓大半敬奉耶穌教、小半敬奉天主教、性情全是安分咾、認眞做事體个、合國全有鐵路、火輪車可以通行各處、總統是四年一任、百姓公舉个、中國人拉美國、約規有二十萬人、大概做工个是多、生意是少、住拉相近舊金山个嘎利佛尼亞咾俄利千兩省地方、現在定

問南亞美利加南面有啥个海島、　答德拉德斐哥島、

問東面有啥河、　答巴拉那河咾散凡西斯哥河、

問北面有啥河、　答俄利那哥河咾阿瑪森河、

問合天下頂長个河叫啥、　答就是阿瑪森河、

問阿瑪森河有幾化長、　答約規有一萬二千里、

問相近阿瑪森河个地土那能、　答是合天下頂壯个地方、

問南亞美利加百姓个種類那能、　答當中全是土人、不過沿海地方个人、是日斯巴尼亞咾葡萄牙个子孫、

問相信啥个教、　答大概相信天主教、

問國政那能、　答全無沒王、百姓公舉總統管理伊拉、

問有人想拉巴那瑪土腰上做啥、　答開一條河、通行船隻、

問南亞美利加洲攏總分幾國、　答十二國、

問那裏一國頂大、　答巴西、

總意

問 南亞美利加、有幾化地方、 答 長咾闊、全是一萬五千多里、

問 南亞美利加个百姓有幾化、 答 約規一千七百萬、

問 南亞美利加个地勢那能、 答 東西兩邊沿海多山、當中有長咾闊个平地、樹林最多、泥土是壯个、

問 南亞美利加个天氣那能、 答 南面頂冷、北三面末溫和、

問 南亞美利加个北面相近赤道、爲啥勿頂熱、 答 爲之近洋咾通風、

問 南亞美利加个山裏有啥个出產、 答 金子、銀子、是頂多、

問 南亞美利加有啥个火山、 答 有最大个火山、名頭叫孤獨巴孤西山、所以常要地動个、

第九十六課 論南亞美利加个山咾河、

問 南亞美利加个東面、有啥山、 答 弗利俄山咾達巴定嘎山、

問 南亞美利加个西面、有啥山、 答 安第斯山、

問 安第斯山那能、 答 頂長咾頂高、山頂上个雪、四季勿烊个、

問 巴西个百姓有幾化、 答 七百萬、

問 巴西个地勢那能、 答 多平地西面末瘦、其餘全是壯个、

問 巴西有啥个土產、 答 咖啡、白糖、棉花、烟葉、

問 巴西有啥个礦產、 答 金咾鐵、金鋼鑽咾寶石、

問 巴西有啥个野獸、 答 野馬咾野牛頂多、

問 野牛有啥用頭、 答 皮咾角可以做各樣器皿、

問 巴西還有啥个出產、 答 有多化樹木、可以做材料、

第九十八課 論基阿那、

問 基阿那拉那裏、 答 大西洋巴西个西北、

問 基阿那屬啥國、 答 分屬英國、法國搭之和蘭國、

問 基阿那个百姓有幾化、 答 約規有二十五萬、

問 英國做生意个城叫啥、 答 卓支盾、

問 法國个城叫啥、 答 該延、

問 和蘭國个城叫啥、 答 巴拉瑪利波、

南亞美利加拉北亞美利加个南面、北面有嘎利比海、四面个疆界、東到大西洋、南到南冰洋、西到太平洋、地方長咾闊、全是一萬五千多里。○話到人丁、約規一千七百萬、地勢、東面沿海多山、當中有長咾闊个平地、樹林最多、泥土是壯。天氣、南面頂冷、北三面溫和、北面相近赤道、爲之近洋咾通風、所以勿熱、出產、金子銀子是多。爲之有孤獨巴孤西大火山、所以常庄要地動个。○話到山咾河、東面有弗利俄山咾達巴定嘎山、南面有安第斯山、是頂長咾頂高、山頂上个雪、是四季勿烊个、還有德拉德斐哥海島、東面有巴拉那河咾散凡西斯哥河、北面有俄利那哥河咾阿瑪森河、阿瑪森河、是合天下頂長个、約規有一萬二千里、相近伊个地方、是合天下頂壯个洲、當中个百姓、全是土人、不過沿海地方末、是日斯巴尼亞咾葡萄牙个子孫、大概相信天主教、國政全是無沒王、百姓公舉總統管理个。有人想拉巴那瑪土腰上、要開一條河、通行船隻。攏總分十二國、內中頂大个叫巴西。

第九十七課　論巴西、

問　南亞美利加最大个國叫啥、　答　巴西。

問　巴西拉那裏、　答　拉南亞美利加个東面、貼近大西洋、

問　巴西个京城叫啥、　答　署乍內羅、

問　巴西有幾化地方、　答　長八千七百里、闊八百里、攏總有八百五十萬方里、

問 現在那能、 答 已經再造好哉、
問 哥倫比亞个百姓做啥个生意、 答 養中牲、種田咾打獵、

第一百課 論秘魯、

問 秘魯拉那裏、 答 南亞美利加个西面、
問 秘魯个京城叫啥、 答 利瑪
問 秘魯有幾化地方、 答 長五千里、闊二千里、到三百里、攏總有一百七十萬方里、
問 秘魯个百姓有幾化、 答 二百十萬、
問 秘魯个地勢那能、 答 高咾多山、
問 秘魯有啥个出產、 答 從前出多化金子、現在少哉、
問 還有啥个出產、 答 銀子、銅錫咾藥料、
問 啥个藥料頂有用頭、 答 叫金雞哪、可以醫瘧子病个、
問 伊塊常有啥个災難、 答 火山多咾時常地動、
問 從前秘魯有啥个惡事、 答 騙賣中國人做苦工、

問 基阿那个種類那能、答 三國个人、不過十分之一、其餘全是本地个黑人、

問 基阿那个地勢那能、答 低咾平、壯咾多樹林、

問 基阿那有啥个土產、答 花椒、白糖、咖啡、棉花、

第九十九課 論南亞美利加西北邊三國、

問 南亞美利加西北个三國叫啥、答 分額兌拉、哥倫比亞、哀瓜多、

問 哥倫比亞又叫啥、答 新加拉那大、

問 三國个總名叫啥、答 哥倫比亞

問 哥倫比亞个百姓有幾化、答 約規有四百十萬、

問 哥倫比亞个地勢那能、答 高咾平、好咾壯个、

問 分額兌拉个京城叫啥、答 嘎拉嘎斯、

問 哥倫比亞个京城叫啥、答 波哥達、

問 第兩个京城个地勢那能、答 頂高、比海面高八千尺、

問 哀瓜多个京城叫啥、答 基多、

問 嘎拉嘎斯城拉幾十年以前、撞著啥災難、答 撞著大地動、傷害多化人咾房子、

問支利个百姓有幾化、答約規有一百二十萬、

問支利个地勢那能、答拉安第斯山西面、像一根長帶、北面末瘦、南面末壯个、

問還有啥个大口岸、答法巴來梭

問德拉德斐哥連之西面个羣島屬啥國、答支利國、

問支利个百姓全做啥事體、答養牛、種麥、掘銅、

第一百零三課　論阿狠第那、

問南亞美利加第二大个國度是啥、答阿狠第那、

問阿狠第那拉那裏、答玻利斐亞个南面、

問阿狠第那个京城叫啥、答伯偉挪哀勒

問阿狠第那有幾化地方、答長四千五百里、闊一千七百里、攏總有三百萬方里、

問阿狠第那个百姓有幾化、答約規有一百八十萬、

問阿狠第那个地勢那能、答高咾平、壯咾多草、

問阿狠第那个百姓做啥生意、答養中牲个、

問阿狠第那還有啥大城、答普納失利斯

第一百零一課　論玻利斐亞、

問　玻利斐亞拉那裏、　答　巴西國西南、

問　玻利斐亞个京城叫啥、　答　蘇革雷

問　玻利斐亞有幾化大、　答　長二千五百里、闊一千七百里、攏總有一百三十五萬方里、

問　玻利斐亞百姓有幾化、　答　約規一百七十萬、

問　玻利斐亞个地勢那能、　答　西面多高山、東面多平地、

問　玻利斐亞有啥个土產、　答　咖啡㖨米麥、

問　還有啥个鴬鳥、　答　叫公佗兒、是合天下最大个鴬鳥、

問　玻利斐亞有啥个出產、　答　銀子、

第一百零二課　論支利國、

問　支利拉那裏、　答　玻利斐亞㖨秘魯个南面、

問　支利个京城叫啥、　答　散第亞哥

問　支利有幾化地方、　答　長三千五百里、闊四百里、攏總有七十五萬方里、

　

問　烏魯圭个百姓有幾化、　答　約規有廿五萬、

問　烏魯圭个百姓做啥事體　答　打獵个多、種田个少、

問　南亞美利加个極南是啥國、　答　巴達尼哥亞

問　巴達尼哥亞有幾化地方、　答　長三千五百里、闊八百里、

問　巴達居哥亞有幾化百姓、　答　約規有十二萬、

問　巴達尼哥亞个地勢那能、　答　是一只尖角、頂冷咾頂瘦、不過西面一條、是智利國、

問　巴達尼哥亞个百姓做啥、　答　打獵咾無沒一定个住處、

總意

南亞美利加有最大个國、叫巴西、拉本洲个東邊、貼近大西洋、京城叫畧乍內羅、百姓約規有七百萬。地勢多平地、不過西邊末瘦、其餘是壯个。野馬咾野牛、是頂多、野牛个皮咾角、可以做各樣个器皿、還有多化樹木、可以做材料。○基阿那拉巴西个西北、分屬英國、法國、和蘭國。百姓約規有二十五萬、英國个生意城叫卓支盾、法國个叫該延、和蘭个叫巴拉瑪利波、三國个人、不過十分之一、其餘全是黑人、地勢是低咾平、壯咾多樹木。○南亞美利加西北个三國、叫分額兌拉、哥倫比亞、哀瓜多、哥倫比亞又叫新加拉那大、三國个總名叫哥倫比亞、百姓約規有四百十萬、地勢是高咾平、好咾壯个、分額兌拉个京城叫嘎

第一百零四課　論巴拉圭、

問　巴拉圭拉那裏、　答　南亞美利加个當中、

問　巴拉圭个四周圍是啥地方、　答　是巴西咾阿狠第那个交界上、

問　巴拉圭个京城叫啥、　答　亞生生、

問　巴拉圭有幾化地方、　答　長一千七百里、闊六百里、攏總有二十七萬方里、

問　巴拉圭个百姓有幾化、　答　約規有三十萬、

問　巴拉圭个地勢那能、　答　當中有山、四面是平地、好咾壯个、

問　巴拉圭有啥海口否、　答　無沒个、

問　巴拉圭啥个土產是頂多、　答　有茶葉、叫巴拉圭茶、本洲个人全用个、

問　還有啥土產、　答　棉花、白糖、茶葉、

第一百零五課　論南亞美利加南面兩國、

問　烏魯圭拉那裏、　答　巴西咾阿狠第那个交界上、

問　烏魯圭个京城叫啥、　答　門德斐丟、

問　烏魯圭有幾化地方、　答　長咾闊、全有一千一百里、共有二十五萬方里、

問太平洋從東到西、有幾化闊、　答約規有三萬里、

問從南到北、有幾化長、　答約規有一萬八千九百里、

問一共有幾化方里、　答一千五百萬方里、

問俄西亞尼嘎分幾段、　答三大段、叫瑪雷西亞、波利尼西亞、奧斯達拉西亞、

問俄西亞尼嘎个地勢那能、　答有高山咾火山、搭之平地、是好咾壯个、

問俄西亞尼嘎个天氣那能、　答有个熱、有个溫和、

第一百零七課　論俄西亞尼嘎个百姓、

問俄西亞尼嘎有幾化百姓、　答約規有二千一百萬、

問俄西亞尼嘎那裏一段頂大、　答波利尼西亞、

問那裏一段百姓頂多、　答瑪雷西亞、

問那裏一大段旱地頂多、　答奧斯達拉西亞、

問俄西亞尼嘎百姓个種類那能、　答土人多、別洲个人少、

問相信啥个教、　答耶穌教、回回教、菩薩教、全有、

問俄西亞尼嘎有啥个出產、　答水菓、五穀、白糖、烟葉、

拉嘎斯、哥倫比亞个京城叫波哥達、第个兩个京城个地勢、是頂高、比海面高八千尺。哀瓜多个京城叫基多。○南亞美利加西面、有秘魯國、京城叫利瑪。百姓約規二百十萬、地勢高咾多山、有藥料叫金雞哪、可以醫瘧子病个。○巴西國西南、有玻利斐亞、京城叫蘇革雷。百姓約規一百七十萬。地勢西面多高山、東面多平地、有公佗兒大窩、是天下最大个。○玻利斐亞咾秘魯个南面、有支利國、京城叫散第亞哥。百姓約規一百二十萬。地勢像一根長帶、北面是瘦、南面末壯个。有一个大口岸、叫法巴來梭、還有德拉德斐哥連之西面个羣島、也屬伊管个。○玻利斐亞个南面、有阿狠第那、是南亞美利加第二个大國、京城叫伯偉挪哀勒。百姓約規有一百八十萬。地勢、高咾平、壯咾多草。還有大城、叫普納失利斯。○南亞美利加个當中、有巴拉圭、京城叫亞生生、百姓約規有三十萬。地勢、當中有山、四面是平地、好咾壯个。○巴西咾阿狠第那个交界上、有烏魯圭、京城叫門德斐丟。百姓約規有廿五萬。南亞美利加个極南、有巴達哥尼亞、百姓約規有十二萬。地勢、是一隻尖角、頂冷咾頂瘦。

第九章　論俄西亞尼嘎、

第一百零六課　論俄西亞尼嘎个大勢、

問　太平洋羣島、合成啥个洲、　答　俄西亞尼嘎洲、

問　太平洋拉那裏幾个洲當中、　答　亞西亞咾南北亞美利加个當中、

島、

問 第个一大段叫啥、 答 東印度、

問 瑪雷西亞个北邊有啥个羣島屬日斯巴尼亞、 答 斐利賓、

問 有啥个大島屬英國咾和蘭國、 答 波羅、

問 還有啥三个大島屬和蘭國、 答 西里伯、加拉巴、蘇門答臘

問 瑪雷西亞有幾个大島拉赤道上、 答 三个、叫波羅、蘇門答臘、加拉巴、

問 瑪雷西亞个天氣那能、 答 頂熱、

第一百零九課 再論瑪雷西亞、

問 波羅有幾化大、 答 是合天下第二大个海島、

問 波羅有啥个土產、 答 沙藤、蘇木、豆蔻、棉花、咖啡、胡椒、玉桂、檀香、

問 波羅有啥个礦產、 答 金沙、銅、鉛、錫、

問 波羅有啥个野獸、 答 有猩猩、是猢猻、但是像人、

問 蘇門答臘个地勢是那能、 答 狹咾長个、

問　俄西亞尼嘎有啥个礦產、　答　五金全有、不過金子是頂多、

問　俄西亞尼嘎海裏有啥个物事、　答　海魚、海帶、燕窩咾珍珠、

問　俄西亞尼嘎有啥个活物事、　答　有希奇个鴬鳥咾野獸、像鴕鳥咾袋鼠能、

問　俄西亞尼嘎个百姓做啥事體、　答　種地、開礦、捉魚、

總意

太平洋羣島、合成俄西亞尼嘎洲、拉亞西亞咾南北亞美利加个當中。大小、東到西、有三萬里、南到北、有一萬八千九百里、一共有一千五百萬方里。分三大段、叫瑪雷西亞、波利尼西亞、奥斯達拉西亞。地勢、有高山咾火山、搭之平地、是好咾壯个。天氣、有个熱、有个溫和。○話到人丁、約規有二千一百萬、波利尼西亞个一段、是頂大、瑪雷西亞个一段、是百姓頂多、奥斯達拉西亞个一段、是旱地頂多。百姓、是土人多、別洲人少、相信耶穌教、回回教、菩薩教。出產、有水果、五穀、白糖、烟葉、五金。海裏有海魚、海帶、燕窩、珍珠。有希奇个鴬鳥咾野獸、像鴕鳥咾袋鼠。百姓全是種地、開礦、捉魚。

第一百零八課　論瑪雷西亞、

問　瑪雷西亞拉那裏、　答　亞西亞个東南、

問　瑪雷西亞有幾个大島併成功个、　答　五个、叫蘇門答臘、加拉巴、波羅、西里伯、還有斐利賓羣

問第个海島那能大、　答是合天下第一大个海島、

問奧斯達利亞南面有啥个大島、　答達斯美尼亞

問東南有啥个羣島、　答牛西蘭

問北面有啥个大島、　答巴布阿、

問幾个海島屬英國、　答奧斯達利亞、達斯美尼亞牛西蘭、

問巴布阿島屬啥國、　答英國、德國、和蘭國、

問奧斯達利亞个京城吅啥、　答阿第雷德、

問還有啥个大城、　答伯利斯笨西德尼、美勒笨

問奧斯達利亞个地土那能、　答南面壯、當中瘦、

問奧斯達利亞百姓个種類那能、　答有土人、英國人、中國人、同住个、

問奧斯達利亞那裏一面人多、　答東南面、

問奧斯達利亞有啥个礦產、　答銅、鐵、煤炭、但是金子頂多、

問奧斯達利亞个百姓做啥生意、　答掘金子、

問中國人吅第个島子啥名頭、　答新金山、

問蘇門答臘有啥个土產、答胡椒、檳榔、椰子、安息香、龍涎香、樟腦、冰片、

問蘇門答臘有啥个礦產、答金子、銅、馬口鐵、鋼鐵、金砂、

問加拉巴又吽啥、答中國人常吽伊瓜哇國、

問加拉巴个百姓有幾化、答一千四百萬、

問和蘭屬島个總城吽啥、答巴達斐亞是拉加拉巴島上个、

問加拉巴有啥个出產、答咖啡、白糖、燕窩、沙藤、米、翠雀、

問西里伯島有啥个出產、答烟葉、紅木、咖啡、棉花、白糖、燕窩、米、

問斐利賓羣島還有啥名頭、答小呂宋、

問有啥个大城、答瑪尼拉、

問瑪尼拉有啥物事通行天下、答雪茄烟咾呂宋票、

問有啥个出產、答烟葉、紅木、咖啡、棉花、白糖、燕窩、米、

第一百零十課　論奧斯達拉西亞、

問奧斯達拉西亞拉那裏、答印度洋个東面、

問頂大个海島吽啥、答奧斯達利亞、

哈歪伊京城火奴魯魯

美國京城瓦升盾

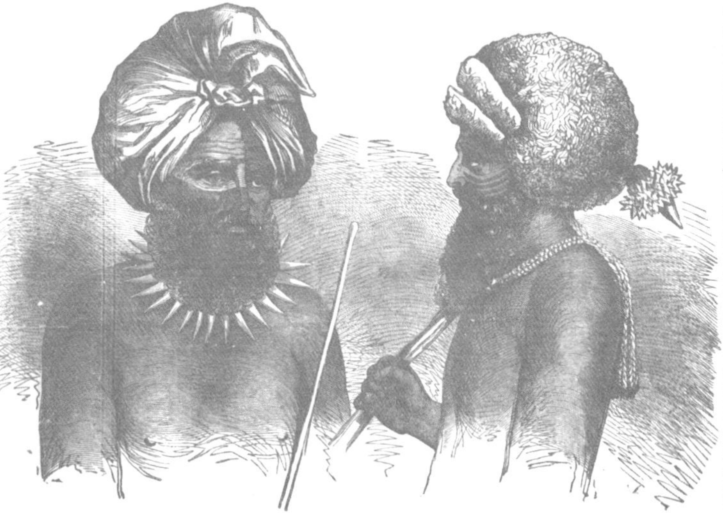

斐文島人

問 百姓相信啥个教、 答 攏總相信耶穌教、

總意

亞西亞个東南有瑪雷西亞、是五个大島併成功个、叫蘇門答臘、加拉巴、波羅、西里伯、還有斐利賓羣島、第个一大段、又叫東印度、北邊个斐利賓羣島、是屬日斯巴尼亞、波羅是屬英國咾和蘭國、西里伯加拉巴、蘇門答臘三个大島、是屬和蘭國、波羅、蘇門答臘、加拉巴三个大島、是拉赤道上、天氣是頂熱、○波羅是合天下第二个大海島、蘇門答臘个地勢、是狹咾長个、加拉巴中國人常叫伊瓜哇國、和蘭屬島个總城、叫巴達斐亞、是拉加拉巴島上个、斐利賓羣島又叫小呂宋、有大城叫瑪尼拉、○印度洋个東面、有奧斯達拉西亞、有頂大个海島、叫奧斯達利亞、是合天下第一个大海島、南面有達斯美尼亞、東南有牛西蘭、北面有巴布河、奧斯達利亞、達斯美尼亞、牛西蘭、是屬英國、巴布亞是屬英國、德國、和蘭國、○奧斯達利亞个京城、叫阿第雷德、地土南面壯、當中瘦、百姓个種類有土人、英國人、中國人、同住个、第个島子、中國人叫伊新金山、○太平洋个東面、有散開拉个、叫波利尼西亞、攏總分五分、第一、叫嘎羅林羣島、第二、叫哈歪伊羣島、第三、叫牛嘎利多尼亞羣島、第四、叫斐支羣島、第五、叫梭賽伊第羣島、哈歪伊是最有名聲、爲之太平洋个船、必要從伊塊經過、添辦物事个、第个羣島、中國叫伊檀香山、京城叫火奴魯魯、百姓攏總相信耶穌教、

第一百十一課　論波利尼西亞、

問　波利尼西亞个形勢是那能个、　答　散開拉太平洋个東面、

問　攏總分幾份、　答　五份、

問　第一份吽啥、　答　嘎羅林羣島、

問　第二份吽啥、　答　哈歪伊羣島、

問　第三份吽啥、　答　牛嘎利多尼亞羣島、

問　第四份吽啥、　答　斐支羣島、

問　第五份吽啥、　答　梭賽伊第羣島、

問　波利尼西亞个地土是那能个、　答　地土頂壯、草木極多、果子最好、

問　那裏一份最有名聲、　答　哈歪伊、

問　爲啥有名聲、　答　因爲太平洋个船、必要經過伊塊、添辦物事、

問　第个羣島中國人吽伊啥名頭、　答　檀香山、

問　哈歪伊个京城吽啥、　答　火奴魯魯

問　國政是那能、　答　是君主國、但是百姓勿服、想要廢脫伊、

問　瑪雷族个皮色是那能、　答　櫻色个、

問　住拉那裏、　答　拉太平洋个羣島裏、

問　印第安族个皮色是那能、　答　比瑪雷族个皮色淺點、

問　住拉那裏、　答　住拉南北亞美利加就是伊塊个土人、

問　第个三族个性情是那能、　答　呆笨勿有學問咾禮義、

問　五族个人數攏總有幾化、　答　約規有十三萬萬、

第一百十四課　論行業、

問　世界上人个行業好分幾等、　答　四等、

問　那裏四等、　答　種田人、手藝人、開礦人、生意人、

問　種田人做啥、　答　耕田種地、收成五穀、衆人全靠伊活命、

問　種田人全住拉那裏、　答　城外頭鄉村裏、

問　鄉村裏个人還做啥、　答　養中牲、

問　手藝人做啥、　答　造房屋、做衣裳、搭之各樣撥人有益个器皿、

問　手藝人住拉那裏、　答　全住拉城裏、也有住拉鄉下个、

第十章　總論

第一百十二課　論高嘎西亞、蒙古利亞兩族、

問　世界上人攏總分幾族、　答　分五大族、

問　拉啥个上分別、　答　拉皮色咾頭髮上分別、

問　第个五大族名頭叫啥、　答　高嘎西亞、蒙古利亞、內革羅、瑪雷、印第安

問　高嘎西亞族个皮色是那能、　答　白个、

問　住拉那裏、　答　歐羅巴咾南北亞美利加

問　高嘎西亞族个性情是那能、　答　聰明、有大才學咾膽量、

問　蒙古利亞族个皮色是那能、　答　黃个、

問　住拉那裏、　答　全拉亞西亞洲、

問　蒙古利亞族个性情是那能、　答　不過中國日本最有學問咾禮義、

第一百十三課　論內革羅、瑪雷、印第安三族、

問　內革羅族个皮色是那能、　答　極黑

問　住拉那裏、　答　一大半拉亞非利加、也有拉南北亞美利加咾西印度、

問 啥國是民主國、 答 像北亞美利加个美國、

第一百十七課 論教會、

問 天下各國、敬拜一位 神个、是啥个教、 答 是基督教、猶太教、回回教、

問 基督教分幾个大教會、 答 三个、

問 叫啥名頭、 答 耶穌教、天主教、希利尼教、

問 猶太教是那能个、 答 把守舊約、勿信耶穌做救主、直到現在、還拉巴望基督降世、

問 回回教是那能个、 答 尊耶穌做聖人、算穆罕麥德做主个大先知、

問 勿曉得敬拜獨一位 神个、是啥个教、 答 第種教頂多、最大个末是儒教、釋教、道教、伯拉滿教、

問 儒教是那能个、 答 但講人个事體、勿講 神个事體、也勿講究死後報應个事體、

問 佛教是那能个、 答 尊敬如來、再拜多化神佛、

問 道教是那能个、 答 也是拜多化神道个、

問 伯拉滿教是那能个、 答 尊敬伯拉滿做最大个神、其餘所拜个、還有多化神、

第一百十五課　再論行業、

問 開礦个人那能、　答 鑿開山洞、掘出五金、預備造各樣个器皿、

問 第等人全住拉啥地方、　答 全住拉山野地方、

問 生意人那能、　答 或用船、或用車子、到各處販運貨色、

問 生意人撥人啥个益處、　答 從有个地方販到勿有个地方、流行各樣貨色、

問 在外還有啥人、　答 苗人、

問 苗人有啥个行業、　答 捉野獸咾吃果子、養活性命、

問 伊拉勿種啥田个否、　答 種田个頂少、或者有人種一顏田、但是傢生全粗笨、

第一百十六課　論國政、

問 各國个政事、可以分幾類、　答 兩類、

問 那裏兩類、　答 君主國咾民主國、

問 啥叫君主國、　答 子孫接續王位、咾掌管大權、

問 啥叫民主國、　答 國君從百姓公舉、搭國會同掌國權、年滿退位、

問 啥國是君主國、　答 像亞西亞个中國、

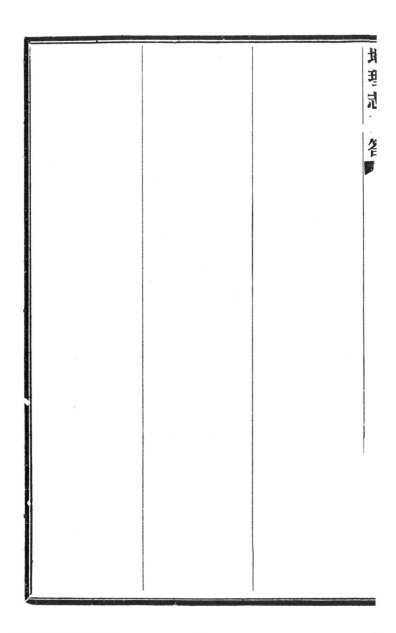

問　現在各教、全興旺否、

答　勿大興旺、惟獨基督教、末傳偏天下各國、

地理志問答終

蒙童训

吉士夫人（Mrs. Caroline P. Keith）编译

浦东周凤翔刊印
上海
1857年

导读

Introduction

盛益民

上海开埠以来，传教士在文字事工方面，除了翻译《圣经》、编写语言书籍之外，还翻译了大量宗教故事书。这些故事书大致可以分为短篇小故事和长篇故事书两类，其中多数作品来源于对外语的翻译。用吴语方言翻译的长篇故事书有十几种之多，主要包括：上海方言的《天路指南》（斯得胜译，上海：美华书馆，1895 年）、《安乐个屋里》（上海：中国圣教书局，1897 年）、《阿里排排逢盗记》（上海：土山湾印书馆，1917 年），苏州方言的《蒙童训》（帅霭谊译，上海：美华书馆，1875 年）、《天路历程》（来恩赐译，上海：美华书馆，1896 年），宁波方言的 *Li jing jih sing*（《旅人入胜》，郭保德 / 哥伯播义译，宁波：华花书房，1855 年）、*Jih tsih yüih le*（《日积月累》，郭保德 / 哥伯播义译，宁波：华花书房，1856 年）等。而《蒙童训》就是一本较早用上海方言写成的儿童福音类长篇故事书。

《蒙童训》由吉士夫人（全名：Caroline Phebe Tenney Keith）根据英国儿童福音小说家莫蒂母（Favell. L. Mortimer，1802—1878）的名著 *Line upon Line* 翻译而来，1857 年出版于上海。文末有“浦东周凤翔刊印”字样。线装 1 册，版高 22.8 厘米，刻本，87 叶（=174 页）。该书取名为“蒙童训”，表明吉士夫人明确将其作为儿童读物来翻译的。关于吉士夫人，前已经有介绍，本处不再赘述。

Line upon Line 出版于 1837 年，是从《旧约》的“摩西五经”中改编而成的儿童故事集，全书分成 39 章，其中第 1 章到第 19 章出自《创世记》，主要包括上帝创造世界、人类起源以及挪亚方舟的宗教神话故事；第 20 章到第 30 章出自《出埃及记》，主要讲述摩西的故事，以色列人受到迫害，由摩西带领离开埃及；第 31 章到第 34 章出自《民数记》，是关于摩西的故事，讲述摩西派十二个探子勘察迦南地、摩西和亚伦犯罪以及铜蛇的故事；第 35 章出自《申命记》，讲述摩西之死；第 36 章到第 39 章出自《约书亚记》，讲约书亚接替摩西，继续带领以色列人过约旦河，以及约书亚之死等故事。《蒙童训》分三卷，上卷共 19 章，35 叶，即原书的 1—19 章，全部出自《创世记》；中卷共 9 章，26 叶，即原书的 20—28 章，全部出自《出埃及记》中摩西的故事；下卷共 11 章，26 叶，即原书第 29—39 章，讲述摩西和约书亚的故事。

吉士夫人的《蒙童训》是 *Line upon Line* 最早的中译本。之后，美国长老会帅霭谊（Anna Cunningham Safford，1837—1890）又以此为底本将其译成苏州方言。关于该书在文学层面的意义，宋莉华教授在《近代来华传教士与儿童文学的译介》(上海古籍出版社，2015 年）中已有详细讨论，可参看。由于该书为长篇叙事体作品，书中所体现的 1850 年代的上海方言，对于上海方言的词汇和语法史研究也具有非常重要的意义。

本丛书以康奈尔大学图书馆所藏本为底本影印（索书号：BS558. C5 M54 1857)。

2020 年 12 月 20 日

耶穌降生一千八百五十七年

蒙童訓

咸豐六年仲冬

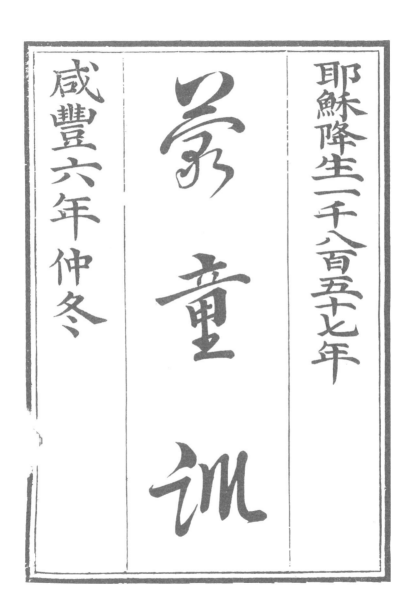

蒙童訓上卷　上海土白

第一章

講究造成功天地咾萬百樣物事。

我愛拉个小囝呀、造成功天地是神、儂聽得歇个者。儂心裏想想看、有啥人能彀造成功天地个否、人勿能彀造成功个、不過會担料作來做个多化物事、就是房子咾箱子咾臺子咾、椅子咾啥比方有人會做箱子、領伊到無啥料作个房子裏去、關子門咾對伊話、儂勿可以出來、等到做好子箱子末、可以出來者、第个人勿能彀空手做好一隻箱子、因爲無沒料作哖只那。神末是大兩樣个、伊造成功天地哖萬百樣物事、勿是拿啥料作來做个、不過出一句說話末、天地、就造成功拉个者。神造成功个天地哖、萬百樣个物事攏總不過六日工夫。第一日上、神話亮光來、亮光就來者、亮个名頭末叫日裏、暗个末叫夜裏。第二日上、神造好空裏个氣、分開雲裏个水、搭子地上个水。第三日上、神叫多化水聚攏拉一塊、深个戶蕩名頭叫海、高哖乾个戶蕩末叫地、神又叫地生出多化物事來、就是樹哖、草哖菜。第四日上、神造成功个日頭哖、月亮哖、星宿、叫日頭照亮个日裏、又叫月哖星宿、照亮个夜裏。第五日上、神又造成功水裏个魚咾、地上个鳥。第六日上、神造成功个中牲、野獸、蟲豸咾啥、地上各樣活个物事全有好子、末腳末是造成功个人。神話照我自家个形狀咾造一个人、就拿地上个塳塵來做子一个人、担活氣吹拉伊鼻頭管裏子、人就活者。又叫伊睏子、拿伊一根肋棚骨出來、拿肉來補好子、肋棚骨末造子一个女人、做伊个娘子、題男个名頭叫亞丹、女人叫夏法。後首又拿萬百樣个物事、交代拉亞丹、叫伊當心好子、又祝福伊咾搭子伊个娘子、領到个園裏去、叫伊耕種咾看守、園名末呌埃田。神看伊做拉个物事、䜌好哰、秃歡喜个、日頭哰月末䜌亮个、地上个物事䜌趣个、鳥鳥哰中牲、搭子活个物事、䜌快活个。神造成功个、裏人末算最好、因爲有魂靈、心上可以想念个神、哰稱讚个神、蓋哰亞丹搭子夏法、算最好。只那儂曉得七日工夫末、是一禮拜、拉拉第七日上、神造完子物事哰歇息者、神算第个日腳、是伊自家个、第日上、要多化人歇息蓋哰呌安息日。只那人應該稱讚哰謝个神、第个日上更加要做个。我伲看起來、造成功萬百樣物事个神、第一日末、造成功亮光、第二日末、氣哰搭子雲、第三

日末、地咩海、搭子地上出來个物事、第四日末、日頭
月亮、搭子星宿、第五日末、水裏个魚、咩搭子飛个鳥、
第六日末、中牲、野獸、蟲豸、搭子人、第七日末、神做完
子事體咩歇息者。

第二章

講究亞丹咩夏法犯罪个事體。

我前頭起對鄉話、神叫亞丹搭子伊个娘子夏法、一
淘住拉埃田園裏、大家快活咩相愛、又勿曾生歇病
咩吃歇苦个、垃拉園裏收作个花果樹木、一眼勿弛
駝、个做第个生活容易咩快活、因爲天色末清涼、勿

冷勿熱、就是亂草咾鏃人劍、也勿曾生出來个哩。垃拉花園裏有一棵樹叫分別善惡个樹、樹上个果子末、神已經、對伊拉話、勿許吃个、吃子末、就要死个別樣樹上个果子末、㑚可以吃个。伊拉愛敬神、照子伊个吩咐咾、勿吃伊勿許吃个樹、伊歇辰光神待伊拉、恰得朋友能、搭子伊拉只管白話个。一日子、亞丹搭子夏法犯罪、要講垃㑚聽。㑚曉得惡鬼有一个王、叫撒𡍼、伊末、心裏要想騙打伊拉兩家頭犯罪、受子神个刑罰咾死、心上想來試試看、騙伊拉去吃勿許吃个果子、葢咾借子一條蛇个身體咾、到園裏來。撒𡍼到子園裏、搋着夏法、就對伊話、第个果子末、神勿許儂吃否。夏法話、神吩咐我伲勿許吃个、吃子末、就要死个。蛇又話、勿見得要死个、儕吃子後首、將要恰得神能、能穀分別善惡者。夏法看个果子末、蠻好个中意咾可以吃个、蓋咾採來吃子、又撥拉亞丹一淘吃子。咳、可惜个亞丹咾夏法、後首點一眼無啥快活个日腳者。現在兩家頭做子犯罪个人、伊拉曉得自家勿好、蓋咾想起神來、心上嚇來啥能、拉拉園裏聽得子神个聲氣、就畔攏拉樹當中。亞丹咾夏法、勿會犯罪末、全勿着衣裳、無啥勿好意思、現在倒要着咾、拿樹葉來做子衣裳。神呌亞丹來、對伊話、儂拉那哩。回頭話、我聽得子儂个聲氣、因爲赤剝拉、怕儂哰畔攏个。神話、啥人撥儂曉得赤剝呀、我勿許儂吃个果子、儂吃子呢啥。亞丹話、儂配撥我个娘子、担來撥我吃个。神對夏法話、儂做个事體、那能个。回頭話、蛇騙打我哰我吃个。神末就動氣兩家頭、又更加動氣个蛇、蓋哰對蛇話、儂做實蓋能个事體、垃拉畜牲裏向板要咒儂、担肚皮來走路、哰吃泥塳塵。又對夏法話、我重重能加儂受胎个苦惱、養小囝末、板要吃苦、又儂末要愛慕个男人、男人末要管儂。又對亞丹話、儂聽信子娘子个說話、吃我勿許吃个果子、葢咾壯个地皮、爲儂咾咒伊來瘦、儂拉上尋物事吃末、總要一生一世咾駝咾吃苦、地上生出鏃人劍咾亂草、來儂要吃田裏个菜、常庄滿頭大汗末、鉛鉛有得吃、後首儂還要到地底下去、因爲儂是埄塵做拉个、葢咾死子末仍舊要做埄塵个。實葢能頂重个刑罰、亞丹咾夏法、聽得子末苦惱得極。還有別个刑罰、神趕子伊拉打花園裏出去、咾勿許轉來、又差个天使担子一把自家會動个劍、常庄看守个路。神又哀憐伊拉、拿皮衣裳來撥伊拉着、兩家頭死子後首、倘使魂靈到子撒坍壗頭去、豈勿是撥伊算計着者否、獨是神許亞丹咩話、後首點降一个救世主下來、救儂咩搭子儂子孫个魂靈、相信个末、可以免脫地獄裏个苦惱个。

第三章

講究開延咩亞佩个事體。

亞丹搭子夏法、園裏出去子後首、養兩个兒子、大个叫開延、小个叫亞佩。開延咩亞佩垃拉地上做兜駝个生活、恰得伊个爺亞丹、能開延末做種田人、亞佩末做看羊人、伊歇辰光、神待伊拉、勿恰得朋友能咩、勿對伊拉白話者、不過許人來祈禱。又因爲犯罪个

人必定要死个、葢哰用祭物來贖伊拉个罪孽。獻祭
物、末用一个祭壇、壇上末擺子柴、又牽一隻羊或是
別樣殺子哰放拉壇上燒、就叫獻奉个祭物。神叫人
用祭物末、還有別个意思、要伊拉想着許過拉个說
話、後首應着耶穌到世界上來、釘殺拉十字架上、恰
得羊能、縛拉祭壇上子哰獻奉。伊日上、亞佩牽子羊
哰獻、撥拉神、因爲想着子神許過拉个說話哰、神末
祝福伊、又快活伊个祭物。開延末勿覺着自家个死
罪、不過拿樹上个果子來獻奉、葢哰神勿快活伊哰、
看勿中伊个祭物。開延因爲神歡喜亞佩个祭物、勿

歡喜伊个祭物、薟咾動氣咾妬忌亞佩者。開延有子實薟个心腸、一日子、兩家頭拉田裏做生活、就跦起來殺子亞佩、是世界上頭一个凶手。伊起頭末、不過動氣、自家勿禁住、咾造到做子凶手也。神對開延話、儂个兄弟拉那裏。回頭話、我勿曉得、我是看守我个兄弟个否。神又話、儂做拉个啥、現在地開口呷儂兄弟个血、格咾儂板要地上受咒、使儂種田地、地末勿償還儂个氣力、儂必定拉地面上做流忙咾宕官。亞佩末殺脫者、開延到子遠地方去、亞冉身邊無啥兒子者、只怕葬亞佩个辰光、心上板痛哭咾苦惱个、又想子開延實葢能个勿好末、更加覺着苦惱只那。前日亞丹咩夏法、爲啥吃子勿許吃个果子、若然勿吃末大兒子決勿惡咩、小兒子決勿死、現在實葢能个苦惱、終是犯罪个報應。獨是神末、哀憐伊拉咩、又撥伊一个兒子名頭叫設。

第四章

講究大水个事體。

設个朝後幾百年、世界上人頭興者、秃作惡咩犯罪、神爲子人个惡咩動氣、要撥刑罰伊拉、因爲秃是犯罪、个葢咩要一齊滅脫伊拉。不過有一个人、名頭叫挪亞、神看得中咾勿滅伊、叫伊預先造一隻大船、救伊一家門。挪亞對別人話、神總要叫水大起來、没殺地上个多化人、還有各式各樣个物事、搭子活个中牲。挪亞要別人悔罪咾去脫惡个事體、求神饒赦伊拉、獨是人勿肯相信咾、照伊个說話。神个意思、勿要飛禽走獸一齊沉殺完、葢咾船造好子末、叫各樣活物事全攏子對到挪亞船上、又叫挪亞担多化吃个物事、拉船上囤積拉多化活物事、拉船上子、難末挪亞搭子伊个娘子、還有三个兒子咾媳婦、攏總八个人全上船、船上个門、神對伊關好子。伊歇辰光天末恰得開子窗个能、落雨下來、地上个水、也潮上湧起來、者連上落子四十日夜个大雨、水沒過子頂高个山多化人哰中牲哰鳥、鳥除子挪亞船上个、禿沒殺完个者、水沿面除子一隻大船末、一眼勿看見啥个者、年把光景、哰水退个。挪亞蹬拉船上、要曉得地上水乾呢勿乾、蓋哰放一隻老鴉、船艙裏飛出去、第樣鳥末、野性哰、勿喜歡蹬拉船上、雖是勿曾看見啥樹、倒勿肯到船艙裏來者、不過拉水沿面飛來飛去。挪亞又放鴿子飛出去、鴿子末、是養得家个、出去看見水大來死末、仍舊飛子船上來、蓋哰挪亞伸出手來捉子進去。歇子七日、挪亞又放鴿子飛出去、難末看見子樹者、葢哰啣子樹葉哰、仍舊飛子船上來、挪亞看見鴿子啣子樹葉末、曉得水要乾快者。又歇子七日末、挪亞又叫鴿子飛出去、難末勿轉來者、挪亞曉得地拉乾起來、等到神叫伊出去哰出去个。神對伊話、儂搭子娘子哰、三个兒子哰媳婦、多化中牲、鳥蟲、豸、禿可以出去者。船門開子哰出去末、諒必中牲末晒拉草上、鳥末歇拉樹上、羊末踪拉山上、禿快活得極。挪亞也快活哰、勿忘記神个好處、勿放伊沉殺拉水裏、就拿石頭造子祭壇、又担中牲哰鳥、做獻奉个祭物、明白伊謝謝神个意思。神對挪亞話、我勿再沉殺世界上人个者、雨落个辰光儂勿要憂水大、雨落停子、看見天上个鱟末、就是我撥儂个憑據、我終勿忘記許過拉个說話个。耶穌基督再來个辰光末、也恰得第个大水能相信个人末、像挪亞能可以得救、惡人末全要滅脫。

第五章

講究亞伯拉罕个事體。

挪亞个兒子傳子多化子孫、蓋咾世界上有子多化人、伊拉又做勿好个事體、比別樣更勿好个末、是忘記子造成功我伲哞、萬百樣物事个神哞、去拜假神。天上个神望下來看見人禿拉拜假神、動氣得極、勿殺末因爲許過歇後首點降耶穌下來救世界上人个哞。神就揀選一个好人、叫亞伯拉罕、叫伊做恭敬神个榜樣。伊个爺搭子伊个朋友、禿拜假神个。神對伊話、儂離脫子本地哞、到遠地方去、就是後首撥儂曉得个戶蕩、我要照應儂哞、祝福儂。亞伯拉罕雖則勿曾曉得神撥伊啥地方、然而伊是恭敬神个、就領子娘子叫囇辣、還領子多化用人哞、搭子牛哞馬、離脫子本地哞、一淘去者。亞伯拉罕就開个戶蕩、無得啥房子个、不過担皮來做拉个帳篷、可以拿來拿去。个後首到一塊蠻好个地方、有个多化樹咩麥咩花草、就是神揀選撥伊个、吽迦南亞伯拉罕担多化石頭來叠高子咩、做个祭壇、獻撥禮物拉神。迦南人末、相信拜假神个、格咩神只講到亞伯拉罕墟頭去咩話、我終要祝福儂、照應儂勿許啥人傷儂咩殺儂因爲伊肯照子神个吩咐、離脫子自家个地方、勿恰得别人能拜假神个、格咩神待伊朋友能咩快活伊。

我愛拉个小囝呀、要儂做亞伯拉罕、能就是照子神个吩咐咩做。神勿會對儂話、要離儂个屋裏、然而拉聖書上話、再要儂當住做好个事體、話牢實个說話、又要相信个耶穌、愛敬哰服事个神。若然儂照子弟个教訓哰做拉拉世界上、神末祝福儂、死子後首、領儂到快活个戶蕩去。隨便啥人、孝順子神末、就算伊朋友能个做子神个朋友末、豈勿快活否。

第六章

講究許亞伯拉罕養兒子。

亞伯拉罕搭子娘子兩个、住拉迦南地方、年紀末大者、比子儂个爺娘个爺娘、更加大哩、倒勿會有兒子、亞伯拉罕末一百歲、囇辣末九十歲、有一回夜裏向、神對亞伯拉罕話、儂帳篷裏出來、數數天上个星看、若然是可以數得清个末儂个子孫也可以數得清个。亞伯拉罕雖是勿曾有兒子、伊總相信神个說話个。一日子日中辰光天𠀾末熱來死、亞伯拉罕看見三个人拉走路、伊去接伊拉進來、咾話請㑚歇息歇息、担水來撥㑚淨腳、担飯來撥㑚吃子、難末可以走路者。三个人末就是天使、打天上到亞伯拉罕場化來對神報信、神常時叫天使下來、要撥別人曉得伊个意思。天使坐拉樹陰底下、亞伯拉罕對娘子話、拿餳餅做起來、烘好子、又到棚裏去牽一隻小牛叫相幫人殺起來、也烘好子、伊末担子牛奶哰、牛肉哰、餳餅哰、擺好拉席面上子、吽伊拉吃、伊末陪拉邊頭天使對亞伯拉罕話、儂个娘子拉那哩。回頭話、拉帳蓬裏。一个話後首曬辣總要養一个兒子。曬辣聽得子實蓋能个說話、自家倒勿相信、因爲年紀大子哰、勿曉得那能會養、格哰好笑起來、又話、曬辣爲啥笑、必定要養一个兒子个。難末曬辣嚇哰、勿敢認伊个人話、儂是笑个。三家頭跢起來走路末、亞伯拉罕又送伊拉走子一段路。神記得許過个說話、到子期上末、曬辣養子一个兒子、吽以撒、是好个小囝、神末愛伊、伊个爺娘末也愛伊。小囝呀、隨便啥事體、神許過拉个末、儂終要相信个許㑚啥、就是聖靈、若使儂求个神末伊肯担聖靈來感化㑚个心腸者。

第七章

講究神試法亞伯拉罕。

以撒搭子伊个爺娘住拉屋裏向、大家愛敬个神、神末也愛伊拉。亞伯拉罕末有多化產業咾用人咾中牲咾、搭子金銀寶貝、然而頂寶貝末伊个兒子以撒。以撒大个辰光、神要試法个亞伯拉罕、看伊愛个神、比子愛个兒子那能。神就吩咐亞伯拉罕話、担儂愛拉个兒子、到一座山上、做獻奉个祭物、恰得羊能。神呌亞伯拉罕實蓋能做末、豈勿煩難否、然而愛敬神个人、總照神个吩咐个、格咾呌以撒咾兩个用人、拿柴來放拉騾子上子、一淘到神話个戶蕩去、矖辣末、等拉帳篷裏。四家頭走子三日、亞伯拉罕遠遠裏望着子山末、曉得就是祭神个場化者。亞伯拉罕對相帮人話、㑚等拉第塊看管个騾子、我咾兒子末、到山上去拜个神。以撒末、背子、柴亞伯拉罕末担子火咾刀、一淘路上去。以撒勿曾曉得要担伊來算祭物、蓋咾問个亞伯拉罕咾話、柴咾火末有哩者、羊末垃拉

啥場化。亞伯拉罕話、神預備拉个者、勿對以撒話、算
儂就是羊。到子山頭頂上、亞伯拉罕担石頭來做子
祭壇、拿柴來擺拉上子、亞伯拉罕拿以撒、像羊能縛
住拉祭壇上子、又拿子刀咾、要殺脫伊。忽然聽得天
上有个聲氣、話咾、亞伯拉罕、亞伯拉罕、儂个兒子、勿
要殺脫子、現在我曉得儂是愛敬神个、因爲肯担兒
子來做獻奉个咾。亞伯拉罕就放子兒子咾勿殺者、
心上快活得極、朝上望拉、貼准後頭有一隻雄羊、角
末兜住拉小樹裏、就担伊做祭物。天使對亞伯拉罕
話、神話儂做實葢个事體、我末祝福儂、使儂个子孫

興旺、恰得天上个星哰、海裏个沙能天底下个國度、全拉儂个子孫儘頭得着福氣天使實葢能个說話、是啥意思呀、就是後首拉亞伯拉罕个子孫裏降耶穌下來救別人魂靈哰撥福氣拉人、領伊拉到天上去、就是替有罪个人死。天使話完子末、亞伯拉罕就搭兒子兩家頭山上跦下來、碰頭子用人哰一淘居去。者儂應該愛敬个神、比子愛爺娘更加愛比子愛隨便啥親眷更加愛、叉要照子神个吩咐哰做、勿許話粲忙哰、罵人哰、動氣、別人照子神个法度哰過日腳、實葢能末、搭子亞伯拉罕一樣哰、神也要快活儂者。

第八章

講究雅各夢裏个事體。

曬辣年紀老子哖死者、亞伯拉罕要葬伊、格哖就拉迦南地方買一塊地、担曬辣葬拉化子、伊塊地末有多化樹哖、一个穴丈个後首亞伯拉罕死子末、伊个兒子、也担伊來葬拉化。以撒討个娘子、吽哩別迦養兩个兒子、大个吽以掃、小个吽雅各。弟兄兩个、雖是雙胞胎、然而相貌哖性子末、大兩樣拉、雅各末住拉屋裏哖種田、以掃末常庄担子弓箭哖、到樹林裏去無啥禮物獻撥拉神、因為勿曾有牛羊咾、不過倒點油搕柱上子、就算禮物、又禱告神咾話、神肯保佑我末担飯糧咾、衣裳來撥拉我、後首轉來到屋裏、蓋末儂是我个神、第个石頭要造儂个殿、担我多化物事、十分裏个一分來獻撥拉儂。

第九章

講究雅各討娘子。

雅各走子長遠走、到一塊地方、草末出得蠻興、又有一隻井、井邊頭有一个看羊个、因為伊塊地方水少、个蓋咾、看見子井末快活得極。雅各對看羊个話、拏曷个兒子儂認得否。回頭話、我認得个、就是呌瀨版。雅各話好拉否。回頭話、蠻好拉喏、伊个囡喇結趕羊來者。雅各末快活得極、因爲就是伊个表妹哰盇哰搭伊親子嘴哰放聲大哭、雅各个親眷末常遠會勿着者、一看見子親眷末、也更加快活个。喇結勿曾認得伊、直到雅各話子哰認得个。喇結對伊个爺話、我个表兄垃拉井墻頭、瀨版末就走出去接子伊進來。瀨版對雅各話、儂是我个外甥、對我做生活勿好白相帮个、幾化工錢末有者。瀨版有兩个囡、大个呌雷亞、小个呌喇結、大囡末眼睛有毛病个、小囡末生來趣。雅各末要个喇結、蓋哰對瀨版話、爲子儂个小囡喇結、哰服事儂、七年。瀨版話、有个撥拉別人做娘子末情願撥拉儂一淘住末者。雅各爲子喇結哰服事子瀨版、七年、雅各對瀨版話七年末圓滿者、求儂撥囡拉我可以成功一家人家。瀨版辦好子吃局哰、叫多化親友來吃喜酒、夜子末担雷亞來對雅各兩做子親、又叫个丫頭叫蝕罷服事个雷亞。到子明朝、雅各曉得勿是喇結、格哰對瀨版話、儂對我做个啥爲啥哰騙我呀。瀨版話、先嫁大、慢嫁小、我伲第塊是實蓋个、要末滿子七日哰、我担喇結來再嫁拉儂、儂仍舊要服事我七年。雅各應承子、歇子七日、瀨版叫喇結做雅各个娘子。後首末、神撥多好兒子拉雅各、伊末看守瀨版个羊、瀨版末、撥多化牛羊拉伊咾、搭子別様中牲。雅各雖則有子多化吃着个物事、然而總勿忘記爺娘咾前頭个戶蕩、格咾伊搭子兒子咾啥、原要到迦南地方去。

第十章

講究雅各碰着伊个阿哥。

雅各對伊个娘舅瀨版話、我相帮子儂長遠、現在要歸去者、瀨版末、勿許伊居去、然而伊總要歸去、雅各睏拉田裏、做夢神對伊話、儂可以歸去、我搭儂一淘去照應儂哰祝福儂。雅各覺轉來、對兩个娘子話、我做夢神叫我到爺場化去。娘子話、我伲也要去。个雅各就搭娘子哰兒子、騎子駱駝、担子中牲哰物事、仍舊到子迦南地方爺場化去。雅各居去个辰光、瀨販勿曾曉得、因爲伊个帳篷、懸開多化拉哰、後首曉得子就動氣哰、要追伊轉來、獨是神勿許伊做。雅各將要到迦南快、心上雖是快活、終有點嚇个意思、因爲以掃前頭要殺伊哰、現在碰着子、常怕伊一氣要殺完。雅各曉得以掃領子四百个人、要來快者、就去求

个神咗話、儂前頭撥多化好處拉、我求儂現在保全
我伲一家門。難末雅各心裏想要送物事拉以掃、就
担个多化中牲、吽用人趕子咗、先到以掃壗頭去、又
連夜禱告个神。以掃領拉四百个人、雅各看見子、就
走上去磕子七回頭。以掃就搭伊親嘴咗大哭、因爲
撥拉神感動子、格咗待伊好起來个。以掃心腸變軟
子末、雅各豈勿快活否、昨日求个神、吽以掃好好能
待伊、神就帮助伊咗、照伊个祈禱做者。以掃看見子
多化女人咗小囡末、問个雅各咗話、是啥人个。雅各
話、就是我个娘子咗兒子、禿是神撥拉我、个難末又

全走上去、對伊磕子頭。以掃話、儂送多化物事拉我末、啥意思呀。雅各話、要儂好好能待我哰。以掃話、我也有拉、決勿要儂个。雅各話、神撥恩典拉我、我已經稱心得極、第个物事、儂終要受个、難末以掃纔纔受。以掃話、我來領儂去。雅各話、我个兒子末單薄、牛哰羊末粗笨、一日上、只怕走勿動、格哰儂末先去、我領子兒子哰、搭子中牲、慢慢能走到西耳來末者。以掃个屋裏、拉別場化、雅各末、住拉迦南、因爲神將要担伊塊地方、撥伊子孫常庄住拉哰。現在看起來、神个說話、有子應驗者。雅各勿忘記夢裏个戶蕩、又到伊塊去、造子一个祭壇咾、獻祭物拉神。因爲神撥飯糧咾衣裳、娘子咾兒子、用人咾中牲拉伊子、又領伊到迦南地方去、叫以掃担軟心腸來待伊、格咾雅各末多謝咾愛敬个神。只那小囝呀、神待儂豈勿好否、儂要想吃着咾房子咾親眷朋友、秃是神撥拉儂个、豈勿應該愛敬咾服事个神否。

第十一章

講究約瑟拉地潭裏。

雅各到子迦南地方、會着子伊个爺以撒、後首以撒死子、雅各搭以掃兩担爺來葬拉亞伯拉罕个戶蕩、葬子後首雅各末常庄住拉迦南地方、以掃末住拉西耳。雅各有十二个兒子、頂小个叫便雅憫、第十一个叫約瑟、兩家頭是喇結養拉个。大家看羊末十个阿哥秃担瘩癲心腸來做弄个約瑟、因爲伊个爺雅各最愛伊、又撥最好个衣裳拉伊着、格咾伊拉秃妒忌伊只那。實蓋能妒忌伊末、因爲魔鬼拉做弄伊咾、格咾伽終要禱告个神、免脫我伲妒忌个心腸現在要撥伽曉得約瑟个阿哥、待約瑟那能勿好。有一夜子、約瑟做一个希奇夢、搭子多化阿哥拉田裏捆麥、約瑟捆好拉个麥、先立子起來、伊拉捆拉个麥周圖拜倒拉約瑟个麥墻頭、覺轉來、就告訴拉阿哥聽。
伊拉倒動氣咾、話只怕儂个意思、要管束我伲否。後
首約瑟又做一个希奇夢、看見日頭咾月、搭子十一
个星對子伊咾拜、覺轉來、告訴拉爺咾阿哥聽。伊个
爺責備伊咾話、第个是啥个夢、我搭子儂个娘咾阿
哥、肯拉地上拜儂呢啥。多化阿哥末、倒更加動氣伊
者。約瑟个阿哥、趕子多化中牲咾、到遠場化去吃草、
雅各搭子約瑟咾、便雅憫末、蹲拉屋裏。雅各勿曉得
多化兒子好拉否、格咾叫約瑟去望望咾、看看多化
中牲。約瑟末、是孝順个、勿騎啥騾子咾、領啥用人着

子好看衣裳哰、就去者。心上想勿着後首點要吃苦
哰啥。約瑟拉路上个辰光伊个阿哥望着子哰、要想
殺脫伊、大家打算哰話、殺脫子末丟伊拉陷坑裏、等
爺問起來、只話撥拉野獸吃脫者、蓋末伊前頭做拉
个夢也白白哩者。一个最大个阿哥呌流遍聽得子、
哰話勿要殺伊哰、流出伊个血來、只消甩伊拉陷坑
裏子哰、全等伊歇。流遍是要想救个約瑟哰、呌伊原
到爺壗頭去。約瑟走到子末多化阿哥担伊着拉个
衣裳、一齊剝子下來、担約瑟甩拉陷坑裏陷坑裏倒
無没水个。儂想約瑟實蓋末、豈勿苦惱否、又無啥物

事吃料想終要死哰、爺末勿能彀看見个者。格哰正拉哭、阿哥聽得子、倒開心死、只管吃物事、神看見伊拉實蓋个行爲、末豈勿動氣否。

第十二章

講究約瑟做奴才。

約瑟个阿哥、看見艙買冶地方上个人、担駱駝來駝子香料哰、乳香哰、没藥拉來、要到埃及去做生意、有一个阿哥、叫猶大、對弟兄話、担約瑟來殺子哰、抗攏末無啥用頭、勿如賣撥拉艙買冶人子、勿要我伲自家殺伊者、因爲是我伲个骨肉哰、雖末多化弟兄就

三一

憑子伊。猶大賣脫兄弟、比子殺脫末好點、然而要賣脫兄弟个末、心腸終是惡个、格哰勿好算猶大軟心腸人个。一个阿哥、問脫買洽人哰話、儂肯撥幾兩銀子我。伊話、肯撥念兩。多化阿哥就拉陷坑裏拖約瑟起來。約瑟認道子叫伊到爺墟頭去、勿壳帳倒要賣脫伊。買伊个人末等拉邊頭、就撥子銀子、哰領子約瑟去者伊个阿哥、又打算哰話、我伲到爺墟頭去、等伊問起約瑟末、要話勿會看見歇、不過拉路上看見歇衣裳。難末殺起羊來、担羊血搨拉衣裳上子、撥爺看哰、話第个衣裳、勿知是約瑟个否。爺話、衣裳是也、人末眞正撥野獸吃脫个者。雅各看見子第个血衣裳末、心上痛咟、哭來苦惱得極多化兒子咟囡、禿安慰、伊獨是伊勿受伊拉安慰咟話、我到死个時候、也要哭約瑟。雅各心上勿快活、年紀大子咟、頭髮白者。有一个最小个兒子、叫便雅憫、常庄要伊蹬拉身邊个、雖是勿曉得多化兒子个凶惡、然而終勿許到阿哥埸化去。約瑟个阿哥、妒忌約瑟、担伊甩拉陷坑裏、又賣脫子咟騙个爺、儂想實葢个、人安樂个否、神終動氣得極。約瑟雖是做人家奴才、倒安安樂樂、因爲伊是好人、神常庄撥福氣拉伊个咟。

第十三章

講究約瑟拉監裏。

腋買冶人領約瑟到埃及國去、賣拉侍衛个頭腦、叫玻替咈、難末約瑟住拉伊墟頭做相帮人、約瑟心上雖是要到爺墟頭去、然而只管認眞做生活、伊个主人家末勿敬眞神咾拜假神个、獨是神末搭約瑟一淘拉、像伊事體做來纔好、玻替咈愛个約瑟、因爲約瑟辦事照伊个意思格咾、撥伊管裏外攏總个事體。約瑟末、一眼勿懶朴、就是主人勿拉拉、也實盡个約瑟除子吃着外頭末、不過得主人家許過个物事、一歇田裏去、一歇屋裏來、上南落北、忙來死个。神爲子約瑟咾、祝福伊个主人家、主人末勿管事體、約瑟末倒樣樣對伊當心。玻替咈个娘子、要迷个約瑟、爲子約瑟弗肯咾、伊倒告訴男人話、儂算約瑟好个否、我看伊是奸刁人、前日子要睏我。玻替咈相信子娘子个說話、就叫人担鍊條來鎖子約瑟咾、送到監牢裏去。監牢裏秃是犯罪个人、不過約瑟末冤屈个、神愛惜伊咾、勿放伊吃苦、叫牢頭禁子好好能待伊、事體末秃叫伊做、犯人末秃交代拉伊、約瑟靠托子神个照應咾、恩典、望得着神救伊出監牢去。

第十四章

講究約瑟解說官府个夢。

約瑟收拉監裏个辰光、有倌飯咾倌酒个兩个官、惹氣子皇帝咾、搭約瑟收拉一个監裏。伊日上、約瑟看見兩家頭面孔上勿快活、問伊拉爲啥咾。回頭話、我伲做个夢、無啥人解說得出咾。約瑟話、神末解說得出个。儂話拉我聽。倌酒个官、對約瑟話、我做夢、看見葡萄樹上三个丫枝、好像生出芽來、開花咾結子、我又担子酒杯、篩子葡萄汁咾、撥拉王吃。約瑟話、三枝末就是三日、歇三日、王必定吽儂仍舊倌酒、撥酒杯拉王、請儂對我求个王、放我出去、因爲我勿會犯應該登拉監裏个罪。管飯个、也對約瑟話、我做夢頭上戴三隻籃、沿面一隻裏、有多化王吃个點心、飛來个鳥、拉我頭上吃籃裏个物事。約瑟話、三隻籃末、也是三日、歇三日、王要担儂來弔拉樹上、子哰鳥來吃儂个肉。到子第三日、貼准王个生日、請多化官府吃酒、叫兩家頭來、一个末、仍舊叫伊去管酒、管飯个末、掛拉樹上、秃照約瑟解說拉个哰應着个夢。管酒个仍舊做子官、豈知也是無因頭个、心上就忘記子約瑟者。有勿好个兒子、受子爺娘个好處哰、勿孝順个末、更加勿好个、人得着子神个恩惠哰、勿多謝、勿服事伊个、未又更加勿好个。

第十五章

講究約瑟監裏出來。

有一夜子、埃及王法老做夢、看見七隻壯个牛哰、七隻瘦个牛、打河裏出來、岸上吃草、又看見瘦个牛吃脫子壯个牛、吃子後首、瘦个牛仍舊勿壯、實蓋子未、法老就覺着。法老又做夢、看見七个好麥穉頭、生拉一根上、又看見七个瘦麥穉頭、也生拉一根上、瘦个麥穉頭吃脫子好个麥穉頭、實蓋子未、法老又覺着。

法老想起夢來、希奇得極、就吽博學个人來、告訴拉伊聽、獨是無人解說得出个、蓋哰法老心裏憂。只那酒官對法老話、有一个人吽約瑟、會解說夢个、我倒忘記者、儂前頭起担我哰搭子管飯个收拉監牢裏、我伲各人做夢、吽伊解說末、秃應驗个、我末仍舊做子官、伊末掛拉樹上。法老就吽約瑟監牢裏出來、約瑟換子衣裳、薙子面哰、走去見法老。法老對約瑟話、我撥一个夢拉儂解說。約瑟話、我是勿會个、不過神末會解說哰、撥儂安慰。法老就告訴夢拉約瑟聽。約瑟話、兩个夢末一樣意思、七隻壯牛哰七个好麥穗頭、是七个熟年也、七隻瘦牛咾七个瘦麥稡頭是七个荒年也、神要儂預先曉得儂个國裏、有七个熟年咾七个荒年、荒得長遠子末、前頭个熟年也、勿覺着者、儂个夢末、是神告訴儂要做个事體。約瑟又對法老話、儂要揀選一个明白人、拉熟年裏、收五分裏一分、囤積好、拉預備荒年个糧草、就是合埃及國个糧草、蓋末到子荒年上、百姓可以勿餓殺者。法老對多化官府話、實蓋个聰明人、我伲秃學伊勿得。又對約瑟話、儂旣經曉得實蓋个事體末、就可以去做第个官、我格外抬舉儂、吽百姓全聽儂个說話。法老就蛻手上个戒子。撥拉約瑟戴子、又担細个衣裳、撥伊着子、金項圈撥伊戴子、坐子車子哰出去、末人秃對子伊跪个。約瑟出去巡查、叫人造房子來囤積糧草拉化、糧草末多來像沙泥能無數目。拉約瑟做官末、撥多化好處拉百姓、自家已經討子娘子來養子兩个兒子者。

第十六章

講究約瑟做埃及國官。

埃及國荒子年、百姓對法老話、我伲要餓殺者。法老話、郮到約瑟場化去、是伊會救郮个百姓、就担子銅錢哰、袋哰、到伊場化去糴麥。約瑟就開子倉厫哰、糶垃伊拉還有遠地方人也來糴个。約瑟十个阿哥也到埃及來糴麥、不過小兄弟便雅憫勿來。約瑟雖是長遠勿看見子、心上總勿忘記伊拉、現在撥伽曉得、伊歇辰光、約瑟那能待伊拉。法老對約瑟題子別个名頭哰、百姓秃勿呌伊約瑟个者、格哰多化阿哥來个辰光、也認勿出子哰、對子伊磕頭、只那約瑟看見子伊拉只做勿認得、做起子面孔哰話伽來做啥。回頭話我伲來糴麥。約瑟想着子前頭个夢哰話、伽是奸細、來打聽消息个、回頭話勿是我伲眞正來糴麥

个、又話、我伲十二个弟兄、一个爺養拉个、小兄弟末
拉爺、場化、一个末、死个者。約瑟、話我要看看伽小兄
弟看、要蹬一个拉監裏子哖、九个末、去領小兄弟來、
葢末可以曉得伽个說話是眞个。約瑟个阿哥、大家
話、我伲爲子伊个事體、眞正得着子罪者、因爲伊前
頭苦苦惱惱求伲、勿憑伊哖、要吃實葢能个苦也。約
瑟个阿哥、勿曉得約瑟懂伊拉說話个、因爲伊用通
事來傳話个哖。約瑟就走子哖哭、又來對伊拉自話
子幾句、就担一个叫西面个、縛拉伊拉面前。約瑟叫
用人担麥來、放滿子伊拉个袋、還子伊拉銀子、又撥

子路上吃个糧草。伊拉到子客寓裏、有一人解開袋來、撥物事拉騾子吃、看見銀子原拉化、對弟兄話、銀子原拉袋裏、大家嚇啐、話神對我伲做啥呀。到子迦南地方、担多化事體來對爺話、埃及國个官算伲是奸細、伲話是牢實人、爺養伲弟兄十二个、一个末無沒者、一个小兄弟末搭子爺蹬拉迦南地方、伊話勿相信、我要西面蹬裏、㑚末歸去叫小兄弟來、實蓋末、我相信啐、還弟兄拉㑚、㑚又可以糴麥拉㑚者、難末伲拉路上、倒出麥來个辰光、看見銀子原拉袋裏、雅各搭兒子兩个想、埃及國人等伲再去末、只怕捉住子咗、要算伲偷銀子个、格咗禿嚇來啥能只那。雖是勿偷別人啥銀子、也可以算得偷別人銀子个、因爲前頭賣脫歇約瑟咗。麥吃完子、伊拉終怕咗、勿敢再去羅。多化阿哥勿曉得那能子末、爺可以放小兒子去者。雅各因爲伊愛个小兒子、纔起始勿肯放話咗、約瑟末無没者、西面撥伊拉縛住拉、現在又要小兒子去、若使搭伽一淘去咗死子末、我只得也死个者。

第十七章

講究約瑟請弟兄吃酒。

雅各勿肯放便雅憫去、獨是羅拉个糧草、已經吃完著、格哰叉要叫伊拉去羅。伊拉話、埃及國个官話、若使倷小兒弟勿來末勿許倷見我面、爺哰肯叫小兒弟去个、葢末可以羅个。勿然末伲也勿去。雅各話、倷爲啥要話小兒弟拉官聽、回頭話官問伲哰伲話个、决勿曉得要叫伊去个。猶大對爺話、伲要餓殺者、求儂放小兒弟去、我可以做保人、若然勿歸來末算我犯罪个人。雅各話、若然必罷勿得末就去末者、担子第塊好个物事、乳香、香料、沒藥、榧子、杏仁、蜜糖、送拉伊个官、還要担兩倍銀子、搭子前頭回轉來个銀子哰去、叉話、倷領子便雅憫哰去、求全能彀个神、使倷拉伊个人面前、得着子好處哰歸來。多化弟兄、担子物事哰銀子、領子小兄弟、到埃及國去、立拉約瑟面前。約瑟出門个辰光、雖是兄弟還小哩、現在倒原認得个格哰曉得兄弟也拉化。只那約瑟吽相帮人辦好子酒席哰、請伊拉日中來吃。伊拉到子約瑟屋裏嚇得噲能偷件子話、只怕爲子前頭袋裏个銀子、要攻打我伲、奪我伲騾子、吽我伲做奴才哰、格哰騙我伲來吃酒。又對約瑟个相帮人話、我伲前頭糴子麥哰、轉去到寓裏向、看見銀子原拉袋裏、勿曉得那里來个、現在末原帶哩、還有另外糴麥个銀子、前日子有人話伲勿牢實、現在末前回帶轉去个銀子、原担哩、眞正是牢實个。相帮人話、伽个銀子、我到手拉个者、第个銀子、是伽爺个神撥拉伽个。就叫放西面出來、到弟兄墟頭、相帮人領子西面出來末、担水來叫伊拉淨子脚、又撥物事拉騾子吃子。弟兄末端整好子禮物咾、等日中約瑟歸來送拉伊。歸來子末、約瑟个阿哥、送子禮物咾對子伊拜。約瑟話、伽个爺還活拉咾、好拉否。回頭話、爺好拉、多化阿哥又對子伊拜。約瑟看見便雅憫咾話、第个就是伽小兄弟否、求神撥好處拉伊。約瑟爲子伊咾、到房裏去哭、因爲一个娘養拉个、格哰最愛伊。約瑟指乾子眼淚哰出來、勿撥別人曉得就叫人排子三桌酒席、自家一桌多化弟兄一桌、埃及人一桌。約瑟担自家面前个物事、分撥弟兄、分到便雅憫末、比子別人多五倍。約瑟看看弟兄末快活得極、雖是前頭丟伊拉陷坑裏、伊倒待伊拉蠻好、猶如人恨个耶穌、耶穌倒撥福氣拉伊人、惹氣子神、神倒担軟心腸來待伊。○小囝呀、啥人待儂勿好末、儂終要待伊拉蠻好、弟兄勿撥物事儂吃、儂有子物事、終要叫伊拉吃、要看約瑟个樣。

第十八章

講究約瑟饒赦阿哥。

約瑟个阿哥、吃罷子酒末、要歸去者。約瑟吽總管担銀子咾麥放拉各人袋裏子、又担自家个銀盃搭子兄弟糴麥个銀子秃放拉兄弟袋裏、總管末全照子約瑟个吩咐咾做伊个阿哥、動身子後首、約瑟吽總管追上去、咾話官待伽那能个、伽爲啥偷伊个酒杯。呀回頭話、儂爲啥咾話第句說話、我伲決勿做个前起个銀子、我伲原担來个、儂担伲搜末者、啥人偷拉末應該死、我伲末做主个奴才。總管話、啥人偷个末、做奴才、勿偷个末無罪个、總管搜末、倒拉便雅憫袋裏、伊个多化阿哥末、担麥來放拉騾子背上子哰縮子轉去、猶大搭子弟兄、到約瑟場化去、就對子伊哰拜。約瑟恰得動氣个能話、爲啥哰偷物事。猶大話、神已經亮子我伲个罪者、格哰我搭子小兄弟、秃做儂个奴才。約瑟話、我不過要偷酒杯个人做奴才、伽仍舊歸去末者。猶大話、儂末猶如法老、能勿要動氣、我話拉儂聽、前日子儂問伲哰話、有啥爺哰兄弟个否、伲話、有个年紀大子哰、養个小兄弟、伊个阿哥末已經無沒个者、伊个娘便剩一个兒子、爺末愛拉个、儂話要叫來、伲話小兄弟離開子爺末、爺要死个、儂話、勿搭伊一淘來末倗勿要見我面。我伲拿儂實蓋个說話、告訴拉爺聽子、爺又叫伲來糴麥、伲回頭話、搭子小兒弟一淘去末去个、勿然末、伲勿去、爺對伲話、倗曉得我个娘子、對我養兩个兒子、一个已經無沒者、現在又要小兒子去、倘然伊碰着子害末、倗是也要我死也、我話、勿領伊轉來、算我犯罪个人。小兒弟个性命、就是爺个性命、勿搭小兒弟一淘歸去末、爺也要死个、現在求儂放小兒弟一淘歸去、我代替伊做奴才。約瑟叫多化相幫人全走子出去、咾自家哭得鬧來死、埃及人搭子法老拉一家門聽得子。難末約瑟對多化阿哥話、我是約瑟、我个爺還活拉否。多化阿哥嚇來回頭勿出。約瑟話、伲雖是賣脫我、勿要嚇、也勿要恨自家、是神叫我比伲先到第頭來保佑伲、个現在已經荒子二年者、還有五年大荒年拉哩、格哰伲去領子我个爺哰多化人哰搭子中牲打迦南地方、到埃及國來、我來養伊拉、省子餓殺。伲親聽得我个說話、親看見我个榮耀、可以話拉爺聽、叫伊就來。實蓋子末、約瑟抱子便雅憫个頸骨哰哭、又搭子阿哥親嘴哰哭。多化阿哥、即使曉得約瑟饒赦伊拉末、决勿曉得還有實蓋个好處、格哰更加懊悔起前頭个事體來者。

第十九章

講究雅各撞着約瑟。

約瑟个多化用人、聽得子伊哭哰、曉得第个多化人末就是伊个阿哥者。伊歇辰光法老末也快活个、約瑟法老對約瑟話、儂呌弟兄担子物事、騎子騾子哰、到迦南去、呌㑚一家門來、撥埃及國好个地方拉伊拉住、又呌伊拉勿要肉麻屋裏个物事、因爲埃及地方个好物事、禿是儂个哰。約瑟照子法老个吩咐、撥車子哰吃着个物事拉多化人子、獨是撥拉便雅憫末、三百兩銀子咗、五套衣裳。約瑟叫弟兄担十隻騾子、背子埃及國个好物事、還有十隻騾子末、背子路上吃个糧草、又叫伊拉路上勿要相爭。多化人走出子埃及國咗、到迦南地方去、看見子爺咗話、約瑟倒做埃及國个大官府。拉雅各心上有點勿相信、又担約瑟个說話話拉伊聽、直到看見子接伊个車子咗、話、約瑟眞正活拉哩、我必定要去个。雅各拉一家門坐子車子、帶子中牲咗、搭子多化產業、打迦南到埃及國去。雅各叫猶大先去咗、叫約瑟差人來領。約瑟就辦子車子咗、去接个雅各。撞着个辰光、就哭子長

遠。雅各話、我既經看見子儂活拉末我就死也安樂
个者。約瑟話、我去對法老話、多化弟兄咾、搭子屋裏
个人秃拉拉者、倘然法老叫伽去咾問伽做啥生意
个、蓋末總要話一向養中牲个、直到伽可以住拉過
倘地方、因爲埃及國人、熬勿得養中牲个咾。約瑟對
法老話、我个爺、搭子弟兄咾、中牲咾、物事、現在秃拉
過倘地方。約瑟叫五个弟兄來見法老、法老話伽會
做啥个。回頭話、我伲一向養中牲个、因爲荒子年咾、
中牲無啥吃者、格咾要求儂撥伲住拉過倘地方。法
老對約瑟話、儂去叫多化人住拉過倘地方、揀能幹

个末吋伊來對我做官中牲个頭腦、約瑟就領雅各到法老壚頭去咾、衹領个法老。法老問个雅各咾話、儂今年幾歲。雅各話、一百三十歲、我个年紀比我祖宗个年紀少咾苦。雅各衹領子法老咾出來、約瑟就吋伊拉住拉過倘照子人个數目咾、撥飯糧拉伊拉。雅各生病个辰光、坐拉床上子、逐个逐个衹福拉多化兒子、又話、我死子後首、儕担我來搭子爹咾爺一淘葬拉迦南。雅各死子、約瑟就偃倒拉爺面孔上哭咾、搭伊親嘴、又吋郎中担屍首放拉香料裏。約瑟葬伊爺个辰光、法老个官府、搭子伊屋裏有年紀个、還有地方上有年紀个約瑟个親眷咾弟兄搭子爺个親眷、秃去送落葬車子咾馬末多來死不過小囝咾中牲末、原蹬拉過、倘約瑟个阿哥看見爺末死者、常怕約瑟要報仇、格咾叫人去對約瑟話、㑚爺死个前頭話咾、總要儂饒赦伊拉約瑟聽得子第句說話末、就哭咾話、㑚勿要嚇、㑚末害我、我勿要害㑚、㑚待我卯个、已經撥拉神變做子好个者。約瑟活子一百十歲咾話、我死子末、神原要領㑚到迦南地方去个。又對弟兄話、我死子末、我个骨頭、㑚也要担去葬拉迦南地方。約瑟死子、伊拉担屍首來放拉香料裏子咾、就拉挨及地方、放拉棺材哩者。

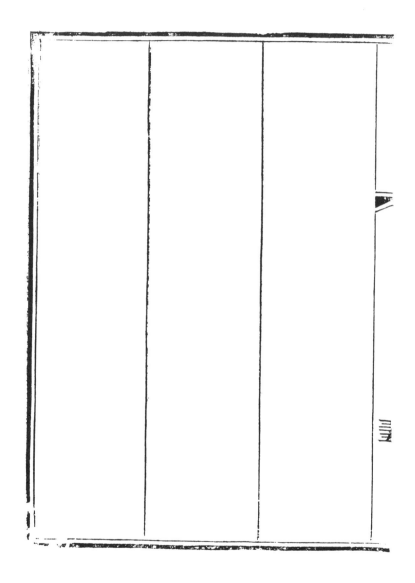

蒙童訓中卷　上海土白

第一章

講究摩西拉蘆頭船裏。

儂曉得約色搭子阿哥、拉埃及地方住子長遠、直到年紀大子咗死个、死子後首、伊个兒子、又養子多化兒子、傳下去、末有子多化百姓者。儕曉得雅各有兩个名頭否、一个名頭呌雅各、神又替伊題一个名頭呌以色列、蓋咗雅各个子孫、就呌以色列个子孫。前頭迦南地方大荒年、蓋咗打迦南出來、到埃及國去、伊个王帝、待伊拉蠻好、以色列人、也快活得極。第个王帝死子、到後首一个王、也叫法老、現在我要對儂話、新王帝做个事體、葢末可以曉得伊好呢勿好者。法老曉得以色列人、打遠地方來葢哰話、以色列人、比子我个百姓來得多、獨怕後首更加多起來哰、拉相殺个辰光、倒帮子我个對頭哰、走出第塊地方、法老差人去看管个以色列人、叫伊拉做弛駝生活、就是做多化磚頭哰、造蠻高个城頭、以色列人本者來是拉草地上看羊个、偏要伊拉拉蹅拉爛泥裏做磚頭、還要伊拉曬拉日頭裏、倘然有啥人做來少子末差去个人要打个葢哰伊拉苦惱哰、落出眼淚來。獨是

生活越逼得緊末、人倒越興、薹哰埃及王法老又想
一个計策、就是叫以色列人拿養出來个男囝甩拉
河裏、不過女囝末、可以勿甩、脫伊个意思、是想女囝
大起來、勿會出去相戰个。有一个以色列个女人養
子一个男囝、伊曉得神會保佑个、薹哰担兒子來抗
攏子三个月月、獨是勿能彀常庄抗攏、薹哰就担蘆
頭來做子一隻小船、搨子瀝青油哰石油、拿兒子來
放拉化子、攏拉河邊頭蘆蕩裏、小囝有一个阿姊偷
伴子看拉、要望伊碰着啥。貼准法老个囡搭子多化
丫頭、到河裏去淨浴、看見小船拉蘆蕩裏、就叫丫頭

去拿來、一看末、有一个趣个小囝拉化哭。公主看見小囝無啥人養哰奉承、就哀憐伊、又曉得爺要担以邑列小囝甩拉河裏、心裏想第个只怕就是以邑列人个小囝、小囝个阿姊、就對公主話、我去叫希伯來女人、來做奶娘好否。公主話、好个、小囝个阿姊就去叫伊个娘來、公主話、担第个小囝去、對我養拉、我撥工錢儂、女人就抱子囝哰去者、第个奶娘、倒就抱子自家兒子、豈勿快活否。娘个心裏、要教伊眞神个道理、獨是勿能彀常庄蹬拉一處、因爲太子、點公主要伊蹬拉身邊、做過房兒子哰、就對伊題一个名頭叫摩西、取水裏救伊起來个意思。公主住个房子、是蠻趣、个葢咩摩西末、着趣个衣裳咩、吃好个物事、還有多化用人服事伊、又勿要伊做啥生活、个然而摩西末、聰明咩蠻認眞、學會子埃及人攏總个學問。摩西曉得天上星个名頭、搭子飛禽走獸草木个性、獨是眞神个道理、賢人勿能彀教訓伊、因為是拜偶像个、然而摩西个爺娘、倒會教訓伊眞道理、个葢咩摩西曉得眞神个道理、是最要緊、格咩伊个學問、比子埃及國个賢人又好。摩西有子實蓋能个多化好處、儂想快活呢勿快活、伊倒無啥快活、啥緣故呢、看下底个書末就明白者。

第二章

講摩西有好主意。

上頭一章書上話、以色列人个那能弛駝哰、做多化磚頭、摩西大子末心上想我末住拉好房子裏、恰得公子能勿要做啥生活、獨是我个多化親族末禿弛駝來像个奴才、還要用子管頭哰打伊拉、格哰勿快活。前頭神許亞伯拉罕个子孫、得着多化福氣、儂曉得否、以色列人末、就是亞伯拉罕个子孫、許拉个福氣末、就是担迦南地方來、撥伊拉算長遠个產業。摩西曉得神許拉个說話、獨是以色列人吃實葢能苦、葢哰要救伊拉。一日子到以色列弛駝个戶蕩去看見多化人驪拉日頭裏子哰、担爛泥來做磚頭、而且埃及人末常怕伊拉做來勿好哰、常庄看管拉个、又有一日、摩西看見个埃及人拉打个以色列人、摩西就動氣哰走上去殺脫子、担个屍首來罨拉沙泥裏。後首又看見兩个以色列人拉相打、摩西對差个人話、儂爲啥哰打伊呀。回頭話、啥人派儂做子官哰來管我伲呀、也要恰得埃及人能撥儂殺脫呢。啥摩西嚇來、啥能、心上想前頭殺拉个人、已經破者。法老曉得子咾、要殺脫个摩西格咾伊避脫子法老咾逃走到米田个井邊頭、獨是神末愛个摩西隨便伊到啥戶蕩去末、總照應伊个。摩西末算法老个外甥、格咾能彀有多化房子咾車子咾用人、然而伊算照應以色列人末、比第个更加要緊、前起伊殺脫埃及人末、是要以色列人曉得神差伊來救伊拉个、伊拉倒勿曉得、蓋咾摩西爲子法老个動氣咾逃走个、而且曉得神要愛惜以色列人、領伊拉到迦南去格咾伊要神快活、勿顧王帝个動氣、甩脫子世界上个榮華富貴咾、得着子神永遠福氣只那。

第三章

講摩西看見小樹裏个火。

摩西意勿過離開苦惱个親族、獨是勿能勿避脫王帝个動氣、路上末無啥物事吃咾、無末騾子騎、又無啥相帮人、不過曉得神搭伊一淘拉咾保佑伊、格咾心上安穩个。走子幾日、到一塊有草个戶蕩、看見多化羊拉吃草、還有一只井、就坐拉井邊頭子、伊無啥房子、無啥床、無啥朋友、不過神拉照應伊。歇子一歇、有七个女人、到井墟頭來看伊拉爺个羊、拿吊桶來吊个水、倒拉槽裏子、擺拉羊吃、又有别个男个看羊个來、要趕開子女人咾、撥拉自家个羊吃。摩西看見子、就跦起來相帮个女人咾、勿許伊拉實葢。女人看个摩西雖則是陌生人、倒是熱心腸、想必是好人。女人轉去到爺墟頭、爺話、今日轉來能啥快呀。囡話、貼准有一个埃及人救我伲咾、免脫子凶人个手、又對伲吊水來撥拉羊吃。伊个爺話、第个人爲啥放伊去子、去請伊來吃局。第个是神暗暗裏叫女人个爺担好意待摩西。摩西到子女人个爺墟頭、要摩西常庄一淘拉、担一个囡來、撥伊做子娘子、摩西末就對丈人看羊者。前頭摩西做王帝个外甥、登拉王宮裏、坐蠻趣个車子現在領羊到山上去吃草、搭看羊个一淘、豈勿是大推班者否。摩西心上有點勿安樂、因爲以色列人、原拉吃埃及人个苦、老王帝死子、末新王帝又來得凶格哖、以色列人更加苦惱。只那神聽得子伊拉苦惱个哭、未就想着前頭對亞伯拉罕、以撒、雅各、許拉个說話者、落哖要救伊拉。一日子、摩西拉山上看丈人个羊、曉起眼睛、看見个樹裏有火拉燒、樹倒一眼勿燒脫、摩西希奇哖話、我要去看小樹、那能倒燒勿脫个。摩西相近樹、快樹當中有神个聲氣、對伊話、摩西摩西、回頭話、我垃哩。神話勿要走近上來、要脫脫腳上个鞋子、因爲儂立个戶蕩是聖个哰、我是儂祖宗个神、爺个神。摩西就遮子面孔、因爲勿敢看个神。哰神話、我已經看見我个百姓拉埃及國吃苦、又聽得伊拉吽苦惱、曉得伊拉个多化憂悶、葢哰我下來救伊拉、脫埃及人个手、領伊拉出來、到大哰好个地方去、現在我差儂去見法老、領我个百姓出埃及國。摩西對神話、第个事體、我做勿來个。神話、我總搭儂一淘去、幫助儂哰撥憑據儂、葢末人肯聽儂个說話者。神又話、儂手裏啥物事。回頭話、棒。神話、甩拉地上。摩西一甩末、就變子蛇者、摩西嚇來要逃走。神話、伸手來捏伊尾爬、就伸手捏住子、仍舊是个棒。神實蓋能做末、要摩西勿怕到埃及國去、撥多化人曉得、眞正是神差伊來个、有神个能幹、救以色列人出來。神又話、儂担手來、安拉胸堂頭。摩西就安子、伸出來一看、手上生滿子麻瘋者。神又話、儂再担手來安拉胸堂頭、摩西又安子、担出來一看、仍舊好者。又對伊話、人若然勿相信、蛇个神迹、末可以相信痳瘋个神迹、若然秃勿相信哰、勿聽儂个說話、葢末可以担河裏个水來、倒拉地上子哰變血。摩西話、我一向勿會話說話个、今日儂對我話子、我仍舊勿會話。

神話、亞倫倒勿是儂个阿哥否、我曉得伊是會話說話个、儂担來話拉伊聽、伊可以搭儂一淘去咾、代替儂話說話、儂手裏捏拉个棒、必定要用伊做憑據。摩西到丈人壚頭去咾話、我終要到埃及國去。回頭話、儂安安樂樂去末者。伊就領子娘子、騎子騾子咾、担子神个棒、到埃及國去。去个辰光、就碰着子阿哥亞倫、大家快活咾一淘去、摩西担神个說話、搭子吩咐个多化憑據、話撥拉阿哥聽。摩西咾亞倫到子埃及、碰着子以色列人、亞倫担神對摩西話个說話、話撥伊拉聽、還担憑據來做撥伊拉看、百姓末全相信个、曉得神肯照應以色列人咾哀憐伊拉、蓋咾踞子咾拜拉地上。獨是摩西末勿能彀領伊拉出去、直等到法老應承子咾出去个。

第四章

講究埃及國受災難。

摩西搭子亞倫進去見个法老咾話、以色列个神話、放多化百姓到荒家野裏去、守我个祭禮。法老話、神是啥人、叫我聽伊个說話咾放以色列人去、我勿曉得啥神、也勿放啥以色列人去。又話、伽兩家頭爲啥錯脫伊拉个工夫呀、伽去做伽自家个生活。法老特

伊拉更加凶惡者、對多化管頭人話伽勿要担草料
來撥伊拉做磚頭、等伊拉自家去尋來、做磚頭末、仍
舊要前頭能个數目、一塊勿許少、因爲伊拉懶朴咩、
葢咩話我伲要去拜神也、可以加重伊拉个生活、葢
末等伊拉勿話閒話者。摩西咩亞倫、拉法老壚頭出
來、以色列人、碰着子咩、話伽兩家頭對法老話子末、
我伲倒更加苦惱咩、生活更加重者。以色列人負子
摩西个意思、摩西倒勿動氣、就到神壚頭去話、主呀、
爲啥咩害第个百姓、爲啥咩差我來呀、自從看見子
法老、靠托子儂个名頭咩、對伊話子到難、救末勿曾

救、百姓倒更加苦惱者。神對摩西話、若然法老對儂話、儞自家做神迹出來看、儂可以對亞倫話、担儂个棒、甩拉法老面前、等伊變一條蛇。難末摩西搭子亞倫去見法老、照子神个說話咾做、亞倫就甩棒拉法老搭子官府面前、棒末就變子蛇者。法老个心腸硬極个、葢咾勿肯放百姓去。神對摩西話、法老末仍舊心腸硬、咾勿肯放百姓、儂早辰頭等法老出來个辰光、到河灘頭去碰着伊、手裏原担子變蛇个棒咾、對伊話、我可以担棒打水來變血、河裏个魚末死、水末臭、埃及國人全勿好吃河裏个水。摩西咾亞倫、就照子神个吩咐去做法老仍舊心腸粳哰勿肯聽神个說話、到子宮裏、一眼勿留拉心上。埃及國人、就拉河邊頭、掘子潭、哰尋水吃、因爲河裏个水、勿好吃子哰、實蓋能末、有到七日拉、就是埃及國、勿拘啥水哰家生裏、全有子血个者。第个血末、是頭一个災難。法老勿肯照神个吩咐、神末還要責罰伊、神對摩西哰亞倫話、儂担子棒伸出來、點各處个水、等田雞全跳拉岸上。亞倫伸出手來、多化田雞、就跳起來、遮沒子埃及國个地皮者。法老對摩西哰亞倫話、儂對我求个神、趕田雞來離開子我哰、搭子百姓、我末放伲多化

人去祭个神、摩西搭子亞倫、就打法老壚頭出來哰、
去求个神、神末照子摩西个說話、拉屋裏哰天井裏
哰田裏个田雞一齊死完子、畋攏來併子堆、地上末
臭來、死法老災難退子末心倒又粳哰勿肯聽神个
說話者。第个田雞末是第二个災難。神又對摩西話、
担棒來打地上个㙓塵、叫伊變子虱拉埃及國个各
到落處。伊就照子神个吩咐哰去做者、亞倫伸出手
裏个棒來打地上个㙓塵、變子虱哰、釘拉人搭子中
牲身上、造到合埃及國个㙓塵禿變子虱者。第个虱、
是第三个災難。神對摩西話、儂早點起來、拉法老出

來到水邊頭个辰光對伊話、神話放我个百姓去服事、我勿然末我叫蝨蠅來害儂咾、搭子儂个臣子咾、百姓咾、屋裏个人者。神實蓋做子末、合埃及國秃爲子蝨蠅咾壞者、不過以色列人屋裏末勿有。第个蝨蠅、是第四个災難。法老對摩西咾亞倫話、儂可以到荒家野裏去祭神咾替我祈禱、摩西就去求个神、神末聽子伊个求、獨是法老个心、腸仍舊粳咾、勿放百姓去。神對摩西話、儂去對法老話、以色列个神、叫儂放我个百姓去服事、我若然勿末、神要伸出手來、辦儂田裏个中牲者、就是馬咾、驢子咾、駱駝咾、牛咾羊、全要瘦脫完、神要分開以色列人个中牲、埃及國人个中牲、以色列人个中牲末全勿死。到明朝、神做子實蓋个事體、埃及國裏个中牲、一齊死完者、不過以色列人个中牲末、一眼勿死、法老差人去看以色列人个中牲、眞正一眼勿死、獨是法老个心腸末、仍舊粳哰、勿肯放百姓去。第个瘟中牲末、是第五个災難。神對摩西哰亞倫話、儂担一把爐灰、拉法老面前、對子天哰撒開來、變子埃塵哰、拉合埃及國个人哰中牲身上等伊拉全生瘡。摩西就担爐灰拉法老面前、對子天哰、撒人哰中牲全生子瘡者、獨是法老个心腸末、仍舊粳咾、勿聽神个說話。第个生瘡末、是第六个災難。

第五章

講究別个災難。

神吩摩西早點起來、立拉法老面前話、以色列个神話、放我个百姓去服事吾、勿然末、我要降多化禍拉儂咾搭子儂个官府咾、等儂曉得地面上無末恰得我能个。明朝第歇、儂看拉我要落大氷塊下來、埃及國起始到難、勿曾有歇个。現在伽去收羅多化中牲、搭子拉田裏个物事、倘然人咾中牲、勿曾到房子裏

末、落冰塊下來、要打殺子个。法老宮裏、有怕神个說
話个末叫伊个用人咾中牲、全蹬拉屋裏、看輕神个
說話个、等伊拉蹬拉田裏。歇摩西担棒來、一擎、神就
發起雷咾冰塊來、地上全是霍顯个亮光、難末神就
落冰塊拉埃及國裏、冰塊搭子霍顯一齊來、个蓋咾
冰塊格外大、埃及國起始到難勿曾有歇實蓋能个、
哩、拉田裏个人咾中牲、禿撥垃冰塊打殺完、又壓殮
子田裏个菜咾、打斷子田裏个樹、不過以色列个子
孫末、住拉過尚地方、無啥冰塊。法老差人去叫摩西
搭子亞倫來、話、我第回得罪子神者、神是公道个、我

搭子百姓禿是惡得極个、儂對我求神、勿再降實蓋
能个雹哰、氷塊下來、我末放儂个百姓去、決勿留拉
第塊。摩西對法老話、我出城去哰伸手禱告子神末、
雷就可以勿响、氷塊就可以勿落个、蓋末儂曉得地
面上是神管拉个者、但是我曉得儂哰搭子儂个官
府、還勿肯怕神拉哩。法老看見氷塊搭子雷、全停子
末、又犯子罪哰伊个心腸、搭子官府个心腸、更加粳
者、蓋哰一定勿肯放以色列人去。第个氷塊、是第七
个災難。摩西哰亞倫對法老話、神話儂拉我面前、勿
肯謙小否、總要放个百姓來服事我、勿然末、明朝我

要發起蝗虫來、飛滿拉儂个地界上、等儂勿見地皮、吃完儂冰塊打剩拉个物事就是青苗咾樹葉咾啥、而且飛滿拉儂咾官府咾百姓个屋裏、打開天闢地到難、勿曾有歇實蓋能个蝗虫个哩。摩西就離開子法老去者。官府就對法老話、儂放子伊拉去、埃及國已經壞者。難末法老又叫摩西咾亞倫轉來對伊拉話、伽要去服事神可以个、但是伽當中幾化人去、摩西話、我伲个人攏總要去个、還有中牲咾啥、我伲要大大哩去祭个神。法老話、雖是神搭伽一淘拉个、我勿肯放小囝搭伽一淘去、儂小心點、禍殃要到快者、勿然末伽大个男人去服事神因爲第个是伽求拉个哰、就拉法老面前、趕子伊拉出去。神對摩西話、伸出儂个棒、叫蝗虫來、吃埃及國裏冰塊打剩拉个物事。摩西担棒來一擧、神就叫東風來、吹子一日一夜、明朝蝗虫隨子風哰、飛拉合埃及國地方、第个蝗虫、利害得極、前頭勿曾有歇實葢能个、後首也勿有个、地面上、攏總墨赤黑、冰塊壞剩拉个菜哰、果子、全吃完合埃及國个地上哰樹上、一眼勿剩啥青个物事。法老叫摩西亞倫來哰話、我得罪子神哰、搭子伽者、請伽第回饒赦我、對吾求神、免脫第个災難。摩西就出去求个神、神就吽大西風來、吹蝗虫到紅海裏去子、埃及國裏、蝗虫一眼勿有者、獨是法老末、心腸仍舊粳子哰、勿肯放伊拉去。第个蝗虫末、是第八个災難。後首神要做个事體、摩西勿對法老話者、不過神吽摩西伸出手來、等埃及國墨赤暗、摩西就伸出手來、埃及國裏黑暗子三日、三日裏向、人勿能殼走開來、拉暗洞裏摸來摸去、不過以色列人、住个場化末、有亮光。第个黑暗、是第九个災難。法老吽摩西來哰話、伽个大人哰小囡去服事神末者、不過要留伽个中牲垃哩。摩西話、儂也應該撥我伲祭物哰、燒个祭物多化中牲一眼勿要畱拉因爲總要此地担去祭神个咛、勿然末担啥來祭呢。法老對伊話、儂出去、勿要再見我面、再見我面末、儂要死个。摩西話、好个、照儂个說話咛、勿來見儂面末者。神對摩西話、我還要降一个災難拉埃及國裏、等伊拉後首放儂出去个辰光、硬禁趕儂出去。摩西對法老話、神話半夜把我要拉埃及國經過、合埃及國个長頭兒子、搭子頭生个中牲、全要死脫、埃及國裏、全要號淘大哭、實蓋能个哭、前頭咛後首、禿勿有个、至於以色列人、狗對伊拉、全勿動舌頭、个儂个多化臣子末、全要對我拜咛話、請儂哰搭子跟儂个百姓出去罷、難末我要出去、者摩西就大動氣子法老哰、出去个。神對摩西亞倫、話㑚對以色列个公會裏、話第个月初十、各人要揀一隻、羊照子人家个數目、每家一隻、吃羊、个人家个房子、忝要担血來、搨拉門个立柱搭子檻上、到子伊夜末、吃子火炙羊肉哰、無酵頭个餲餅、搭子苦菜、勿要吃剩一眼、若然剩下來末、安拉火裏燒脫子。㑚末腰裏束子帶、脚上着子鞋子、手裏捏子棒、還要吃得快、是神个踰越節規矩、因爲伊夜頭、我要經過埃及國、殺脫合埃及國个長頭兒子哰、頭生中牲、㑚房子

上个血末、做記認、我看見子第个血末就可以分開

㑚哰、勿滅脫拉伊个災難裏者。葢哰要記得第个日

腳、算神个聖節、世世代代要守第个規矩。个以色列

人、末全照子第个說話哰去做者。到子半夜、把神殺

子合埃及國个頭生、打法老个頭生起、到監裏犯人

个頭生哰、搭子中牲个頭生、秃實葢能、法老搭子官

府哰百姓、夜裏起來、合埃及國个人、秃拉號啕大哭、

因為各家人家死一干个。哰第个殺頭生末、是第十

个災難。法老就連夜叫摩西亞倫來話、㑚搭子以色

列人、攏總起來出去、離開子我哰去祭个神、照㑚前

頭話拉个、担子牛哰羊去、也請㑚祝福、我埃及國人、硬禁趕以色列个百姓、快點出第个地方、因爲我伲全要死快者哰。以色列人、就担子無酵頭个麵、搭子溲麵个盤、包拉衣裳裏子哰背子、以色列人、照子摩西个說話、哰去對埃及國人、討金銀寶貝哰、搭子衣裳、神末放百姓、拉埃及國人面前、得着恩惠、造到擄掠完子埃及國人个物事。以色列人、打喇味西動身、到蘇割、除子小囝、走个末、有六十萬大人拉、還有多化一淘去个外教人、牛哰羊末、也多得極、因爲撥埃及國人趕出來、勿能彀躭擱子哰、預備糧草、蓋哰就埃及國帶出來个麵、燒無酵頭个餲餅吃只那。以色列人住拉埃及國子四百三十年、貼准拉年數滿个日腳上、神个百姓全走出子埃及國、蓋咾以色列个子孫應該世世代代對神守第个一夜、因爲第夜上領伊拉出埃及國个。伊个小羊个血、搨拉門檻上、救多化人性命、是形容後首耶穌个血贖世界上个罪。以色列人勿忘記神个哀憐、我伲也應該勿忘記耶穌、因爲耶穌就是我伲踰越節个羊、爲子我伲犯罪个人咾殺个。十个災難、末水變血、田雞咾、虱咾、蟲蠅、瘟中牲生瘡咾、冰塊咾、蝗虫咾、黑暗咾、死脫頭生。

第六章

講究摩西搭子以色列人過紅海。

以色列人動身到神許過个迦南地方、勿曾走到个前頭、直走子長遠拉。那能認得多化路徑呢、是神領伊拉个、蓋咗日裏末有雲能个柱、夜裏末有火能个柱、造到日裏夜裏一樣好走、日裏也勿脫雲能个柱、夜裏也勿脫火能个柱、常庄拉百姓面前个、雲停子末也停、雲走子末也走。勿多幾時以色列人到子紅海、雲停子末、扎營帳拉海邊頭、以色列人拉營帳裏、忽然聽見車子咗馬个聲氣、抬起頭來、看見法老个兵丁拉來者法老因爲懊憦放子伊拉蓋哰要追着伊拉只那。以色列人看見子末嚇來啥能因爲無沒啥船可以擺渡過去哰若使登拉伊塊、恐怕兵丁要追着因爲兵丁个氣力大哰鎗刀多。百姓求个神、第个是應該求个、獨是還有勿應該个事體、就是動氣摩西哰話、埃及國裏、豈是無沒墳山哰、要領我伲到荒野裏來死否。摩西對百姓話、儂勿要嚇、立定子哰、看神那能來救儂、今日看見子埃及國人末、後首永遠勿看見个者、儂靜靜能等神代替儂戰。雲能个柱、搬子以色列人後頭來等埃及人拉暗洞裏走火能个柱拉前頭等以色列人有亮光。摩西對子海哰、伸出手來、神就分開子海裏个水、做子一条旱路、以色列人末拉水當中旱路上跑、兩邊个水末恰得牆能。法老个多化車子哰馬哰、兵丁、追到海裏去、到五更裏、神拉雲能个柱裏對子埃及國人哰、亂伊拉个兵丁、車輪末落脫、伊拉就勿好動者。神幫助以色列人哰、以色列人走過子、神對摩西話、伸出手來、對子海、等水轉來、沒伊拉人哰車子。摩西就伸子手出來、天亮快末、海裏个水仍舊併攏者、埃及个兵丁全沉殺。拉海裏、一眼勿剩、以色列人倒一个勿傷、神救以色列人个一日、看見海邊頭秃是埃及國人个屍首又看見神个大能幹、葢咾全恭敬咾怕个神、而且也相信子神差來个摩西摩西搭子以色列人唱第个山歌咾話、我要稱讚个神、已經得勝者馬搭子騎馬个、全沉殺拉海裏。亞倫个阿姊、叫米哩暗、手裏担子鐃鈸、還有多化女人、也担子鐃鈸、跟子米哩暗出去、米哩暗回頭摩西唱咾話、要稱讚个神、已經得勝者、馬搭子騎馬个、全沉殺拉海裏。

第七章

講究荒家野裏个嗎嘩。

以色列人脫子惡人个手咩、無啥弛駝生活者、倒有
軟心腸个主人、吽摩西、還有啥个勿稱心咩、要話瞭
个摩西搭子亞倫伲。因爲拉荒野地方、無啥人咩房
子个、單有野獸咩、毒蛇咩虫豸、又無啥水个、不過有
山咩瘦个地、果子樹搭子稻田末極少、況且伊拉勿
會種田个、肚裏餓來死、帶拉个物事末吃完者、獨怕
路上要餓殺、只那。難末多化人那能呢、應該去求軟
心腸个神、因爲伊纔拉惡人手裏領出來、應該勿放
伊拉餓殺个。獨是以色列人末勿曉得神是那能个
軟心腸、蓋咩勿靠托伊个恩典、倒對摩西咩亞倫話、

與其餓殺垃荒家野裏末、勿如死拉有得吃个戶蕩、現在領伲出來到此地、伲要餓殺者。摩西勿回頭啥、動氣个說話、因爲曉得神是聽得拉个哰。神對摩西話、我要落物事下來、使多化人日裏有得吃、要試試伊拉看、我个法度、勿知肯守呢勿肯守、到第六日上、末、要預備好兩日个吃局。摩西差亞倫去、叫伊拉到神壚頭、來、因爲神已經聽得伊拉說話个者哰、貼準亞倫拉話个辰光、伊拉就拉荒家野裏、看見神个榮耀拉雲當中。神對摩西話、我曾經聽見以色列人、有怪我个說話、儂可以去對伊拉話、到夜末有肉吃、早晨末有飯吃使儂曉得我末是儂个神到夜快動有多化鵪鶉周圍來遮沒營帳个地皮早晨頭露水乾子末有細哰白个恰等霜能个物事多化人看見子禿勿識大家話第種啥物事呀摩西話第種是神撥儂吃个飯糧摩西吖囑伊拉哰話伊種物事儂勿要剩拉哰明朝再吃有个人勿聽摩西个說話留到子明朝伊種物事就生子虫哰臭者難末伊拉每日早晨頭禿照子人數哰去收來吃个日頭旺子末伊種物事就烊者第六日上人禿收子兩日个飯糧會裏个頭腦看見子哰來告訴摩西摩西話神話明朝是

神个安息日蓋哰必定要預備拉明朝吃。伊拉乔照子摩西个說話哰、等到明朝、倒勿生虫哰、勿發臭。摩西話、今日可以吃者、因爲今日是安息日、田裏勿有伊種物事个。以色列人題伊種物事个名頭叫嗎嗱、形狀像莞荽仁、顏色末雪白、滋味恰等蜜糖做个餳餅能、以色列人吃子四十年、直到去住拉迦南地方子哰勿吃个。後首以色列人走遠路哰、又無沒水吃者、怪个摩西哰話、要撥水呢吃、摩西話、倗爲啥哰怪我呀、還有个乾勿過哰責備摩西話哰、爲啥領伲出埃及國弄我伲人哰中牲乔乾殺完呢。摩西就求个神哰話、我應該那能待第个百姓、現在要搥殺我者。神對摩西話、儂帶子以色列裏幾个老人、拉百姓面前走過去、手裏担子前頭打河裏水个棒、拉何烈山个磐石上儂打起來、𠮩水出來、撥百姓吃、摩西就照子神个說話哰去做者。神實葢能待伊拉、豈勿是軟心腸否、拉埃及國裏救伊拉出來、免脫苦惱、爲伊拉做希奇事體、就是過个紅海、荒家野裏末落物事下來、石頭裏末打水出來、撥伊拉吃、若然後首勿肯相信哰靠托个神、豈勿是最勿好否、倗總要稱讚哰照子伊个說話過日腳只那。

第八章

講究摩西拉西乃山。

以色列人、打荒家野裏走、到西乃山、第个山末、就是前頭起摩西看羊哰、看見小樹裏个火、个現在末摩西領子以色列人哰、仍舊到前頭神搭伊白話个戶蕩。神吽摩西到山頂上去、摩西就踪上去、神拉山上對伊話儂去對以色列个子孫話、鄉親看見神做拉个事體、拉埃及國那能救鄉出來、現在去問伊拉、我个說話、肯聽呢勿肯聽、我个許約、肯守呢勿肯守。摩西就担神个說話、話拉以色列人聽、伊拉一齊應哰

話、神話拉个末、我伲終肯做个。摩西就去回覆神、神
對摩西話、我要拉雲裏下來、搭儂白話、等以色列人
聽得子、咗常庄相信儂、還要周圍立好子界限、禁止
个百姓、咗話、倻秃要小心、勿要跡拉山上、咗犯子神
个界限、因爲犯子末、要死个。咗摩西下去、叫伊拉各
人淨乾淨子衣裳。到子第三日早辰頭、拉山上有雷
咗霍顯、咗黑雲、還有招軍能个聲氣末、鬧來死、多化
百姓秃嚇來、啥能。摩西領子百姓、打營帳裏出去、要
看見排齊子、咗立拉山脚上、合西乃山、撥煙遮沒完、
因爲神拉火當中降下來、咗煙末騰起來、恰得火爐

能、山末動來利害得極、招軍能个聲氣响子、長遠、更加响个時候、摩西就開口哰對神話、神末也搭應伊。个、神拉山頂上呌摩西上來、對伊話儂下去叮囑百姓、勿要犯界限、若然闖進來東瞭西望末、人一氣要死完个。摩西對神話、百姓勿敢到山上來个者、因爲儂立子界限哰。神話儂快點下去哰、搭子亞倫一淘來、不過祭司搭子百姓、勿要闖進來、備免神忽然間來起來哰。摩西就下去叮囑个百姓。難末神担响个聲氣來話十條誡、等多化以色列人全聽見。百姓聽見子雷响哰、霍顯哰、招軍能个聲氣、搭子山上个煙、就走子開來哰、對摩西話、儂對伲話个說話、伲聽見个者、决勿要神自家來對伲話、因為常怕死哰。摩西對百姓話、儂勿要嚇、神要試試儂、等儂怕哰恭敬子、末勿至於犯罪者。百姓遠遠裏立拉、摩西到頂暗个戶蕩去、就是神𡎺頭。神吽摩西對以色列人話、儂曾經看見我打天上對儂自話、葢哰儂切不可担銀子來做个神、應該對我造个泥祭壇、來獻奉燒个祭物哰、搭子別樣个祭物、牛哰羊哰、拉第个上、隨便啥戶蕩、我分派儂記我名頭个、末要實葢做、我就來祝福儂、倘然儂對我造石頭个祭壇、末勿要用雕刻个辰頭末、百姓來獻祭物。一向末話肯照神个吩咐个、現在倒就犯子第二條誡者。神吽摩西下來吽話、儂領子出埃及國个百姓、已經自家汚穢者、伊拉老早就離開我吩咐个路吽、自家鑄个牛來拜伊、又祭伊、個日我大動氣、恰等火能要燒脫伊拉、後首担儂个子孫來成功大个百姓。摩西求个神吽話、神呀、爲啥吽實蓋能動氣、儂个百姓、儂担大能幹吽、大氣力个手、領伊拉出埃及國个、爲啥要撥埃及國人話、神要害伊拉吽、帶伊拉出去个、格吽殺伊拉拉山上、地面上滅脫伊拉也。求儂勿要動氣、懊憹吽勿滅脫第个

百姓、求儂記念儂个用人亞伯拉罕以撒以色列、儂
自家罰咒哰對伊拉話、我必定要加添儂个子孫、恰
得天上星能个多拉、我許拉个地皮、我一定撥儂个
子孫、接續下去。難末神就懊惱哰、勿話撥災難拉百
姓者。摩西手裏捏子石碑、就打山上下來、碑上兩面
禿寫字拉个、石碑末神做个、字也是神刻拉个、將近
到營帳快、摩西看見子金牛哰、百姓拉周圍遣手舞
腳、摩西就大動氣、担手裏兩塊石碑甩碎拉山腳上
子、担伊拉鑄拉个牛、放拉火裏燒子哰、磨子裏牽來
做子粉、撒拉水裏子、叫以色列人吃。摩西就對亞倫

話、百姓搭儂做子啥哰、造到担實蓋大个罪孽來撥
伊拉犯呀。亞倫話、我主、勿要動氣、我伊拉對我話、對
伲做一个神、可以拉我伲前頭、因爲領伲出埃及國
个摩西勿曉得那能者哰、我話、啥人有金圈末、除
下來撥我、我拿來放拉火裏子末、就有第只牛出來
者。摩西對利末人話、倻各人腰裏𢬵子刀、打第个門、
倒伊个門裏走過子哰、轉來、要殺脫各人个弟兄哰、
朋友哰、隣舍、利末人就照子摩西个說話哰去做者、
實蓋末伊日上个百姓、約歸殺脫三千人、是神辦子
百姓、因爲伊拉鑄个牛、就是亞倫鑄个哰。神對摩西

話、儂自家做兩塊石碑、要搭前頭一樣个、我担前頭甩碎拉个石碑上个說話、刻拉現在要做个石碑上、明朝辦好拉早辰頭上西乃山來、儂親自來見我、我垃拉山頂上、一个勿許搭儂一淘來、山周轉隨便啥物事、勿許撥我看見、第座山上、勿許羊咩牛咩啥吃草。摩西就照子神个說話咩做、神末打雲當中下來、搭子伊一淘立拉、摩西搭神一淘子四十日夜、勿吃啥水咩物事个、難末神拉石碑上、刻子約个說話、就是十條誡。只那摩西拉西乃山上下來个辰光、手裏捏子刻約拉上个兩塊石碑、伊搭神兩白話个辰光、神撥伊面上有子光彩、伊自家勿曾曉得个、亞倫搭子以色列人、看見摩西面上有子亮光末、就勿敢到伊壗頭去者、摩西吽應伊拉、難末亞倫搭子百姓个大官府、纔纔走上去个、摩西就對伊拉白話、後首末以色列人、㑚來就伊者、伊就担神拉西乃山上話个說話來、告訴伊拉、摩西搭伊拉話停子末、就担布來遮沒自家个面孔。

蒙童訓下卷 上海土白

第一章

講究摩西做聖个帳篷。

摩西拉山上个辰光、神吩咐伊多化事體、又吽伊做蠻好个帳篷、爲啥咾要蠻好、因爲是神个房子咾。摩西對以色列个衆人話、神吩咐伽做个事體、末實蓋能六日裏、可以做生活、第七日末、是聖个日腳、啥人拉伊日上做子生活、末要死个。還要做聖个帳篷、第七日上、可以來拜神、伽當中、担禮物來獻撥拉神、啥人高興个末、担實蓋能个禮物來獻、就是金子咾、銀

子哰、銅、搭子别樣料作。多化人、有子感動个心腸哰
禿高興者、就担做聖蓬帳个布哰、搭子别樣个料作
來。獻撥拉神。伊拉男男女女、禿高興哰担金器來獻、
手鐲个環个、戒子个、胸堂頭个物事个。還有个末、担
藍哰紫哰紅个細麻布、山羊毛哰、染紅拉个雄羊皮、
來獻。還有个末、担銀子哰銅來獻个。也有个末、担有
用頭个皂莢樹來獻个。又有个聰明女人末、親自紡
線來、做子藍哰紫哰紅个細麻布哰獻个。還有个聰
明女人末、担羊毛來織子布哰獻个。還有个大官府
末、担車渠石、搭子别樣寶石、可以嵌拉聖个衣裳上

个、又担香料咗、點火个油咗、抹个油咗、燒个香來獻个。以色列裏个男男女女、秃情願獻禮物拉神咗、做伊分付摩西个生活。摩西對以色列人話、神要担聰明咗、乖巧咗、見識來撥拉庇撒列子咗、等伊能彀做各樣生活、叫伊想出好樣式、來做金咗、銀咗銅个物事、又可以雕刻玉來做鑲嵌、雕刻木頭來、做各樣好个生活。還要撥拉亞何利押子咗、等伊拉兩家頭个心、秃能彀告别人。况且伊拉玲瓏个心末、可以做各樣雕刻生活、又可以繡花拉藍咗紫咗紅个細麻布上、又可以織隨便啥好看个布咗、做隨便啥巧个生

基路冰卽天使

活。後首摩西差人去對各處人話、㑚勿要爲子聖个生活咾再做物事來獻者、後首百姓就勿担來者、因爲料作勿但彀事做而且已經餘者咾。又担好个木料來做帳蓬架子、又做子可以立得直个板、板上禿包金拉个、又担金子做子鐶、就是放門門拉化个、門門末也包滿子金、又担細麻布來做子門簾、繡多化藍咾紅个基路冰拉上个。第个帳蓬末、分兩間、外頭一間末、有三様好看个物事、就是擺拉當中燒香个金祭壇、金祭壇个半爿末有一只金臺子、金臺子上有十二个餳餅、叫聖个餳餅、每逢安息日末換新个。

伊个半爿末、有一座金燈臺上頭七盞燈、常庄點拉、使帳篷裏鑾亮、第間是好看个。還有裏向个一間更加好看用趣啐、大來死个帳簾來分開拉个。伊間裏末有一只箱子、是聰明人担木頭來做拉个、長末二尺半尺半濶啐、尺半高、裏外全担金子包滿拉个、蓋末純是金子做拉个、周轉末做子花邊、兩邊末又做子兩个金基路冰、對面立子𤟤𤞑放開來、遮拉蓋上个、箱子裏有神寫拉个兩塊石碑。第間裏末是神榮耀个戶蕩、榮耀末像鑾亮个雲、常庄拉化个。第間帳篷叫聖个戶蕩、勿點啥燈末也旺亮拉个。帳篷做好子末、後首雲下來、遮沒子帳篷、神个榮耀、直是滿間屋拉。

第二章

講究祭司个事體。

前頭起話過歇帳篷裏个事體、現在還要話帳篷外頭个事體。帳篷外頭个場上末、周轉兜用布幔來隔斷子哰、掛門簾拉門口上个。帳篷外頭有兩樣要緊物事、一个是銅个祭壇、一个是銅个盆。場上个祭壇、搭子帳篷裏个金祭壇、兩樣个金个祭壇燒香物事个場上个祭壇末、燒中牲來獻奉个。前頭起、神吩咐百姓担中牲來獻撥伊末、為啥哰呢、是預先担中牲來、形容耶穌拉十字架上、担自家來獻奉一回做祭物、可以贖世界上大概个罪孽、格哰勿拘啥人相信子末、可以得着神饒赦个。第个是照神預先許拉个說話、話哰女人个子孫、搭子魔鬼个子孫做對頭、女人个子孫末打碎伊拉个頭、魔鬼个子孫末咬碎人个腳跟。神个兒子降下來做人个辰光、就是做女人个子孫、神要別人記得第句許過拉个說話、格哰𠮩人殺子中牲、担血來灑開來、又燒脫子肉、就是古時間个聖人、𠮩亞伯拉罕、曾經也担頭生中牲來獻奉个。

銅盆末、那能个、是鑾大哰、加滿子水末人可以拉化淨手腳个。去拜神末、頭一要乾淨、因為外頭乾淨子末可以形容裏向个乾淨者。格哰摩西哰、亞倫搭子亞倫个兒子、到帳篷裏向去、或是到祭壇壚頭去、先担銅盆裏水來淨子手腳哰、到神壚頭去个。亞倫末、神設立伊做大祭司个、伊个職分末、燒祭物哰搭子帳篷裏个香料哰、點金燈臺、而且又派伊可以到帳篷个裏向一間裏去、是別人勿好去个戶蕩、一年末、只許進去一回。因為第个是最聖个戶蕩、神住拉化、滿間屋有榮耀个哰。神呌摩西預備起趣衣裳來撥

拉亞倫着、衣裳个樣式末寫拉下頭。頭一件末、是長
袖个白長衫第二件末、是藍套衣、周轉邊上釘子小
个金鈴咩、着拉白長衫外頭个。第三件末、是細白麻
布个、禮掛綉黃咩、藍咩、紅个顏色上子咩、着拉套衣
上頭个、第四件末、束腰帶、也是實蓋樣色个。第五件
末吽胸牌顏色搭子禮掛一樣个、胸牌上末、嵌四條
寶貝个石頭、每條三塊寶石、上末刻以色列十二支
派个名頭、拉上胸牌上頭兩只角、用金鏈條扣住拉
亞倫肩頭上个、下頭兩只角末、用藍帶來縛住拉金
環上个、因爲常恐胸牌宕咩。第六件末、亞倫戴个白

高帽子、又用金皮來刻字拉上、話爺華个聖人、意思末話、亞倫應該做聖人、因爲伊是神个祭司、格嘩要做聖。个第个聖衣裳、全是用頂大價錢个細料作來做个。亞倫脚上、勿着啥鞋子个、因爲要三不時拉銅盆裏、淨个哰。亞倫有四个兒子、拉獻奉个辰光、禿相幫伊个、兒子末、也着子白衣裳、不過勿恰得亞倫能趣、亞倫末呌大祭司、兒子末、不過呌祭司。做完全第个多化物事末、約酌一年。後首神又呌摩西擺好多化物事。摩西搭好子帳蓬、排好子坐位、裝好子板啐門閂、立子柱、張子帳蓬、又拉帳蓬上頭葢好子。担十誠个石碑、抗拉箱子裏子哰、穿好子杠棒、箱子末、蓋好子哰、放拉帳蓬裏向子末掛子帳簾、遮沒子帳蓬裏門簾外頭臺子上末擺子餲餅、又安好子燈臺、搭子帳蓬裏向个臺子對面又張燈拉神面前子、放金壇拉帳蓬裏子、帳簾个面前末燒子个香、又掛門簾拉房子門上子。又安祭壇拉帳蓬外頭場上子、獻奉燒个祭物哰、搭子别个祭物拉上、又放銅盆拉帳蓬外頭場地上子、加滿子水哰、淨个手腳、又設立布幔拉帳蓬哰、祭壇周轉子、門上又掛子門簾。担香油來抹子房子哰、搭子多化物事、算伊是聖个。摩西吽亞倫搭子亞倫个兒子、担水來淨子、抹子油、又着子聖衣分派做祭司、難末摩西完工者。伊歇辰光貼准雲下來罩沒子帳篷、神个榮耀直是滿間屋格哰摩西勿可以到帳篷裏去。若然雲哰拉帳篷墻頭騰上去子末以色列人就可以走路者、勿然末只好停拉等雲騰起來子哰走、日裏末有雲、夜裏末有火光、常庄拉以色列人面前个。

第三章

講以色列人走路。

現在以色列人、有子拜神哰獻奉祭物个戶蕩者、日多早辰頭、祭司担一只羊來獻拉銅壇上、担香來燒拉金壇上就是拉帳篷裏个、到子夜快動末、又日多担羊來獻哰、担香來燒、一日是兩回獻奉物事个火、是神打天上下來撥伊拉个、祭司末勿放第个火隱哰帳篷裏常庄旺亮拉个。每一个安息日末、祭司担臺上个宿餳餅換來自家吃。獻奉羊拉銅壇上个辰光、多化百姓兇到布幔裏向去拜神个、拜停子末、看見亞倫一干子到帳篷裏去燒香哰、替伊拉祈禱、百姓末、拉場上布幔裏等拉、亞倫出來子末、擎起子手哰話神撥福氣拉伽、看守伽哰、撥伽心上安穩。百姓做帳篷个辰光、常庄蹬拉一塊个、滿工子朝後末、跟子神个雲咩去者。祭司担兩隻銀子个招軍吹起來、因爲要叫百姓動身到別處去咩、多化利未人就担聖帳篷來裝拉騾子咩駱駝身上子。將要動身个辰光、祭司到帳篷裏去、担藍布來遮沒子攏總个物事、遮个時候、別人一个勿許進去看个、難末祭司撥物事拉利未人扛子、不過帳篷裏个箱子末、祭司拿出來、穿好子兩根金个杠棒咩、四个祭司自家杠个。還有利未人末、扛子帳篷咩、帳簾咩、板咩啥。拉路上末、祭司扛子箱子前頭走、百姓末跟上去、神个雲、對伊

拉領路、雲停子末、祭司搭子百姓也停子咗、扎好起
帳篷咗營帳來住拉、以色列人拉荒野裏走末、常庄
寶蓋能个。以色列人末有福氣、因爲神對伊拉領路
咗、又拉天上落嗎哰下來撥伊拉吃、拉石頭裏打水
出來撥伊拉呷、又領伊拉到許過拉个好地方去、格
咗百姓末、應該稱讚咗謝个神。獨是有个末倒勿實
蓋、拉勿肯相信咗謝咗、守伊个法度、而且有个倒犯
子聖法度、格咗有常時神要撥重个刑罰伊拉、若然
百姓咗肯悔改子末、神也肯饒赦伊拉个。還有个榮
耀末、比子第个帳篷更加大、就是天上神自家住个

去个人話、伊塊百姓、比伲氣力大、伲勿能彀去打贏伊拉、況且看見伊拉有多化長大个人、伲比起來只好像个蛤蜢。多化人禿鬧來死个哭起來者、而且怨个摩西搭子亞倫咾話、我伲情願死拉埃及國裏、爲啥神要領伲到荒野裏來、死拉刀上咾、撥伊拉搶妻兒老小去、呀勿如原到埃及國去好。而且又大家議論咾話勿如揀子一个頭腦咾、等伊領子到埃及國去否。摩西搭子亞倫、就拜倒拉多化人面前。難末十二个探子當中、有兩个好人、扯碎子自家个衣裳咾、對多化人話、伲打聽个地方、好來無話若然神歡喜伲末、總領伲到伊塊去咾、担來賜撥我伲个、伊搭蜜糖咾牛奶、恰得水能多个、㑚一淘人、勿要忤逆子神、伊塊个百姓、無人照應个、伲末有神拉照應个、格咾勿怕伊拉、㑚也勿要嚇、我伲將要得勝伊拉者。難末多化人、禿要担石頭㨃殺伊、貼准神个榮耀、拉帳篷裏現出來咾、撥多化人看見。神對摩西話、百姓惹氣我到幾時、我雖是拉伊拉當中、做多化希奇个事體、還勿肯相信我、我將要撥窮禍伊拉、勿要伊拉接受許過拉个地方、儂去做子大國度裏个祖宗咾、此子以色列人更加大。摩西對神話、若然今日殺子多化百姓、蓋末撥拉別个國度裏曉得子、終話神勿會領百姓到許拉个地方去、格哰拉荒野裏滅脫伊拉、今日求儂原要照前頭个說話。神話、我已經照子儂說話哰、饒赦歇个者、因爲多化人看見我个榮耀、搭子希奇个事體、就是拉埃及國哰、荒家野裏做拉个、百姓試法子我十回、還勿肯聽我个說話、格哰現在百姓勿能彀到許拉个地方去、要四十年拉荒家野裏、等惹氣我个人干干死、不過兩个牢實哰跟我个好人、末吾帶伊拉進去个。神呌摩西哰亞倫對百姓話、勿要㑚走到我許拉个地方上去、不過㑚个小国、就是伽前頭起怕撥拉對頭捉去个、神終領伊去哰、撥伊安穩、但是伽个身體要死拉荒家野裏、伽个兒子要連上飄蕩四十年、直到伽个身體爛脫拉荒野裏。難末去打聽个十二个人裏十个話勿好去个郎人、碰着子窮禍哰死者、不過兩个好人末勿死、多化人早辰頭起來話、我伲拉第塊犯子罪者、現在要到神許拉个戶蕩去。摩西話為啥要逆神个吩咐呀、然而終勿能彀像伽个意思、因為神勿拉伽當中、格哰勿能彀去、常恐撥拉對頭殺脫哰。伊拉就自由做主張到山頂上去者、便得神个箱子哰搭子摩西末垃拉營裏、當其時、撥拉伊塊个百姓下來、打嬴子哰、趕子伊拉轉來。

第五章

講摩西搭子亞倫犯罪。

以色列人住拉荒家野裏子長遠末、常庄拉搬來搬去个。有一日到子無水个戶蕩、就拉伊塊埋怨个摩西搭子亞倫哰話、我伲前頭住个戶蕩比子第塊好、爲啥領伲到此地來哰、人搭子中牲全死脫完呀、爲啥領伲出子埃及國哰、到邱个戶蕩來呀、第塊末又無啥水吃个。伊歇辰光摩西搭子亞倫走到帳篷面前來、拜倒拉地上、神个榮耀顯出來者。神對摩西話、儂担子棒咾、叫多化人走攏來、儂搭子阿哥亞倫末、出去到百姓面前、對石頭話、出水出來、撥拉百姓吃咾中牲吃。摩西搭子亞倫、聚子百姓攏來、摩西話、忤逆个百姓呀、我伲那能叫石頭出水出來呢。難末摩西担棒來打子、兩回石頭裏就出水出來、咾人搭子中牲、全有得吃者。摩西咾亞倫、實蓋能做末、已經差个者。神末不過對摩西話儂去對石頭話出水出來、摩西倒去打个石頭咾、又對百姓話動氣个說話、是惹个神來動氣、只那神要責罰个摩西咾亞倫者。第姓近子迦南地方者、有常時末雲又領子到別處去者、格哰拉路上弛駝哰苦惱、爲啥哰神个雲要領伊拉實蓋呢、因爲伊拉前頭犯子罪、神動氣伊拉格哰拉荒家野裏長遠走煩難个路、就是責罰个意思。以色列人苦腦个辰光、曾經褻瀆神哰斑駁个摩西話哰爲啥領伲走出子埃及國哰死拉荒家野裏、又無啥餲餅哰水吃个。神爲子實蓋忤逆个心腸哰差頂凶个毒蛇去咬个百姓、直死子多化人。拉百姓到摩西墻頭去話、我伲得罪子神哰儂者、請儂求神來除脫子蛇、難末摩西就求个。神對摩西話、儂担銅來鑄一條蛇、插拉木柱上子、啥人咬着子末、望子銅蛇、就可以好者。摩西就照子神个說話咾去做、貼准有人撥蛇咬子伊个人來一望末眞正好者實蓋看起來、神肯聽伊个祈禱者。第个銅蛇插拉木柱上是比方耶穌釘拉十字架上、撥拉蛇咬子末肯望柱上个銅蛇末就好、犯罪个人肯到耶穌壚頭去末、魂靈也可以醫好个魂靈。那能傷个、就是有子多化罪孽咾齷齪咾傷个、聖書上話、犯罪个人搭子心腸勿乾淨个人勿可以到神壚頭去、咾終要死个。死末啥解說就是身體个死否、回頭話、是拉个還有比子死更加利害个末、就是死子朝後、魂靈个長庄吃苦只八那。那能到耶穌壚頭來哰能彀撥伊醫好呢、是用相信个心腸來、靠托子耶穌基督个功勞哰、求伊担聖靈來感動伲个心腸、撥我伲悔子罪、照子神个法度哰去做、實蓋能末、死子朝後、魂靈可以得着救者。

第七章

·講摩西死个事體。

伊个辰光、摩西要死快者。以色列人末、要想快點到迦南去、獨是摩西末、勿可以一淘去。摩西拉荒家野裏个辰光寫个多化書、現在也寫完快拉者。寫啥个事體、就是寫神末那能造成功世界上、亞丹末吃勿許吃个果子、開延末殺子伊个兄弟叫亞佩。又寫挪亞、亞伯拉罕、以撒、雅各个事體。又寫約色咾搭子伊惡个阿哥个事體。又寫伊自家末拉蘆頭个小船裏救出來咾、免脫沉殺个事體。又寫以色列人末、拉埃及國做奴才。又寫神末降十个災難拉埃及國裏。又寫十條誡咾、搭子拜神个戶蕩、就是聖帳篷。又寫自家末爲子犯罪咾、神動氣伊、第个多化事體、摩西禿寫拉書上、就是聖書裏頭上个五本。摩西末那能曉得咾、寫第个多化事體呢、神造成功世界上个辰光、摩西還勿曾出世个哩、就是挪亞亞伯拉罕以撒雅各个辰光、摩西也勿曾出世个哩、葢末那能曉得个、是神担聖靈來開導子伊咾、撥伊曉得个、格咾寫拉个書末、一眼勿差个。摩西个書、搭子現在讀个書、樣式兩樣个、摩西个書末、捲攏來个、伲讀个書末、釘拉个。摩西寫完子末、交代拉祭司、呌伊當心好拉。又對伊話、第種書、要讀拉以色列裏大大小小个男子婦女聽、使伊曉得子神个誡咾、照子伊做起來、撥伊拉快活。摩西曉得要離開以色列人快者、心上末又極寶貝伊拉、格咾要切心揀一个好人來、領伊拉到迦南去。難末摩西就求个神咾、神對伊話、儂死个時候到快者、去叫約書到帳篷裏來、我要叮囑伊。約書末拉迦南去打聽个時候、是十二个探子裏个好个常庄照子神个吩咐咾相幇摩西个。摩西末也告訴伊多化事體、格咾摩西曉得自家死子朝後、神終要叫約書領子以色列人咾到迦南去、照應伊拉、因此咾、摩西心上也快活得極。摩西叫約書來對伊話、神叫儂領以色列百姓進迦南、要儂胆大、因爲總要擔着兇人咾惡人个國度个咾、儂終要對伊拉敵个、神末常庄來幇助儂个、格咾儂末勿要怕。摩西又叫以色列人來對伊拉話現在末我一百念歲、神撥我曉得要死快者、我拉石頭裏敲出水來个戶蕩、神爲子㑚忤逆个事體咾動氣、我格咾勿許我領子㑚到許拉个地方去者、因爲我埋怨子㑚忤逆个事體、就動氣我咾勿許我到許拉个地方去。个不過約書末可以領㑚去格咾我現在拉叮囑伊㑚多化人末也終要孝敬个神、葢末常庄撥福氣㑚者、若然㑚看輕神咾拜偶像、做子實葢能个勿好事體、末神終要撥重刑罰㑚个。摩西又唱詩拉多化人聽、第種詩末、𠀤是話神軟心腸个事體、人末要常庄唱咾、記得神做拉个事體、又要稱讚咗愛敬个神。摩西唱完子末、又祝福子百姓、難末離開子伊拉咗、走子到高个山上去者。摩西爲啥到高个山上去、因爲神已經對伊話、勿許儂到迦南去、不過可以到山上去望望、格咗摩西爲子第个有點憂悶咗、不過遠遠哩望子咗快活只那摩西一千子到山上去个辰光巳經一百念歲者。氣力末倒原是蠻大、走路原蠻會走、眼睛原蠻亮、因爲神勿撥伊重笨、也勿撥伊眼瞎垃塌咗。只那摩西拉山上个辰光、遠遠哩望見迦南地方、是蠻好看个、看見生青个泥墩、多化河邊頭、樹上末有蠻好个果子、地上末、出𧄍好个穀、實葢个好地方、神肯叫以色列人去接續摩西末快活咾謝个神。看子後首、摩西死子末無啥朋友跟伊拉、又無啥弟兄來安葬伊、葢末那能呢、豈是啥神肯放摩西个屍首撥拉野獸咾鳥鳥吃脫否、勿是个神自家來担摩西个屍首、葬拉暗洞裏向、葬个戶蕩、無啥人曉得个、不過神末曉得、世界上完來个日腳、肉身又活轉來咾常庄活拉。除子摩西末、無啥人能𣪊搭神兩白話个、不過神搭子摩西末、恰得朋友能㑚。還記得否、摩西拉後生个辰光、勿要做埃及國个大官府咾、倒去幫助以色列人、實蓋看起來末、伊是看輕世界上个榮華富貴哖、情願做公道哖、受災受難个人、實蓋末是來得好只。那格哖神末更加愛惜伊哖、作伊朋友看承因爲伊肯咟脫埃及國个榮耀哖、權柄哖、福氣格哖神撥伊享天上个福氣。

第八章

講以色列人到迦南个亞利古城去打聽。

以色列人近子迦南地方者、領伊拉个人末、叫約書亞現在神教訓伊、恰得前頭教訓摩西个能。以色列人、要搭子迦南人兩相戰、迦南人末最惡格哖神要趕出子伊拉哰、叫別人來住拉化。以色列人登个場化搭子迦南地方、當中隔一條約但河、勿曾到迦南个辰光、先要過伊條河、个望去末、看見河邊頭有生青个泥墩哰、搭子大哰高个城頭、以色列人、要想就去搭伊拉相戰者。約書叫兩个以色列人、偷伴子去打聽子哰、轉來告訴格哰夜快動、兩家頭過去、進城个辰光、城門還勿曾關个哩、到一个寓裏去、大家住拉。寓東末是女人、名頭叫拉喊、伊个房子、造拉亞利古城頭上个、兩家頭心裏想、無人看見伲末好、豈知有人看見子哰、去告訴亞利古王者、話哰、有兩个以色

列人、現在拉拉喊屋裏向、王曉得以色列人个意思、
是要來奪伊拉个戶蕩、格哰要殺脫伊拉兩家頭、就
差人到拉喊屋裏去捉伊拉出來。可惜个兩家頭呀、
現在末那能呢、那能可以逃脫呢、幸喜神勿忘記前
頭个說話哰、照應伊拉、兩家頭到拉喊拉去个辰光、
神暗暗哩吽拉喊担軟心腸。來待伊拉、格哰拉喊末、
領伊拉到屋頭頂上去畔攏拉屋頭頂上末、一落平
哰、䍦多化麻皮拉、兩家頭到子頂上末、拉喊吽伊拉
䐃子哰、担麻皮來遮設子、無啥人能彀看見哰曉得
个。差人要想捉伊拉、倒捉勿着、格哰出去拉河邊頭

哰泥墩上尋。差人出去子末、拉喊上去搭伊拉白話者、伊歇辰光貼准夜者、天色末暗、搭伊兩白話末是可以無人曉得个。雖則第个女人一向也是拜偶像个、獨是現在末倒相信子眞神者、格哰求兩家頭撥恩典拉伊、因爲常恐以色列人拉過來个辰光要殺脫城裏个人、搭子伊自家哰多化親眷哰、格哰求伊拉應許救伊哰搭子伊个親眷、實蓋能哰伊末担軟心腸來待伊拉。只那拉喊又話現在我曉得神終要領以色列人來住拉迦南、迦南人末全嚇來啥能因爲聽見歇神爲子倗哰趕開紅海裏个水、又殺歇多化王帝格哰、我曉得伽个神、是獨一个眞神、現在要伽對我罰兒、伽後首來个辰光、終要救我哰搭子我个爺娘哰姊妹兄弟還有多化物事哰啥、秃要救个。兩家頭回頭、話後首伲來末、終照儂个說話末者、不過要儂勿要撥別人曉得伲个事體。因爲拉喊怕个神格哰、指點伊拉逃走出去、担一根紅个繩來束拉腰裏子哰、窗口裏落下來、對伊拉話儂逃走到山上去畔个三日、等追伽个人來子末、伽安安樂去末者。兩家頭話儂就担第根紅个繩掛拉窗口外頭、儂个爺娘哰姊妹兄弟末聚攏來住拉儂个房子裏、蓋末伲來个辰光、看見子第根繩、末曉得是儂个房子哰、可以救儂房子裏个多化人者、倘然有啥人勿登拉屋裏哰、我伲勿救伊末、是無罪个、因為拉外頭、我伲是勿曉得个哰、若使伲現在个事體、儂撥別人曉得子末、伲再來个辰光、勿救儂、伲也無啥罪个、拉喊照子伊拉个說話哰、担紅个繩來掛子、別人忒勿懂伊个意思、伊末就靠托子兩家頭應許拉个說話哰、一眼勿嚇、又謝謝个神、因為撥得救个路拉伊哰。

第九章

講究過約但河个事體。

以色列人近子迦南末、那能過約但河呢、阿是船上過去个否、勿是伊个戶蕩無没多化木頭來做子多化船哰、等伊拉過去、可以造橋个否、也勿可以个、因爲常恐對頭人拉造橋个辰光、担箭來射殺伊拉哰、格哰神要幫助伊拉過去、恰得紅海裏能个樣式。有一日子約書早辰頭起來、告訴百姓哰話、伽看見祭司扛箱子个辰光、可以跟子伊拉哰去、不過勿要走來忒个近。約書又對祭司話、伽担子箱子哰走過去、祭司就照子伊个說話哰、走到河壛頭、勿會曉得做啥个事體、衣裳雪白、腳末赤拉到子河壛頭末、約書吽伊立定子哰、對百姓話、神現在爲子䢗哰要做項希奇个事體。話个辰光百姓担多化物事巳經收作好拉个者、祭司个腳、安拉水裏、踏子一踏末、兩半爿个水立子起來、哰當中有子一條乾路者。祭司拉當中路上走子一半末、約書喊伊立定子哰、吽百姓過去、百姓過去个辰光祭司末等拉、等百姓去完子末、祭司扛子箱子哰也去者。祭司去个前頭末十二个宗派裏、有十二个人拉約但河當中、各人揀一塊石頭來、拉岸上做過約但河个記認、因爲神个希奇事體勿要百姓忘記哰。實蓋子末、即使後首長遠子、小囝問个爺哰話、第个石頭啥意思呀、可以囘頭話、第个石頭末就是約但河裏个石頭、我伲拉乾路上過來个辰光神領伲來个格哰、以色列人末担第个石頭來做記認、要後首來个人勿忘記哰、終要記得神做軟心腸个希奇事體。第个十二个人過完子末、祭司也走子過去者、祭司到子灘上末、約但河裏个水、原恰得前頭能併子攏來者。難末以色列人、到子神許拉个戶蕩哰、可以安安樂樂者、因爲拉荒家野裏子四十年、神終好好能待伊拉格哰、百姓末現在也相信哰、靠托子神者、曉得神終要照應伊拉哰、對伊拉打羸迦南人个咋。神爲啥咋要滅脫迦南人呢、因爲伊塊个百姓、秃是拜偶像、做惡事體个咋、格咋要趕伊拉出去、滅脫伊拉。亞利古城裏个王、看見子以色列人、末嚇來啥能、不過拉喊末、倒一眼勿嚇咋、安安樂樂、因爲伊自家曉得神終肯保佑伊个咋。祭司担箱子來、安好拉亞利古城外頭子扎子營帳咋、登拉伊塊。看見拉喊个紅繩、掛拉窗口外頭、格咋以色列人、曉得第个房子、就是拉喊个、因爲勿會來个辰光、約書吩咐伊拉、勿要傷伊个房子裏个人、終要救伊拉出來个咋。王末、担城門鎖子、勿要以色列人進城也勿許城裏个百姓出去。

第十章

講究坍子亞利古城頭。

以色列人拉城外頭周圍紮子營帳、一眼勿做啥、要等神分咐伊拉哰做、神勿幇助伊拉末、人勿能殼進城。以色列人个頭腦末是約書、伊个胆最大、因爲伊相信哰靠托神个哰、格哰胆大子。那伊歇辰光、約書拉亞利古城外、撞着希奇事體、一日子、約書抬起頭來看見有一个人、拉伊面前、外貌末、恰得兵丁、能手裏捏刀拉个。約書看見伊个人、好像勿是以色列人、也勿曉得是啥人、格哰問伊哰話、儂末還是相幫我个呢、還是相幫我个對頭个回頭話、我來做神个百姓个將軍、難末約書就拜倒子哰話、我主要對我話啥否。回頭話解脫子儂个鞋子、儂立拉个戶蕩、是聖个哰。約書就解脫子哰、等將軍告訴伊那能做个事體。第庄事體个後首、約書叫祭司搭子百姓來、撥伊拉曉得應該做啥。約書叫祭司扛子箱子去、還有七个祭司末、各人担一只羊角來做子招軍哰、走拉箱子前頭、吹祭司前頭末、還有手裏揑刀鎗个兵丁、百姓末拉箱子後頭跟上去。祭司就担羊角來做子招軍哰吹一日末城外兠一轉、到第七日末、兠子七轉、約書、末不過吽祭司吹實蓋个招軍。百姓末勿吽伊拉吹也勿吽伊拉喊、哰白話啥城裏个人、看見以色列人常庄實蓋跑、末終要笑伊拉是無用个。第七日上、兠到第七回、末約書對百姓話、祭司吹招軍个辰光、攏總喊起來。祭司搭子百姓、全照子約書个說話、哰做、城頭一齊坍子、哰多化兵丁哰百姓全走子進去者。約書搭子以色列人、担城裏个人、哰中牲攏總殺脫子、房子哰物事也攏總燒完子、不過金銀銅鐵哰啥、末算拜起神來有用頭个物事、哰安拉神个庫裏、第个事體、是秃照神个吩咐、兩个探子末、已經到拉喊房子裏去、領子拉喊搭子伊个爺娘咾親眷、到以色列个營帳裏去住、拉因爲前頭担軟心腸來待以色列人咾、抗攏打聽个人个咾。

第十一章

講約書到迦南去直到死。

亞利古城外頭、還有多化別个城、以色列人去打仗末、迦南地方秃嚇來啥、能而且以色列人末、又常庄得勝个。因爲到迦南來末、是照子神个吩咐、格咾神常庄幇助伊拉。迦南人一氣殺完子末、約書担多化地皮來、一塊一塊分撥拉以色列人。以色列人末可以安安樂樂者、住拉迦南个房子裏、吃自家花園裏个無花果咾葡萄、乾神常庄撥多化好處咾福氣伊拉。然而以色列人末守十條誡个少咾犯个多、獨是神末担軟心腸來待伊拉、爲啥咾是因爲伊前起許過亞伯拉罕个說話、話咾撥多化好處拉儂世世代代个子孫咾住拉迦南地方。還有一庄事體、約書末勿忘記个、就是扎聖帳篷拉一塊子咾、神个箱子、勿要搬來搬去、伊塊戶蕩就是叫顯緣叫以色列人到伊塊來拜神、獻奉物事、有个末遠咾、勿能彀三不時

到此地來、一年不過三回、攏總个男人末、終到此地
來。个神吖囑以色列人、勿要去拜偶像、倘然拜子末、
拜个人要燒脫、因爲是神最恨个物事。哰約書老死
个辰光、伊曉得要死快者、葢哰叫以色列人來、吖囑
哰教訓伊拉。末腳吖囑个說話末話哰、我要死快者、
倗已經看見歇大能幹个神、爲子倗哰做希奇事體、
倗末拜眞神呢、還是拜假神。以色列人話終拜眞神
个。約書話、倗拜子眞神末、勿可以拜多化假神个者。
又對伊拉話、倗多化人、纔然話拜眞神末、勿要忘記
子、終要照子倗許約拉个哰做个。約書担百姓許拉

个説話、寫拉一本書上、後首担一塊大个石頭來壓
沒子咩、對多化人話、倗看看第塊石頭、就是倗个凴
據。約書放百姓去子後首、勿多幾時就死者、年紀末
一百歲。以色列人照子許拉个説話咩、去服事眞神。
但是頭上末、伊拉話咩、勿要去拜偶像、後首末爲子
拜神弛駝咩、恰得別人能去拜偶像咩、做惡事體者、
格咩神動氣咩、撥刑罰伊拉、因爲多化人忘記子神、
搭子得着拉个好處咩。

浦東周鳳翔刊印

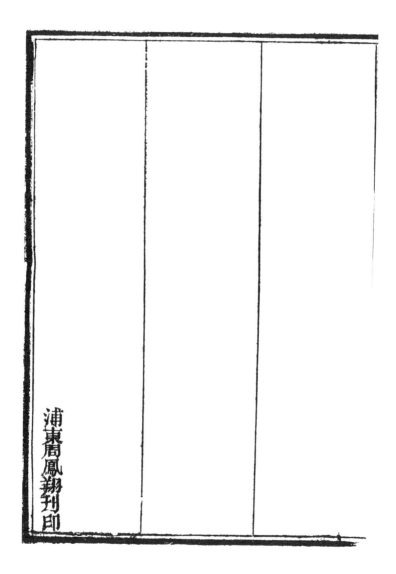

鲁孝子

（*Lu Hyiao-ts*）

麦嘉缔（Divie Bethune McCartee）编译

华花书房
宁波
1852年

《鲁孝子》《一杯酒》导读

Introduction

盛益民

除了《蒙童训》这样的长篇故事书，传教士还编译了大量短篇小故事，本丛书收入的 *Lu Hyiao-ts*（《鲁孝子》）和 *Ih-Pe Tsiu*（《一杯酒》）就属于这一类。

19 世纪 50—60 年代，传教士用丁韪良、郭保德（Robert Henry Cobbold，又称“哥伯播义”“柯播义”）、岳腓烈（Frederick Foster Gough，1825—1889，又称“高富”）等创制的拼音方言翻译了大量宁波方言短篇小故事。根据我们的不完全统计，10 页上下的小册子就有七八种，除了本书提到的两种，另有：*Se-lah teng Han-nah*（《撒拉等和汉娜》，陆赐 / 禄赐悦理夫人译，宁波，1852 年）、*Ah tia t'i ng-ts sön-tsiang*（《阿爹替儿子算账》，陆赐 / 禄赐悦理夫人译，宁波，1852

年左右）、*Siao-yang tseo ts'o-lu*（《小羊走错路》，岳腓烈夫人译，12 页，1950 年代）、*Hwun-hyi sing-shu go nyiang-ts*（《欢喜圣书个娘子》，4 页，伦敦，1861 年）、*Eo-deo nyih-ts dziang-dziang-tong*（《后头日子长长咚》，8 页，伦敦，1861）、*Kying-bong ky'in-tsao*（《谨防趁早》，8 页，伦敦，1861 年）、*Sing-p'un nyih-ts*（《审判日子》，4 页，伦敦，1861 年）、*Kong-taen tiu-z*（《刚旦丢士》，8 页，伦敦，1861 年）等。

Lu Hyiao-ts（《鲁孝子》）根据美国乡村故事 *Frank Lucas* 编译而成，中文书名依照 1871 年美华书馆所编书目。译者麦嘉缔（Divie Bethune McCartee，1820—1900），字培端，是美国北长老会最早派到中国的传教士之一，也是最早到宁波的传教士。他于 1844 年 6 月抵达宁波，在佑圣观内施医传教，并翻译了第一本宁波方言的《路加福音》。1845 年，麦嘉缔在宁波创办崇信义塾（Ningpo Boy's Academy/Boarding School），该校于 1867 年迁往杭州，改名为育英义塾（Hangchow Presbyterian Boys' School），即之江大学的前身。1850 年到 1853 年，麦嘉缔陆续编著了《平安通书》4 册，由长老会的花华圣经书房出版，介绍天文、气象常识，产生了极大影响。

而 *Ih-Pe Tsiu*（《一杯酒》）则根据小亚细亚地区的希腊人故事 *A Cup of Wine* 翻译而成。译者岳腓烈是英国圣公会在华传教士，他于 1850 年 3 月 29 日来到香港，不久抵达目的地宁波。他是宁波方言拼音方案的积极制定者与推动者，翻译了大量圣经、故事书、地理读物等。

为了方便中国受众理解，两书中的文化元素都经过了一定的本土化改造，如将女教师翻译为“师母”，将某个外国官职翻译为“按察使”等，但从人名、地名、饮食、生活习惯等细节中，仍能看出些许异域色彩，比如《一杯酒》中的“非拉铁非码头”和《鲁孝子》中的“牛奶”“每家每户大量使用碎木柴”等。

祁嘉耀《19世纪宁波吴语罗马字文献转写及翻译——以〈一杯酒〉〈路孝子〉为例》一文（载《吴语研究》第9辑，上海教育出版社，2018年）已经将两书的罗马字转写成汉字，读者可参看。

本次影印的底本为哈佛大学哈佛燕京学社图书馆所藏，《鲁孝子》编号990081478050203941，《一杯酒》编号990081478000203941。

2020年12月21日

LU HYIAO-TS.

NYINGPO:
1852.

LU HYIAO-TS.

Zin kyi-jih nyin, læ Hwô-gyi koh yiu ih-go nyü-nying kyiao-leh Kô s-meo, nyin-kyi s-jih to-tin, læ ih-go hyiang-ts'eng li-hyiang zo siao shü-vông, kao-kao siao-nying doh-shü. Yiu-ka ih-nyih, Kô s-meo k'en-kyin ih-go jih-nyi-sæn shü siao-nying tseo-ko, meng-meng Kô s-meo z-ka wô, Ng yiu za-bæn ka feh? hao peh ngô dzæn liang dong-din.

Kô s-meo we-teh gyi z-ka wô, Ngô za long-tsong z ngô-go ling-sô-kô ih-go lao-den ka-go.

Keh siao-nying z-ka wô, Ôh-yüô! keh-tsao dza yi ni?

S-meo meng gyi soh-go z-ken?

Keh siao-nying z-ka wô, Ngô vu-lao ngæn-tsing heh-de, ngô meo-lao bing yi hyüong-hyüong-kæn. Ngô kyih-mih tseo-c'ih-læ z-'eo, ah-lah ah-me læ-tih k'ôh, zông-k'ong-p'ô ah-lah meo-lao bing ve hao. Ngô zi ziah-z hao dzæn-tin dong-din cong do-nying, pô-feh-neng-keo; keh-lah kyih-mih sing-siang tao nying-kô oh-li ky'i ka-ka za-bæn. K'o-sih! tseo-leh pun-pun jih-nyih m nying iao ngô ka.

Ka wô-ts ziu ngæn-li beh-c'ih jih-dzæ k'o-lin siang.

Kô s-meo k'en gyi ngæn-li beh-c'ih, k'en gyi lang-lang t'in-kô i-zông c'ün-leh boh-boh-go, nying kwah-kwah læ-

tih teo, ziu eo gyi tseo-tæn-tsing-læ ho-lu pin-yin zo ih-zo : meng gyi we du-kyi feh?

Keh siao-nying z-ka wô, Ngô feh-da-li du-kyi, zô-nyi tsiu-ko ngô yiu liang fæn-jü ky'üoh-ko-de.

Kô s-meo meng gyi ka wô, Yia-væn ni? Gyi wô, M-neh ky'üoh-ko. S-meo yi meng gyi, t'in-nyiang-væn ng iao-bông yia m-neh ky'üoh-ko? Keh siao-nying we-teh gyi ka wô, Keh tao m iao-teh-kying, mæn-mæn hao ky'üoh: ngô meo-lao teng ngô wô-ko-de, gyi z-ka wô, "Ah-fah, ng tsih kwun gying-lih tso z-ken, i-jing Tsing Jing-go dao-li tso nying; ka T'in Vu pih-ding we tsiao-kwu ng-noh," tsih-leh oh-li z-ken ih wô-ky'i-læ, sing-li jih-dzæ feh-tsiao dza næn-ko.

Kô s-meo yia ngæn-li c'ih, z-ka wô, 'Æ! ng-noh siao-nying tao hao, dæn-ming bih nying k'eng pông-dzu ng, feh-k'eng pông-dzu ng, ngô pih-ding we teng ng ky'i tang-sön kyi-k'en.

Ziu tao tsao-keng-li ky'i-de, do-leh ih-ngæn mun-deo, ih-ngæn nyüoh, peh gyi ky'üoh.

Keh siao-nying z-ka wô, To zia s-meo: t'eo-p'ô s-meo k'eng shih-wô, peh ngô do tao oh-li ky'i. Tsih-leh feh-tsiao s-meo yiu ling-sô-kô iao nying ka za-bæn m-teh?

Kô s-meo z-ka wô, Fông-sing, ngô tsao-keng 'eo-deo yiu-ho za-bæn læ-kæn, ng hao ky'i ka, ngô we coh kong-din peh ng. Keh siao-nying wô To-dzing to-dzing s-meo. Ziu kw'a-kw'a peng tao tsao-keng 'eo-deo ky'i ka za-bæn ky'i-de.

Kô s-meo 'eo gyi læ-tih ka, ziu c'ün-leh nga-t'ao ta-leh mao-ts, tao ling-sô-kô oh-li ky'i-de, wô-hyiang gyi-lah dao, Keh-go siao-nying tsæ hao m-neh-de, nyin-kyi se-tsih ka-ky'ing, wa we ka hyiao-jing, wa we ka pô-kyih, jih-dzæ næn-teh næn-teh: ah-lah z-jün kæ pông-ts'eng gyi kyi. Ling-sô-kô long-tsong z-ka wô, Ng-go shih-wô z-go, z-jün kæ pông-ts'eng gyi. Kô s-meo-go ling-sô-kô ziu teo-long liang-sæn kw'e fæn-ping song-peh Ah-fah: yiu ih-go nying do-leh mun-deo, yiu ih-go do-leh ih-bing ngeo-na, wa-yiu ih-go do-leh jih-to hao-hao bing-ko: ih-tsah do-do læn peh gyi-leh tsi-mun-de, eo Ah-fah ta tao oh-li ky'i kao-fu tia-nyiang.

Ah-fah feh-jün feh-k'eng do; gyi wô, Ngô bing feh-z t'ao-væn, neng-s peh ngô sang-weh tso-tso, dzæn-tin dong-din, zi ky'i ma tong-si peh do-nying ky'üoh.

Kô s-meo teng gyi wô, Keh-go shih-wô, keh-zông vong kông-de, ng-go meo-lao sang-bing-kæn; teng ng dzæn-tsing-læ, læ-feh-gyi-de. Ng do-leh-ky'i, z-de; ngô ming-tsiao wa iao zi tao ng-go oh-li, ky'i mông-mông ng-go meo-lao.

Ah-fah ky'ih-leh keh-tsah læn kyü oh-li ky'i-de, ih tseo-tsing meng-k'eo-den, pô Kô s-meo shih-wô long-tsong wô-hyiang tia-nyiang dao; yi pô song læ-go tong-si yiang-tang-yiang do c'ih-læ peh ah-nyiang k'en.

Ah-fah-go ah-tia z-ka wô, Ah fah,

ngô k'o-sih z hah-ts, feh neng-keo k'en-kyin keh-sing hao-hao eng-nying: ng-noh ih-sang ih-si ih-ngæn m-nao mông-kyi. Ziu teng Ah-fah-go ah-nyiang z-ka wô, Ah-lah jih-dzæ ing-kæ zia-zia T'in Vu-go do-do eng-we, ing-we gyi s-peh ah-lah ka hyiao-jing ih-go ng-ts: feh-jün keh-sing hyü-to hao tong-si kyih-mih-ts 'ah-li læ ni? Ah-fah-go ah-tia ziu ts'æn-nyiæn-kyi zia-zia T'in Vu, we-leh keh-sing song-læ-go tong-si; yi we-leh T'in Vu s-peh gyi ka hao ih-go ng-ts.

Keh-go z-ken næn-kæn yi-kying s-jih-to nyin de. Ah-fah yin-dzæ læ Hwô-gyi koh yi-kying tso en-ts'ah-s ko-de, nying-kô tu ngao gyi nying cong-sing 'eo-dao. Gyi ah-tia-go veng-deo-teng ts'ao-ts-hwô yi-kying k'æ-leh nyiæn-to nyin-de. Næn-kæn gyi-go ah-nyiang lao-lao-de, tsih-we do-leh æ-dziang læ kao-t'ing do-dông c'oh-kyi c'oh-kyi tseo-tseo. Gyi djông-djông z-ka wô, Deo-tsao-ts nying-kô wô ah-lah gyüong-kw'u; dæn-z keh z-'eo ah-lah oh-li se-tsih dong-din ky'üih, yia m-neh hao sön gyüong-kw'u, ing-we ah-lah Ah-fah tso ng-ts ka hyiao-jing: ah-lah jih-dzæ pi yiu-lao nying-kô wa yiu-lao.

Yin-dzæ keh-t'ah di-fông nying feh eo gyi Ah-fah, long-tsong ts'ing-hwu gyi Lu lao-yia, se-tsih tso-leh kwun, fu-kwe shông-djün, gyi dzing-gyiu dæ ah-nyiang feh-tsiao dza hyiao-jing, teng siao-læ z-'eo ih-seh-ih-yiang. Yia djông-djông hyiang zi-go siao-nying ka-wô, Jü-ko iao teh-djôh weh-ling-go en-tæn, teng si-ʻeo-go foh-kyʻi, tsong z iao æ-kying Tʻin-Vu, hyiao-jing vu-meo, pʻoh-pʻoh-jih-jih, pô-pô-kyih-kyih tso z-ken. Ng-noh væn-pah siao-nying doh keh-peng shü, m-nao mông-kyi.

一杯酒

（*Ih-Pe Tsiu*）

岳腓烈（Frederick Foster Gough）编著

花华书房

宁波

1852年

IH-PE TSIU.

NYINGPO:
1852.

IH-PE TSIU.

Deo-tsao-ts hyiang-ʻô yiu ih-veng nying-kô, kʻæ ih-bæn væn-tin, shü-vi yiu-tin dong-din; dæ ih-go lao-nyüing, sang ih-go ng-ts, ming-z kyiao-leh Ah-mong.

Keh Ah-mong dzong-siao tsʻong-ming ling-li; tso nying yia ʻo-kyʻi, teng siao nying-de ih-ngæn feh-we zao-nyih; wa-yiu hyiao-jing tia-nyiang, kying-djong tsiang-pe. Zông-ʻôh doh-shü, ts-tsih se-jün m-neh hao sön di-ih, kyʻiah-z pi da-kæ we dohtin: nying-ko tu wô gyi tsiang-læ tsong we fah-dah.

Tao-leh jih-ng-loh shü z-ʻeo, gyi-go ah-tia ta-leh Ah-mong tao Fi-lah-tʻih-fi mô-deo kyʻi ʻôh sang-i. Tseo-tsing ih-bæn ʻông-kʻeo, keh-go ʻông, z sing Mô kʻæ-go, ziu pa sing Mô-go tso sin-sang: dzong-tsʻ yi-ʻeo keh Ah-mong, ziu-tso Mô-kô ʻông-li-go ʻôh-sang-ts.

Gyi-go ah-tia ih-lin læ ʻông-li deng-leh hao-kyi-nyih. Kʻen-kyin Ah-mong læ gyü-deo-teng tso sang-i, tao yia we tso; ziu du-bi-li zi-tsʻeng z-ka wô, Gyi ziah-z sang-i ʻôh-dzing, ziu hao fah-tin peng-din, peh gyi tao zi oh-li-pin kyʻi kʻæ tin.

Ko-leh kyi-nyih, keh Ah-mong-go ah-tia pa-bih sin-sang; teng Ah-mong ka wô, Ah-mong, Ah-mong, ng ah-tia iao kyü oh-li ky'i-de: ng læ dông-deo 'ông-li, ts'in-ding m-nao teng w̌a-nying ts'eo-de; djông-djông iao kyi-teh Sing-shü-li ih-kyü wô, 凡類惡者宜戒之。ziu z, væn-pah teng ôh-go z-ken siang-gying-go, tu kæ tso-gyi.

Ah-tia ky'i-ts 'eo, Ah-mong læ 'ông-li, tsao-tsao bô-ky'i, dzi-dzi kw'eng, gying-gying lih-lih tso z-ken, ping-ts'ia yiu cong-sing dæ tong-kô: keh-lah Mô sin-sang pô 'ông-li z-ken, long-tsong t'ôh gyi; eo gyi kah-nga siao-sing.

Yiu ih-nyih, Ah-môug tao kah-pih-'ông-li ky'i wæn ih-peng shü. Keh-bæn 'ông-li, yiu ih-go w̌a 'ôh-sang-ts, ming-z kyiao-leh Ah-ngwæn, ky'üoh-tsiu c'ô-bæn, vu sô peh we. Keh Ah-ngwæn k'en-kyin Ah-mong tao gyi-go ʻông-li-læ, ziu pô tsiu-dong-li, sia liang-pe tsiu cʻih-læ, kyʻün Ah-mong dô-kô kyʻüoh ih-pe.

Di-nyi nyih, keh w̆a ʻôh-sang-ts, ziu tao Mô-kô ʻông-li, læ mông-mông Ah-mong. Kʻeo-kʻeo Mô sin-sang m̆-meh læ-kæn, tsih-yiu Ah-mong doh-zi zo-kæn.

Ah-mong kʻen-kyin gyi læ, ziu bô-kyʻi-sing, tsʻing gyi zô, kông-leh kyi-kyü kʻah-tʻao shih-wô. Hweh-jün tsʻeng-kyʻi, Zô-nyi-ts, ngô tao gyi-go ʻông-li kyʻi, gyi yiu tsiu peh ngô kyʻüoh; kyih-mih-ts, gyi tao ngô-go ʻông-li læ, ngô yia kæ wæn gyi-go li, dzæ-z. Ts-si tsʻeng læ, tsiu z tong-kô-go; tong-kô m-meh læ-tong; ngô dza-hao zi tso cü-i? dæn-z m-meh tsiu peh gyi kyʻüoh, ngô jih-dzæ kosing-feh-ky'i. Tsih-teh pô tsiu-dong yiah-z, k'æ-ts, sia liang-pe tsiu.

Zông k'ong-p'ô Mô sin-sang læ, hwông-kyih hwông-mông, kying pô yiah-z mông-kyi kwæn-hao; tsih-kwu do-leh tsiu eo Ah-ngwæn ky'üoh. Keh tsiu-dong-li tsiu, ih-ti ih-ti leo c'ih-læ, yia feh læ kwu-djôh.

Ah-ngwæn ky'üoh-leh sæn-pe tsiu, z-ka wô, Keh tsiu jih-dzæ z hao-go. Wô-leh ih-sing, ziu lih-k'eh we-cün zi-go 'ông-li ky'i-de.

Mô sin-sang kyü-læ, k'en-kyin tsiu-dong-li tsiu yiu-tin leo-c'ih, meng Ah-mong, wô, Ng dzæ-fông yiu sia-tsiu m-teh? Ah-mong ih-z wô-feh-c'ih: ko-leh ih-hyih, z-ka wô, M-teh. Mô sin-sang zi k'yi pô tsiu-dong kwæn-kwæn-hao.

Feh siang-tao di-nyi nyih, keh Ah-ngwæn tseo-tsing 'ông-li læ, teng Mô sin-sang ka wô, Ma ih-dong tsiu peh ah-lah, iao ziang zô-nyi-ts Ah-mong peh ngô ky'üoh ih-yiang-go.

Ah-mong bông-pin lih-tong, ih-ngæn feh hyiang; Mô sin-sang deo nyin-cün k'en gyi ih-k'en: dæn-z Mô sin-sang se-tsih m-neh wô gyi, keh Ah-mong min-k'ong ky'iah 'ong-leh m-c'ü ky'i.

Teng Mô sin-sang tseo-c'ih-ky'i z-'eo, kw'a-kw'a tseo-tao Ah-ngwæn 'ông-li, co gyi tsæ teng Mô sin-sang ka wô, Zô-nyi-ts go tsiu, feh-z Ah-mong sia peh ngô ky'üoh-go, z ngô zi sia-go. Keh Ah-ngwæn siao-siao ka wô, Ng ts'ing-ts'ing ngô, ngô ziu teng ng ka ky'i wô. Ah-mong tsih-hao ing-dzing. Keh Ah-ngwæn ziu teng Mô sin-sang ka wô, Keh-nyih kwe-ʻông tsiu-dong-li tsiu leo-cʻih, Ah-mong feh-zing sia-ko, jih-dzæ z ngô zi sia-go; feh-z gyi shih-hwông.

Mô sin-sang be liang-go ʻôh-sang-ts, mun-sæn en-s hong-pʻin, keh-lah dzing-gyiu siang-sing Ah-mong.

Ah-mong kyi-kying ing-dzing Ah-ngwæn kyʻüoh tong-dao; m-neh dong-din, yi feh-hao tao Ah-tia u-sen kyʻi iao; tsæ-sæn tsʻeng-læ, tsih-teh pô ʻông-li dzin-gyü-li-go dong-din, tʻeo-bun kyʻi leh liang-pah. Ah-mong tʻeo-leh dong-din teng Ah-ngwæn dô-kô tao tsiu-kwun-tin-li kyʻüoh tong-dao: tong-dao kyʻüoh-hao, Ah-ngwæn eo Ah-mong dô-kô kyʻi cʻô-bæn. Ah-mong ih-tsʻeng, keh tao yia hao; tʻôngjün ngô ying-leh-tin pô dong-din dzing-gyiu hao en-leh dzin-gyü-li; ka m nying we teh-cü.

Feh-siang tao c'ô-bæn c'ô-leh sæn-s cün, tsih we shü, feh we ying, fi-dæn tong-dao dong-din wæn-feh-læ, lin tu-shü-go dong-din yi ky'in-leh yiu-ho. M shih-fah; tsih-teh tao 'ông-li dzin-gyü-li tsæ ky'i t'eo-tin. Wæn-leh shü- din, tsæ tu, 'ôh-tsia we ying, yia vi-k'o-cü, ka-ni hao ky'i wæn t'eo-læ-go dong-din, sæn-leh Mô sin-sang teh-cü.

'Ah-li hyiao-teh, yi shü-diao! keh Ah-mong tsing-tsing m-fah; wô yi wô-feh-c'ih, kw'eng yi kw'eng-feh-joh: ziu yia-tao pun-yia-ko ky'ing-ky'ing bô-ky'i-læ, ih feh tsôh, nyi feh hyih, sông-sing t'eo-leh nyi-pah kw'e yiang-dzin, lin-yia tao tu-dziang-li ky'i tu. Ah-mong sing-li z-ka wô, Ziah keh-tsao tu ying-de, long-tsong hao wæn: 'ô-tsao ngô ih-ding feh ky'i tu-de. Feh-siang-tao keh-vah yi shü-de; pô nyi-pah kw'e yiang-dzin, shü-leh lah-t'ah kying-kwông.

Tao t'in-liang, Ah-mong dzæ-fông tseo-kyü 'ông-li: ko-leh ih-zông, Mô sin-sang yia tseo-tsing 'ông-li læ-de, teng Ah-mong wô; Dzin-gyü-li yiu nyi-pah k'we yiang-dzin, ng hao do tao dzin-tin-li ky'i dzeng, hao c'ih-tin li-sih: ziah li-sih zông-lôh, kông feh ming-bah, ngô ze-siu tao dzin-tin-li zi ky'i kông.

Ah-mong sing-li ih-ts'eng, Keh-tsao dza long-fah! Ziah-z feh ky'i, k'ong-p'ô Mô sin-sang iao zi læ do yiang-dzin; ziah-z ky'i, yi k'ong-p'ô Mô sin-sang tao dzin-tin ky'i kông li-sih zông-lôh, lu-c'ih mô-kyiah læ: dza tang-sön ni? Hweh-jün siang-tao Mô sin-sang yiu dong-din dzeng-læ bih-bæn dzin-tin: feh-jü mao-sia Mô sin-sang z-den, tao keh-bæn dzin-tin ky'i do nyi-pah kw'e yiang-dzin; hao ti keh-go ky'üih.

Feh-siang keh-bæn dzin-tin kwun k'en-k'en z-den pih-tsih feh te, pô Ah-mong liu-djü; ts'a nying eo Mô sin-sang læ. Mô sin-sang ih-læ, ziu meng-ky'i dzing-yiu: Ah-mong tsih-teh ih-ih tsiao-jing. Mô sin-sang ziu pô Ah-mong song-peh kwun-fu bæn gyi. Kwun-fu ziu ky'ih gyi lôh lao-kæn.

Ah-mong læ lao-kæn kwæn-leh jih-to nyin: gyi k'æ-deo tseo-tsing lao-kæn z-'eo, ngæn-li beh-c'ih, z-ka wô, 'Æ! ngô tsong z be keh ih-pe tsiu sô 'æ.

Yiu nying p'i-bing, z-ka wô, Væn-pah nying feh-z ih-z-li ziu w̆a tao gyih-deo: tsong-z dzong ih-ngæn w̆a ka ky'i-deo. Da-iah Ah-mong gyi di-ih-yiang ts'o, z tong-kô feh læ-tong, pô tong-kô tsiu ts'ing nying-k'ah: feh ts'eng tong-kô se-tsih m-neh k'en-kyin, Tsing JING tsæ-ve m-neh k'en-kyin-go.

Di-nyi yiang ts'o-c'ü, z gyi shih-hwông. Tong-kô meng gyi z-'eo, ziah k'eng tsiao-jing; be tong-kô tsah-vah, lih-k'eh kæ-ko; wa læ-leh-gyi. Næn-kæn ih tseo-tsing w̆a-go u-sen, ziu feh neng-keo tseo-c'ih-læ: s-teh

ih-go hao-hao siao-nying, cong-sing long-wæn.

K'o-sih! k'o-sih! shü-kæn-zông mi-'ôh-go z-ken tsong-z yiu-go. Keh-leh Yiæ-su kao meng-du tao-kao-go shih-wô, ziu z "m-nao peh ngô ziu mi-'ôh," keh ih-kyü, ah-lah tông-kæ sing-li kyi-leh-lao: vi-min ziang Ah-mong ka, ih-z-li long-dzæn, 'eo-deo ih-sang ih-si ao-feh-cün; lin tso gyi tia-nyiang cü-kwu, yia dô-kô hwe-ky'i.

使徒言行传

作者不详

美华书馆
上海
1890年

导读

Introduction

盛益民

《使徒言行传》1890年由上海美华书馆出版，书中未署作者名。我们翻查各种书目，均未见提及该书。

伟烈亚力《基督教新教传教士在华名录》(*Memorials of Protestant Missionaries to the Chinese: Giving a List of Their Publications, and Obituary Notices of the Deceased. With Copious Indexes*，上海：美华书馆，1867年）提到美国南方浸信会传教士遴为仁（William Dean）1849年在香港出版了57页的《使徒言行传》(*Acts of the Apostles*)。此书是否为上海土白版《使徒言行传》的底本，也尚需核查。

全书正文一共36叶（=72页），24课，包括：第1课《论耶稣升天》，第2课《论五旬节上圣灵降下来》，第3课《论彼得医好一个跶脚》，第 4 课《论亚拿尼亚咾撒非喇死个事体》，第 5 课《论士提反死》，第 6 课《论腓力行洗礼拨太监》，第 7 课《论扫罗归教》，第 8 课《论彼得医好以尼雅咾使多加复活》，第 9 课《论哥尼流》，第 10 课《论彼得收监天使领伊出来》，第 11 课《论保罗使以吕马瞎眼》，第 12 课《论保罗拉安提阿讲道》，第 13 课《论保罗医好一个软脚个人》，第 14 课《论吕氏亚搭之全家受洗礼》，第 15 课《论保罗西拉收监个事迹》，第 16 课《论保罗拉雅典讲道》，第 17 课《论保罗拉哥林多传道》，第 18 课《论保罗使犹推古复活、搭之勉励以弗所个长老》，第 19 课《论保罗述明当时那能归教》，第 20 课《论犹太人立誓杀保罗》，第 21 课《论保罗拉腓力士面前分辩》，第 22 课《论保罗拉非士都面前分辩》，第 23 课《论解保罗到罗马行船所遭着个危险》，第 24 课《论保罗从米利大到罗马》。

每课先讲述一个宗教故事，然后再针对相关内容提出一系列问题。从体例来看，可能是学校里使用的宗教学习课本。由于本书为长篇叙事语体，对于研究 19 世纪末期上海方言的词汇和语法，具有非常重要的作用。

本丛书影印的底本为澳大利亚国立图书馆伦敦会特藏的藏品（National Library of Australia，nla.obj-45567963）。

2020 年 12 月 21 日

耶穌降世一千八百九十年

上海土白

使徒言行傳

大清光緒十六年歲次庚寅

上海美華書館擺印

使徒言行傳

第一課　論耶穌升天

提阿非羅呀、我從前已經做書、講到耶穌起初一切所做咾教訓个事體、直到伊托之聖靈吩咐揀選拉个使徒咾、神接伊上去个日脚、伊受難以後、拿多化確實个憑據、顯明自家活拉、撥使徒看見咾、四十日對伊拉講論神國个事體、搭使徒聚集个時候、耶穌吩咐伊拉話、勿要離開耶路撒冷、要等爺所應許个、就是㑚聽見我話歇个、約翰用水行洗禮、但是第个以後、勿多幾日、㑚要受聖靈个洗禮哉、所以拉聚集个時候、伊拉問耶穌話、主、儂復還國度拉以色列、是拉第个時候否、回頭話、爺用自家个權柄、定當拉个日脚咾時候、勿是㑚可以曉得个、但是聖靈降到㑚身上之末、㑚要受着能幹、

對我做干證拉耶路撒冷、合猶太咾撒馬利亞、直到地个盡頭、耶穌話完之第个事體、伊拉還拉看、神接伊上去、有雲捧

伊咾伊拉勿看見、拉升天个時候、伊拉定之眼睛朝天望拉、忽然有兩个着白衣裳个人、立拉旁邊、話咾、加利利人爲啥立之咾朝天望呀、第个耶穌、搭伽分別咾神接伊上天、照伽看伊實蓋升天、後來也要實蓋再來个、○使徒從橄欖山回到耶路撒冷、第个山懸開耶路撒冷、約酌安息日上走个路程、到之末上樓、就是彼得雅各、約翰、安得烈、腓力、多馬、巴多羅買、馬太、亞勒腓个兒子雅各、

西門、又叫鋭、雅各个兄弟猶大、一同住拉个場化、第个多化人同之幾个女人、搭之耶穌个娘馬利亞咾耶穌个兄弟、一條心之咾常庄祈禱、當時爲之猶大死之咾、揀選馬提亞做使徒、補足十二个、

問　使徒行傳是啥人寫个○　答　是路加○　路加福音書講究啥事體○耶穌復活以後撥門徒看見末有幾日○　耶穌吩咐門徒勿要離開啥地方○　耶穌應許撥伊拉啥○　門徒問耶穌啥○　耶穌那能回頭門徒○耶穌話完之第个事體末那能○　門徒定之眼睛望拉看見啥人○　天使那能回頭○　門徒從橄欖山回到啥場化○　伊拉聚集拉祈禱个是啥人

第二課論五旬節上聖靈降下來

五旬節到之、門徒全一條心、聚集拉一處、忽然從天上有聲氣、像快咾大个風、充滿之伊拉坐个房子、有分開个舌頭、能像火焰、顯出來停拉各人身上、伊拉全得滿之聖靈、就話別處个說話、照之聖靈撥伊拉个口才、伊个時候、有虔心个猶

太人、從天下各國來、躭擱拉耶路撒冷、第个風聲一傳出去、
衆人聚集之、各人聽使徒話伊拉自家个土音、就怕懼、伊拉

全駭然咾希奇、大家話、
第个拉話个、豈勿全是
加利利人否、那能伲聽
伊拉个說話、是伲各人
出身場化个土音呢、有
帕提阿人、米太人、以攔
人、住拉米所波大米、猶
太、伽帕多家、本都、亞西
亞、弗呂家、旁非利亞、埃及、相近古利奈个呂彼亞、還有從羅
馬來个客人、猶太人、搭之進教个、還有革哩底咾亞喇伯人、

全從自家个土音裏、聽伊拉講神个大事體、難末全駭然咾疑惑、大家話、第个是啥意思、有人戲笑咾話、伊拉吃醉之酒哉、○彼得搭之十一个使徒立之、伊大之聲氣咾話、猶太人搭之凡係住拉耶路撒冷个人呀、儂應該曉得咾聽我个說話、第个人勿是吃醉、照儂所想个、因爲時候纔到巳初哩、第个就是先知約耳話拉个、神話末脚个時候、我要拿我个靈倒拉攏總人身上、儂兒子咾囡、要話預言、儂年紀輕个、要看見異象、儂年紀老个、要得夢、當時我要拿我个靈、倒拉我个用人咾使女身上、伊拉也要話預言、我要顯出異跡拉天上、奇事拉地上、血咾火咾烟、拉主个大榮耀个日脚、勿曾到个以前、日頭要變黑暗、月末變血、凡係祈禱主个名頭个、必定得救、以色列人呀、聽第个說話、拿撒勒个耶穌、是神表明拉㑚當中、用奇能、異跡、奇事、就是神從伊咾行拉㑚當中、是㑚曉得拉个、伊是照神定當拉个旨意咾、先曉得交代拉㑚、㑚果然用惡手、拿伊釘殺拉十字架上、然而神拉死个苦裏放之伊咾使伊復活、爲之死勿能縛住伊个、彼得講完之道理、歡喜聽伊咾受洗禮个、有三千人、而且常庄拉殿裏祈禱咾讚美、陸續有人進教、

問　五旬節上門徒那能〇　忽然有啥來〇　是那能樣式个〇　門徒得着啥〇　天下各國个人聽起來是啥个土音〇　伊拉大家話啥〇　第个多化人是啥地方人〇　有人那能話〇　那能曉得勿是吃醉〇　先知約耳話啥〇　神那能拉㑚當中表明耶穌〇　釘殺之耶穌後來神那能

第三課論彼得醫好一个趦脚

彼得約翰拉申初祈禱个時候、一同上殿、有一个從娘胎裏趦脚个人、日日擡人扛來、放拉殿个門口、伊个門叫美門、要

求進殿个人賙濟、看見彼得咾約翰要進殿、就求伊拉賙濟、彼得咾約翰定之眼睛看伊咾話、看我伲、伊就看之伊拉、巴望有啥得着、彼得話、金銀我全勿有、不過拿有拉个來撥儂、

我奉之拿撒勒人耶穌基督个名頭咾、呌儂起來走、就捏之伊个右手、牽伊起來、伊个脚咾脚骱、立刻強健哉、就跳起來立咾走、同伊拉進殿、走咾跳、讚美神、衆人看見伊走咾讚美神、并且認得伊向來坐拉殿个美門口求賙濟个、就駭然咾希奇伊撞着个事體、醫好拉个蹩脚个拉住

之彼得咾約翰、衆人全駭然、跑來聚集拉所羅門个遊廊裡、彼得看見之、對衆人話、以色列人呀、爲啥拿第个算希奇、爲啥定之眼睛看我伲、像伲用自家个能幹咾虔誠、使第个人走否、亞伯拉罕、以撒、雅各个神、伲祖上个神、榮耀伊个兒子耶穌、㑚曾經解到彼拉多面前、彼拉多定當放伊个時候、㑚倒拉伊面前棄絕伊、㑚是棄絕聖善咾公義个、倒求放一个兇手拉㑚、并且㑚殺之使活个主、但是神從死人裡使伊復活、伲對伊做干證、伲信奉伊个名頭、撥㑚看見咾認得个人強健、爲之相信伊个名頭、并且從相信伊、撥第个人拉㑚衆人面前全愈、弟兄呀、我曉得㑚做第个、爲之勿曉得咾、㑚个官府也實蓋、但是神用伊个多化先知个嘴、預言基督必要受害、是應驗哉、所以㑚應該悔改咾回心轉意、使㑚个罪、可以揩脫咾、安慰个日脚、從主塲化來、并且神要差從前所話个、就是耶穌基督到伲塲化來、現在神舉伊个兒子耶穌、先差伊來祝福伲、使伲各人改脫罪惡、彼得醫好之四十多歲个蹺脚末、從此進教个人、有五千哉、官府收彼得約翰拉監裏、勿許伊拉傳教、後來呵嚇之咾放伊拉、

問 彼得咾約翰拉申初到那裏去○ 殿个美門口有一个那能个人○ 伊求彼得咾約翰末彼得就對伊那能做法○ 蹺脚个人那能○ 衆人那能○ 醫好拉个蹺脚那能做○ 彼得那能對衆人話○ 衆人拿耶穌解到那裏求放啥人○ 神使耶穌那能○ 伲信奉伊个名頭擺伲看見咾認得个人那能○ 悔改咾回心轉意之末那能○ 神舉伊个兒子做啥

第四課論亞拿尼亞咾撒非喇死个事體

有一个人叫亞拿尼亞、搭之娘子撒非喇、賣脫之產業、夫妻通同之、拿價錢囥起之幾分、拿幾分放拉使徒脚下、彼得話、

亞拿尼亞呀、爲啥撒但滿之儂个心、以致儂欺聖靈咾囥起幾分田價呀、田勿曾賣、豈勿是儂个否、賣之、豈勿是儂作主否、儂爲啥心裏生第个念頭、儂勿是欺騙人、是欺騙神也、亞拿尼亞聽之第个說話、就跌倒之咾斷氣哉、聽得第个事體个人、全怕得極、有年紀輕个人、就起來收殮之咾扛出去安葬、約酌歇之一個半時辰、伊个娘子也進來、還勿曾曉得撞着个事體、彼得

對伊話、告訴我伋賣田个價錢、是實蓋點否、回頭話、是實蓋點、彼得對伊話、伋爲啥通同試法主个聖靈呀、葬儂丈夫个人个脚、拉門口、也要扛儂出去哉、女人立刻跌倒拉伊个面前咾斷氣哉、年紀輕个人、進來看見伊已經死哉、扛伊出去葬拉伊个丈夫旁邊、合公會搭之凡係聽得第个事體个人、全怕得極、○從使徒手裏拉百姓當中行多化奇事咾異跡、全一條心拉所羅門个遊廊裏、其餘無人敢親近伊拉、然而百姓倒敬重伊拉个、多化男咾女相信主个、越發加添、以致有人扶病人出來到街上、睏拉牀上咾榻上、巴望彼得走過、伊个影或者遮着伊拉、近邊城裏个多化人、也帶之病人、搭之撥邪鬼附拉个到耶路撒冷、全得着全愈、大祭司長咾啥、捉彼得咾衆使徒、收拉監裏、天使來領伊拉出來、叫伊拉担第个使活个道理、全講拉百姓聽使徒淸早到殿裏拉講末、貼準衆長老差人到監裏帶使徒出來爲之勿看見使徒咾轉來回覆、後首去領伊拉來、勿用硬勁、問伊拉爲啥仍舊傳教、使徒話、伲應該聽神勝之聽人、難末担使徒來打之咾勿許伊拉講耶穌个名頭、但是伊拉倒日日拉殿裏咾人家屋裏教訓、

問　當時有啥人賣脫產業○　伊拉担價錢那能做法○　彼得話啥○　難末亞拿尼亞那能○　葬之亞拿尼亞歇之一个半時辰那能○　彼得問伊啥○　彼得又對伊話啥○　撒非喇那能○　合公會聽之第个事體末那能○　使徒拉百姓當中行啥○　當時又加添那能个人○　有人扶病人咾附邪鬼个人到街上來爲之啥

第五課論士提反死

伊个時候、門徒添之多化、內中有多化窮人、所以揀選人管

賙濟个事體、就揀選之士提反、是大大哩相信咾得滿之聖靈个人、搭之腓力、伯羅哥羅、尼迦挪、提門、巴米拿、還有安提阿進教个尼哥拉、吽伊拉立拉使徒面前、使徒就祈禱咾放手拉伊拉身上、神个道理更加興旺、拉耶路拉冷門徒个數目添之多化、就是祭司信從个也有多化拉、○士提反滿足之相信咾大能幹、拉百姓當中行異跡咾奇事、當時有屬利百地哪个會堂、搭之從古利奈亞力山大、基利家亞西亞來个人、起來對士提反辯駁、然而敵勿住伊个聰明咾聖靈感動个說話、就買通別人話、伲聽見伊有毀謗摩西搭之神个說話、難末搖動衆百姓、搭之長老咾讀書人、突然來捉之伊、拖到議會裏、立之假干證話、第个人拿第个聖所、搭之律法、毀謗勿停、因爲伲聽伊話歇、第个拿撒勒耶穌、要拆毀第个

場化咾、改脫摩西傳撥伲个規矩、難末坐拉議會裏个人、全定之眼睛看士提反、看伊个面孔、像天使个面孔、能大祭司

長問士提反末、士提反拉議會裡、從亞伯拉罕講起、直講到所羅門个事體爲止、述明白歷代祖宗所經歷个、并且責備伊拉話、㑚硬頸骨咾心搭之耳朶、全勿曾受割禮个呀、㑚常庄逆聖靈、像㑚祖上一樣、那裡一个先知㑚祖上勿害个、并且殺預先指點要來个有義氣个人、現在㑚拿第个有義氣个、賣咾殺伊、從天使傳授个律法、㑚也勿肯

守个、○衆人聽之第个說話、氣得極、對之士提反咬牙切齒、但是伊得滿之聖靈、定之眼睛望天、看見神个榮耀、搭之耶穌立拉神个右邊、話、我看見天開開來、人个兒子、立拉神个右邊、衆人大之聲氣喊咾、掩住之耳朶、齊心擁上去、趕伊出城、拿石頭來趲伊、做干證个人、放衣裳拉一个年紀輕个人叫掃羅个脚下、拿石頭趲士提反、士提反祈禱咾話、主耶穌呀、接受我个靈魂、又跪下去、大之聲氣喊咾話、主呀、勿要拿第个罪歸撥伊拉、話完之第个、睏着哉、掃羅也歡喜伊死、

間

伊个時候揀選那裏幾个人管賙濟个事體○　士提反那能○　有別个會堂裏个人來做啥○　伊拉那能干證士提反○　議會裏个人看士提反个面孔是那能个○　士提反責備伊拉啥○　衆人聽之第个末那能○　士提反那能○　士提反話啥○　衆人那能做法○　士提反祈禱話啥○　又跪下去大之聲氣喊啥

第六課論腓力行洗禮撥太監

士提反葬之以後，掃羅害教會裡个人咾捉來收監，所以全散開到各處去傳福音个道理。腓力下去到撒馬利亞个一个城，講基督个道理撥伊拉聽，衆人聽見腓力話个，看見伊行个奇事，就齊心專誠聽伊，因爲有多化邪鬼，大喊咾從病人身上出去，癱子咾蹩脚也有多化得着全愈，拉伊个城裡有大快活。主个天使對腓力話，起來朝南，從耶路撒冷到迦薩个荒野路上去。伊就起來咾去，貼準有一个埃提阿伯个人，是太監，是埃提阿伯女王干大基个大臣，管一切庫銀个，伊上耶路撒冷去拜之神咾轉來，

坐拉車子裡、讀先知以賽亞書、聖靈對腓力話、儂走近去傍伊个車子、腓力跑到之、聽見伊讀先知以賽亞个書、問伊話、拉讀个儂明白否、回頭話、無人開導我、那能明白呢、就請腓力上車咾一淘坐、伊拉讀个聖經、是話伊撥人牽去、像羊到殺个場化、并且像小羊對剪毛个人勿響、又勿開口、拉伊低微个時候、人廢脫公義咾審判伊、伊个性命拉地上滅脫、啥人講明伊个世代呀、太監對腓力話、請問先知話第个說話、是指點啥人、自家呢別人、腓力就開口從第个經上傳耶穌个福音拉伊聽、拉路上看見有水、太監話、此地有水、我受洗禮礙啥否、腓力話、儂若然全心相信末可以个、回頭話、我相信耶穌基督是神个兒子、就吩咐停車子、腓力搭太監一淘到水裡、對伊行洗禮、從水裡上來个時候、主个靈帶之腓力

去、以致太監勿再看見伊、就快活得極咾上路哉、腓力拉亞鎖都撥別人搥着、難末經過多化城咾傳福音、直到該撒利亞、

問　腓力到那裏去○　衆人那能○　伊个城裏个人爲啥大快活○　天使叫腓力到那裏去○　腓力碰着啥人拜神轉來○　聖靈叫腓力傍伊个車子腓力問太監啥○　太監那能回頭○　伊讀个聖經拉話啥○　太監問腓力啥○　腓力就那能○　拉路上看見有水太監話啥○　腓力那能話○　太監那能回頭○　行之洗禮末腓力那能哉○　腓力經過多化城末做啥

第七課論掃羅歸教

掃羅還話利害个說話、殺氣騰騰、要害主个門徒、去見大祭司長、求伊寫信帶到大馬色个各會堂、若然搥着相信第个道理个、勿論男女、可以縛之咾解到耶路撒冷拉路上、將近大馬色忽然從天上有光、照拉伊周圍、伊就仆倒拉地上、聽

得有聲氣對伊話、掃羅、掃羅、爲啥害我、回頭話、主、儂是啥人、主話、我就是儂拉害个耶穌、儂踢拉刺上、難拉哩、難末嚇來抖咾話、主、要我那能做、主話、起來進城、要拿儂應該做个來對儂話、一同走个、立定之咾開口勿出、只聽見聲氣咾勿看見人、掃羅從地上起來、張開眼睛、勿能彀看見啥、伊拉牽之伊个手咾領

進大馬色、三日勿看見、也勿吃也勿呷、拉大馬色有一个門
徒、叫亞拿尼亞、主拉默示裡對伊話、亞拿尼亞呀、回頭話、主、
我拉裡、主話、儂起來、到一條叫直街上去、拉猶大屋裏尋問
大數人叫掃羅、因爲伊拉祈禱、并且伊拉默示裏看見一个
人、叫亞拿尼亞个、進來放手拉伊身上、使伊能彀看見、亞拿
尼亞回頭話、主、我聽得多化人話、第个人拉耶路撒冷那能
磨難儂个聖徒、并且拉此地、靠之衆祭司長个權柄、要縛凡
係求儂名頭个、主對伊話、去呀、伊是我揀選拉个器皿、要揚
開我个名頭拉外邦人搭之王咾以色列子孫面前、因爲我
要指點伊、伊必要爲之我个名頭咾受多化苦、亞拿尼亞就
去、進之房子、放手拉伊身上咾話、兄弟掃羅、主耶穌、就是儂
來个時候、路上顯撥儂看个、差我使儂能彀看見、并且得滿

聖靈、就有魚鱗能个、拉伊眼睛裏落下來、立刻看得見哉、難末起來受洗禮、吃之飯末强健哉、○掃羅搭大馬色个門徒、同淘之幾日、就拉會堂裏傳耶穌是神个兒子、聽見个人全駭然話咾、第个豈勿是拉耶路撒冷害求第个名頭个否、并且特爲到此地來、要縛伊拉咾解撥衆祭司長个否、但是掃羅个心更加堅固、駁倒住拉大馬色个猶太人、干證耶穌實在是基督、

問　掃羅去見大祭司長求伊啥○　將近大馬色看見啥○　掃羅仆倒拉地上聽得啥○　主話啥○　掃羅問主要我那能做主話啥○　一同走个人那能○　掃羅從地上起來末那能○　三日以後神默示啥人○　主叫伊到那裏去○　亞拿尼亞那能回頭○　主對伊話啥○　亞拿尼亞對掃羅話啥○　難末掃羅那能○　掃羅拉大馬色會堂裏那能

第八課論彼得醫好以尼雅咾使多加復活

彼得經過各處地方、也到住拉呂大个聖徒場化、拉伊塊摠

着一个人、叫以尼雅、生癱病、睏拉牀上八年哉、彼得對伊話、以尼雅呀、耶穌基督醫好儂、起來收作儂个牀、伊就起來哉、住拉呂大咾撒崙个人、看見之全歸服主、〇拉約帕有一个

女門徒、叫大比大、繙出來就是多加、伊末行多化善事咾賙濟貼準拉第个時候、生病咾死哉、淨之屍首咾放拉樓上、呂大近約帕、門徒聽見彼得拉伊塊、差兩个人到伊場化、求伊就來、勿要遲慢、彼得就起來一淘去、到之末、領伊上樓、多化寡婦、立拉旁邊哭咾、指點伊看多加活拉个

時候做拉个裏外衣裳、彼得叫伊拉全出去之、跪下來祈禱、旋轉來對屍首話、大比大呀、起來、伊立刻張開眼睛、看見之彼得咾起來坐哉、彼得伸手牽伊起來、招呼多化聖徒咾寡婦、撥伊拉看伊活哉、合約帕曉得之、有多化人相信之主、彼得拉約帕硝皮个西門屋裏躭擱之多日、

問　彼得到那裏去○　拉伊塊有一个那能个人○　彼得對伊話啥○　呂大咾撒崙个人看見之那能○　拉約帕有一个啥人○　貼準拉第个時候那能○　門徒聽見之那能○　彼得到之末伊拉那能○　彼得叫伊拉出去之做啥○　難末大比大那能○　合約帕个人曉得之末那能○　彼得拉約帕躭擱拉那裏

第九課論哥尼流

拉該撒利亞有一个人叫哥尼流、是以大利營裏个百總、伊搭之合家、虔心咾怕神、拉百姓當中、廣行賙濟咾常庄祈禱

神、日頭約酌申初、伊拉默示裏、明白看見神个天使進來、到

伊場化、話、哥尼流呀、哥尼流定之眼睛看伊末、嚇咾話、主、啥事體、天使話、儂个祈禱、儂个賙濟、已經升到神面前、做之表記哉、現在要差人到約帕去、請西門叫彼得

个、伊就擱拉一个硝皮个西門屋裏、房子拉海邊、伊要拿儂應該做个來對儂話、搭伊白話个天使去之、伊就叫兩个川人、搭之服事伊个當中一个虔心个兵、拿第个事體全述撥伊拉聽、差伊拉到約帕去、○到明朝、伊拉拉路上、將近城時候約酌日中、彼得上屋面上去祈禱、覺着餓得極咾要吃、人拉預備个時候、靈遊象外、看見天開哉、有傢生降到伊面前、像大个布、縛之四角咾放到地上、裏面有各樣四脚中牲、野獸、蟲豸、飛禽、并且有聲氣對伊話、彼得起來、殺之咾吃、彼得話、主、勿實蓋、俗咾勿乾淨个物事、我全勿曾吃歇个、又有聲氣第二回對伊話、神所乾淨拉个、儂勿好算俗个、三回實蓋之、難末傢生原收之天上去哉、○彼得正拉自家疑惑看見个默示、是啥意思、哥尼流差來个人、問到之西門屋裏、立拉門外、喊咾問、西門叫彼得个、躭擱拉此地否、彼得還拉想默示个時候、聖靈對伊話、有三个人尋儂、起來下去、同伊拉去、勿要疑惑、因爲是我差伊拉來个、彼得下去、到哥尼流差來个人場化話、我就是儕拉尋个、儕來啥緣故、伊拉話、百總哥尼流是有義氣咾怕神个人、合猶太國是有好名聲个、有聖天使个指點、請儂到伊个屋裏咾聽儂个說話、難末請伊拉進來、留伊拉躭擱、到明朝、彼得起來同伊拉去、還有約帕幾个弟兄一淘去、第二日進之該撒利亞、哥尼流已經聚集之親族咾朋友候拉、彼得進去講道理撥哥尼流合家搭之伊个親族咾朋友聽之、伊拉全受着聖靈、就奉主个名頭撥伊拉受洗禮、

問　哥尼流是那能个人〇　伊拉默示裏看見啥〇　哥尼流問天使啥〇　天

使話啥又叫伊做啥◯　天使去之伊就做啥◯　明朝日中彼得那能◯　彼得餓得極咾要吃末那能◯　彼得看見啥◯　有聲氣對伊話啥◯　彼得話啥◯　聲氣第二回對伊話啥◯　三回寶蓋之末那能◯　彼得拉疑惑默示个意思末有啥人到哉◯　聖靈對彼得話啥◯　彼得問伊拉啥◯　伊拉話啥◯　到明朝彼得那能◯　進之該撒利亞哥尼流已經那能

第十課論彼得收監天使領伊出來

伊个時候、希律王動手害教會裏幾个人、用刀殺約翰个兄弟雅各、看見猶太人快活、又捉彼得、伊个時候、貼準是除酵節个日腳、捉之末、收拉監裏、交代拉十六个兵看守拉、要拉逾越節後、吊出來交代拉百姓、所以彼得關拉監裏、但是教會裏爲之伊懇切求神、希律要拖伊出來个時候、伊夜裏彼得睏拉兩个兵丁當中、兩根鍊條縛拉、并且看守个拉門前看守監牢、忽然有主个天使、立拉旁邊、有亮光照拉監牢裏、天使拍彼得个脇肋、叫覺伊話、快點起來、伊手上个鍊條、就落脫哉、天使對伊話、束之帶咾着之鞋子、伊就照之實蓋做、又對伊話、披之袍咾跟我、難末彼得跟之伊出去、但是勿曉

得天使做拉个是眞个、道認之見之默示、過之第一咾第二重看守个場化、到之通城裏个鐵門、伊个門自家開之、難末伊拉出去、走之一條街、天使就離開之伊、彼得覺着之咾話、我現在曉得主果然差伊个天使、救我出希律个手、搭之猶太衆百姓个望頭哉、正拉想末、到之約翰叫

馬可个娘馬利亞屋裏、拉伊塊、有多化人聚集拉祈禱、彼得敲外頭个門、有一个童女叫羅大、出來探聽、聽得出是彼得个聲氣、快活得極、門全勿開、跑進去報信咾話、彼得立拉門外頭、伊拉話、儂痴哉、伊一定話是拉个、伊拉話、蓋末是伊个天使哉、彼得原拉敲門、伊拉開門看見之、駭然得極、彼得搖手、叫伊拉勿要響、告訴伊拉主那能領伊出監、并且話、拿第件事體去告訴雅各搭之衆弟兄、伊就出來到別處去、到天亮、多化兵慌忙得極、爲之彼得勿知那裏去哉、希律尋伊勿着、審問看守个兵咾吩咐殺伊拉、後來從猶太到該撒利亞去住拉、

問　伊个時候希律王那能〇　看見猶太人快活又做啥〇　彼得收拉監裏末交代啥人〇　但是教會裏那能〇　希律要拖伊出來个時候伊夜裏那能

○　天使那能○　天使對伊話啥○　彼得跟之天使經過那裏○　天使離開之彼得彼得覺着啥○　彼得到啥人个屋裏○　彼得敲門啥人出來聽○　羅大聽得出是彼得个聲氣末那能○　伊拉開之門彼得那能告訴伊拉○　天亮之末那能○　希律那能

第十一課論保羅使以呂馬瞎眼

安提阿教會裏有幾个先知搭之教師、就是巴拿巴、西面稱尼結个古利奈人路求搭之分封个王希律一淘長大个馬念咾掃羅、拉奉事主咾禁食个時候、聖靈話、替我分派巴拿巴咾掃羅、做我召來派伊拉个職司、難末禁食咾祈禱、放手拉伊拉身上、差伊拉去、伊拉奉之聖靈个差遣到西流基、從伊塊過海、到居比路、拉撒拉米傳神个道理拉猶太人个各會堂裏還有約翰做伊拉个帮辦、走遍之島子、到帕弗、撞着一个猶太人、行邪法个假先知、叫巴耶穌、伊搭總督士求保

羅一淘、士求保羅是聰明人、邀之巴拿巴咾掃羅來、要聽神个道理、但是以呂馬伊个名頭繙出來就是行邪法个、搭伊拉對敵、要使總督勿相信、掃羅又吽保羅、得滿之聖靈、定之眼睛、看之伊咾話、滿之奸詐咾惡毒个人、魔鬼个兒子、衆善个對敵、儂攪亂主个正道勿停否、現在主

个手拉儂身上、儂要做瞎子、有幾日勿見日頭、伊个眼睛、立刻糊塗之咾暗哉、走末要人牽手、當時、總督看見做拉个希奇主个道理咾相信哉、○保羅搭之一淘个人從帕弗開船、到旁腓利亞个別加、約翰搭伊拉分別之咾回到耶路撒冷去、

問　拉安提阿教會裏有啥人○　聖靈話啥○　難末那能做○　伊拉奉聖靈个差到那裏○　拉撒拉米做啥○　到帕弗撞着啥人○　士求保羅那能做○　以呂馬那能做○　保羅那能話○　主个手那能○　以呂馬要走末那能○　總督那能○　難末保羅搭之一淘个人到那裏去

第十二課論保羅拉安提阿講道

保羅咾啥從別加一路到彼西底个安提阿、安息日上、進會堂坐拉、讀罷之先知咾律法个書、管會堂个差人對伊拉話、弟兄、若然有勸百姓个說話末、請話、保羅立起來搖手咾話

咾講道、從以色列躭擱拉埃及講起、直講到耶穌復活个時候爲止、話咾、弟兄呀、儂要曉得罪孽个饒赦、從第个人咾、現

在傳撥儂、并且凡係相信伊个、可以得着饒赦一切照摩西律法上勿能饒赦个、所以要當心、免之先知話拉个臨着儂、伊話、藐視个人呀、儂看之駭然咾死脫、因爲我拉儂个時候、要行一件事體、雖然有人告訴儂、儂也勿相信个、伊拉出之會堂、衆人求伊拉下个安息日再講第个道理、會散之末、有多化猶太人搭之進教个虔心人、跟之保羅

咾巴拿巴、難末使徒搭伊拉白話咾、勸伊拉仍舊住拉神个恩典裏、○到之下个安息日、幾乎合城个人聚集之、要聽神个道理、獨是猶太人看見人多之末、滿心妒忌、辯駁保羅話拉个、并且毀謗伊、保羅咾巴拿巴放膽咾話、神个道理、應該先傳撥儂、但是儂丢之、自家定當勿應該得着永生、所以伲要轉向外邦人哉、因爲主實蓋吩咐伲話、我設立儂做外邦人个光、以致儂做救主、直到地極、外邦人聽之第个末、快活咾讚美主个道理、凡係預先定當得着永生个末、全相信个、難末主个道理、傳遍之第塊地方、但是猶太人攛掇虔心个上等女人、搭之城裏个尊貴个、去逼害保羅咾巴拿巴、趕伊拉出伊个境界、使徒對之伊拉、拍脫脚上灰塵咾到以哥念、門徒得滿之快活咾聖靈、

問　保羅拉安提阿進啥場化○　保羅立起來做啥○　保羅話饒赦罪孽是從啥人○　凡係相信伊个末那能○　伊拉出之會堂衆人那能○　難末使徒那能○　到下个安息日那能○　猶太人那能○　保羅咾巴拿巴話啥○　外邦人聽之第个末那能○　難末主个道理那能○　但是猶太人那能做○　使徒那能

第十三課論保羅醫好一个軟脚个人

使徒拉以哥念傳道末、猶太人搭之官府、擁上去拿石頭來搥伊拉、所以逃到呂高尼个路士得特庇、搭之周圍个地方傳福音、拉路士得有一个軟脚个、從娘胎裏踅脚个咾勿曾走歇个、坐之咾聽保羅話、保羅定之眼睛看伊、看得出伊有相信咾可以醫好、就大之聲氣咾話、起來儂拿脚立直之、伊就跳起來咾走哉、衆人看見保羅做拉个、用呂高尼土音鬧之聲氣咾話、有神借之人个形狀咾降到伲場化哉、就稱巴

拿巴是丟士、爲之保羅領頭話說話、稱伊是希耳米、城門前
丟士廟裏个祭司、牽之牛咾拿之花帽箍、到門口、要搭衆人
祭伊拉、使徒巴拿巴咾保羅聞着之、扯碎之衣裳咾跳到衆

人當中、喊咾話、倻衆人爲
啥做第个事體呀、伲也是
人、搭倻一樣性情、來傳福
音撥倻、使倻棄脫第个虛
假咾歸向活个神、就是造
天地咾海、連之伊个裏萬
物个、拉從前个世代、伊讓
衆百姓各人走自家个路、然而神撥好處拉人、勿放自家無
對證、從天上賞雨咾熟年、撥伲飯糧足相咾滿心快活、話之

第个、纔纔能彀阻住衆人勿祭伊拉、○有幾个猶太人、從安提阿咾以哥念來、攛掇衆人咾拿石頭來搥保羅、拖到城外、道認之伊已經死哉、但是門徒立拉伊周圍个時候、伊起來咾進城、明朝同巴拿巴到特庇去、傳之福音拉第个城裏、收之多化門徒、就回到路士得、以哥念、安提阿、堅固門徒个心、勸伊拉常庄守住相信咾話、伲必要受多化難咾進神个國度、又拉各教會裏設立長老、就禁食咾祈禱、拿伊拉托撥伊拉相信个主、

問　路士得有一个那能个人○　保羅大之聲氣話啥○　衆人看見保羅做个末那能○　丟士廟裏个祭司那能○　巴拿巴咾保羅聞着之那能○　喊咾話啥○　話之第个末那能○　猶太人從安提阿咾以哥念來做啥○　門徒立拉伊周圍个時候那能○　拉特庇收之多化門徒末回到那裏○　那能勸伊拉○　又拉各教會裏做啥

第十四課論呂氏亞搭之全家受洗禮

保羅到特庇咾路士得拉伊塊有一个門徒、叫提摩太、是猶太相信个女人个兒子、伊个爺是希利尼人、撥路士得以哥念个衆弟兄稱讚伊个、保羅要伊一淘去、對伊行之割禮、爲之伊塊个猶太人、全曉得伊个爺是希利尼人咾、難末經過多化城、拿耶路撒冷使徒咾長老定當拉个吩咐、交代伊拉守、難末各教會相信更加堅固咾、數目日日加添、○經過之弗呂加咾加拉太地方、聖靈禁住伊拉傳道拉亞西亞、就到每

西亞、要想到庇推尼、聖靈勿許伊拉、所以經過每西亞咾下去、到特羅亞、保羅拉夜裏看見默示、有一个馬其頓人、立之咾求伊話、請儂過來、到馬其頓帮助伲、保羅看見之默示末、伲就打算到馬其頓、想主實在叫伲傳福音撥伊拉、就從特羅亞開船、一直到撒摩特喇、明朝到尼亞波利、從伊塊到腓立比、就是馬其頓第邊个大城、是屬地拉第个城裏住之幾日、拉安息日上、出城到河邊、向來有祈禱个場化、坐之咾對聚攏拉个女人講、有一个女人、叫呂氏亞、是推雅推喇城裏人、賣紫色布个、向來恭敬神个、主開導伊个心、使伊留心聽保羅个說話、伊搭屋裏个人、全受之洗禮、請伲咾話、若然算我拉主面前盡忠末、到我屋裏來躭擱、就硬留之伲、貼準到祈禱个場化去、有一个使女、附之占卜个鬼、拉占卜上、替主人發之大財、撞着之伲、并且跟之保羅搭之伲、喊咾話、第个幾个人、是頂高个神个用人、指點伲得救个路、實蓋之多日、保羅惹厭、旋轉來對鬼話、我奉耶穌基督个名頭、吩咐儂出來、鬼立刻出來哉、

問　路士得有一个啥人○　伊个爺娘是啥地方人○　經過多化城末那能做○　難末各教會那能○　經過之弗呂加咾加拉太地方聖靈那能○　保羅拉特羅亞夜裏看見啥○　看見之默示末那能○　從特羅亞開船到那裏○　拉安息日上那能做○　呂氏亞向來那能个○　伊搭之屋裏个人全受之洗禮末那能○　祈禱个場化有一个使女是那能个○　伊跟之保羅話啥○　保羅那能

第十五課論保羅西拉收監个事蹟

使女个主人、看見伊拉發財个望頭失脫之、就捉住之保羅咾西拉、拖到市面上去見官、送到官府面前、就話、第个猶太

人、攪亂伲个城、傳伲羅馬人勿應該受咾勿應該做个規矩、衆人就擁上去、官府剝脫之伊拉个衣裳、吩咐打、打之多記、

收拉監裏、吩咐管監牢个當心看守、管監牢个受之第个吩咐、就收伊拉拉內監、拿脚套拉脚枷裏、到半夜、保羅咾西拉、祈禱、唱詩、讚美神、犯人全聽見个、忽然地大動、以致監牢个地基全搖動、攏總門登時開哉、各人个刑具全落脫、管監牢个覺轉來、看見監門已經開拉哉、拔出刀來要自刎、道認之犯人已

經逃走哉、保羅大之聲氣喊咾話、儂勿要害自家、伲全垃裏、難末管監牢个喊人拿火來、跳進去、抖咾俯伏拉保羅咾西拉个面前、領伊拉出來咾話、先生、我應該那能做咾得救呀、回頭話、相信主耶穌基督、蓋末儂搭之儂个屋裏全得救哉、就講主个道理、撥伊咾伊屋裏个人聽、登時拉夜裏淨伊拉个傷、就搭之合家受之洗禮、難末領伊拉到屋裏、留伊拉吃局、伊搭之合家相信之神咾快活、到明朝官府打發差役來話、放之第个人、管監牢个拿第个說話對保羅話、官府差人來放伲、現在可以安安樂樂去末哉、保羅對伊拉話、伊當之衆人、打伲勿曾定罪个羅馬人咾收拉監裏、現在要私底下放伲否、必定勿可以、讓伊自家來領伲出去、差役拿第个說話告訴官府、官府聽見之伊拉是羅馬人、就怕、就來勸伊拉、

領之出來、請伊拉離開第个城、難末伊拉出之監、到呂氏亞个屋裏見之弟兄末安慰之伊拉咾去哉、

問　使女个主人爲啥捉保羅咾西拉去見官○　送到官府面前話伊拉啥○　保羅咾西拉官府那能○　打之多記後來那能○　管監牢个那能做○　保羅咾西拉讚美神以後那能○　管監牢个覺轉來那能○　保羅那能喊○　難末管監牢个那能做○　保羅咾西拉那能回頭咾講究○　管監牢个登時拉夜裏那能○　到明朝那能○　保羅對差人話啥○　差役那能○　官府那能做○　伊拉出之監牢到那裏

第十六課論保羅拉雅典講道

保羅離開呂氏亞屋裏經過多化地方傳道、一直到雅典、保羅拉雅典等西拉咾提摩太看見合城專心服事偶像、就激動之伊个心、所以拉會堂裏搭猶太人咾虔心个人辯論、日日拉市面上搭之撞着个人也實蓋、當時有以彼古羅搭之士多亞教裏个博士、來對伊爭論、有个話、第个多話个人要

話啥、有个話、伊像傳外邦鬼神个、爲之伊傳耶穌復活个福音撥伊拉咾、就帶伊到亞畧巴古山、話儂拉講个新道理、伲可以曉得否、爲之儂拿奇怪个說話來、進伲个耳聡、所以要曉得伊个意思是啥、因爲攏總雅典人、搭之住拉伊塊个客人、勿管別樣、必過話咾聽新个事體、保羅立拉亞畧巴古山當中、話咾、雅

典人呀、我看㑚拉凡百事體上極怕鬼神、我拉走个時候、看見㑚拉拜个、撞着一座祭壇、寫拉个、未識之神、㑚勿曾認得咾服事个、我現在告訴㑚、神末造天地、連之伊个裏萬物个、可見得伊是天地个主、勿住拉人手造个殿裏、勿缺少啥、也勿須人个手服事、伊自家拿性命、氣息、萬物來撥拉衆人、伊從一个血脈、造萬國个百姓、住拉地面上、并且定當伊拉个時候咾日期、搭之伊拉住个疆界、要伊拉尋主、或者揣摩起來、可以揣摩得着个、其實伊離開伲各人勿遠、因爲伲个活咾動咾存拉、全拉伊个裏、猶如㑚做詩个人話、伲是伊个兒女、㑚既然是神个兒女末、勿應該想神像金子、銀子、石頭、用人工巧手來雕刻个、從前勿明白个時候、神寬容伊拉、但是現在吩咐各處个衆人悔改、因爲伊已經定當一日、要照之公義咾審判世界上、用伊設立拉个人、就是撥伊從死人裏復活个、使衆人有憑據。○衆人聽得死人復活个說話、有人戲笑、又有人話、第个事體、倪再來聽儂、難末保羅離開伊拉、然而有幾个人跟從伊咾相信之、內中有亞畧巴古山人叫丟尼脩、搭之一个女人叫大馬哩、還有幾个人搭伊一淘、

問　保羅拉雅典有啥事體激動伊个心○　所以保羅那能做○　當時有啥人來對伊爭論○　就帶伊到那裏○　保羅拉亞畧巴古山上話啥○　伊看見祭壇上寫拉个啥○　神是那能个○　人尋起主來末那能○　倪那能活咾動咾存拉○　既然是神个兒女勿應該想啥○　神現在吩咐衆人啥○　神定當一日要那能做○　衆人聽之復活个說話末那能○　保羅離開伊拉个時候有啥人相信个

第十七課論保羅拉哥林多傳道

第个事體以後、保羅離之雅典、到哥林多、撞着一个養拉本都个猶太人、叫亞居拉、搭之伊个娘子百基拉、纔纔從以大

利來、爲之革老丟吩咐猶太人全離開羅馬咾、保羅就到伊拉場化、爲之伊拉是一樣手藝个、就搭伊拉同居咾做生活、

伊拉个手藝、是做帳篷个、保羅每逢安息日、拉會堂裏辯論、勸猶太咾希利尼人、西拉咾提摩太從馬其頓來之、保羅个心更加急切、搭猶太人干證耶穌是基督、伊拉竟對敵伊咾話褻瀆个說話、保羅就抖抖衣裳咾話、儂个血歸拉儂个頭上、我末乾淨个、以後我要到外邦人場化去哉、就離開伊拉、到一个恭敬神个人、叫猶士都个屋裏、伊个

屋裏、貼近會堂、管會堂个、呌革哩士布、搭伊个合家相信主、哥林多人聽之道理、也有多化相信咾受洗禮个、夜裏主用默示對保羅話、勿要怕、講咾勿要默拉、爲之我搭儂一淘、無人害儂、因爲我拉第个城裏、有多化百姓咾、難末伊住拉伊塊之一年半、拿神个道理來教訓伊拉、○保羅還住之多日、搭弟兄分别之、開船到敘利亞、百基拉咾亞居拉搭伊一淘去、拉堅革哩剪之頭髮、爲之伊許拉个願咾、到之以弗所留伊拉住拉伊塊、自家進會堂、搭猶太人辯論、伊拉請伊多躭擱兩日、伊勿應承、就對伊拉分别咾話、我必要拉耶路撒冷守到快个節、神若然許我、我要轉來見儂、就離之以弗所開船到該撒利亞、又上去請教會个安、以後到安提阿住之幾時、又動身、挨順經過加拉太咾弗呂家地方、堅固衆門徒、

問
保羅拉多林哥撞着啥人〇　伊拉搭之保羅是啥手藝〇　安息日上保羅那能〇　西拉咾提摩太來之保羅那能〇　猶太人對敵保羅保羅就到啥人屋裏去〇　有啥人相信道理〇　主用默示對保羅話啥〇　保羅住拉伊塊之幾時〇　保羅到叙利亞有啥人一淘去〇　保羅拉以弗所那能〇　爲啥保羅勿能多躭擱〇　保羅離開以弗所經過幾化地方那能做

第十八課論保羅使猶推古復活搭之勉勵以弗所个長老、

保羅經過多化地方傳道咾一直到特羅亞、七日个頭一日、門徒聚集拉擘餅、保羅要明朝動身、對伊拉講究、講之長遠、直到半夜、拉聚集个樓上、有多化燈、有一个年紀輕个吽猶推古、坐拉窻口上、倦咾好睏得極、保羅講究之長遠、伊拉睏頭裏、從三層樓上跌下去、扶伊已經死个哉、保羅下去、伏拉伊身上、抱之咾話、勿要着急、伊个性命還拉拉、難末再上

去、擘餳餅咾吃、談論之長遠、到天亮咾動身、伊拉帶年紀輕个來、衆人看見原活拉、就安慰得極。○保羅從米利都差人

到以弗所、邀教會裏个衆長老來、到之末、對伊拉話、俤曉得我初到亞西亞來个日脚、常庄搭俤一淘那能樣式、就是謙小咾出眼淚、搭之拉猶太人謀害个苦難當中服事主、我勿曾隱瞞神个旨意、是全傳撥俤、所以聖靈立俤做監督个、要當心自家、也要當心全羣、牧養神用自家个血贖拉个教會、因爲我曉得我去之以後、有兇个豺狼、要到俤當中、害第个羊

羣、㑚當中也有人起來、話悖逆道理个說話、引誘門徒跟伊拉、所以要儆醒、記念我三年日夜勿停用眼淚來勸各人弟兄呀、現在我拿㑚託拉神、搭之伊个恩典个道理裏、就是能彀建立㑚、使㑚拉攏總成功聖个當中有產業、我勿曾貪別人个金銀咾衣裳、就是第雙手、已經供給我、搭之同我个人个應用、是㑚曉得拉个、我已經指點㑚一切事體、應該實蓋勤緊咾幫助軟弱个、并且記念主耶穌个說話、撥个比受个、更有福氣、話完之同衆人跪下去祈禱、衆人大哭、就抱之保羅个頸骨搭伊親嘴、伊拉頂憂愁、爲之伊話勿再見我面个一句咾、難末送伊上船、

問　七日个頭一日保羅做啥○　啥人坐拉窗口上○　猶推古拉睏頭裏那能○　保羅那能做○　衆人從啥上安慰得極○　保羅邀啥人來○　保羅對長老話啥○　㑚做監督个應該那能○　保羅話我去之以後有啥○

保羅要伊拉記念啥○ 神搭之恩典个道理能殼做啥○ 要記念耶穌个啥說話○ 祈禱以後衆人那能

第十九課論保羅述明當時那能歸教

保羅到之耶路撒冷末、猶太人咾衆人道認之保羅領以弗所人特羅非摩進殿咾汚穢聖殿、所以捉之保羅要想殺伊、難末合城搖動、百姓跑攏來捉之保羅、拖伊出殿、就關之門、伊拉正要想殺伊、有人拿合耶路撒冷吵鬧个信息、去報營裏个千總、千總連忙領之兵、搭之百總、跑下去到伊拉場化、伊拉看見之千總咾兵、就勿再打保羅哉、千總上前捉住伊、吩咐用兩根鍊條縛之、問伊是啥人、做歇啥事體、衆人喊叫不一、千總爲之亂咾勿能曉得伊个着實、吩咐帶伊進營盤、到之踏步上、爲之衆人擁住拉、兵丁就背之伊、衆人跟拉、喊咾話、棄脫伊、帶伊進營盤个時候、保羅對千總話、我有說話

告訴儂、可以否、回頭話、儂會話希利尼說話否、儂豈勿是伊

个埃及人、從前作亂、領四千兇手出去、到荒野裏否、保羅話、我是猶太人、養拉基利加个大數、勿是小城个百姓、求儂許我對百姓白話、千總應許之、保羅立拉踏步上、對百姓搖手、寂靜之末、用希百來土音對伊拉話、話咾、各位叔伯咾弟兄、我現在爲之自家分辯、衆人聽見伊用希百來土音對伊拉話、更加寂靜、難末伊話、我實在是猶太

人、養拉基利加个大數、拉第个城裏長大个、拉迦馬列門下

受教詳細學祖宗个律法、爲之神咾熱心、猶如㑚衆人今朝一樣、我曾經害第等人到死、勿論男女、縛之咾解到監裏、祭司長咾總長老、可以對我做干證、我也受之伊拉寄撥弟兄个信、到大馬色要縛伊塊个人、解到耶路撒冷受刑罰、我拉路上、相近大馬色、時候約酌日中、忽然從天上有大光、照拉我周圍、我話、主、伊拉曉得我向來拿相信儂个人、收拉監裏、并且拉各會堂裏打伊拉、還有做儂干證个士提反、流伊血个時候、我立近拉、也快活伊个死咾、看守殺伊个人个衣裳、但是主對我話去呀、我要差儂出遠、到外邦人場化去、衆人聽到第句說話、就喊咾話、實蓋个人、拉地面上棄脫伊、勿應該讓伊活、伊拉喊咾脫之衣裳、摔灰塵拉空裏、千總吩咐領伊進營盤、吩咐要打咾查問伊、要曉得伊拉爲啥實蓋喊、正拉拏皮帶縛伊末、保羅對立拉个百總話、勿曾定罪个羅馬人、可以打否、百總聽之第个、去告訴千總話、儂做个要當心、第个是羅馬人、

問　合城搖動之末那能○　千總那能○　千總吩咐啥○　到之踏步上兵丁那能○　衆人喊啥○　保羅對千總話啥○　千總問保羅啥○　保羅那能回頭○　保羅話伊拉曉得我向來做過啥○　衆人聽到第句說話末那能○　千總那能吩咐○　保羅對百總話啥○　百總告訴千總啥

第二十課論猶太人立誓殺保羅

保羅拉議會裏講末、話起死人復活、以致法利賽人咾撒土該人爭論咾分開哉、爲之大鬧、千總恐怕保羅撥伊拉扯碎、吩咐兵丁下去、拉伊拉當中奪伊進營盤○到夜裏主立拉伊旁邊咾話、保羅放心、儂既然拉耶路撒冷對我做干證也必要實蓋拉羅馬做干證、到早晨、猶太人一同商量立誓咾

話、勿殺保羅末、勿吃咾勿呷、一同立第个誓个、有四十多人、難末去見衆祭司長咾長老話、伲已經立誓、勿曾殺保羅末、勿吃物事、現在請伽搭之議會通知千總、明朝領伊來見伽、假意要詳細查伊个事體、伊勿曾到末、伲預備之咾殺脫伊、保羅姊妹个兒子、聽得之伊拉要埋伏、就到營盤裏去告訴保羅、保羅請

一个百總來話、領第个年紀輕个去見千總、爲之伊有事體
要告訴咾、就領伊去見千總話、縛拉个保羅叫我去、求我領
第个年紀輕个見儂、有事體要告訴儂、千總牽之伊个手、領
到幽靜場化、問伊話、要告訴我啥、伊話、猶太人已經約定、求
儂明朝帶保羅到議會裏、假意要詳細查伊个事體、儂勿要
應承伊拉、因爲伊拉當中、有四十多人埋伏拉、已經立誓、勿
殺伊末、勿吃咾勿呷、現在預備之咾、不過等儂應承哉、千總
就叫年紀輕个去、叮囑伊、勿要撥別人曉得儂告訴我第件
事體、就叫兩个百總來話咾、預備二百个兵、七十个馬兵、二
百長鎗手、今夜亥初到該撒利亞去、還要預備牲口、撥保羅
騎、護送到總督腓力士塲化、又寫一封信、實蓋話、革老丟呂
西亞請總督腓力士大人安、第个人撥猶太人捉之咾將要

殺个、我曉得伊是羅馬人、用兵去救之伊、要曉得伊拉告伊个緣故、領伊到伊拉个議會裏、雖末曉得伊拉所告个、不過辯論伊拉个律法、勿有應該死咾應該縛个罪、後來有人拿猶太人害伊个計策來告訴我、所以就打發伊到儂面前、也吩咐告伊个人、拿伊个事體、到儂場化告、願儂平安○兵照之吩咐、連夜送保羅到安提帕底、明朝讓馬兵送去、其餘回到營裏、到之該撒利亞、拿信撥拉總督、也叫保羅立拉伊面前、總督看完之問伊是那裏一省人、曉得之伊是基利加人、就話、告儂个人來之末、我要聽儂、就吩咐看管伊拉希律个行宮裏、

問　千總吩咐兵丁啥○　夜裏主話啥○　到早晨有幾化猶太人一同立誓去見衆祭司長咾長老話啥○　保羅个外甥那能做○　保羅就那能○　保羅个外甥那能對千總話○　千總那能叮囑年紀輕个○　千總叫百

總預備啥◯ 千總个信那能話◯ 兵丁連夜送保羅到啥地方◯ 明朝
那能◯ 總督看完之信問啥㖸話啥

第二十一課論保羅拉腓力士面前分辯

隔之五日、大祭司長亞拿尼亞搭之衆長老咾、一个訟師帖土羅下來、拉總督面前告保羅、叫保羅進來之、帖土羅就告伊咾話、大人腓力士呀、伲靠儂得着太平、并且第个國度裏、靠之儂个明見咾、隨時隨地、受着多化益處、感謝得極、現在省之儂厭煩、求儂寬容聽伲簡便个說話、因爲伲看見第个人像瘟疫、攪亂合天下猶太人个、是拿撒勒黨羽个頭腦、伊還要汚穢聖殿、伲捉之伊、要照伲个律法審判、獨是千總呂西亞來、強横得極、拉伲手裏奪之去、吩咐告伊个、拉儂面前、儂問伊末、可以曉得伲告伊个一切事體哉、猶太人隨之伊話、事體眞正是實蓋个、◯ 難末總督對保羅點頭、保羅就回

頭話、我曉得儂拉第个國度裏做之多年官哉、所以更加情願自家分辯、儂可以曉得我上耶路撒冷拜神、到今日、不過

十二日、伊拉勿曾見我拉殿裏搭人辯論、或者拉會堂裏咾城裏、攪亂衆人、并且現在告我个事體、伊拉一無對證、只有第个一件事體、我拉儂面前認个、就是照伊拉所話个黨羽、我服事我祖上个神、相信攏總律法咾先知寫拉个、并且靠之神望死人復活、勿論善咾惡伊拉自家也拉望个、爲此我常庄勉勵自家、以致拉神咾人个面前、勿擺

是非心責備、隔之多年、我轉來周濟本國人咾獻禮物、我正拉做、有幾个亞西亞來个猶太人、見我已經潔淨之、拉殿裏、人也勿多、也勿鬧事、伊拉若然有啥告我个、現在應該拉儂面前告我、或者我立拉議會面前个時候、第个多化人看見我有啥勿義、也可以話个、不過有一句說話、就是我立拉伊拉當中、喊咾話、爲之死人復活咾、我今日受審問哉、○腓力士聽之第个、詳細曉得第个道理、緩遲伊拉話、千總呂西亞來之、我要查究伲攏總个事體、就吩咐百總看守保羅咾寬待伊、伊个朋友來望咾供給伊末、勿禁、○隔之幾日、腓力士同娘子猶太女人土西拉來之、叫保羅來、聽伊講究相信基督个道理、保羅講公義咾撙節搭之將來个審判、腓力士怕咾話、現在且退下去、等我有便个時候叫儂、因爲伊望保羅

撥銀子拉伊咾求伊釋放、所以屢次呌伊來對伊白話、隔之二年、波求非士都接之腓力士个職分、腓力士要討好猶太人、留保羅拉監裏、

開　帖士羅那能告保羅○　猶太人那能○　保羅回頭總督啥○　伊垃拉殿裏咾會堂裏末那能○　保羅認个是啥○　靠之神望啥○　保羅爲啥常庄勉勵自家○　隔之多年末那能○　伊拉若然有啥告保羅末應該那能○　不過有一句說話是指點啥○　腓力士話啥○　就那能吩咐百總○　腓力士咾土西拉要聽啥○　腓力士怕咾話伊啥○　伊望保羅啥○　隔之二年末那能

第二十二課論保羅拉非士都面前分辯

非士都到任之三日、以後從該撒利亞上耶路撒冷、祭司長搭猶太尊貴个告保羅、并且求伊、要伊撥恩惠伊拉、解保羅到耶路撒冷、伊拉拉路上埋伏之、要殺伊、非士都回頭話、保

羅必要留拉該撒利亞、我就要轉去、又話、儂當中有權能个、可以一淘去、第个人有啥差末、告伊末哉、非士都住拉伊塊、不過十日八日、下該撒利亞、明朝坐拉堂上、吩咐帶保羅出

來、來之末、從耶路撒冷來个猶太人周圍立之、拿多化重罪來攻保羅、獨是一無對證、保羅分辯咾話、猶太人个律法、我勿曾犯、聖殿勿曾污穢、該撒我也勿曾得罪、非士都要討好猶太人、對保羅話、儂肯上耶路撒冷、拉伊塊爲之第个、聽我審問否、保羅話、我現在立拉該撒个位前、就是應該聽審問个

場化、我勿曾得罪猶太人、儂明白曉得个、若然得罪咾犯之死罪、死也我勿推辭、若然告我个全是虛个、蓋末勿可以拿我交代伊拉、我要見該撒哉、非士都搭會裏商量之、難末回頭話、儂要見該撒否、蓋末儂必要去見該撒○隔之幾日、亞基帕王搭之百尼基氏、到該撒利亞、請非士都个安、躭擱之多日、非士都拿保羅个事體告訴王、話、有一个人、是腓力士留拉監裏个、我拉耶路撒冷、衆祭司長搭之猶太个長老告伊、求我定伊罪、我話、被告勿曾搭原告當面對質咾自家分辯、就定伊死罪末、勿是羅馬人个規矩、所以伊拉到之此地、我勿遲慢、明朝坐拉堂上、吩咐帶伊个人來、原告立之告伊、所告个事體、勿是我所料个、不過講究伊拉教裏个事體、又話、有一个耶穌已經死个哉、保羅話伊活拉、爲之第个咾告伊、我勿大明白實蓋个事體、問伊肯到耶路撒冷爲之第个聽審問否、但是保羅上控咾、要留拉該撒審判、所以我吩咐留拉、等解拉該撒、亞基帕對非士都話、我也要聽第个人、回頭話、明朝可以聽个○明朝亞基帕搭之百尼基氏、大排衙之咾來、搭之許多千總咾城裏个尊貴个、進聽審个場化、非士都就出令帶保羅出來、非士都話、亞基帕王、搭之凡係一同拉个人、儂看第个人、就是衆猶太人、拉耶路撒冷咾此地、喊咾話、伊勿應該再活一歇个、但是我查察曉得伊勿曾做啥應該死个罪、并且伊自家已經話要見該撒、所以我決意解伊去、我勿有啥實情、可以寫之咾奏拉王、所以帶伊出來、到儂衆人面前、特爲末拉儂亞基帕王面前、以致審判以後、或者可以有好寫个、因爲我想、解犯人咾勿寫告狀个情由末、勿合理个、難末保羅拉亞基帕王面前分辯咾述明白從小到現在、做人是那能个行爲、後來拉大馬色主喊伊咾揀選伊傳道、亞基帕聽之保羅講个道理、對保羅話、儂幾乎勸到我做基督徒哉、又對非士都話、保羅若然勿曾話要見該撒末、可以放伊、

問　非士都拉耶路撒冷祭司長搭猶太尊貴个人做啥〇　非士都那能回頭〇　非士都下之該撒利亞末那能〇　猶太人攻保羅保羅那能分辯〇　非士都對保羅話啥〇　保羅要見啥人〇　非士都那能回頭〇　亞基帕王到之末非士都告訴伊啥〇　亞基帕對非士都話啥〇　明朝那能〇　帶保羅出來之非士都話啥

第二十三課論解保羅到羅馬行船所遭着个危險

既然定當之使伲上船、到以大利去、就拿保羅搭之幾个縛拉个人、交代拉御營裏个百總叫猶流、就上之亞大米田船

咾開哉、要沿亞西亞一面地方咾行、有馬其頓个帖撒羅尼迦人亞里達古也搭伲一淘拉、爲之風色勿順、行路危險、勉

強到佳澳、躭擱之長遠、禁食个日期、已經過哉、行船末危險、保羅勸伊拉話、各位呀、我看現在行船、必有多化傷害、勿獨是船咾貨

色、并且連之伲个性命、但是百總相信老大咾船主、過於保羅个說話、并且第个口子、過冬勿便、一大半人个意思要開船、或者可以到腓尼基過冬、就是革哩底口子、一面對西南、一面對西北个、貼準南風微微能來、就算得意、起之錨咾、傍革哩底行、勿多一歇、忽然起之狂風、吽友羅革屯、船抵勿住風、撥伊衝開、只得讓伊隨風飄蕩、傍之一个島子、吽革老底咾行、勉強收住之小舢板、收之起來末、又拿傢生梢之船底、又恐怕擱淺拉沙灘上、下之篷咾讓伊飄、風狂咾顛簸得極、明朝鬆之艙、第三日、伲親手丟脫船上个器具、多日勿看見日頭咾星、風末愈加逼緊哉、得救个望頭竟絕哉、衆人長遠勿吃物事、保羅拉伊拉當中話、各位呀、挪從前應該聽我个說話、勿離開革哩底末、免之遭着第種个傷害哉、然而現在勸儂放心、儂當中無啥失脫性命个、必過壞船、因爲我是屬神咾服事伊个、伊个天使昨夜立拉我旁邊話、保羅勿要怕、儂必要立拉該撒个面前、幷且神拿攏總同船个人撥儂、所以儂各位可以放心、因爲我相信神必要照伊對我話拉个咾成功、然而伲必要擱拉一个島子上哉、到之第十四夜、船飄拉亞底亞海裏、難末拿麥丟拉海裏輕之船、後來撞着水合流个地方、船竟撥大浪激破、兵丁要殺脫縛拉个人、百總要救保羅咾阻住之、吩咐衆人游水、全得救到岸上、

問　拿保羅交代拉啥人到以大利○　上之船沿啥地方行○　保羅那能勸伊拉○　百總相信啥人○　離開革哩底貼準南風來難末船那能○　起之狂風末船那能○　收之小舢板末那能做法○　第三日那能○　多日勿看見日頭咾星末那能○　保羅拉伊拉當中話啥○　到第十四夜末船那能○　兵丁要殺縛拉个人百總那能○

第二十四課論保羅從米利大到羅馬

得救之難末曉得第个島子𠵼米利大島子裏个生番待伲格外好生之火咾留伲衆人爲之落雨咾冷貼準保羅拾攏之柴放拉火裏有一條禿虺蛇着之熱咾出來啄住拉伊手上生番看見毒蛇掛拉伊身上大家話第个眞正是兇手雖是拉海

裏得救之天理還勿讓伊活哩但是伊丟毒蛇拉火裏咾勿受啥害伊拉等伊腫或者忽然跌下去死等之長遠見伊無

啥害、就轉念咾話、伊是神、管島子个、吽部百流、伊个產業相
近第塊接待伲咾好好能留伲三日、貼準部百流个爺生之
熱病咾痢疾睏拉、保羅進去、祈禱咾放手拉伊身上、醫好之
伊、從此島子裏還有別个病人全來得着醫好、伊拉用許多
禮物來敬重伲、并且臨動身、送應用个物事拉伲○過之三
个月、有一隻亞力山大船、吽丟士雙子、拉島子裏過冬个、伲
上之第隻船咾開哉、到叙拉古、停之三日、從伊塊兜到利基
翁、過之一日、起之南風、明朝到部丟利、拉伊塊撞着弟兄、請
伲同居之七日、難末伲到羅馬去、拉伊塊个弟兄聽得之伲、
出來到亞比烏市、搭之三館場化迎接伲、保羅看見之末、謝
神咾放心哉○到之羅馬、百總拿縛拉个人、交代拉將軍、不
過讓保羅同一个看守个兵自家住、保羅住拉自家租个房

子裏、足二年、凡係來見伊个、接待伊拉、膽大講神國咾、拿主耶穌基督个事體、教訓伊拉、無人禁住伊哉、

問　米利大島子裏个生番那能待保羅◯　保羅放柴拉火裏搲着啥◯　生番看見之話啥◯　但是保羅那能◯　伊拉看見保羅無啥害就話啥◯　啥人留保羅歇擱◯　保羅醫好啥人◯　保羅醫好別个病人保羅得着啥◯　過之三个月到那裏◯　從伊塊經過啥地方難末到那裏◯　伊塊个弟兄迎接保羅保羅那能◯　到之羅馬百總讓保羅那能◯　保羅住拉自家租个房子裏之幾時◯　保羅拉伊塊做啥事體

使徒言行傳終

圣山谐歌

（*Sing Saen Yiae Ko*）

应思理（Elias B. Inslee）编

华花书房
宁波
1858年

导读

Introduction

盛益民

关于中国近代学校音乐教育的开端，国内多数学者将其理解为是20世纪初才出现的与清末的“留学日本热”和清政府为实行新政而颁布《奏定学堂章程》密不可分的特殊现象。不过，宫宏宇先生《基督教传教士与宁波早期音乐教育》(《星海音乐学院学报》，2016年第1期）一文指出，在19世纪中期，传教士就已经在宁波大力推行音乐教育。宁波崇信义塾是目前所知中国大陆最早设立音乐课的学校。此外，传教士也在宁波出版了多种音乐相关书籍。美国浸信会传教士罗尔梯（Edward Clemens Lord，1817—1887）早在1856年就在宁波华花书房出版了附有多声部曲谱的赞美诗集《赞神乐章》，上引宫文认为该书是“目前所知中国最早五线谱赞美诗集”。除此之外，宁波华花书房刊行的《圣山谐歌》“可能是中国最早出版实用五线谱课本”（见黄时鉴先生《宁波华花书房刊本知见略述》）。

《圣山谐歌》（*Sing Saen Yiae Ko*）是一本罗马字宁波方言圣诗集。该书 1858 年由宁波华花书房刊，线装 1 册，X+80 页，带有乐谱，长 26.6 厘米。

该书由美国长老会应思理（Elias B. Inslee，1822—1871）编写。应思理 1822 年出生于美画新泽西州伍德布里奇（Woodbridge），1856 年 12 月 25 日奉派来华抵达上海，1857 年 1 月 1 日到达目的地宁波。1861 年回国，3 年后作为独立传教士再度来华，驻杭州。他在宁波期间还主持过由玛高温（Daniel Jerome Macgowan，1814—1893）创办的《中外新报》（*Chinese and Foreign Gazette*，1854—1961），该报原为半月刊，每期 4 页，1856 年起改为月刊，宣称以“广见闻、寓劝诫”为宗旨，内容有新闻、宗教、科学和文学等。此外，他还编写过《圣教鉴略》等书。

伟烈亚力《基督教新教传教士在华名录》对《圣山谐歌》有较为详细的介绍：“《圣山谐歌》（*Hymns set to Music*）。X + 80 页；宁波；1858 年。乐谱按欧洲形式排印，赞美诗插于其间，第一行是汉字，下面的两行是用罗马字拼写的宁波方言。第一页有一篇简短的广告，其后是目录、一张有字母顺序检索表的节拍表以及 5 页的导言，皆为罗马字拼写的宁波方言，最后 5 页是与其相对应的汉字版本，另有一个罗马字的目录。”

《基督教传教士与宁波早期音乐教育》一文介绍,《圣山谐歌》在排版方式、内容等方面与之前的赞美诗集相异，主要包括以下几点：第一，与《赞神乐章》汉字、罗马拼音与曲谱分开印不同,《圣山谐歌》的汉字印在第一声部旋律下，罗马字母翻译的宁波方言印在第二、三声部的音符下面；第二，书中的“唱谱图”未见于此前的著作；第三，前五页的“唱言缕晰”是约2600字的基本乐理介绍；第四，所附的不仅有五线谱，而且有三首“主音嗖乏”（Tonic Sol-fa）图例。

同时，该书的装帧设计也颇为考究。比如该书扉页四周是优美的花边框，框内再分三栏，中间栏玫瑰花图案下是书名“圣山谐歌”，一台钢琴居中，下为“咸丰八年仲秋月宁波华花书房刊”牌记，左右两侧则对称排列“声音”“轻重”“工夫”“分明”四个关键词。苏精先生的《铸以代刻：十九世纪中文印刷变局》（中华书局，2018年）就认为该书“不仅是十九世纪中文西方音乐的重要文献，也形同一件赏心悦目的艺术品”。

本影印本依据哈佛大学哈佛燕京学社图书馆馆藏（编号：990081438140203941）底本。

2020年12月21日

SING.SÆN-YIÆ-KO.

SING-ING
'KYING-DJONG

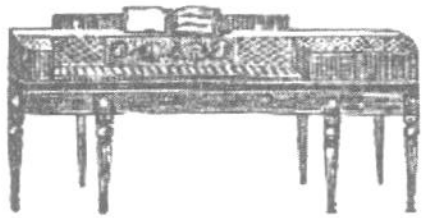

KONG-FU
FENG-MING

NYING-PO.
1858.

Keh-peng ts'ông-shü, yiu kyi go mao-bing læ-tih; dæn-z deo-ih sing zao c'ih læ go tong-si, da-kæ m̆-neh dza ting hao; keh peng shü yia z ka; keh-lah ngô iao peh 'ôh-lin cü-kwu s-teh gyi we hao-tin.

E. B, INSLEE.

KY'ÜOH-PU MOH-LOH.

D. B.

2 Peng-po.
2 En-loh.
3 Kying-sing.
3 Kwông-bing.
4 Me-sing.
4 En-ding.
5 Sing-di.
5 Ts-kao.
6 Kwe-ing.
6 Teh-ling.
7 Kong-kwu.
7 Ying-dao.
8 Ts-yia-ko.
8 Jing-fong.
10 Hyi-pi-leng.
10 Lao-pah.
11 Kin-eng.
11 Lu-teng.
12 Bing-sô.
12 I-læn.
13 Ding-yüing.
13 Dæ-yüih.
14 W̆e-sing-me.
57 Shü-gyiao.
57 I-li-nô.
67 Pah-s-loh-ko.
1 Bu-veh-tsing-dzi.
61 Foh-jih.

C. B.

16 Yiang-jing-fong.
16 En-tsing-kyih.
17 En-jing-dzeh.
17 Pe-teh-pao.
18 Kwông-ling-sæn.
18 Hen-li.
19 Kyin-teh-kyi.
19 Tsiao-veng.
20 Ciæ-li.
20 Cong-koh.
21 Mi-'ah.
21 Deng-di.
22 Æ-meng.
22 Hao-wô.
23 Wô-sô.
23 T'in-tsing.
51 Nyün-djün.
51 W̆e-ziæ.
52 Jing-æ.
52 Kyih-dziang.
53 S-siang.
53 Wông-cün.
54 'En-W̆e.
54 Kin-zia.
55 We-zia.
55 T'iah-voh.
56 Kong-tsah-yüih.
56 Kwe-tsing.
15 W̆e-nyin.
24 Yiæ-lu-sah-leng.

T. B.

25 Sô-môh-teh.
25 Shih-læn.
26 To-me.
26 Ao-me
27 Hyiang-kông.
27 Nying-lu.
28 Ky'in-ziu-ih.
28 Dzeng-jing.
45 Sin-lo.
45 'O-nen.
46 Le-pæn.

KY'ÜOH-PU MOH-LOH.

46 Li-beng.
58 Kyin-teh.
58 Sing-jih.
C. D. B.
9 Ts'ing-kwông.
D. C. B.
37 Tsing-tsing.
38 Ing-du.
K. L. B.
47 Poh-kying.
47 Jing-'tin.
48 Kw'æ-loh.
7. B.
33 'Eng-kyi-bun.
34 Hah-nô.
34 P'u-t'in-loh.
60 Wun-ying.
60 Jih-r-mæn-ko.
8. B.
35 We-ih.
36 Si-lo.
10. B.
70 Hyiang-koh·
11. B.
50 Æ-bu.
68 Loh-t'u.
6. 4. B. 7 da
59 Da-ing.
59 Sing-yüong.
6. 4. B. 4 da
44 Loh-jü.
44 Kying-tsiao.
6. 4. 7. B.
42 Foh-di.
7. 5. B.
39 Su-kah-læn.
6. 7· B·
43 Yüô-meh.
62 Djün-foh-ing.
7. 8. B.
69 Hwô-gyi.
8. 4. B.
64 S-lu.
8. 7. B.
29 Ts'ing-ih.
29 Si-si-li.
30 Pô-ti-mæ.
30 Ts'ing-sæn.
8. 7. 4. B.
31 Si-pi-li-üô·
32 Ôh-li-fæn.
33 Shing-sæn.
65 'O-we-p'ô.
8. 9. 6. B.
41 Kyüô-nen.
9. 8. B
70 Loh-pô.
9. 8. 6. B.
40 Veh-læn-si.
9. 4. 6. B.
66 Sông-ts-di.
11. 12. B.
49 En-tsông.
5. 8. B.
63 Lao-li.
6. 9. B.
63 Lao-li

KY'ÜOH-PU MOH-LOH.

IV

A

22 Æ-meng.
26 Ao-me.
50 Æ-bu.

B

1 Bu-veh-tsing-dzi.
12 Bing-sô

C

20 Ciæ-li.
20 Cong-koh.

D

13 Ding-yüing.
13 Dæ-yüih.
21 Deng-di.
28 Dzeng-jing.
59 Da-ing.
62 Djün-foh-ing.

E

2 En-loh.
4 En-ding.
16 En-tsing-kyih.
17 En-jing-dzeh.
33 'Eng-kyi-bun.
49 En-tsông.
54 'En-we.

F

42 Foh-di.
61 Foh-jih.

H

10 Hyi-pi-leng.
18 Hen-li.
22 Hao-wô.
27 Hyiang-kông.
34 Hah-nô.
69 Hwô-gyi.
70 Hyiang-koh.

I

12 I-læn.
38 Ing-du.
57 I-li-nô.

J

8 Jing-fong.
47 Jing-t'in.
52 Jing-æ.
60 Jih-r-mæn-ko.

K

3 Kying-sing.
3 Kwông-bing.
6 Kwe-ing.
7 Kong-kwu.
11 Kin-eng.
18 Kwông-ling-sæn.
19 Kyin-teh-kyi.
28 Ky'in-ziu-ih.
41 Kyüô-nen.
44 Kying-tsiao.
48 Kw'æ-loh.
52 Kyih-dziang.
54 Kin-zia,
56 Kong-tsah-yüih.
56 Kwe-tsing.
58 Kyin-teh.

L

10 Lao-pah.
11 Lu-teng.
44 Loh-jü.
46 Le-pæn.
46 Li-beng.

KYʻÜOH-PU MOH-LOH.

63 Lao-li.
68 Loh-tʻu.
70 Loh-pô.

M

4 Me-sing.
21 Mi-ʻah.
36 Ming-po.

N

27 Nying-lu.
51 Nyün-djün.

O

32 Ôh-li-fæn
45 ʻO-uen.
65 ʻO-we-pʻô.

P

2 Peng-po.
17 Pe-teh-pao.
30 Pô-ti-mæ.
34 Pʻu-tʻin-loh.
47 Poh-kying.
67 Pah-s-loh-ko.

S

5 Sing-di.
25 Sô-môh-teh.
25 Shih-læn.
29 Si-si-li.
31 Si-pi-li-üô.
33 Shing-sæn.
36 Si-lo.
39 Su-kah-læn.
45 Sin-lo.
53 S-siang.
57 Shü-gyiao.
58 Sing-jih.
59 Sing-yüong.
64 S-lu.
66 Sông-ts-di.

T

5 Ts-kao.
6 Teh-ling.
8 Ts-yia-ko.
9 Tsʻing-kwông.
19 Tsiao-veng.
23 Tʻin-tsing.
26 To-me.
29 Tsʻing-ih.
30 Tsʻing-sæn.
37 Tsing-tsing.
55 Tʻiah-vôh.

V

40 Veh-læn-si.

W

14 W̆e-sing-me.
15 W̆e-nyin.
23 Wô-sô.
35 We-ih.
51 W̆e-ziæ.
53 Wông-cün.
55 We-zia.
60 Wun-ying.

Y

7 Ying-dao.
16 Yiang-jing-fong.
24 Yiæ-lu-sah-leng.
43 Yüô-meh.

SING-HYIANG Z DZA LÆ-GO?

Sing-hyiang z dzong ze-bin soh-go tong-si we-dong ka læ-go. Dong mæn, sing-hyiang z ti: dong kw'a, sing-hyiang z kao. Ze-bin soh-go kao-ti sing-hyiang ih-hyih kong-fu cong-nyiang, yiu gyi zi-go ih-ding dong-go su-moh.

Sing-hyiang dzong we dong-go tong-si ka læ, yiu pih ding kwe-kyü; ng-to yia z ka, we teh-djôh.

Dong-go tong-si we peh ky'i yia dong; ky'i bang-djôh ng-to, ziu hyiao-teh dong-go tong-si z kw'a, z mæn: keh-lah ky'i z ziang lu dzong dong-go tong-si tao ng-to.

Nying-go sing-hyiang z dzong wu-long ka læ, ziang 'ao-dong ih-yiang-go, fi-kô læ-tih hwu-hyih, ziang c'ü ih-yiang-go. Cü-pô z ziang 'ac-long k'eo; ing-we we dong, keh-lah we pin sing-hyiang tso shih-wô. Kông shih-wô z 'eo, t'eo-p'ô siu en-en wu-long, ziu hyiao-teh wu-long læ-tih dong: yia hyiao-teh sing-hyiang dzong wu-long ka læ, tiao, siu, keh-sing yia z-ka-go.

Da-kæ sing-hyiang yiu hao t'ing, yiu wa t'ing, yia-yiu bing-dzông. Bing-dzông-go; z k'o-pi kông shih-wô ih-pæn; hao t'ing-go sing-hyiang hao tso ts'ông.

Ts'ông z hao sing-ing teng hao t'ing shih-wô, bu-tang-bu lin-long.

Yüong ts'ông tsæn-me Jing-ming peh i-e kao-tin, sing long ken-zing tin; keh-lah nying tu ing-kæ 'ôh-lin ts'ông.

VI

Ts'ông yiu pah-go kao-ti sing-ing, tu kyiao-leh pah-z-ling, Keh-pah-go kao-ti sing-ing yiu ming-z kyiao-leh do, re, mi, fa, so, la, si, do: ing-we gyi-go ming-z pi bih-go wa hao.

Sing-ing z ka-shih feh-læ: keh-lah tsih-hao keng-leh bih-nying tseo.

Keh-go pah-z-ling sia læ ts'ông-pu ng wah teng s k'ong-dông li-hyiang ming-z kyiao-leh pæn-ngæn, peh nying hao k'en z hyiao-teh.

Pæn-ngæn zông-'ô yiu siao-wah, kyiao-leh kô-ts'eo wah Wah teng k'ong-dông tu z 'ô-deo di ih.

Da-kæ di-ih kô-ts'eo-wah 'ô-ti do-z-ing læ-ti, ziu-z pah-z ling li-hyiang di-ih. Dæn do-z-ing yia yiu læ bih-go u-sen, hao k'en kyi-'ao hyiao-teh, mæn-mæn we ka-shih.

Keh-go pæn-ngæn-go wah se-tsih z ih-yiang, yün-gying sing-ing yiu-tin koh-yiang.

Pah-z-ling sing-ing hao-pi lu-t'æ, bu-tang bu tseo zông tseo-lôh, yia bu-tang bu kôh-yiang-go; ze-bin 'ah-li ih-bu teh bih-bu t'ong koh-yiang, do-re-go feng-k'æ-go yün-gying, teng re-mi-go feng-k'æ-go yün-gying z koh-yiang-go: bih-go yün-gying yia z-ka.

Sing-ing koh-yiang-go yün-gying z yiu ih-ding-go kwe-kyü læ-ti; ing-we ka-go z hao t'ing. Sing-hyiang yün-gying ih-yiang-go z wa-t'ing: keh-lah pah-z-ling pah-go sing-ing gyi yün-gying tu koh-yiang

Ng-to dza-we hwun-hyi t'ing yün-gying koh-yiang-go

VII

sing-ing ah-lah feh hyiao-teh. K'o-pi du-bi dza-we du-kyi, ah-lah yia feh hyiao-teh. Keh-go z Jing-ming shih-lih z-ka-go.

Sing-ing yiu siang-lin-go, yiu feh siang-lin-go: Siang-lin-go hwun-hyi p'ing-long ziang beng-yiu ka; feh siang-lin-go ziang dziu-dih ka ü-su. Ziang ho hwun-hyi yiu, feh hwun-hyi shü. Ziang shü-nying hwun-hyi kying-ts teng dong; ts teng pæn keh-sing z gyi u-su-go, ve lin-long.

Pah-z-ling li-hyiang di ih di sæn di ng, di loh hao lin-long, ng-to hao t'ing; di ih teng di nyi teng di s teng di ts'ih ve lin-long, keh-lah z wa t'ing, di nyi di s di ts'ih ih-pun lin-long sing-ing yia hao t'ing.

Ts'ông da-kæ yüong s-sing p'ing ts'ông hao t'ing; ziu z peng-sing 'ô-sing zông-sing nyi-sing. Peng-sing z tso ta-ling-go di-ih, pi bih-go wa hao t'ing; keh-lah z ting iao-kying.

Peng-sing z kao, nyi-sing z ti, nyü-nying we ts'ông; 'ô-sing z ti, zông-sing z kao, nen-nying we ts'ông. T'eo-p'ô liang nen liang nyü yüong ih-yiang-go shih-wô, dô-kô ts'ông, sing-ing se-tsih koh-yiang z ih-ding hao lin-long z ih-ding hao t'ing. T'eo-p'ô peng-sing 'ô-sing, zông-sing nyi-sing-go sing-ing, tu hao lin-long, z kyiao-leh diao-'o.

Ih-go nying yüong peng-sing zi ts'ông, ting hao t'ing, kyiao-leh 'o-ing.

Ts'ông-go sing-ing yiu dziang, yiu tön, yiu ky'ing, yiu djong, yiu kw'a, yiu mæn; ts'ông-pu li-hyiang yiu z peh ng ka-shih læ-kæn.

Zin-deo wô, do-z yiu bih-go u-sen. næn-kæn hao ka-shih; Ts'ông-pu zin-deo yiu kyi-'ao, ziang tsing z siang-mao, kyiao-leh kao-z, ing-we gyi peh zi tseo-go lu sing-ing kao-tin. Ih-go kao-z peh ng hyiao-teh do-z tseo-tao ng-bu kao u-sen; 'ôh-tsia tseo-loh s-bu ti u-sen; liang kao z hao hyiao-teh ih-yiang-go kô-ts'eo; sæn, s, ng, tu-z ka-go. Wa-yiu kao-z sia læ tsih-sah-go, gyi-go lu ih-ding mi z læ-ti, keh-lah ziu kyiao-teh do-z u-sen.

Yiu bih-go kyi-'ao teh Lo-mô z h-z ts'ô-feh-to; kyiao-leh ti-z, ing-we gyi peh zi-tseo-go lu sing-ing ti-tin. Ih-go ti-z peh ng hyiao-teh, do-z tseo tao s bu kao u-sen: 'oh-tsia tseo-loh ng bu ti u-sen; yü-to hao ziang kao-z ih-yiang p'a. Wa yiu ti-z sia læ tsih-sah-go; gyi-go ih-ding fa-z læ-ti. Ts'ông-pu zin-deo kao-z, ti-z m-neh-go, di ih kô ts'eo wah 'ô-ti ih-ding do-z ing læ-ti. Keh-go ts'ông z kyiao-leh ze-sing. Dæn-z kao-z, ti-z, yiu liang yüong-dziang.

Sing-ing-z zin-deo yiu kao-z læ-ti z peh sing-ing kao ih-ngæn; wa yiu ti-z læ-ti z peh sing-ing ti ih-ngæn, wa yiu cong-z læ-ti, (hao k'en du we hyiao-teh.) sing-ing z kao z ti, z keng zin-deo ih-yiang-go.

Sing-ing yün-gying yi-kying wô-ko z koh-yiang; dæn-z ng-go yün-gying ts'ô feh to. Liang-go yün-gying se-tsih gyi zi z ih-ngæn koh-yiang, teng keh ng go ts'ô-feh-to yün-gying da-iah ts'ô ih-pun; Dzong di-sæn, tao di-s, dzong ts'ih tao di-pah, z da-iah ih-pun keh-lah yüong kao-z tikyi-'ao feng-pih diao-ba gyi; ka-go hao hyiao-teh **kao-z** ti-**z yüong-dziang.**

Sing-ing z yiu dziang-tön-go kong-fu.

Ting dziang z ky'ün, z ziang **ka**-ts siang-mao kyiao-**leh djün-be.**

Djün-be feng-k'æ yiu ky'ün-pin kô ih-dzih siang-mao, **kyiao-leh** pun-k'æ.

Pun-k'æ feng-k'æ yiu siang-mao teng pun-k'æ ih-yiang-go, dæn **gyi** ky'ün-li t'ong heh, kyiao-leh s-k'æ.

S-k'æ feng-k'æ yiu ih-tsah **kyiah** siang-mao kô-ts'eo; **kyiao-leh** pah-k'æ.

Pah-k'æ feng-k'æ yiu liang-tsah kyiah siang-mao kô-**ts'eo**, kyiao-leh jih-loh k'æ.

Jih-loh feng-k'æ yiu sæn-tsah kyiah kô-ts'eo siang-mao, **kyiao-leh sæn-jih-nyi k'æ.**

Keh-lah yiu djün-be, yiu pun-k'æ, yiu s-k'æ, yiu pah-**k'æ**, yiu jih-loh k'æ, yiu sæn-jih-nyi k'æ.

Long-tsong gyi jing-siu T'eo-p'ô yiu ih siao tin-dön **læ ti, z** kô-ts'eo ih-pun kong-fu.

Wa-yiu deng-hyih kong-fu z. Di ih kyiao-leh djün-be **hyih**; di nyi, pun-k'æ hyih; di sæn, s-k'æ hyih; di ng jih-**loh k'æ** hyih; di loh sæn-jih-nyi k'æ hyih.

Djün-be deng-hyih-go kong-fu z teng djün-be sing-ing-**go kong-fu** z **ih-yiang-go.**

Pun-k'æ, s-k'æ keh-sing tu **z** ka-go.

Jing-siu kong-fu **z** yiu siao-tin dön peh ng hyiao-**teh**, kô-ts'eo ih-pun kong-fu. **Deng-hyih kong-fu z** siang-mao k'o-k'en ts'ông-pu du hao hyiao-teh.

Yiu pun-ky'ün li-hyiang ih-tin siang-mao **sia læ sing-ing** z zông-teng kyiao-leh **dziang**; keh-z **kô-ts'eo kong-fu** ze-bin to-siao.

Yiu ih wæn ziang mi-mao siang-mao peh **gyi** lah-tih-go sing-ing lin-long kyiao-lah lin-p'ing.

Pæn-ngæn li-hyiang yiu pih-dzih-go s-tin, keh z hao **tsæ** ts'ông li-deo-go ts'ông i-s.

Yiu liang-wah ts'ô-k'æ siang-mao, i-s z peh sing-ing dzong ting siao tao ting do. Fæn-min siang-mao ziu-z dzong do tao siao. Di ih kyiao-lah fông-k'æ, di nyi **kyiao-leh** siu-long; Di ih di nyi lin-long kyiao-leh siu-fông.

Pæn-ngæn tu yiu **dzih** feng-k'æ kyiao-leh ih-dzih. **Ih-ts'ih** wun-de yiu **do-dzih læ** di nyi di s **wah li-hyiang kyiao-leh** ts'u-dzih. Ts'ông wun-de, **yiu** ih-dzih teng ts'u-dzih læ pin-yin, kyiao-leh wun-dzih.

Ih-dzih teng ih-dzih k'ong-dông li-hyiang kyiao-leh **z-dziang.**

Z-dziang li-hyiang gyi-go kong-fu tu ih-yiang-go. **Da-kæ yüong** kyiah yüong siu dong-dong kwu-djôh kong-fu. Ts'ông m-neh ih-ding kong-fu sing-hyiang **z** wa t'ing. Dong-dong kwu-djôh kong-fu yiu ming-z kyiao-leh pah-pæn; **yüong** s-pah, ih **teng** sæn **z** djong, di ih yü-kô djong; nyi teng s

IX

z ky'ing, yüong sæn-pah, ih z djong, nyi teng sæn z ky'ing, yüong liang-pah ih djong, nyi ky'ing.

Ts'ông-pu zin-deo yiu kyi-'ao peh ng hyiao-teh z-dziang li-hyiang yiu kyi-go pah læ-ti. Keh-go kyi-'ao z nga-koh mô-ts z, ng hao ky'i k'en; zông ih-go mô-ts peh ng hyiao-teh kyi-go pah læ z-dziang li. Zông-'ô mô-ts lin-long peh ng hyiao-teh yiu kyi-k'æ tso mun z-dziang.

Peng-sing, nyi-sing, zông-sing, kyi-'ao siang-mao tu ih-yiang-go; tsih-yiu 'ô-sing koh-yiang-go; tu kyiao-leh sing-lih; yia hao k'en du.

Du nga yiu ih-go jing-z siang-mao peh s-sing hao lin-long ts'ông, kyiao-leh sing-lin.

Ts'ông yiu ky'üoh-ky'üoh ts'ih-ts'ih c'ih-læ-go sing-ing, kyiao-leh dziang-ing; siang-mao hao k'en du.

Ts'ông yiu hwun-hyi teng pe-shông feng-pih.

Hwun-hyi-go ts'ông, da-kæ z do-z tso ti-ts, tso cü. Pe-shông ts'ông-z la-z tso ti-ts, tso cü, ka-go la-z di-ih; wa-yiu di-loh di ts'ih ziu-z fa teng so, tsia-siu piu yiu kao-z hao hyiao-teh peh gyi sing-ing kao ih-ngæn. Kao ih-ngæn, fa-z eo gyi fi, so, eo gyi si. Da-kæ yüong kao-z peh do tso di; la tso li, fa, tso fi, ka siang-mao.

Wa-yiu yüong ti-z z peh do tso da; re tso ra; mi tso ma, ka siang-mao.

T'eo-p'ô mi-z tso ti-ts, z ih-pun pe-shông; so tso ti-ts, z yiu we-nyin i-s; re, fa, si da-kæ ve tso ti-ts.

Sing-ing z yüong kao-z. ti-z, cong-z, gyi dong-lu-go z læ z-dziang li-hyiang tu ih-yiang-go.

Ts'ông yiu s-pæn kyin di ih z sing-ing, di nyi z kong-fu, di sæn z ky'ing-djong, di s z kông-leh feng-ming peh nying hao t'ing.

Ts'ông-pu 'eo yiu Lo-mô z D.C. liang z, peh nying hyiao-teh ts'ông cün ky'i tao cong vong ts'ông wun.

S-dziang li-hyiang yiu kô ts'eo z kyiao-leh bin-z; ing-we yüong feh yüong ze-bin. 'Teo-'pô yüong gyi, kong-fu ih-ding z tsia zin-deo z, ziang yüong-nying ih-pæn.

Keh-z ts'ông-go da-kæ lih-fah, nying k'eng 'ôh-lin ka ih-bu ih-bu kao ky'i-læ ts'ông-deh hao t'ing, yia hao tsæn-me jih-z-kô ting-sah-go Kyiu-Cü læ shü-kæn-zông z-'eo, be-bæn tao T'in-zông ky'i, hao-hao tsæn-me Jing-ming.

'TSÔNG- PU-DU.

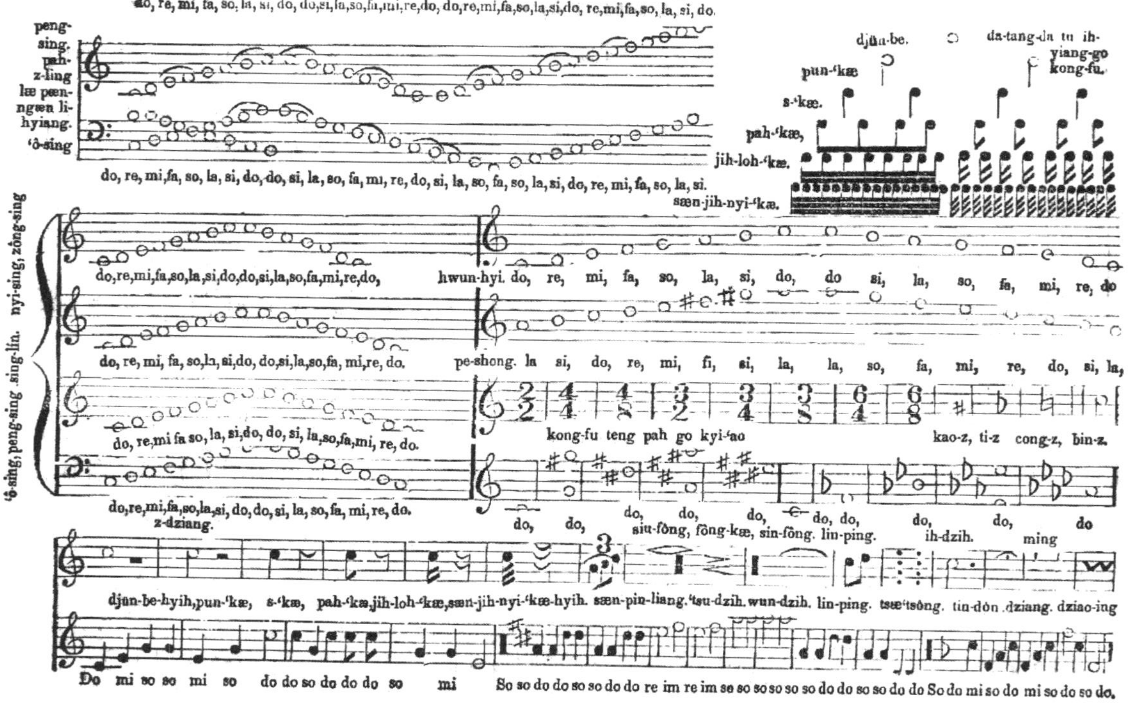
do, re, mi, fa, so, la, si, do, do,si,la,so,fa,mi,re,do, do,re,mi,fa,so,la,si,do, re,mi,fa,so, la, si, do.
peng-sing. pah-z-ling læ pæn-ngæn li-hyiang.
'ô-sing
do, re, mi,fa, so, la, si, do, do, si, la, so, fa, mi, re, do, si, la, so, fa, so, la, si, do, re, mi, fa, so, la, si.
djün-be.
da-tang-da tu ih-yiang-go kong-fu.
pun-'kæ
s-'kæ.
pah-'kæ,
jih-loh-'kæ.
sæn-jih-nyi-'kæ.
'ô-sing, peng-sing, sing-lin. nyi-sing, zông-sing
do,re,mi,fa,so,la,si,do,do,si,la,so,fa,mi,re,do,
hwun-hyi. do, re, mi, fa, so, la, si, do, do si, la, so, fa, mi, re, do
do, re, mi, fa, so,la,si,do, do,si,la,so,fa, mi,re, do.
pe-shong. la si, do, re, mi, fi, si, la, la, so, fa, mi, re, do, si, la,
do, re,mi fa so, la, si,do, do, si, la,so,fa,mi, re, do.
kong-fu teng pah go kyi-'ao
kao-z, ti-z cong-z, bin-z.
do,re,mi,fa,so,la,si, do, do, si, la, so, fa, mi, re, do.
z-dziang.
do, do, do, do, do, do, do, do, do, do
siu-fông, fông-kæ, sin-fông. lin-ping. ih-dzih. ming
djün-be-hyih,pun-'kæ, s-'kæ, pah-'kæ,jih-loh-'kæ,sæn-jih-nyi-'kæ-hyih. sæn-pin-liang. 'tsu-dzih. wun-dzih. lin-ping. tsæ'tsông. tin-dôn .dziang. dziao-ing
Do mi so so mi so do do so do do do so mi So so do do so so do do re im re im se so so so so so do do so so do do So do mi so do mi so do so do.

1 步伐整齊 **BU-VEH-TSING-DZI.** D. B.

奔波　PENG-PO.　D. B.

2

安樂　EN-LOH.　D. B.

11

3

警醒 KYING-SING. D. B.

111

廣平 KWÔNG-BING. D. B.

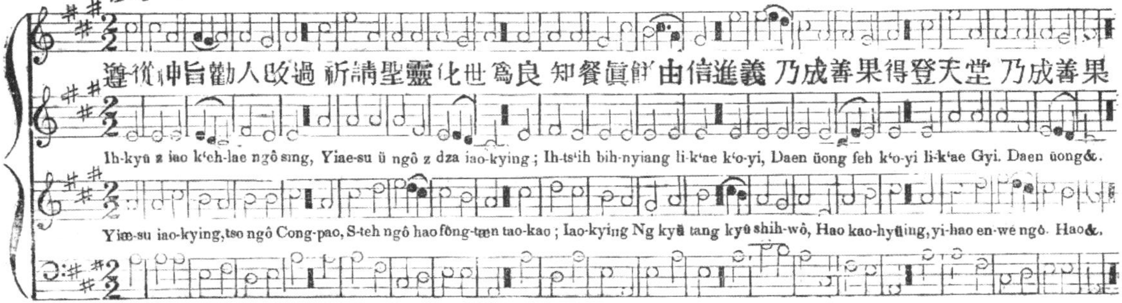

昧心 ME-SING. D. B.

安定 EN-DING. D. B.

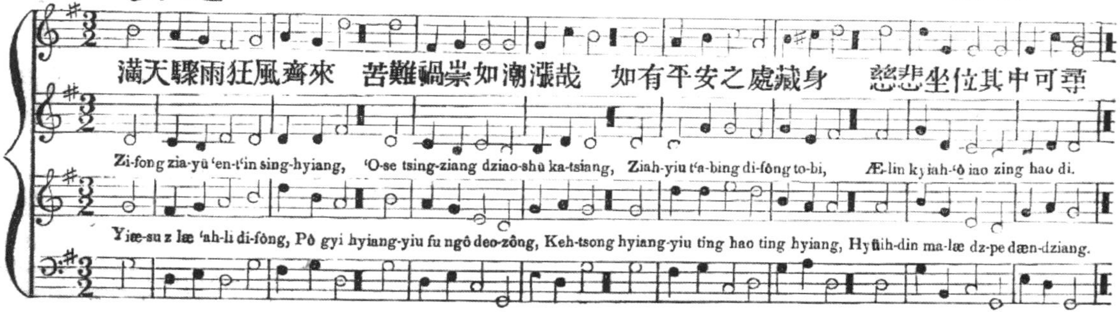

5 勝地 SING-DI. D. B.

五 志高 TS-KAO. D B.

歸陰 KWE-ING. D. B.

得令 TEH-LING. D. B.

7 鞏固 KONG-KWU. D. B.

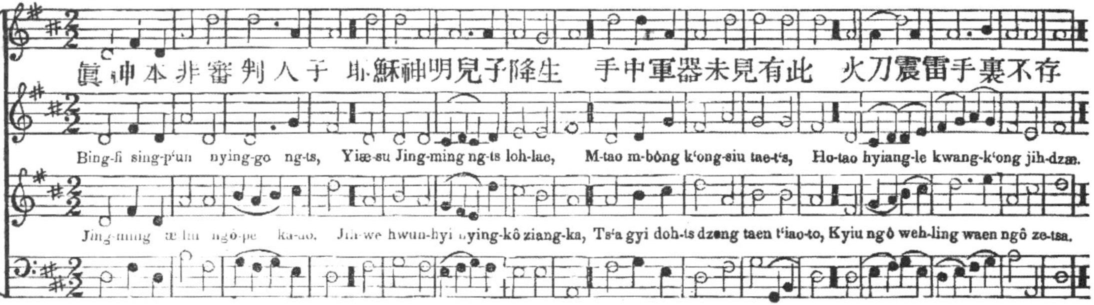

七 引導 YING-DAO. D. B.

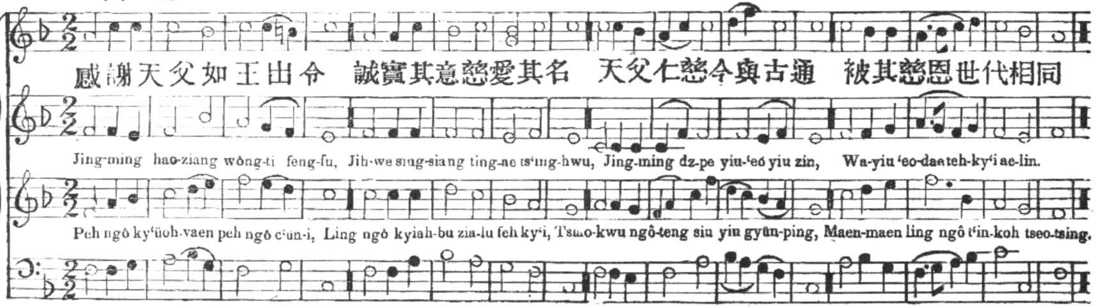

子夜歌

TS-YIAE-KO.

D. B.

聖徒驚醒 請來歌詠 耀華神川 萬王之王 至高至大尊重如何 一言所建萬民如何

Sing-du ng hao su-sing le-tsʻóng; Tʻin-zóng Jing-ming, væn-veh ts-zóng; Tsih yiu Gyi do, tsih yiu Gyi kao, Gyi suu sò tao, tsʻeh-doh- tsʻeh-tao.

Tʻin-di Sen-hæ byin gyi siu-dòn; Vu-lu deng-zóng heh-yüing fi-lòn, Cʻing-'ó-tsʻiu-tʻong, nyih-yia diao-wun, Hyiang-le, fong-shü tʻing Cʻyi-s-hwun.

仁風

JING-FONG.

D. B.

今朝卽晚飢餐 非飽 我請 替人贖罪苦難 其心 使我不忘深恩正道

Yin-dzæ ngô kyʻuoh Yiæ-su væn-tsʻæn, Fʻeh-z du-kyi ino kyʻuoh gyi-pao, Vu-flz Gyi job-ze kwʻu-næn, Tsʻih-sʻih dzæ-sing kyʻi-teh-lao-kʻao.

Dzong-zin Yiæ-su kwʻa-si z-tʻeo, Tóng-yia do ping pʻeh-kʻae, ka wô Ng-lah tu kyʻuoh keh-kwʻe mun-deo, Z-ngò kyi-sing we ng kyʻi-sò.

近代稀见吴语文献集成
第一辑

734

第四册

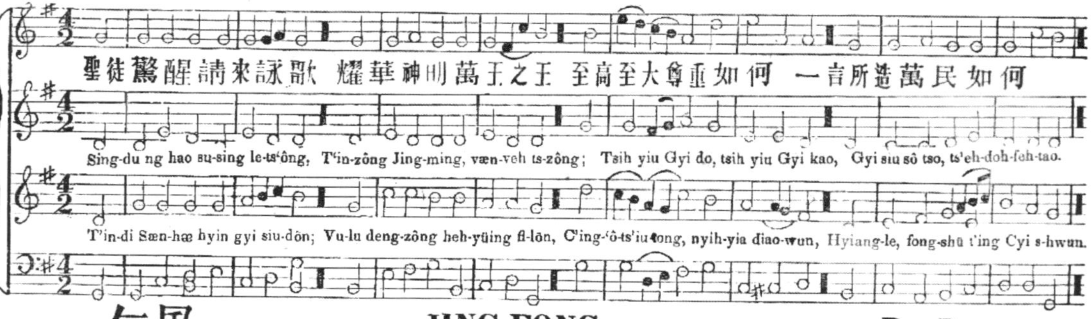

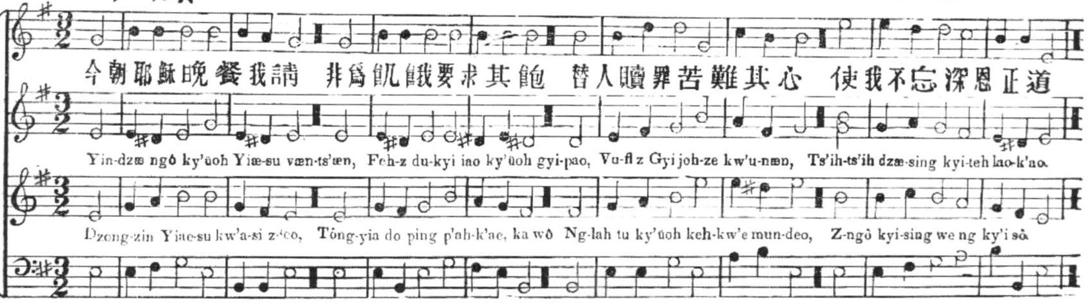

9 清光 **TS'ING-KWÔNG.** C. D. B.

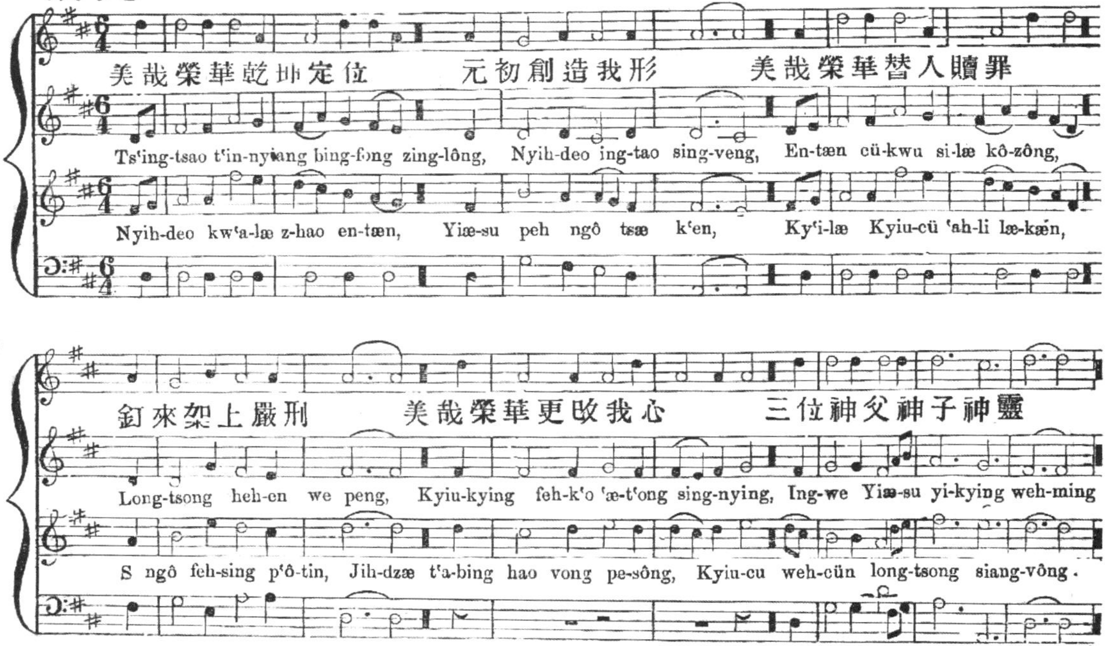

喜比倫 HYI-PI-LENG.

D. B.

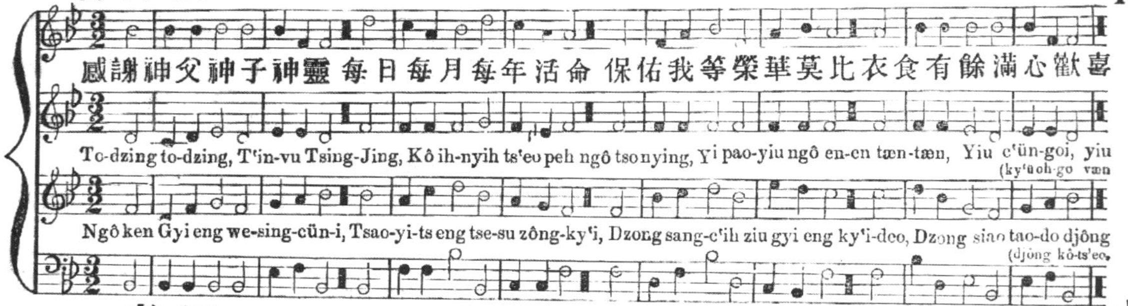

老栢 LAO-PAH.

D. B.

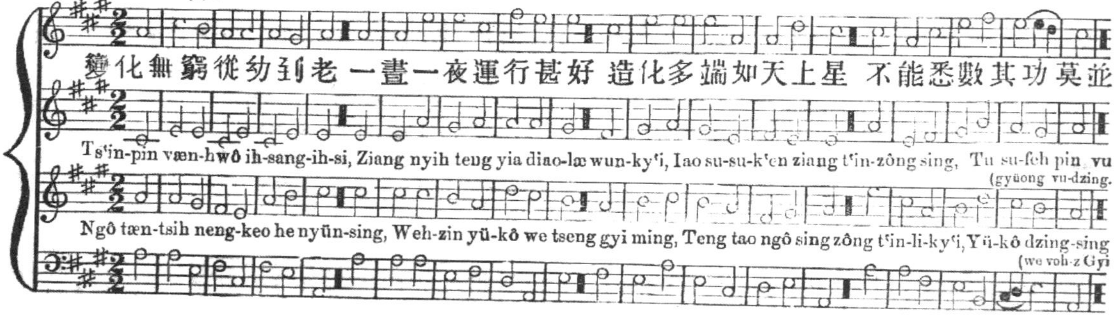

11

感恩 KIN-ENG. D. B.

十一

路墩 LU-TENG. D. B.

平沙 BING-SÔ. D. B. 12

十二

猗蘭 I-LÆN. D. B.

13 停雲 **DING-YÜING.** D. B.

十三 待月 **DÆ-YÜIH** D. B.

世人紛紛已罪多端俱皆錯悮失了本原離開眞神失迷路途心肝黑暗不知正路
dza-we z ka naen-ngao? Hyüong-kwun-deo ka sing-vaen-t-i tsao? Ka hao i-sang naen-dao mah-yiu, Hao teh ngô djong-djông bing lae kyiu.
I-sangz-yiu, lae Gyi Foh-ing, Yiae-‘o-wô hyin chh-lae peh nying. Gyi ya ka neng, We i ngô bing, we djü gyi keng?
獨位眞神慈悲發現照我光明去邪歸善設使不是眞神權能因何會改作歹今生
lae Ng kyiah-‘ô Ngô gyu-toh, teng-dae Ng nyiao-sô, Ngô bing se djong, hao, Vu-gyüong-dzing eng yiu ka gying-dao.
h-tsao ngô sing ‘o-jün fông, C‘ü-jeh-go eng ûong-yün coh-tsaen, C-sah-nah ts‘ông kwông-kw‘eh-leh-kying, Cü-nao dzing-gyiu z Yiae-su ming

十四

15 威嚴 WE-NYIN. C. B·

揚仁風 YIANG-JING-FONG. C. B.

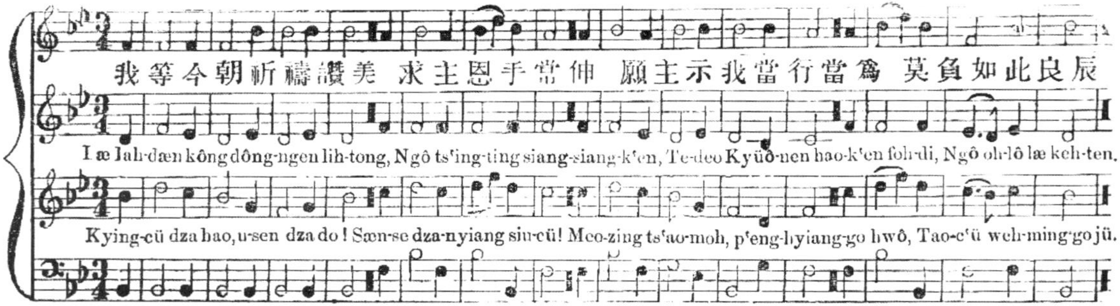

安貞吉 EN-TSING-KYIH. C. B.

17

安仁宅 EN-JING-DZEH. C. B.

十七

彼得堡 PE-TEH-PAO. C. B.

廣陵散 KWÔNG-LING-SÆN. C. B.

十八

漢禮 HEN-LI. C. B.

19 堅德基 **KYIN-TEH-KYI.** C. B.

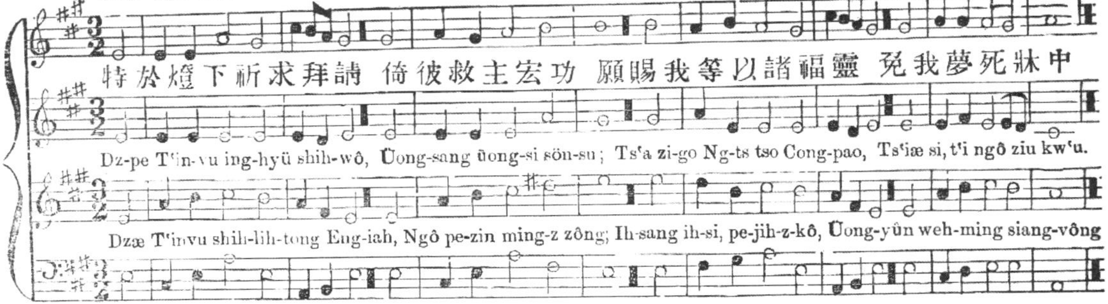

十九

昭文 **TSIAO-VENG.** C. B.

栢麗 CIÆ-LI. C. B.

中國 CONG-KOH. C. B.

彌合 MI-'AH. C. B.

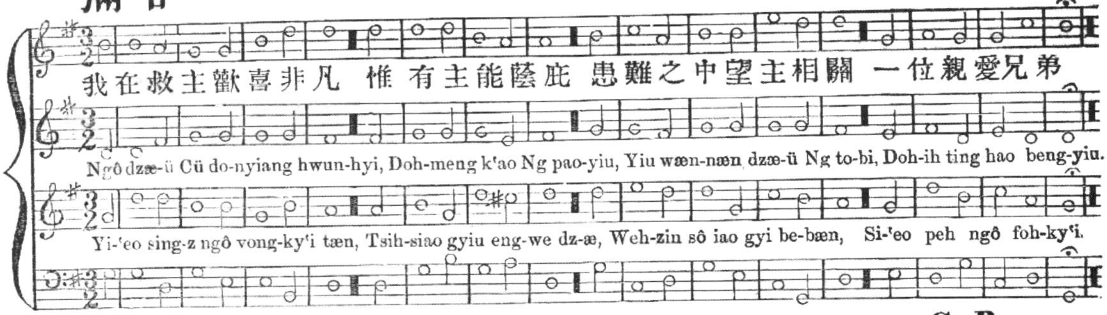

滕地 DENG-DI. C. B.

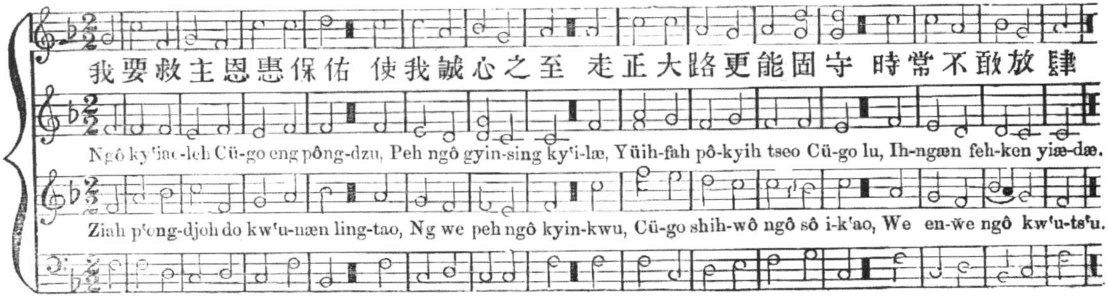

愛門 Æ-MENG. C. B.

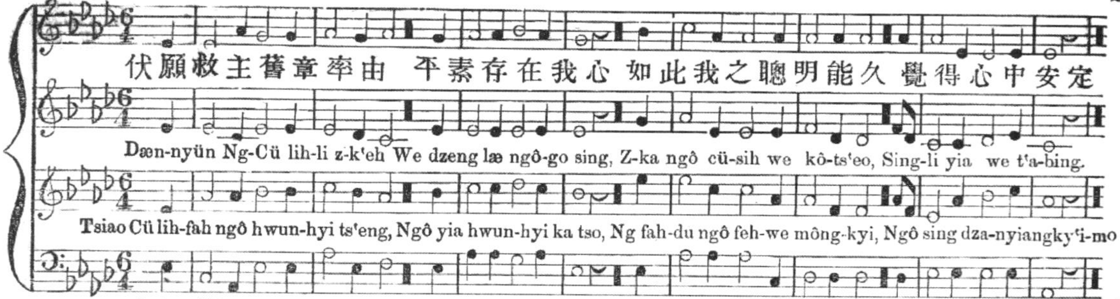

好華 HAO-WÔ. C. B.

華紗 WÔ-SÔ. C. B.

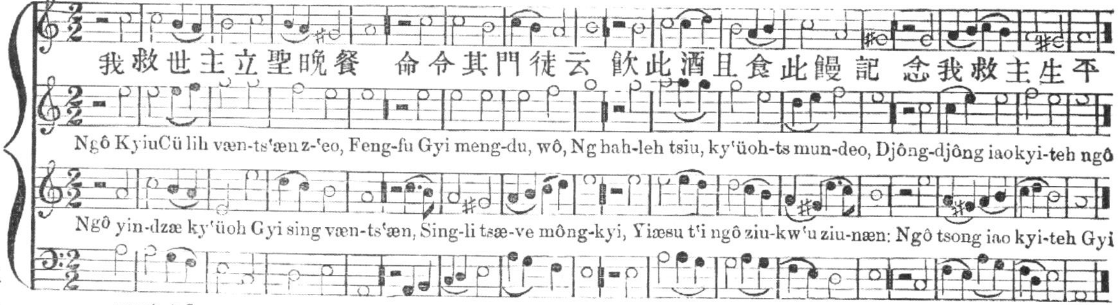

我救世主立聖晚餐 命令其門徒云 飲此酒且食此饅 記念我救主生平
Ngô KyiuCü lih væn-ts'æn z-'eo, Feng-fu Gyi meng-du, wô, Ng hah-leh tsiu, ky'üoh-ts mun-deo, Djông-djông iaokyi-teh ngô
Ngô yin-dzæ ky'üoh Gyi sing væn-ts'æn, Sing-li tsæ-ve mông-kyi, Yiæsu t'i ngô ziu-kw'u ziu-næn: Ngô tsong iao kyi-teh Gyi

天津 T'IN-TSING. C. B.

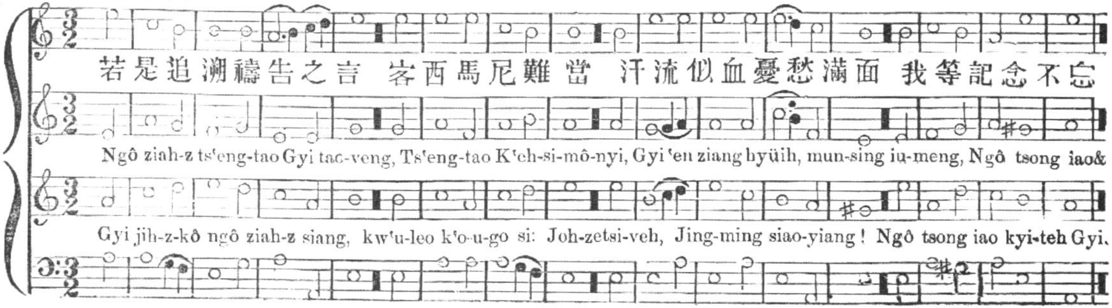

若是追溯禱告之言 客西馬尼難當 汗流似血憂愁滿面 我等記念不忘
Ngô ziah-z ts'eng-tao Gyi tao-veng, Ts'eng-tao K'ch-si-mô-nyi, Gyi 'en ziang hyüih, mun-sing iu-meng, Ngô tsong iao&
Gyi jih-z-kô ngô ziah-z siang, kw'u-leo k'o-u-go si: Joh-zetsi-veh, Jing-ming siao-yiang! Ngô tsong iao kyi-teh Gyi.

耶路撒冷　YIÆ-LU-SAH-LENG.　C. B.

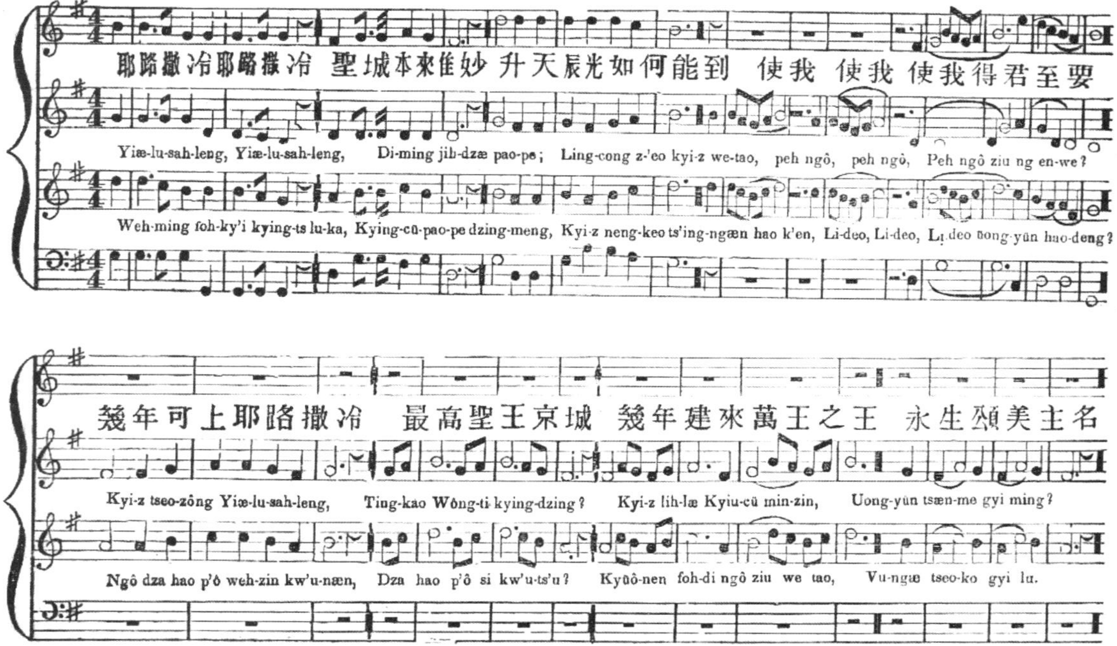

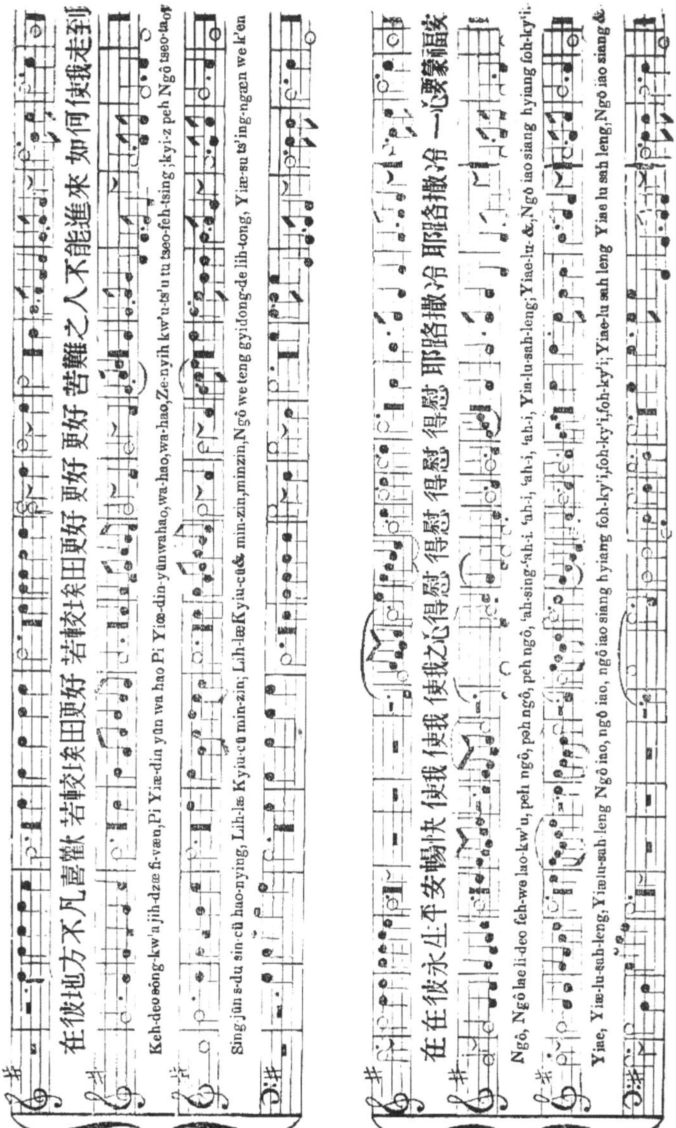
在彼地方不凡喜歡
更好 更好
苦難之人不能進來 如何使我走到
使我 使我 使我之心得慰
得慰 得慰
耶路撒冷 耶路撒冷

沙漠搭 SÔ-MÔH-TEH. T. B.

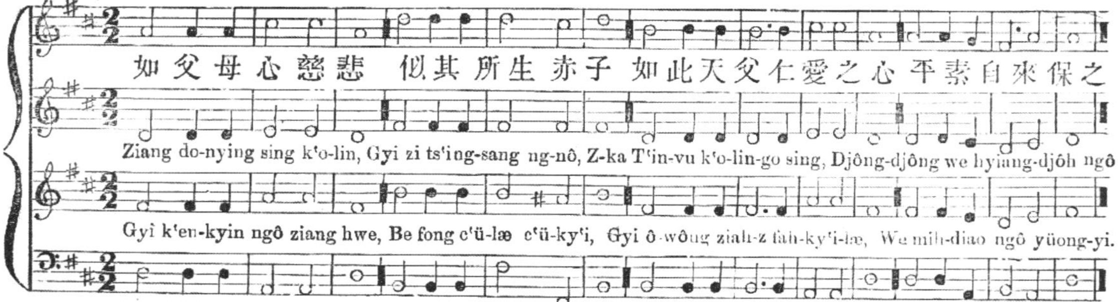

雪蘭 SHIH-LÆN. T. B.

多美 TO-ME. T. B.

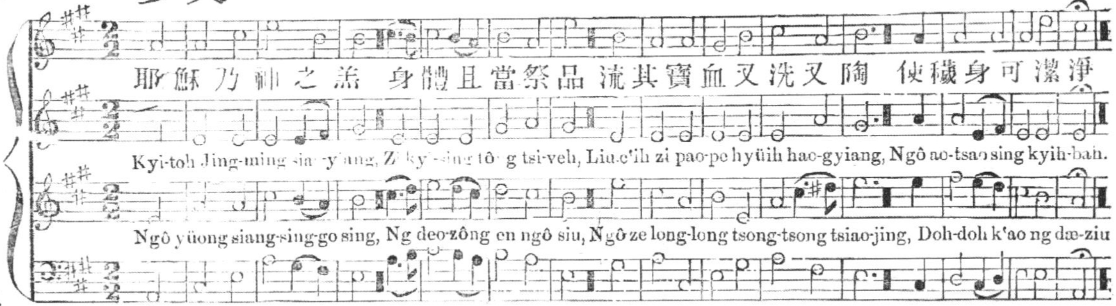

嶴沫 AO-ME. T. B.

香港 HYIANG-KÔNG. T B.

銀路 NYING-LU. T B.

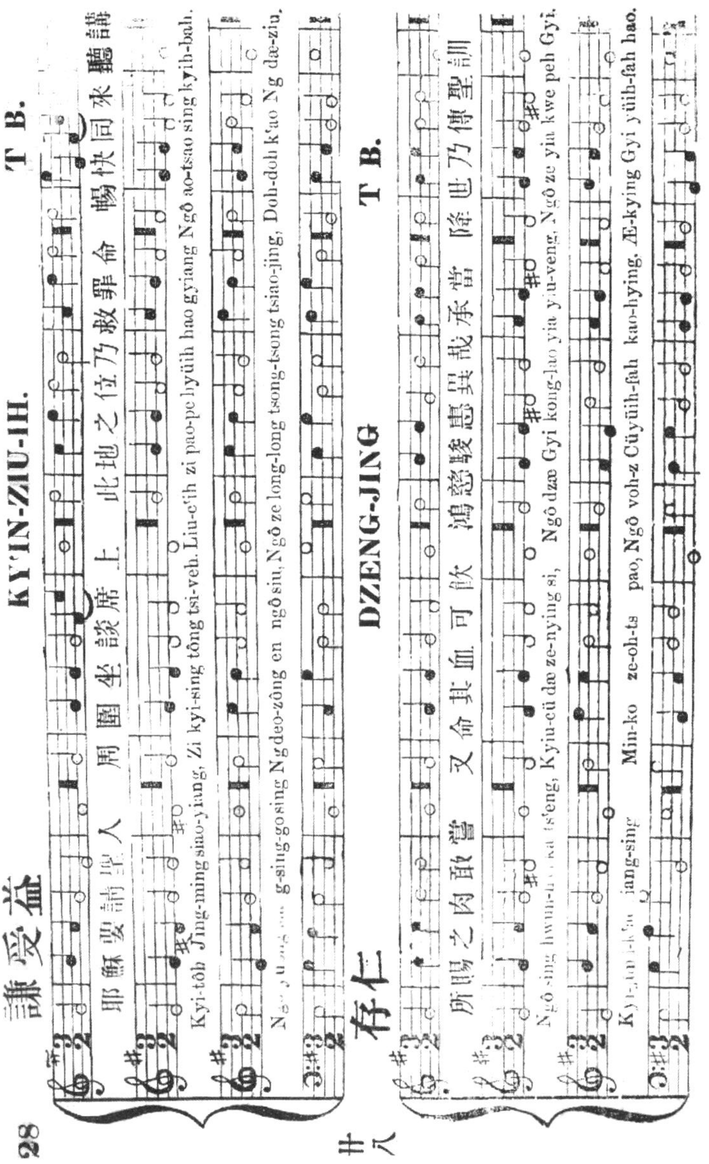
28
謙愛益
KYI'IN-ZIU-IH.
T B.
耶穌要請聖人 周圍坐談席上 此地之位乃救罪命 暢快同來聽講
Kyi-tôh Jing-ming siao-yiang, Zi kyi-sing tông tsi-veh. Liu-c'ih zi pao-pe hyüih hao gyiang Ngô ao-tsao sing kyih-bah.
g-sing-gosing Ngdeo-zông en ngô siu, Ngô ze long-long tsong-tsong tsiao-jing, Doh-doh K'ao Ng dæ-ziu.
廿八
存仁
DZENG-JING.
T B.
所賜之肉敢嘗 又命其血可飲 鴻慈駿惠豈我承當 降世乃傳聖訓
Kyiu-cü dæ ze-nying si, Ngô dzæ Gyi kong-lao yia yiu-veng, Ngô ze yia kwe peh Gyi.
jiang-sing Min-ko ze-oh-ts pao, Ngô voh-z Cüyüih-fah kao-hying, Æ-kying Gyi yüih-fah hao.

青邑 耶稣救主賜我寶訓 要跟其背十字架 TS'ING-IH 8. 7. B.

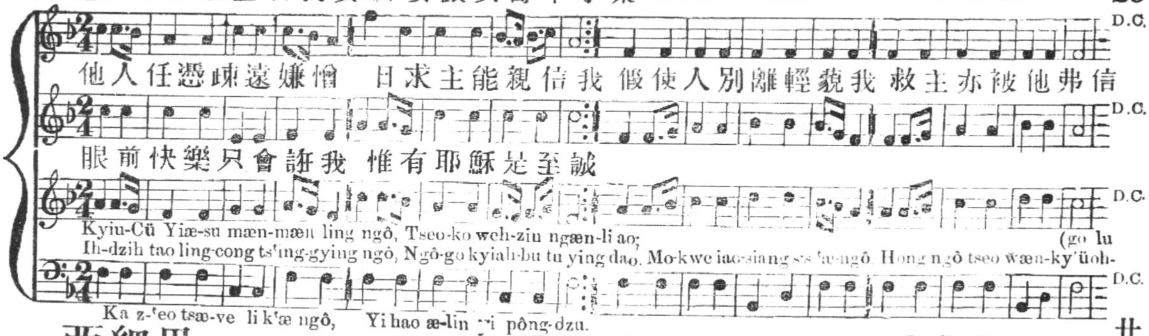

西細里 SI-SI-LI. 8. 7. B.

30 巴底買 PÔ-TI-MÆ. 8. 7. B.

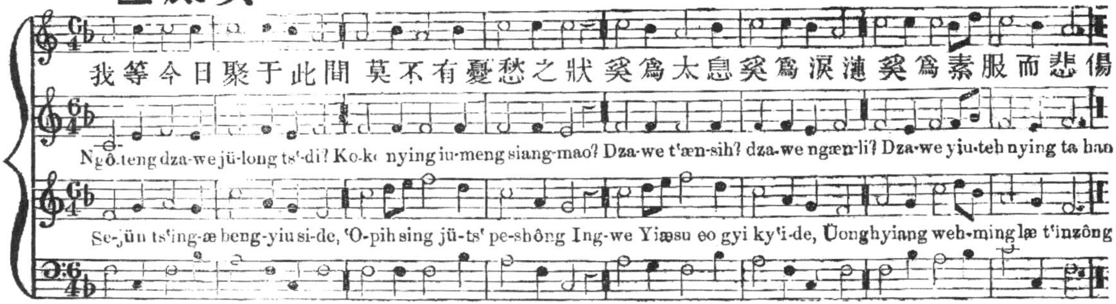

三十 青山 TS'ING-SÆN. 8. 7.B.

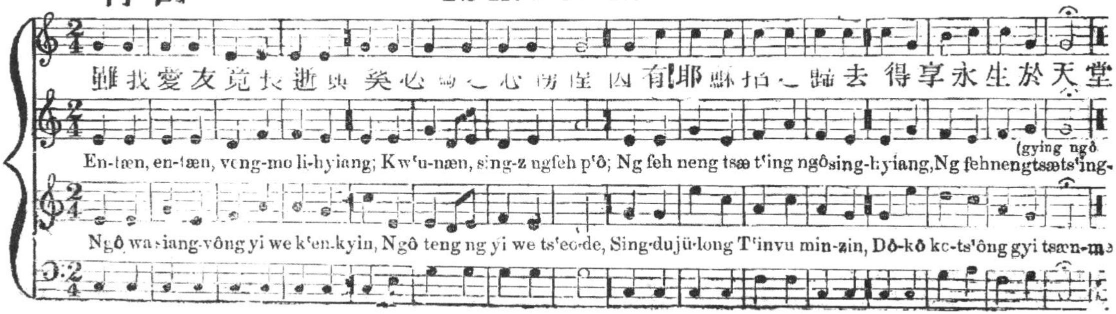

西比利亞 SI-PI-LI-ÜÔ. 8. 7. 4. B.

沃理繙　ÔH-LI-FÆN.　8. 7. 4. B.

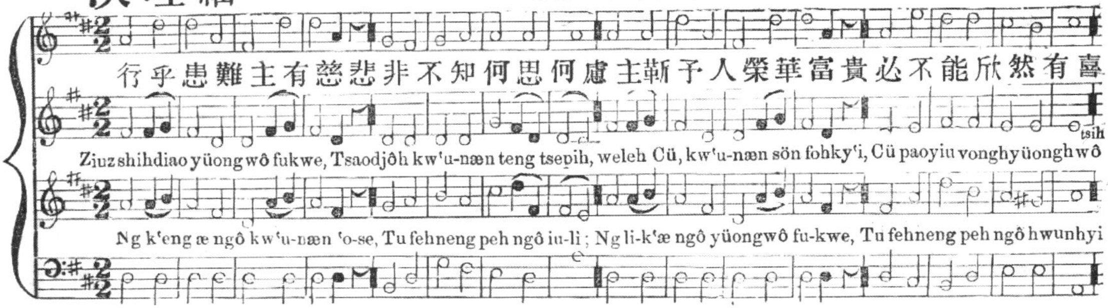

恆基磐 'ENG-KYI-BUN. 7. B. 33

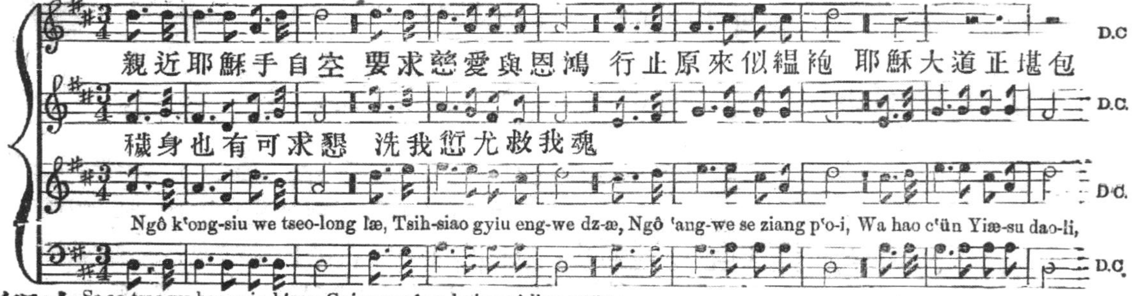

Se ao-tsao wa hao gyiu-k'eng, Gyiang ngô ze, kyiu ngô ling-weng

紳子基督傳授聖訓 相隨來負十字架

郇山 SHING-SÆN 8.7.4.B.

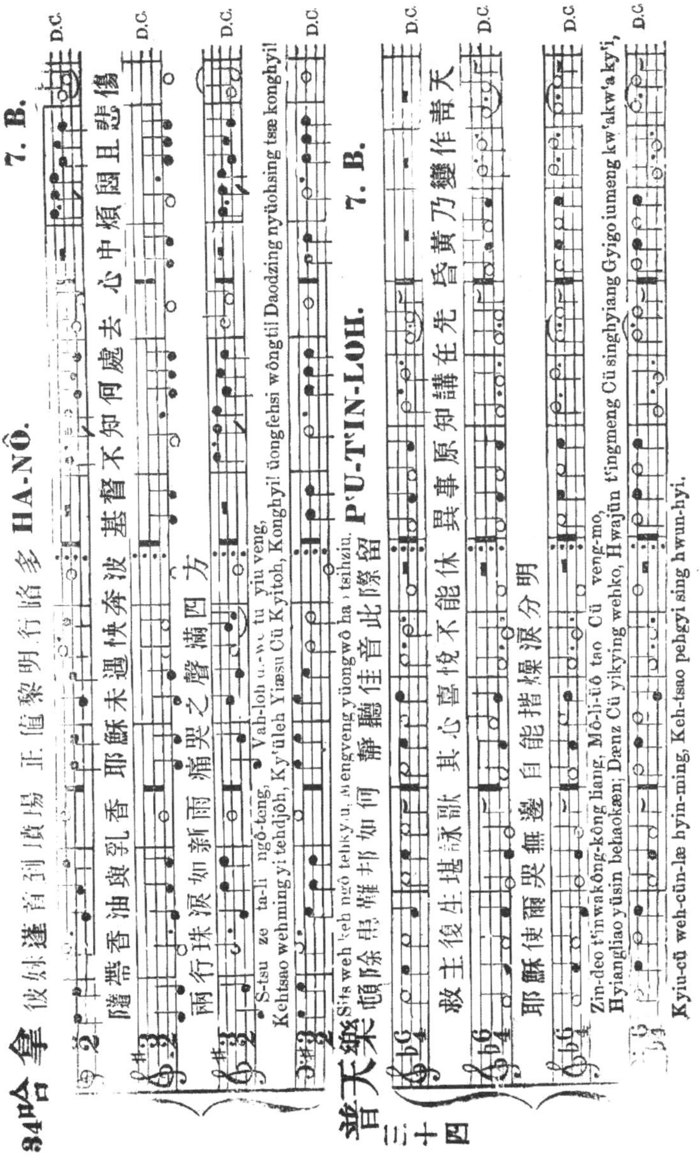
34 哈拿 HA-NÔ.
7. B.
隨帶香油與乳香 耶穌未遇快奔波 基督不知何處去 心中煩悶且悲傷
兩行珠淚如新雨 痛哭之聲滿四方
Kehtsao wehming yi tehdjôh, Ky'üleh Yiæsu Cü Kyitoh, Konghyi! Konghyi! ûongfehsi wôngti! Daodzing nyüohsing tsæ konghyi!
D.C.
普天樂 P'U-T'IN-LOH.
7. B.
三十四
救主復生堪詠歌 其心喜悅不能休 異事原知講在先 昏黃乃變作青天
耶穌使爾哭無邊 自能揩燥淚分明
Kyiu-cü weh-cün-læ hyin-ming, Keh-tsao pehgyi sing hwun-hyi.

回憶 WE-IH· 8. B.

四方之禍如雲騰上　大家只望幾乎敗壞　努力氣喘喜見神光　惟恐神面不得見來日
Tao c'ü-'o-se, u-yüing tæ deo, Z long-tsong ding-dao iao fi-diao, Ih-ky'i fah-cün, k'en-kyin næn eo, Tsih k'ong-p'ô Jing-ming feh kyin-liao. Ngô
Kong-fu se-to siao-sing en-dzông, Tæn djong næn-tiao kw'eng tao kyiah-'ô, Ngô sing ting pe-sông feh-c'ih ts'ông, Ih shông siu di-ky'i iao kyiu ngô. Long-
久虛心恐不能見　重負不勝傾在足下　我心悲傷瓢姞永流連　双手提起求神使还
ting iao Jing-ming-go kwông-liang, Zoh-ze-go byüih gyiang ngô ao-tsao, Ta tao t'a-bing Yiæ-su di-fông, Cü-nying-kô z pi ngô wa kao.
tsong gying-dao neng-keo pông-dzu, Ng eng-we ziang deng-bı, p'iao-dæ, 'Oh-yüô! peh ngô hwun-hyi vu-tsu, Kah-tsao ky'i-lih kw'a-kw'a yi læ.

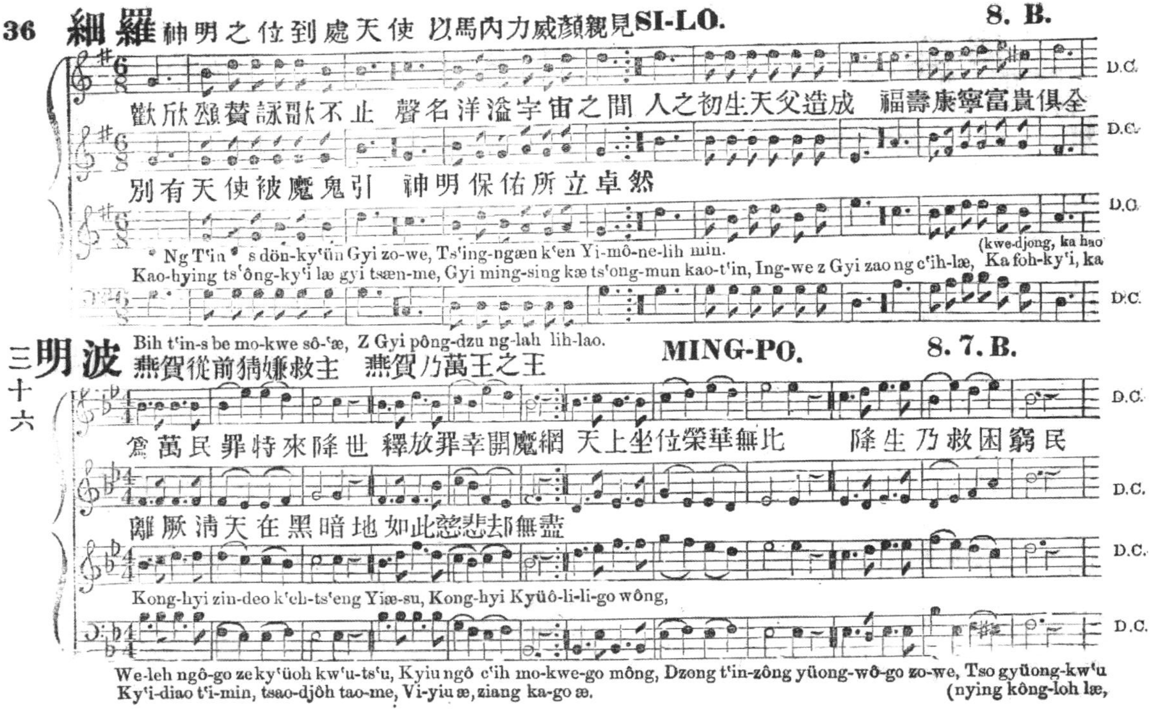
36 細羅 神明之位到處天使 以馬內力威顏親見 SI-LO.
8. B.
歡欣頌贊詠歌不止 聲名洋溢宇宙之間 人之初生天父造成 福壽康寧富貴俱全
別有天使被魔鬼引 神明保佑所立卓然
Ng T'in s dön-ky'ün Gyi zo-we, Ts'ing-ngæn k'en Yi-mô-ne-lih min.
(kwe-djong, ka hao
Kao-hying ts'ông-ky'i læ gyi tsæn-me, Gyi ming-sing kæ ts'ong-mun kao-t'in, Ing-we z Gyi zao ng c'ih-læ, Ka foh-ky'i, ka
D.C.
Bih t'in-s be mo-kwe sô-'æ, Z Gyi pông-dzu ng-lah lih-lao.
三十六 明波 燕賀從前猜嫌救主 燕賀乃萬王之王
MING-PO.
8. 7. B.
為萬民罪特來降世 釋放罪幸開魔網 天上坐位榮華無比 降生乃救困窮民
離厥清天在黑暗地 如此慈悲却無盡
Kong-hyi zin-deo k'ch-ts'eng Yiæ-su, Kong-hyi Kyüô-li-li-go wông,
We-leh ngô-go ze ky'üoh kw'u-ts'u, Kyiu ngô c'ih mo-kwe-go mông, Dzong t'in-zông yüong-wô-go zo-we, Tso gyüong-kw'u
Ky'i-diao t'i-min, tsao-djôh tao-me, Vi-yiu æ, ziang ka-go æ.
(nying kông-loh læ,

兢兢 TSING-TSING·

D. C . B.

38 影圖 **ING-DU.** **D. C. B.**

三十八

蘇格蘭　SU-KAH-LÆN.　7. 5. B.

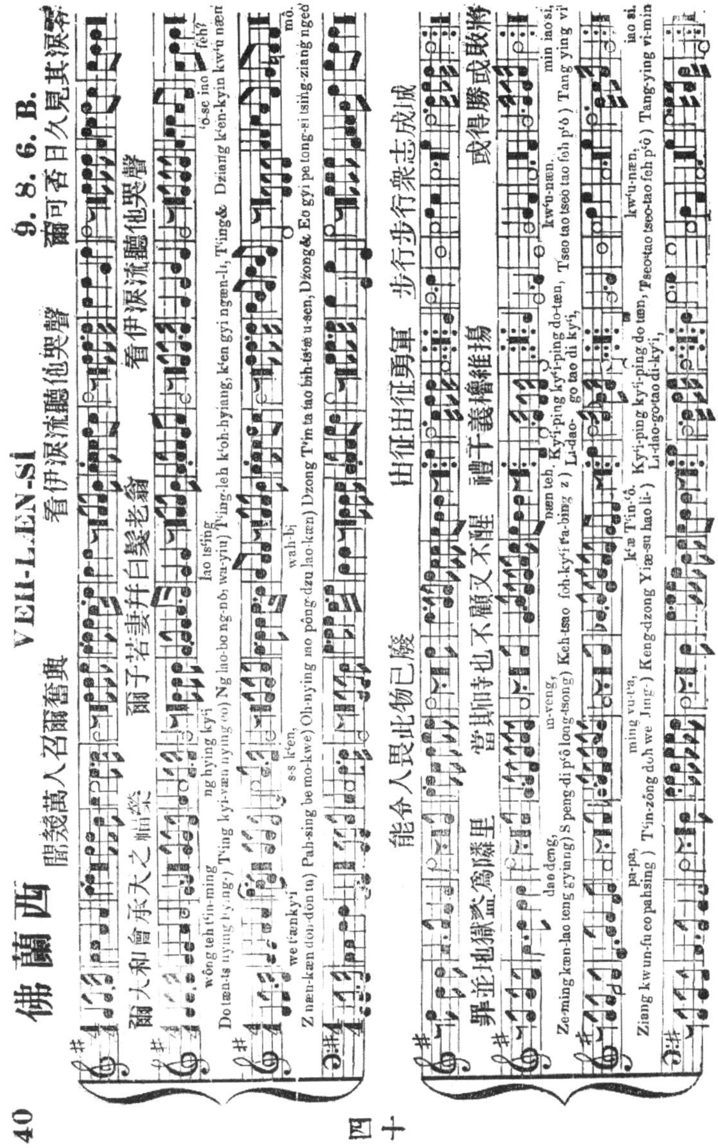
40
佛蘭西
VEH-LAN-SI
9. 8. 6. B.
四十

佳男 KYÜÔ-NEN.

8. 9. 6. B.

福地 FOH-DI. 6. 4. 7. B.

四十二

雅抹 YÜÔ-MEH. 7. 6. B.

綠樹 LOH-JÜ. 6. 4. B.

金詔 KYING-TSIAO. 6. 4. B.

暹羅 SIN-LO. T. B.

河南 'O-NEN. T. B.

類班 LE PÆN. T. B.

四十六

里朋 LI-BENG. T. B.

北京 POH-KYING. K-L. B.

順天 JING-T'IN. K-L B

快樂 K'WÆ-LOH. K-L. B.

安葬 EN-TSÔNG. 12. 11. B.

五十

忠信之人快來得勝成歌詠 可到伯利恒遇生命主已在
Ng-lah jih-we hao-nying tang-ving k'yi ts'ông le, K'o-tao Pah-li-'eng weh-ming Kyiu-Cü læ-kæn,
T'in-s keh-pæn kao-sing tsæn-me T'in-Vu ming, T'in-zông koh-li-hyiang jü-tæn-long-læ tsæ ts'ông,
今朝救主降生萬民歸厥榮 吓我有正路可 吓我有正路可 吓我有正路可遵稱贊不衰
Tao yin-dzæ t'a-ts, Yiæ-su yi-kying sang-de, 'Oh-yüô! s-teh tsing-lu, 'Oh-&, 'Oh-yüô !& ngô hao tseo ts'ing-tsæn.
Ngô ting-hac-cü yüongwô siang-sing kying-djong sing, 'Oh-yüô ! iao peh ngô gyiu, 'Oh&, 'Oh& dô-kô hao siangvông.

源泉 NYÜN-DJÜN.

C. B.

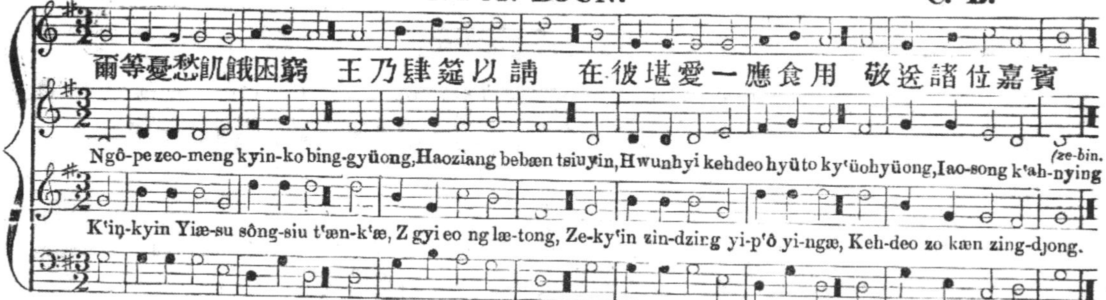

慰藉 WE-ZIÆ.

C. B.

仁愛 JING-Æ. C. B.

吉祥 KYIH-DZIANG C. B.

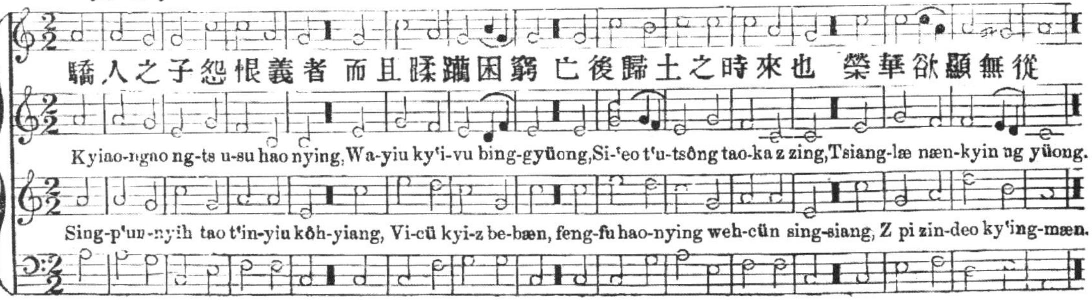

思想 S-SIANG. C. B.

簧囀 WÔNG-CÜN. C. B.

寒威 'EN-W̌E. C. B.

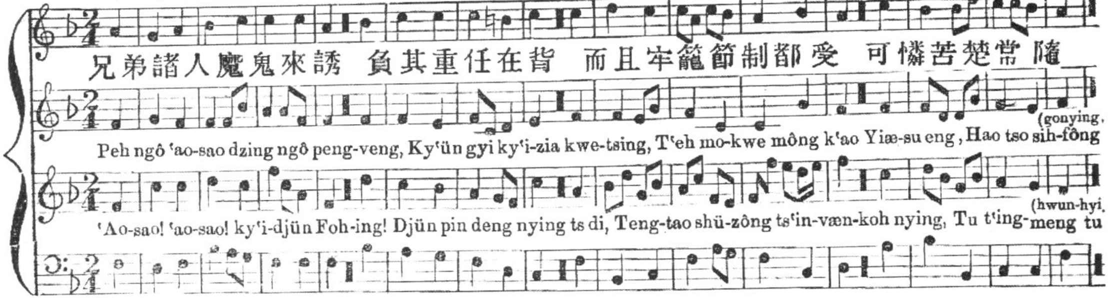

感謝 KIN-ZIA. C. B.

萎謝 ŬE-ZIA. C. B.

帖服 T'IAH-VÔH. C. B.

56 五十六

公則悅 KONG-TSAH-YÜIH. C. B.

歸眞 KWE-TSING. C. B.

水橋 SHÜ-GYIAO.

D. B.

伊裡拿 I-LI-NÔ.

D. B.

58 堅德 KYIN-TEH. T. B.

五十八 信實 SING-JIH. T. B.

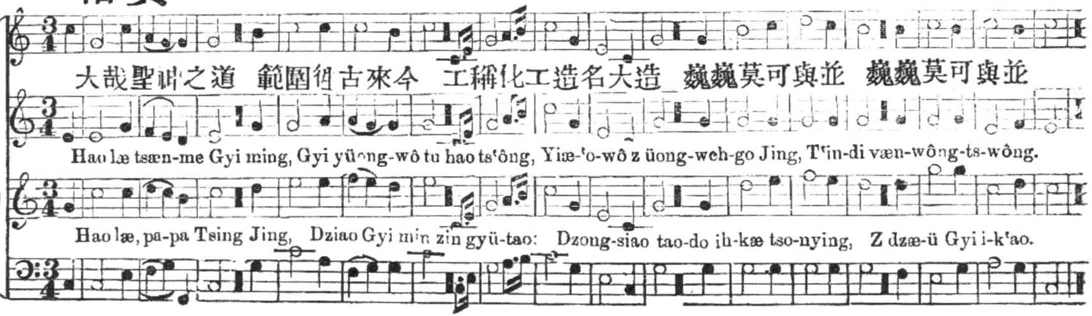

大英 DA-ING. 6. 4. B.

聲雄 SING-YÜONG. 6. 4. B.

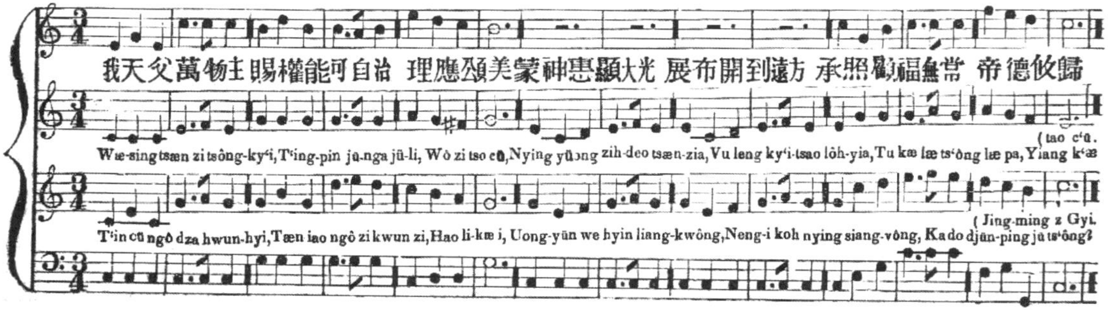

緩行 WUN-YING. 7. B.

日耳曼歌 JIH-R-MÆN-KO. 7. B.

福日 爾聖徒當警醒讚美 爺華神乃萬有全備 FOH-JIH. D. B.

六十一

傳福音 DJÜN-FOH-ING. 7-6-B.

老例 LAO-LI. 5. 8. B. ʻoh 6. 9. B.

死路

S-LU.

8. 4. B.

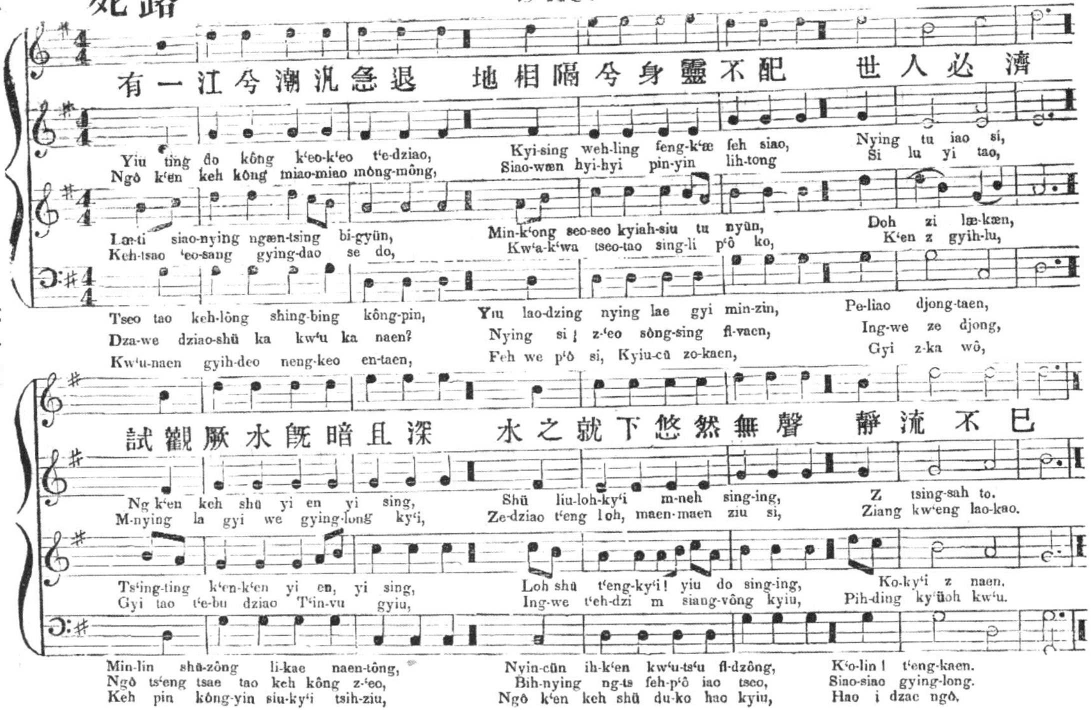
有一江兮潮汎急退 地相隔兮身靈不配 世人必濟
Yiu ting do kông k'eo-k'eo t'e-dziao, Kyi-sing weh-ling feng-k'æ feh siao, Nying tu iao si,
Ngô k'en keh kông miao-miao mông-mông, Siao-wæn hyi-hyi pin-yin lih-tong Si lu yi tao,
Læ-ti siao-nying ngæn-tsing bi-gyün, Min-k'ong seo-seo kyiah-siu tu nyün, Doh zi læ-kæn,
Keh-tsao 'eo-sang gying-dao se do, Kw'a-k'wa tseo-tao sing-li p'ô ko, K'en z gyih-lu,
Tseo tao keh-lông shing-bing kông-pin, Yiu lao-dzing nying lae gyi min-zin, Pe-liao djong-taen,
Dza-we dziao-shü ka kw'u ka naen? Nying si; z-'eo sông-sing fi-vaen, Ing-we ze djong,
Kw'u-naen gyih-deo neng-keo en-taen, Feh we p'ô si, Kyiu-cü zo-kaen, Gyi z-ka wô,
試觀厥水旣暗且深 水之就下悠然無聲 靜流不已
Ng k'en keh shü yi en yi sing, Shü liu-loh-ky'i m-neh sing-ing, Z tsing-sah to.
M-nying la gyi we gying-long ky'i, Ze-dziao t'eng loh, maen-maen ziu si, Ziang kw'eng lao-kao.
Ts'ing-ting k'en-k'en yi en, yi sing, Loh shü t'eng-ky'i! yiu do sing-ing, Ko-ky'i z naen.
Gyi tao t'e-bu dziao T'in-vu gyiu, Ing-we t'eh-dzi m siang-vông kyiu, Pih-ding ky'üoh kw'u.
Min-lin shü-zông li-kae naen-tông, Nyin-cün ih-k'en kw'u-ts'u fi-dzông, K'o-lin! t'eng-kaen.
Ngô ts'eng tsae tao keh kông z-'eo, Bih-nying ng-ts feh-p'ô iao tseo, Siao-siao gying-long.
Keh pin kông-yin siu-ky'i tsih-ziu, Ngô k'en keh shü du-ko hao kyiu, Hao i dzae ngô.

何爲怕

'O-WE-P'Ô. 8. 7. 4. B.

桑梓地 SÔNG-TS-DI. 9. 4. 6. B.

百四六歌

PAH-S-LOH-KO.

D. K. B.

六十七

樂土 LOH-T'U. 11. B.

美哉彼高大之王宮原喜行 敝居恰引人較彼處爲尤勝 好景是天光所環照最足誇
Keh deo ôh-hao-k'en-go wông-kong nyün siang ky'i, Næn-kæn zi weh-li se-tsih yia hyi-gyi, Ing-hao we kying-cü tsiao
tong kwông z dza-liang,
Ngô ts'eng ih meng-nying hao z-k'en tsong m̄ veng, Æ ? æ ! kw'a cün-ky'i ngô oh se siao hao deng, Ping-ts'ia ah hao t'ing
kyiao-go tiao yiulæ-kæn,
尋求宇宙內眼望穿無此家 屋美又田良 天下第一鄉普天下第一鄉
Tsæ iao ka di-fông 'en tao c'ü hao-veng siang, Ôh ti di z hao, Dæn-nyün nying we ts'eng keh u-dông z jü zao ?
Næn-dao ngô-go sing feh dô-kô we en-tæn, Jih-dzæ hao di-fông, Ziah iao meng jü zao ngô cü væn-wông ts-wông.

花旗 叙羣英交好情長 HWÔ-GYI 凱歌奏罷乃享昇平 如許聲價不敢或忘

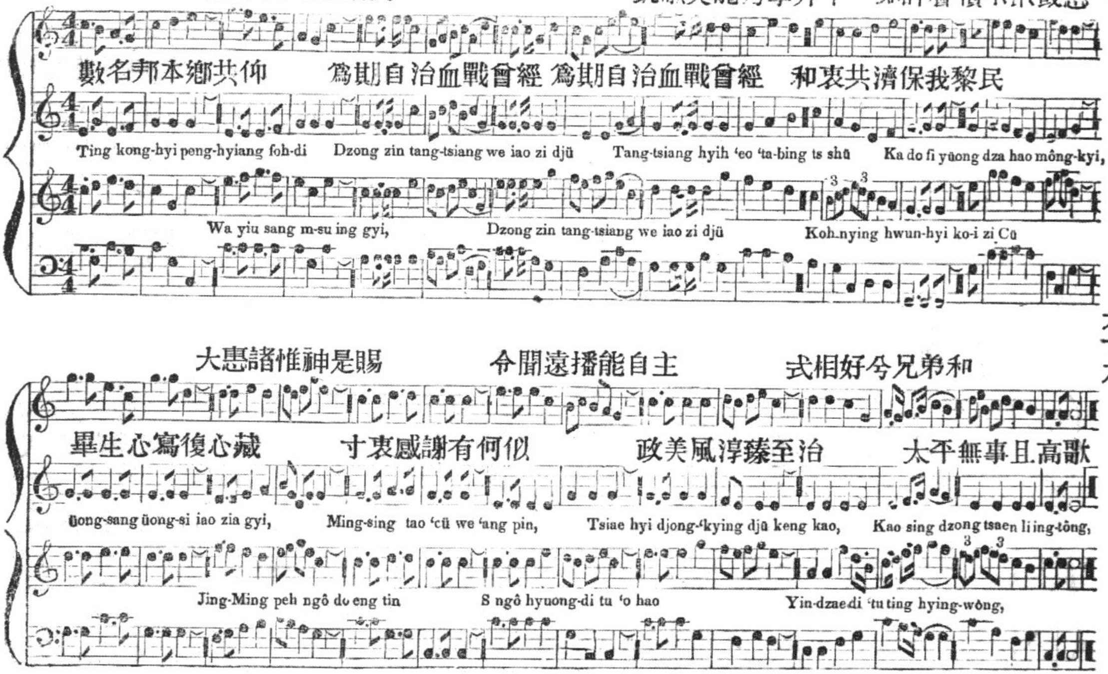

六十九

香谷 HYIANG-KOH.

T. K. B.

落葩 LOH-PÔ.

9. 8. B.

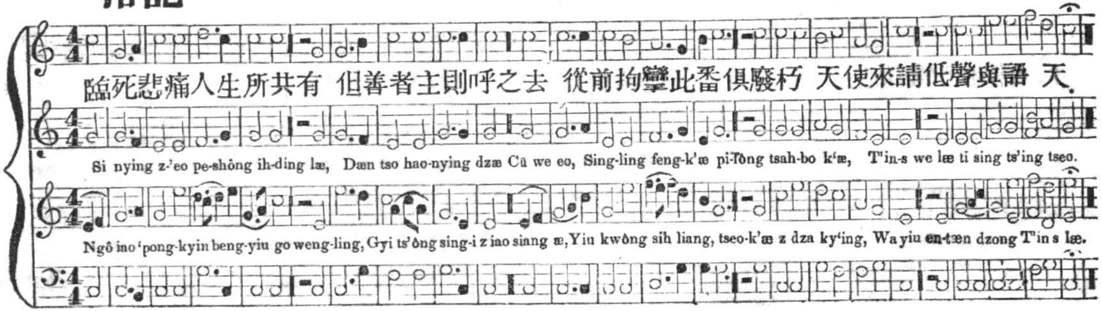

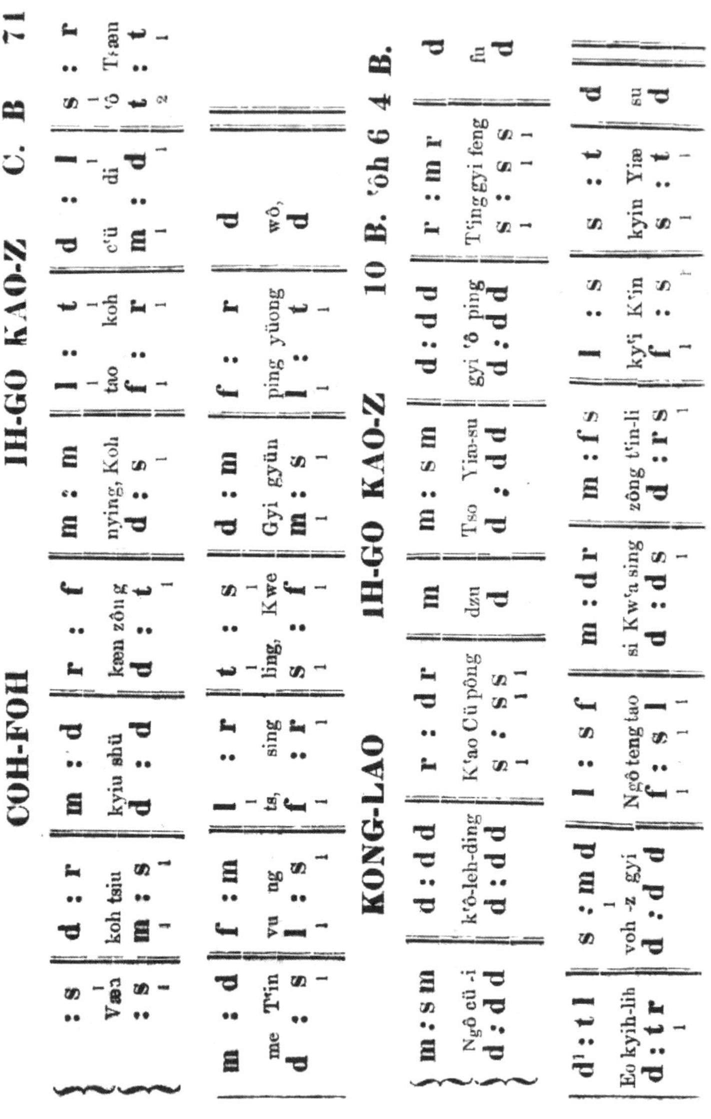
COH-FOH
IH-GO KAO-Z
C. B 71
KONG-LAO
IH-GO KAO-Z
10 B. 'ôh 6 4 B.

ÆE-LIN LIANG-GO KAO-Z C. B.

Z yiu ih dzi tsi mun leh hyüih Liu c'ih dzong Yiæ-su sing Væn
nying læ keh- go dzi hao gyiang Ze ky'in tsih- le ken zing Ting
jih- z- kô kw'u si dao-zah K'en kyin keh dzi hwun hyi, Ngô
ze se- tsih ziung gyi ka djong, Yia k'o- yi gyiang teh kyi

水橘五十七
堅德五十八
信實五十八
大英五十九
聲雄五十九
綏行六十
福日六十一
老例六十三
死路六十四
樂土六十八
花旗六十九
香谷七十
落葩七十

子夜歌八
喜比倫十
慰心痗十四
揚仁風十六
安貞吉十六
安仁宅十七
彼得堡十七
廣陵散十八
堅德基十九
沙漠搭二十五
謙受益二十八
西細里二十九
巴底買三十
沃理繙三十二
恒基磐三十三
普天樂三十四
蘇格蘭三十九
佛蘭西四十
公則悅五十六
伊裡拿五十七
傳福音六十二
何為怕六十五
桑梓地六十六

耶路撒冷二十四
西比利亞三十一
日耳曼歌六十
百西六歌六十七
步伐整齊一

曲譜目錄

奔波 二
安樂 二
警醒 三
廣平 三
昧心 四
安定 四
勝地 五
志高 五
歸陰 六
得令 六
鞏固 七
引導 七
仁風 八
清光 九
老栢 十
感恩 十一
路墩 十一
平沙 十二
猗蘭 十二
停雲 十三
待月 十三
威嚴 十五
漢禮 十八
昭文 十九
栢麗 二十
中國 二十
彌合 二十一
滕地 二十一
愛門 二十二
好華 二十二
華紗 二十三
天津 二十三
雪蘭 二十五
多美 二十六
蟲沫 二十六
香港 二十七
銀路 二十七
存仁 二十八
青邑 二十九
青山 三十
郇山 三十三
哈拿 三十四
回憶 三十五
細羅 三十六
明波 三十六
兢兢 三十七
影圖 三十八
佳男 四十一
福地 四十二
雅抹 四十三
綠樹 四十四
金韶 四十四
暹羅 四十五
河南 四十五
類班 四十六
里朋 四十六
北京 四十七
順天 四十七
快樂 四十八
安葬 四十九
哀步 五十
源泉 五十一
慰藉 五十一
仁愛 五十二
吉祥 五十二
思想 五十三
簧囀 五十三
寒威 五十四
感謝 五十四
萎謝 五十五
帖服 五十五
歸眞 五十六

唱譜圖

每行工夫俱是一例
全倫
半開
四開
八開
十六開
卅二開
本聲
八字令在班眼內
下聲
佗
上聲
二聲
聲連
本聲
下聲
佗雷米法瑣拉西佗佗西拉瑣法米雷佗
拉西佗雷米非西拉拉瑣法米雷佗西拉
便字中字低字高字
佗 乂 乂 乂 煬 字 佗 佗 佗 佗 佗 佗 仲 佗
歇脩全開半開四開八開六十歇開二卅 三作兩放收開放 直完 品連 點四 斷點 長明 音潮
佗米瑣瑣米瑣佗佗瑣佗佗佗瑣米

賁字也。旁邊有高字者。可知是子聲音高一點之故。高一點弗字。名其飛。瑣名其西、大概用高字。是使他做苐、雷做李。弗做飛之狀、又有用低字。是使他做大。雷做賴。迷做買之狀。設或米字做主。是有一半悲傷。瑣做主。是有威嚴意思。至雷非西等。則不能做主與底子也。聲音字。用高字低字中字。其所同走字。有在字塲中者。則皆一例。唱最宜用明白說話、令人聽之而悉。大要有四則。一聲响、二工夫。三輕重。四講得明白。使聽者易曉也。唱譜後。有羅馬D G二字。是使人知唱轉到中縫唱完字塲內有加湊字。名曰便字。因此字用不用從便。如成用之。其工夫定是借於在前之字。並本字跟如傭人一般。不能自有。又有聲音字三。其唱工夫。品作兩者。圖內有3字爲記。名曰三作兩。凡點下拖落如尾者。其名曰明。意欲人唱得分明。凡此皆唱之大概律法。人肯從是學練。則步步入勝。其唱之聲。必有最耐人聽者。且今日在世爲人。可須備他日到天上讚美訓明。不亦樂乎。

三

全備聲音工夫字一例半開四開等則皆如是工夫
字右手有小點斷使人知加添一半工夫暫歇工夫
字形狀可看圖而悉聲音字上有半圈中一點形狀
其名曰長意以加添工夫不拘多少又有一灣像眉
毛形是使所拉之音相連合名曰連品班眼內有筆
直四點意是可再唱裡面所唱之意又有兩畫又附
之形意是使聲音漸漸加重故其又從小到大反面
形即是從大到小一名放開一名收閉一二連合名
曰收放班眼俱有直分開名曰一直一節完有大直
在第二第四畫內名曰粗直唱完有一直與粗直在
旁邊名曰完直一直與一直之空隙中名曰字場字
場內其工夫俱一例大概用腳手動搖顧着工夫因
唱若無一定工夫其聲必不耐聽以動搖顧着工夫
是謂拍板用四拍一與三是重第一倍重二與四是
輕用三拍一是重二與三是輕用二拍一重二輕唱
譜前有記號予人知字場內有幾拍在此其記號是
外國碼子字閱者可認上一碼子字是予人知幾拍
在字場中上下碼子連合可知有幾開做滿字場本
聲上聲二聲其記號之形一例只有下聲則異此俱
謂之聲律亦可看圖圖外有一長斜人字形是使四
聲可聯唱名曰聲聯唱之聲有曲曲折折而出者謂
之潮音其形狀可認之於圖又唱有歡喜與悲傷之
別歡喜聲音大概是佗字做主做底子悲傷聲音則
拉字做主做底子如是拉為第一第六第七乃弗與

皆然。又有高字寫於結底處者。伊之路必有米字在。便可知佗字所在之處。又有別樣記號。與羅馬字白字相似。名曰低字。因伊欲其自走之路。聲音稍低。故一低字。可知佗字走上四步高之處。或者走落五步低之處。其餘俱可照高字一例派。又有低字。寫於結底處者。伊之路必有法字在。唱譜前。無有高字低字記號者。第一加湊畫之下。必有佗字音在此。唱名曰遂性。夫高低字。有兩用處。聲音字之前。有高字在者。是予聲音高一點。有低字在者。是予聲音低一點。又有中字在。可看圖而悉。其聲音高低。則隨前番一例。聲之遠近。已會說及其異。但八字中。其五字之遠近。不甚相異。其二字之遠近。在已雖僅少。有不同。與彼五字之不甚異其遠近。大約相去一半。從三到四。從七到八。是大約一半。故用高字低字記號。分別調排之也。如是可知高字低字用處。聲音字有長短。工夫頂長爲圈。是象戒子形。名曰全條。全條分開有圈邊加一直形。名曰半開。半開分開其形與半開一式。但其圈純黑。名曰四開。四開分開。有一隻腳形加湊。名曰八開。八開分開。有兩隻腳形加湊。名曰十六開。十六開分開。有三隻腳形加湊。名曰三十二開。故有全條半開四開八開十六開三十二開。大凡其右手有一小點斷。是加添一半工夫。又有暫歇工夫字。一名全備歇。二名半開歇。三名四開歇。四名八開歇。五名十六開歇。六名三十二開歇。全備歇之工夫字。與

唱言纓咻　二

同也。無論何一步與他步俱異。試看佗與雷分開之遠近。比雷與米分開之遠近。是有各異。其他遠近。亦如此也。聲音之不同其遠近自有一定之規矩在因爲如是則耐聽。若遠近一例。卽不耐聽也。故八字令中之八聲。其遠近俱不相同。耳之何以喜聽遠近不同之聲。我輩不能知。猶之腹中之何以飢餓。亦不可曉。蓋此乃神明設立。如是爾聲有相聯。有不相聯者。相聯者。喜於品合。如朋友然。不相聯者。如仇人之交惡。云。又如火之喜油而不喜水。水銀之喜金與銅而紙與木板等。則爲所惡也。八字令中。一三五等。喜於聯合。耳得之而耐聽。一二四七不喜聯合。其聲卽不耐聽。二四七有一半相聯。故其聲尚在可聽之間。唱之事。大約用四聲合唱最可聽。何謂四聲。曰本聲下聲上聲二聲是也。本聲是爲帶領者。居第一。其聲較他聲爲勝。故更爲緊要。本聲是高。二聲是低。女人善唱下聲。是低。上聲是高。男子善唱。設有二男二女以一例之話。大家合唱。聲音雖不相同。是必定喜於聯合。亦必定耐人聽也。夫本聲下聲上聲二聲。四聲統聯。謂之調和。一人用本聲自唱。其聲耐聽。謂之和音。唱之聲有長短輕重快慢之別。唱譜內有字。令人可解。前云佗字在別處。今試解之。唱譜前有記號如井字樣。名曰高字。因伊欲其自走之路。聲音稍高。故一高字。可知佗字走上五步高之處。或者走落四步低之處。二高字。卽可知一例加湊至於三四五。無不

唱言縷晰

大凡聲之所起。皆由物之動而來。動緩者其聲低。動急者其聲高。不拘高低之聲。於一刻中。必有其自己動幾許之數。聲從動而來。固有一定之則。耳得之而成聲也。亦然。蓋物之動。能使氣俱動。氣入於耳。便知所動之物。或緩或急。可見氣如路。然是能使聲由所動之物到耳也。人之有聲。從喉中來。喉似號筒一般。肺在胸中呼吸。似吹然。口宛如號筒之嘴。因其能動。故能變聲音。做成說話。講話時。設或將手按按其喉。便知喉是會動也。知聲是從喉中而來。鳥獸等則皆然也。夫聲有耐聽有不耐聽。又有平常者。平常者。可比講話一般。耐聽之聲。可作唱。蓋唱乃是好聲音。與好說話。步步聯合成之。人以唱讚美神。明是能使其才智漸高。心思漸潔。故天下之人。無一不當學習此唱焉。唱有八般高低聲。謂之八字令。而此八般之高低聲。其名曰佗雷米弗瑣顯西佗。因伊之名。較其餘為獨勝也。何謂高低聲。是不可解。唱者祇有隨人而已。此八字令。錄在唱譜內之五畫與四空隙中。其名曰班眼。令人目之而悉。班眼上下有小畫名曰加湊畫。畫與空隙。從下派為第一。大概第一加湊畫之下。佗字音在。即為八字令中第一。但佗字音。亦有在他處者。可看記號而悉。此當緩緩解之。所謂班眼之畫。雖是一式。遠近而聲之遠近。則有小許之異。八字令之聲。可比步梯。一步一步上與落。是一步一步不相此本唱書錯處未免多有但是不拘第一件新作之事。其大概終不能盡善。此書亦然。余今深望學唱者逐漸改正。庶幾臻於至善。是所幸甚。

聖山諧歌

聲音

輕重

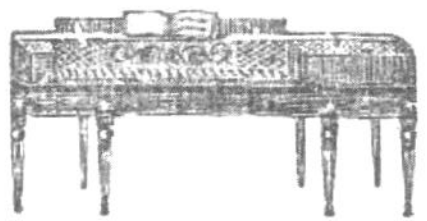

咸豐八年仲秋月

寧波華花書房刊

工夫

分明

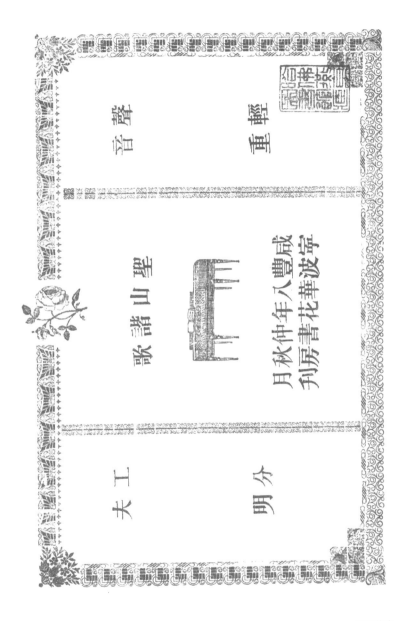

后 记

将近代稀见吴语文献影印出版，以便于能更好地研究、利用这批珍贵资料，是游汝杰教授一直想为学界做的事情。因缘际会之下，我有幸协助游老师完成了丛书的编辑工作。游老师是传教士汉语方言著作研究的先行者和领军人，虽然我入职复旦大学的时候游老师已经荣休，但游老师一直对我关爱有加，将自己珍藏多年的历史文献悉数馈赠与我，并不断鼓励我好好研究这批资料。正是在游老师的鼓励和指导之下，我到复旦大学之后开始关注吴语的历史文献，从而大大拓展了自己的研究领域。2018 年底，上海教育出版社徐川山主任和毛浩编辑约游老师和我洽谈合作，游老师重新提及编辑出版《近代稀见吴语文献集成》的想法，得到徐主任和毛编辑的鼎力支持。我把这个计划向系里汇报后，也得到系里“高峰高原计划”的大力资助。

协助游老师编辑本丛书的过程中，得到诸多游老师亲炙的良好机会。丛书的收书范围多数是由游老师确定的，还有部分由我在澳大利亚国立图书馆和哈佛燕京图书馆发现后增补。游老师与我分工为每一种图书写了一则导言，游老师的导言很早就已经写定，而我缺乏相关经验，幸好有游老师的导言可以仿效。在写导言的过程中，我查阅了大量的资料，也加深了对这批文献的认识。

丛书编辑过程中，得到了诸位同仁的帮助。承蒙陈忠敏教授热心联系，加州大学（伯克利分校）东亚图书馆周欣平馆长与薛燕女士提供了该馆海内外孤本 *Lessons in the Shanghai Dialect* 的影印底本；复旦大学图书馆古籍部提供了《方言备终录》的电子扫描版，特藏部提供了 *Leçons ou Exercicee de Langue Chinoise Dialecte de Song-kiang* 的电子版，感谢古籍部眭骏主任和特藏部张春梅主任的热忱帮助；《地理志问答》等来源于澳大利亚国立图书馆伦敦会特藏，得到该馆中文部郑冰女士多所帮助。我们在确定《鄞邑土音》的作者时，又承蒙苏精教授的指点。一并致以诚挚的谢忱。

感谢徐川山主任和毛浩编辑对本丛书的垂注，在两位的努力下，丛书也得到了上海文化发展基金会 2020 年度第二期的资助，并入选 2023 年度上海市重点图书。丛书由毛浩编辑负责，感谢他在编辑过程中倾注了大量心血。

疫情三年，丛书的编辑出版也不得不处于停滞状态。欣闻丛书即将付梓，希望本丛书的出版，可以进一步推动学界对近代稀见吴语文献的关注与研究！

盛益民

2023 年 5 月 23 日于光华楼